Studies in Contemporary Economics

Werner Gaab · Ullrich Heilemann
Jürgen Wolters (Hrsg.)

Arbeiten mit ökonometrischen Modellen

Mit 47 Abbildungen und 16 Tabellen

Physica-Verlag
Ein Unternehmen
des Springer-Verlags

Professor Dr. Werner Gaab
Universität Duisburg-Essen
Standort Essen
Fachbereich Makroökonomik
Universitätsstraße 12
45117 Essen
werner.gaab@uni-essen.de

Professor Dr. Ullrich Heilemann
Rheinisch-Westfälisches Institut
für Wirtschaftsforschung
Hohenzollernstraße 1–3
45128 Essen
heil@rwi-essen.de

Universität Duisburg-Essen
Standort Duisburg
Lehrgebiet Volkswirtschaftslehre
insb. Empirische Wirtschaftsforschung
Lotharstraße 56
47057 Duisburg

Professor Dr. Jürgen Wolters
Freie Universität Berlin
Institut für Statistik und Ökonometrie
Boltzmannstraße 20
14195 Berlin
wolters@wiwiss.fu-berlin.de

ISBN 3-7908-0154-2 Physica-Verlag Heidelberg

Bibliografische Information Der Deutschen Bibliothek
Die Deutsche Bibliothek verzeichnet diese Publikation in der Deutschen Nationalbibliografie; detaillierte bibliografische Daten sind im Internet über <http://dnb.ddb.de> abrufbar.

Physica-Verlag ist ein Unternehmen der Springer Science+Business Media GmbH

springer.de

Umschlaggestaltung: Erich Kirchner, Heidelberg

SPIN 10973998   88/3130-5 4 3 2 1 0 – Gedruckt auf säurefreiem Papier

Inhaltsverzeichnis

Einleitung

Werner Gaab, Ullrich Heilemann und Jürgen Wolters

Makroökonometrische Modelle sind aus der kurzfristigen Prognose und aus der wirtschaftspolitischen Analyse nicht mehr wegzudenken. Anwendung und Akzeptanz der Ergebnisse sind bei den Nutzergruppen freilich unterschiedlich ausgeprägt. Vorreiter hierzulande ist seit einiger Zeit der private Sektor, namentlich der Bankenbereich, während sich die Wirtschaftspolitik eher zögerlich zeigt, sieht man von der Deutschen Bundesbank ab. Zur Entfaltung einer eigentlichen Prognoseindustrie, wie dies z.B. in den angelsächsischen Ländern der Fall war, ist es bei uns nicht gekommen. Dessen ungeachtet hat die Nachfrage nach Ökonomen mit Kenntnissen über den Bau und die Nutzung makroökonometrischer Modelle ständig zugenommen.

Die universitären curricula konnten dieser Nachfrage aus einer Reihe von Gründen nicht oder nur sehr eingeschränkt entsprechen. Das Rheinisch-Westfälische Institut für Wirtschaftsforschung (RWI), sah sich daher vor mehr als 15 Jahren veranlasst, von vielen Seiten dazu auch ermuntert, diese Lücke schließen zu helfen, zunächst nur begleitet von der Universität Essen, später auch der Gerhard-Mercator-Universität Duisburg, verstärkt von in- und ausländischen Wissenschaftlern. Als organisatorischer Rahmen bot sich eine „Summerschool" an. Ziel war es, in einer einwöchigen Kompaktveranstaltung ca. 25 Teilnehmern nach einer Wiederholung der ökonometrischen Grundlagen, die Kenntnisse zur sachgerechten Nutzung der Modelle – Neuschätzung, Prognose, Simulation und Analyse – zu vermitteln. Als „Beispiel" diente das RWI-Konjunkturmodell, das sich zum damaligen Zeitpunkt seit ca. zehn Jahren in der Anwendung befand. Wesentlich war für die Veranstalter, dass es nicht nur um die technische Beherrschung der einzelnen Schritte der Modellarbeit gehen konnte, sondern gleichermaßen um Fragen der kritischen Beurteilung der Modelle und ihrer Ergebnisse. Es stand von vorneherein auch fest, dass die Mehrzahl der Teilnehmer später wohl kaum selbst ein Modell bauen würde – wohl aber anwenden, vielleicht auch mit dem Erwerb eines Modells oder seiner Dienste befasst sein würden. Kritische Kompetenz sollte vermittelt werden – bislang weder die Stärke der entsprechenden Lehrbücher noch, naturgemäß, der verschiedenen Modellanbieter. Das Konzept der Summerschool war erfolgreich – seit 1987 zog es mehr als 350 Teilnehmer nach Essen – Mitarbeiter aus dem Bankensektor, den Ministerien, dem akademischen Mittelbau, Studenten –, um „Arbeiten mit makroökonometrischen Modellen" zu lernen.

Der vorliegende Band enthält die im Rahmen der Summerschool gehaltenen Vorträge. Zusätzlich aufgenommen wurden zwei Beiträge von Manfred Gilli und Bert Hickman zur qualitativen und quantitativen Strukturanalyse makroökonometrischer Modelle. Die Thematik dieser Beiträge hat in Deutschland erst wenig Beachtung gefunden und wird auch in den anderen Beiträgen des Bandes nur gestreift. Auf die Wiedergabe der Einführungen in die Programmtechnik konnte wegen des Übergangs auf EViews verzichtet werden.

Die Beiträge beschäftigen sich mit der Konstruktion, Schätzung, Evaluation und Simulation struktureller makroökonometrischer Modelle im Sinne des Cowles Comission-Ansatzes, der bis in die 70er Jahre hinein das Feld der empirischen makroökonomischen Forschung eindeutig dominierte und zu einer Vielfalt von Schätz- und Testmethoden geführt hatte (Fair 2000). Die Modellentwicklung selbst konzentrierte sich auf die Vereinigten Staaten. Aufbauend auf den Pionierarbeiten der späteren Nobelpreisträger Jan Tinbergen und Lawrence Klein in den 30er und 40er Jahren entstand in den 50er Jahren – vorwiegend im akademischen Bereich – eine Vielzahl von, aus heutiger Sicht, kleinen Modellen, d.h. mit weniger als 20 Gleichungen (hierzu und zum Folgenden vgl. Heilemann, Wolters 1998). Nicht zuletzt dank der Fortschritte in der EDV-Technik nahmen Anzahl, Umfang und Differenziertheit der Modelle allerdings rasch zu. Ende der 60er Jahre erreichten die Modelle was Anzahl und Umfang anging – oftmals mehr als 400 Gleichungen – einen ersten Höhepunkt. Bekannte Vertreter waren das primär kognitiv ausgerichtete Modell der Brookings Institution, oder politikorientierte Modelle wie das der amerikanischen Zentralbank (FRB-MIT-Penn econometric model) oder kommerziell ausgerichtete wie das von Data Resources, Inc. (DRI) oder von Wharton Econometric Forecasting Association (WEFA). Die Entwicklung in Deutschland folgte der amerikanischen mit etlichen Verzögerungen. Angeführt von Versuchen im akademischen Bereich (Wilhelm Krelle, Heinz König/Vincenz Timmermann, Götz Uebe, Gerd Hansen, Uwe Westphal, Dietrich Lüdeke) schlossen sich bald entsprechende Versuche der Deutschen Bundesbank (Winfrid Jahnke) und der Arbeitsgemeinschaft deutscher wirtschaftswissenschaftlicher Forschungsinstitute an. Aus letzteren ging dann das RWI-Konjunkturmodell (Rainer Rau/Ullrich Heilemann/Heinz-Josef Münch) hervor. Verglichen mit den amerikanischen Modellen waren die deutschen – wie alle europäischen – indessen nicht nur kleiner sondern überwiegend auch vor allem „politikorientiert“.

In den 70er Jahren kühlte das akademische Interesse an den strukturellen ökonometrischen Makromodellen deutlich ab. Dafür waren mehrere Gründe verantwortlich. Zunächst war es die zunehmende Kritik an der keynesianischen Theorie und das Aufkommen des Monetarismus, der stärker an der Schätzung und Analyse reduzierter Formen – wie z.B. der St. Louis-Gleichung – interessiert war („small is beautiful“). Zumal letztere auch versprachen, die empirischen Schwierigkeiten der verschärften Inflationsproblematik und die Verwerfungen im Gefolge der Ölkrisen analytisch und prognostisch besser zu bewältigen als die bisherigen großen Modelle. Hinzu kam zu Beginn der achtziger Jahre die Kritik von Christopher Sims an der a priori Festlegung von endogenen und exogenen Variablen, der aus theoretischer Sicht wenig überzeugenden („incredible“) Nullrestriktionen struktureller Modelle bei der Identifikation der Verhaltensgleichungen und an der ad hoc-Spezifikation der Dynamik. Als Alternative entwickelte er die sogenannten vektorautoregressiven Modelle (VAR). Den stärksten Einfluss auf die Modellentwicklung hatte aber zuvor die Theorie rationaler Erwartungen und die sog. Lucas-Kritik entfaltet. Nach ihr war es nicht sinnvoll möglich, mit Hilfe ökonometrischer Strukturmodelle Politiksimulationen durchzuführen, da sich infolge von Erwartungsänderungen die Struktur der Modelle verändert. Diese Kritik führte u.a. zum Bau sog. CGE (Computable General Equilibrium) Modelle – speziell von RBC (Real Business Cycle)- Modellen. Es kam aber auch zu einer Replik in Gestalt der Modelle der Neuen Keynes'schen Theorie, die ebenfalls auf ökonometrische Schätzungen der Parameter verzichten und sie stattdessen durch „Kalibrierung“ ermitteln.

Diese Entwicklungen ließen die strukturellen ökonometrischen Makromodelle freilich nicht überflüssig werden. Eher war das Gegenteil der Fall, da sich die neuen

Modelle hinsichtlich ihrer Erklärungs-, Simulations- oder Prognoseleistungen keinesfalls als den „alten" überlegen zeigten. Die Lucas-Kritik hat sich als empirisch wenig relevant erwiesen – vor allem in nahezu linearen Modellen und die VAR-Modelle kommen zur Identifikation von Schocks nicht ohne a priori Restriktionen struktureller Art aus. Die CGE-Modelle sind zwar theoretisch beeindruckend, sie werden aber keinen ernsthaften statistischen Tests unterworfen, und ihre Ergebnisse sind z.T. sehr zweifelhaft – ganz zu schweigen von ihrer naturgemäß bescheidenen Prognoseleistung.

Hinzu kommt, dass auch die Entwicklung struktureller, simultaner ökonometrischer Makromodelle nicht stehen geblieben war (Evans 2003). Es entstanden Modelle mit rationalen oder besser modellkonsistenten Erwartungen, die Angebotsseite bzw. die „klassischen" Elemente erfuhren Verstärkung – die theoretische Basis war stets eklektisch! –, und die Spezifikation der Dynamik wurde verbessert. Hinzu traten neue Schätz- und Testverfahren, neue Wege in der modernen Zeitreihenanalyse (Kointegration, Fehlerkorrekturmodelle) fanden Eingang in die Modellierung. Die Anwendung der Modelle wurde zunehmend professionalisiert. Kurz, im Modellbau kam es zu einem – wie Alan Blinder (1992) formulierte – new macroeconomic consensus. Nach wie vor finden die Modelle daher nicht nur im Privaten Sektor, sondern auch im Politikbereich, etwa bei Zentralbanken (Fagan, Henry, Mestre 2003), internationalen Organisationen wie IMF oder OECD (Ray, Turner 2003), Anwendung und Beachtung (Blinder, Yellen 2001). Parallel zu dieser Annäherung unterschiedlicher theoretischer Positionen ist eine Differenzierung des Modellangebots und seiner Nutzung zu beobachten: Notenbanken und internationale Organisationen verfügen heute über ein breit gefächertes Modellangebot, das ihnen die Problemanalyse aus unterschiedlichen Perspektiven ermöglicht (Fagan, Henry, Mestre 2003). Gemessen an den Erwartungen, die ursprünglich an die Ökonometrie und den makroökonometrischen Modellbau mit Bezug auf Hypothesenselektion geknüpft waren, ist dies gewiss eine Enttäuschung, gemessen an den Modellerfahrungen handelt es sich aber – bis auf weiteres – um eine pragmatische Antwort auf die Erfahrung, dass eben kein Modell alles kann. Unterschiedliche Zwecke erforschen unterschiedliche Modelle.[1]

Die im Folgenden wiedergegebenen Beiträge lassen sich drei Komplexen der Modellarbeit zuordnen. Den ersten Komplex bilden die methodischen bzw. ökonometrischen Grundlagen. Die Beiträge haben mehrheitlich praktisch Lehrbuchcharakter, hinsichtlich der Behandlung von dynamischen Spefizikationen und bei nichtstationären Zeitreihen- und Mehrgleichungssystemen gehen sie aber über das in deutschen Texten gebotene deutlich hinaus. Den Auftakt bildet der Beitrag von Walter Assenmacher. Er stellt die Eigenschaften guter statistischer Schätzungen vor und fasst die wesentlichen Ergebnisse des klassischen linearen Regressionsmodells zusammen. Ferner präsentiert er die Möglichkeiten und Probleme unterschiedlicher Hypothesentests und erörtert Lösungen zu Problemfällen wie Multikollinearität, Autokorrelation und Heteroskedastizität. Der Beitrag von Jürgen Wolters setzt sich vor allem mit der dynamischen Spezifikation von Regressionsmodellen auseinander. Insbesondere werden Modelle mit distributed lags behandelt, namentlich deren ökonomische Begründungen sowie Verallgemeinerungen in Form von rationalen lag-Verteilungen und Allgemeine Distributed Lag (ADL)-Modellen. Darüber hinaus

[1] Zu einem aktuellen Überblick über die deutsche Modelllandschaft in den 90er Jahren vgl. die Beiträge in Heilemann, Wolters (Eds.) 1998.

beschäftigt sich der Verfasser mit der Kointegration von Zeitreihen und der Schätzung von Modellen mit verteilten lags. Uwe Hassler vertieft in seinem Beitrag den Kointegrationsansatz und wendet sich einer speziellen Klasse von nichtstationären Zeitreihen zu. Auch in der Analyse solcher Zeitreihen stellt dieser Ansatz einen wichtigen Fortschritt dar und stärkt die Verbindung von moderner Zeitreihenanalyse und Ökonometrie. Auf dieser Grundlage entwickelt der Verfasser dann seinen „Leitfaden" zum Testen und Schätzen von Kointegrationsbeziehungen. Abschluss dieses Teils bildet der Beitrag von Werner Gaab, der sich mit interdependenten Mehrgleichungsmodellen beschäftigt. Nach den grundlegenden Strukturen bzw. Formen dieser Modelle behandelt er Fragen der Identifikation und Schätzprobleme. Dabei wird – wie in allen Beiträgen des Bandes – weniger Wert auf formale Ableitungen gelegt, sondern auf die Lösung von Problemen, die sich bei der konkreten Modellarbeit stellen. Besondere Aufmerksamkeit finden Fragen der Simulation und deren Beitrag zur Bestimmung der Modelleigenschaften sowie Probleme der Prognoseerstellung und der Politiksimulation.

Den zweiten Komplex bildet die empirische Basis der „Arbeit mit ökonometrischen Modellen". Zunächst gibt Ullrich Heilemann einen Überblick über die Entwicklung des RWI-Konjunkturmodells, dessen theoretischen und empirischen Grundlagen und Prognose- und Simulationsleistungen sowie dessen weitere Perspektiven. Bei dem Modell handelt es sich um ein mittelgroßes Modell, das seit 30 Jahren zur Prognose und Simulation der gesamtwirtschaftlichen Entwicklung in Deutschland Verwendung findet und das als repräsentativ für diese Klasse anzusehen ist. Gemeinsam mit dem Modell der Deutschen Bundesbank zählt es zu den ältesten kontinuierlich gepflegten und angewandten Modellen der Bundesrepublik. Es vertritt Deutschland im *Project* LINK, einem UN-Projekt, das von Lawrence Klein initiiert wurde. Dieser Verbund umfasst mittlerweile mehr als 100 nationale Modelle, die regelmäßig zur „simultanen" Prognose und Simulation der weltwirtschaftlichen Entwicklung verwendet werden. Sandra Renn und Ullrich Heilemann widmen sich dann in einem Beitrag nochmals den vielfältigen Formen und Möglichkeiten der Simulation makroökonometrischer Modelle bzw. des RWI-Konjunkturmodells.

Der dritte Komplex schließlich gilt den Möglichkeiten der qualitativen Strukturanalyse und der empirischen Ableitung der implizierten aggregierten Angebots- und Nachfragereaktion ökonometrischer Modelle – zwei Aspekte, die in die deutsche Modellarbeit bislang leider noch kaum Eingang gefunden haben. Manfred Gilli setzt sich mit der logischen Struktur von großen dynamischen interdependenten ökonometrischen Modellen auseinander und diskutiert Techniken zur Untersuchung ihrer qualitativen Eigenschaften, insbesondere ihrer Kausalstruktur. Ziel dieser Verfahren ist es, große Modelle mit z.T. mehreren hundert Gleichungen, die für den Betrachter zunächst nicht durchschaubar sind, auf ihre wesentlichen Eigenschaften zurückzuführen. Zur Illustration wendet Gilli seine Verfahren auf das RDX2-Modell der Bank of Canada an und gelangt dabei zu Einblicken in die Interdepenenzstrukturen, wie sie weder durch „Lektüre" des Modells noch durch traditionelle Simulation zu gewinnen sind. Ein häufiger Vorwurf gegenüber makroökonometrischen Modellen lautet, sie seien zu komplex und ihre Reaktionen zu schwer zu durchschauen und zu beurteilen. Bert Hickman zeigt im letzten Beitrag wie auf der Grundlage kurzfristiger Multiplikatoren und Elastizitäten die IS/LM- sowie die aggregierten Angebots-/Nachfragestrukturen extrahiert werden können. Damit wird es möglich, die Eigenschaften großer Modelle in gängigen Termini der makroökonomischen Theorie zu beschreiben und zu beurteilen. Vor allem aber wird so der Vergleich von großen Modellen oder von Modellversionen für Dritte entschieden erleichtert.

Die Beiträge sind in sich abgeschlossen, wichtige Verbindungen untereinander werden durch Verweise deutlich gemacht. Überschneidungen, die nicht auszuschließen waren, sollten den Leser nicht irritieren. Sie führen letztlich vor Augen, dass viele der verwendeten Konzepte und Vorgehensweisen auch nach mehr als 30 Jahren intensiver Modellforschung und -arbeit noch längst nicht kanonisiert sind. Vieles, was früher wegen unzureichender EDV- und Programmkapazitäten oder prohibitiv hoher Rechenkosten nicht möglich war, steht heute beinahe auf Tastendruck zur Verfügung. Wichtig ist – und das ist eine wichtige Erfahrung der Teilnehmer der Summerschool – dass der Leser sich möglichst rasch selbst ans Werk macht[2] oder sein Verständnis anhand der Modelllektüre überprüft. Die Erfahrungen der Summerschool lassen erwarten, dass auch in diesem Fall der Appetit beim Essen kommt und auch der Leser wird bald feststellen, dass es noch viel zu tun gibt.

Der Erfolg der Summerschool ist vielen geschuldet. Stellvertretend seien hier nur Dr. György Barabas, Dipl.-Betriebswirt Karl-Heinz Herlitschke, Dipl.-Mathematiker Heinz Josef Münch und Dr. Torsten Schmidt genannt. Die Erstellung und Bearbeitung des vorliegenden Manuskriptes besorgte wie stets mit viel Engagement und Können Claudia Lohkamp. Die Produktion des vorliegenden Bandes und die Durchführung der Summerschool wären nicht ohne langjähriges, erhebliches Engagement der Fördergesellschaft des RWI möglich gewesen. Dafür sei ihr herzlich gedankt.

---

[2] Das RWI-Konjunkturmodell steht allen Interessierten auf Anfrage in einer EViews-Version für Lehr- und Forschungszwecke kostenlos zur Verfügung.

Literaturverzeichnis

Blinder, A.S. (1992): Comment: Déjà vu all over again. In: Belgonia, M.T., Garfinkel, M.R. (Eds.), The Business Cycle: Theories and Evidence. Proceedings of the Sixteenth Annual Economic Policy Conference of the Federal Reserve Bank of St. Louis. Kluwer, Boston, 189–196

Blinder, A.S., Yellen, J. (2001): The fabulous decade. Macroeconomic lessons from the 1990s. (A Century Foundation Report.) Century Foundation Press: New York, NY

Evans, M.K. (2003): Practical business forecasting. Blackwell: Oxford

Fagan, G., Henry, J., Mestre, R. (2003): Structural Modelling of the Euro Area. In: Hall, S.G. et al. (Eds.)

Fair, R. C. (2000): Structural macroeconomic modelling and the „modern“ view of macroeconomics. Cowles Foundation, Yale

Hall, S.G., Heilemann, U., Pauly, P. (Eds.) (2003): Macroeconometric Models and European Monetary Union. RWI : Schriften. Duncker & Humblot, Berlin (erscheint demnächst)

Heilemann, U., Wolters (1998): Gesamtwirtschaftliche ökonometrische Modelle: Einführung und Zusammenfassung. In: Heilemann, U., Wolters, J (Eds.), 13–26

Heilemann, U., Wolters, J. (Eds.) (1998): Gesamtwirtschaftliche Modelle in der Bundesrepublik Deutschland: Erfahrungen und Perspektiven. Schriftenreihe des RWI 61. Duncker & Humblot, Berlin

Ray, D., Turner, D. (2003): A Small Global Forecasting Model. In: Hall, S.G. et al. (Eds.)

Das klassische lineare Einzelgleichungs-regressionsmodell

Walter Assenmacher[1]

1. Entstehung und Aufgabe der Ökonometrie

Am Abend des 29. Dezember 1930 traf sich auf Einladung der Professoren Irving Fisher, Ragnar Frisch und Charles Roos in Cleveland, Ohio, eine Gruppe von Ökonomen, Statistikern und Mathematikern, um eine neue Gesellschaft, die „Econometric Society", zu gründen. Diese Versammlung gilt als die Geburtsstunde einer selbständigen wirtschaftswissenschaftlichen Disziplin, der Ökonometrie. Damit begann ein wissenschaftliches Forschungsprogramm, das ständig expandiert und immer mehr die ökonomische Forschung durchdringt.

Um die Aufgabe der Ökonometrie zu beschreiben, ist es nützlich, von dem Begriff selbst auszugehen. Wörtlich genommen bedeutet Ökonometrie das Messen wirtschaftlicher Phänomene. Damit ist eine weite Aufgabenbeschreibung möglich. Die Ökonometrie befasst sich mit der quantitativen Analyse aktueller ökonomischer Vorgänge und stellt somit das Bindeglied zwischen der ökonomischen Theorie und der wirtschaftlichen Realität dar. Um die wirtschaftliche Realität, die datenmäßig von der Wirtschafts- und Sozialstatistik aufbereitet wird, mit einer ökonomischen Theorie zu verbinden, sind deren Ergebnisse zu formalisieren. Dies führt, je nach betrachteter Problemstellung, zu einer Gleichung oder zu einem System von Gleichungen mit zunächst numerisch unbestimmten Parametern, die dann mit geeigneten Verfahren unter Ausnutzung des Datenmaterials quantifiziert werden. An dieser sehr allgemein gehaltenen Aufgabenbeschreibung wird deutlich, dass die Ökonometrie als konstitutive Elemente bestimmte Gebiete der Mathematik, Statistik und Wirtschaftstheorie enthält. Eine differenziertere Aufgabenbeschreibung führt zu den fünf wichtigsten Forschungsrichtungen der Ökonometrie:

(1) Entwicklung von geeigneten Schätzverfahren für die numerisch unbestimmten Parameter,

(2) quantitative Beschreibung der ökonomischen Realität,

(3) Testen von ökonomischen Hypothesen,

(4) Erstellen von Prognosen,

(5) Simulation der Auswirkungen veränderter Bedingungen.

Die Entwicklung geeigneter Schätzverfahren ist Erkenntnisgegenstand der theoretischen Ökonometrie, während die Forschungsrichtungen (2) bis (5) der angewandten Ökonometrie zuzurechnen sind. Ökonometrische Forschung mit dem Schwerpunkt

---

[1] Universität Duisburg-Essen, Standort Essen, Fachgebiet Statistik und Ökonometrie, Universitätsstraße 12, D-45117 Essen.

auf Gebiet (1) hat enge Beziehungen zur mathematischen Statistik. Liegen die Schwerpunkte auf den Gebieten (2) und/oder (3), besteht eine starke Wechselbeziehung mit der ökonomischen Theorie. Ein Beispiel verdeutlicht dies. Nach der absoluten Einkommenshypothese hängt die Konsumnachfrage C_t einer Periode t nur vom Einkommen Y_t derselben Periode ab: $C_t = C(Y_t)$. Von der marginalen Konsumneigung $dC_t / dY_t := c$ wird angenommen, dass sie im Intervall $0 < c < 1$ liegt. Dieser rein theoretische Zusammenhang wird von der Ökonometrie quantifiziert. Zunächst muss die absolute Einkommenshypothese formalisiert werden. Hierzu bietet sich eine inhomogene, lineare Spezifikation an: $C_t = c_0 + cY_t, c_0$: autonome Konsumnachfrage. Die Anwendung ökonometrischer Verfahren führt zu einer Schätzung der Parameter c_0 und c und damit zu einer quantitativen Beschreibung des Konsumentenverhaltens z.B. in der Form:

$$C_t = 9{,}15 + 0{,}6Y_t.$$

Bei einem Test der in dieser Funktion enthaltenen Konsumhypothese ist zu prüfen, ob die geschätzte marginale Konsumneigung $c = 0{,}6$ signifikant von null abweicht, da bei $c = 0$ von Y_t kein Einfluss auf C_t ausgeht. Hypothesentests sind daher ein bedeutendes Anwendungsgebiet der Ökonometrie.

Die Ökonometrie steht in besonderer Nähe zur Wirtschaftspolitik, wenn ihre Schwerpunkte aus den Gebieten (4) und/oder (5) stammen. Sowohl die Prognose relevanter ökonomischer Variablen, wie z.B. die Wachstumsrate des Inlandsprodukts, die Inflationsrate oder die Arbeitslosenquote als auch die Simulation der Auswirkungen gravierender Änderungen der ökonomischen Rahmenbedingungen, wie z.B. der Steuersätze, aber auch Auswirkungen der Umweltbelastung sind für Wirtschaftspolitiker wichtige Informationen für ihre auf die Zukunft gerichteten Entscheidungen.

Obwohl ursprünglich für makroökonomische Zusammenhänge konzipiert, ist die Anwendung der Ökonometrie hierauf nicht beschränkt. Sie wird in immer stärkerem Maße bei der Entscheidungsfindung in Unternehmen eingesetzt. Denn ebenso wie Wirtschaftspolitiker sind auch Manager an guten Schätzungen, z.B. der Nachfragefunktion für ihre Produkte und an genauen Prognosen, z.B. für die Zinssatzentwicklung oder für die Absatzentwicklung ihrer Konkurrenzprodukte, interessiert. Um hierfür fundierte Ergebnisse vorlegen zu können, sind die Methoden der Ökonometrie unverzichtbar.

2. Spezifikation der Regressionsgleichung

2.1 Systematischer und stochastischer Teil

Ökonomische Theorien versuchen, bestimmte Teilausschnitte der wirtschaftlichen Realität möglichst genau zu beschreiben und ihre Erscheinungsformen zu erklären. Da selbst Teilausschnitte noch äußerst komplex sind, muss jede Theorie zwei Anforderungen genügen: Erstens sollte sie alle wesentlichen Faktoren bei der Erklärung eines bestimmten Phänomens heranziehen und zweitens ist von vernachlässigbar kleinen Einflüssen zu abstrahieren. Die Erklärung erfolgt dann bei den meisten ökonomischen Theorien nach dem Kausalprinzip. Für eine i. d. R. beobachtbare Wirkung, z.B. Anstieg des Preisniveaus, werden die vermuteten Ursachen angegeben. Bei dieser Erklärungsstrategie bedient sich die Wirtschaftstheorie drei verschiedener Satztypen: analytische, normative und hypothetische Sätze. Analytische Sätze umfassen Definitionen und Identitäten; ein Beispiel hierfür ist die Definition der Kapitalintensität als Verhältnis des Produktionsfaktors Kapital zum Produktionsfaktor Arbeit. Zu den normativen Sätzen zählen alle Gleichgewichtsbedingungen. In hypothetischen Sätzen werden den Erscheinungsformen der Realität vermutete Ursachen zugeordnet. Sie lassen sich in drei Gruppen unterteilen:

(1) technische Relationen (z.B. die Produktionsfunktion),

(2) institutionelle Relationen (z.B. die Steuertariffunktion),

(3) Verhaltensgleichungen (z.B. die absolute Einkommenshypothese).

Schon an dieser kurzen Charakterisierung der verschiedenen Satztypen wird deutlich, dass die hypothetischen Sätze die Grundlage der angewandten Ökonometrie bilden, da nur in ihnen numerisch unbekannte Parameter vorkommen. Hypothetische Sätze stellen bei der ökonometrischen Analyse den systematischen Teil dar, weil in ihnen das Ergebnis ökonomischen Räsonnements zum Ausdruck kommt.

Die durch den notwendigen Abstraktionsprozess ausgeschlossenen Einzeleinflüsse werden in einem stochastischen Teil zusammengefasst. Dieser Teil enthält zudem noch Messfehler, die u.a. aus dem Adäquationsproblem resultieren. Ein Adäquationsproblem liegt vor, wenn die Zählbegriffe der Statistik und die Begriffe der Wirtschaftstheorie nicht ganz deckungsgleich sind. Schließlich kann argumentiert werden, dass menschliches Verhalten immer in gewissem Umfang zufallsbedingt ist. Selbst bei gleichbleibenden Rahmenbedingungen werden die Pläne der Wirtschaftssubjekte von Planperiode zu Planperiode variieren. Auch der Berücksichtigung dieses Zufallseinflusses dient der stochastische Teil.

2.2 Variablentypen der Regressionsgleichung

Im systematischen Teil ist festgelegt, was wodurch erklärt werden soll. Zwecks Vereinfachung sei angenommen, dass die Erklärung nur für eine Wirkung, und nicht für ein Wirkungsbündel, erfolgt. Die Wirkung und ihre Ursachen werden als Variablen aufgefasst, deren Kausalstruktur in einer funktionalen Verknüpfung zum Ausdruck kommt. Damit erfolgt ein Transfer der Erklärung der Wirkung auf Wirkungsänderungen. Die absolute Einkommenshypothese erklärt nicht nur die Konsumnachfrage als abhängig vom Einkommen, sondern gibt auch an, wie sich die Konsumnachfrage ändert, wenn das Einkommen variiert. Zwecks Systematisierung heißt die Wirkung ab jetzt die zu erklärende bzw. endogene Variable oder Regressand und wird mit y bezeichnet. Die Ursachen erhalten das Symbol $x_k, k=1,...,K$ und werden erklärende bzw. exogene Variablen oder Regressoren genannt. Der Index k legt genau eine Ursache fest. Die erste Stufe der Formalisierung des systematischen Teils wird somit gegeben durch:

(2.1) $$y = f(x_1,...,x_K)$$

Kommt es vor, dass die endogene Variable y auch von Werten abhängt, die sie in vorangegangenen Perioden angenommen hat, so kennzeichnet man diese gemäß ihrer Verzögerungen mit y_{t-1}, y_{t-2} usw. und nennt sie verzögert endogene Variablen. Verzögert endogene und exogene Variablen zusammen ergeben die vorherbestimmten bzw. determinierten Variablen. Die Bezeichnung resultiert daraus, dass diese Variablen als Ursache zumindest in einem logischen Sinne vor der Wirkung y eingetreten sein müssen.

Der gesamte stochastische Teil wird durch eine einzige Variable erfasst, die das Symbol u erhält. Im Gegensatz zu den endogenen und exogenen Variablen ist diese nicht direkt beobachtbar, da sie im Wesentlichen unbekannte Einflüsse repräsentiert. Um diese Eigenschaft hervorzuheben, nennt man sie latente Variable; häufiger ist jedoch ihre Bezeichnung als Störvariable, um die aus ihrem Zufallscharakter resultierenden "Störungen" des systematischen Teils zu betonen.

2.3 Die Wahl des Funktionstyps

Die meisten ökonomischen Theorien sind nicht so weit entwickelt, dass sie über die Angabe des systematischen Teils in der Form (2.1) hinaus noch die Funktion f präzisieren. Es ist dann Aufgabe des Ökonometrikers, hierfür geeignete Spezifikationen anzugeben. Die Festlegung des Funktionstyps richtet sich nach den a priori Informationen, die mit der ökonomischen Theorie zur Verfügung stehen. Diese Informationen beziehen sich meist auf die Vorzeichen der Parameter (Richtung der Abhängigkeit) und auf die Elastizitäten (Stärke der Abhängigkeit). Ist z.B. der Zusammenhang zwischen endogener und exogener Variablen isoelastisch, gibt nur die Potenzfunktion diese Eigenschaft wieder.

Erst wenn alle Funktionen konkretisiert sind, ist es möglich, die in ihnen enthaltenen Parameter ökonometrisch zu schätzen. Hierzu werden die konkreten Ausgangsfunktionen in Schätzgleichungen bzw. Regressionsgleichungen überführt. Bei der Festlegung der Regressionsgleichung lässt man sich weitgehendst von Einfachheitsüberlegungen leiten. Sowohl für den systematischen Teil als auch für seine Verknüpfung mit dem stochastischen Teil wählt man einen linearen Ansatz (Linearhypothese)[2], wobei sich die Linearität auf Variablen und Parameter bezieht. Gleichung (2.1) geht dann über in:

(2.2)
$$y = \pi_1 x_1 + \pi_2 x_2 + \ldots + \pi_K x_K + u$$
y: Regressand, u: Störvariable,
x_k: Regressor, π_k: Parameter, $k = 1, \ldots, K$.

Gleichung (2.2) heißt multiple oder multivariate Regressionsgleichung. Um das konstante Glied darstellen zu können, wird der Variablen x_1 der Wert eins zugeordnet; man nennt sie daher auch Scheinvariable. Eine einfache bzw. univariate Regressionsgleichung liegt vor, wenn sie außer der Scheinvariablen nur noch einen zusätzlichen Regressor enthält: $y = \pi_1 + \pi_2 x_2 + u$: Kommt keine Scheinvariable vor, spricht man von einer homogenen Regressionsgleichung. Gleichung (2.2) erfüllt die

[2] Eine wissenschaftstheoretische Begründung der Linearhypothese in der Ökonometrie findet man bei Assenmacher (1985).

Linearitätsannahme, da die Variablen und die Parameter nur in der ersten Potenz vorkommen. In den beiden nachstehenden Beispielen stellt Spezifikation (a) eine in den Parametern nichtlineare, aber in den Variablen lineare Funktion dar, während (b) eine in den Parametern lineare, aber in den Variablen nichtlineare Funktion wiedergibt:

$$\text{(a) } y = \pi_1 x_1 + \frac{1}{\pi_2} x_2 + \pi_2 \pi_3 x_3 + u \quad \text{und}$$

$$\text{(b) } y = \pi_1 x_1 + \pi_2 x_2^{\frac{1}{2}} + u.$$

Beide Formen oder ihre Kombination schließt die eingeführte Linearhypothese aus.

Liegt die Ausgangsfunktion bereits in linearer Form vor, entspricht sie ihrer Schätzgleichung; ist dies nicht der Fall, erhält man die Schätzgleichung nach Linearisierung der Ausgangsfunktion. Zwei Beispiele verdeutlichen die Vorgehensweise. Eine Cobb-Douglas-Produktionsfunktion wird durch eine Logarithmustransformation linearisiert. Damit nach der Transformation stochastischer und systematischer Teil additiv verknüpft sind, müssen beide Teile in der Ausgangsfunktion multiplikativ verbunden sein, und der stochastische Teil ist als Exponentialfunktion darzustellen. Aus $y = ax_1^{\alpha} x_2^{\beta} e^{u}$ folgt dann die doppelt logarithmische Funktion: $\ln y = \ln a + \alpha \ln x_1 + \beta \ln x_2 + u$. Die Definitionen $y^* := \ln y$, $x_i^* := \ln x_i$, $i = 1{,}2$ und $a^* := \ln a$ erzeugen eine in den Parametern und Variablen lineare Funktion:

$$y^* = a^* + \alpha x_1^* + \beta x_2^* + u.$$

Soll in der Konsumfunktion die marginale Konsumneignung mit der Einkommenshöhe variieren und spezifiziert man deshalb die Konsumfunktion als $C = c_0 + cY^{1/2} + u$, wird die Linearisierung mit der Transformation $Y^* := Y^{1/2}$ erreicht: $C = c_0 + cY^* + u$. Die Linearisierung dreier weiterer, nichtlinearer Funktionen gibt Übersicht 1 wieder. In der ersten Spalte stehen die Ausgangsfunktionen, die zweite Spalte enthält die Transformationen, die analog zu obiger Vorgehensweise in die lineare Form

$$y^* = \pi_1 x_1^* + \pi_2 x_2^* + \ldots + \pi_K x_K^* + u^*$$

gebracht werden können.

Mit der Wahl linearer Funktionen als Regressionsgleichungen ist ein weiterer Vorteil verbunden, der in den folgenden Abschnitten deutlich wird. Von allen Funktionstypen benötigt man bei linearen Funktionen und gegebener Anzahl an erklärenden Variablen die geringste Mindestanzahl an Beobachtungen zur Schätzung ihrer Parameter. Dies liegt daran, dass die Parameter der linearen Funktion $y = \pi_1 + \pi_2 x_2$ bereits durch zwei Punkte festgelegt werden, deren Koordinaten die Beobachtungen für y und x_2 sind. Für die quadratische Funktion $y = \pi_1 + \pi_2 x_2 + \pi_3 x_2^2$ benötigt man, obwohl sie dieselbe Anzahl an erklärenden Variablen wie die lineare Funktion enthält, zur Festlegung ihrer Parameter bereits drei Punkte und daher für y und x_2 jeweils drei Beobachtungen. Damit steht aber bei linearen Funktionen zur Quantifizierung des stochastischen Teils eine maximale Anzahl der immer in endlichem, meist kleinem Umfang vorliegenden Beobachtungen zur Verfügung. Es ist intuitiv ein-

Übersicht 1

Zur Linearisierung nichtlinearer Funktionen	
Ausgangsfunktion*	Transformation
reziproke Funktion: $y = \frac{1}{\sum \pi_k x_k + u}$	invers-lineare Funktion: $\frac{1}{y} = \sum \pi_k x_k + u$
Exponentialfunktion: $y = \exp \sum \pi_k x_k + u$	links halblogarithmische Funktion: $\ln y = \sum \pi_k x_k + u$
$y = \exp \sum \frac{\pi_k}{x_k} + u$	Loghyperbelfunktion: $\ln y = \sum \pi_k \frac{1}{x_k} + u$
*) Die Summe wird hier immer für $k = 1$ bis $k = K$ gebildet. Zwecks Vereinfachung entfallen beim Summenzeichen die Angaben der Grenzen. exp (.) bedeutet $e^{(.)}$.	

leuchtend, dass die Verlässlichkeit der Schätzung von Zufallsgrößen mit der Anzahl der Beobachtungen steigt.

2.4 Die Datengewinnung

Die Schätzung der in der Regressionsgleichung (2.2) enthaltenen Parameter erfolgt auf der Basis tatsächlicher Beobachtungen. Diese Beobachtungen können auf drei verschiedenen Wegen gewonnen werden. Als Querschnitt- oder Längsschnittdaten und als Kombination beider Erhebungstechniken. Bei Querschnittdaten werden Beobachtungen für die Variablen an unterschiedlichen Merkmalsträgern, aber immer für dieselbe Periode (Zeitpunkt), erhoben (Beispiel: Volkszählung). Dieses Verfahren liefert überwiegend mikroökonomisches Datenmaterial. Bei Merkmalsträgern mit makroökonomischer Dimension, wie dies z.B. bei einem Ländervergleich der Fall ist, gewinnt man mit einer Querschnitterhebung makroökonomische Daten.

Längsschnittdaten, auch Zeitreihe genannt, liegen vor, wenn sich die Beobachtungen für aufeinander folgende, meist gleich lange Perioden auf denselben Merkmalsträger beziehen. Es kann sich dabei sowohl um mikro- als auch makroökonomische Daten handeln. Die Kombination beider Erhebungsarten liefert Daten für dieselben Merkmalsträger zu verschiedenen Perioden. Man bezeichnet sie als Paneldaten oder kurz Panel.

Da in der angewandten Makroökonometrie die Längsschnitterhebung dominiert, soll diese den folgenden Ausführungen zugrunde liegen. Die Regressionsgleichung (2.2) gilt dann für alle Perioden, für die Beobachtungen herangezogen werden. Um dies formal zu berücksichtigen, versieht man alle Variablen der Regressionsgleichung mit einem Zeitindex t, und lässt t die Werte 1 bis T durchlaufen:

$$(2.3) \qquad y_t = \pi_1 x_{t1} + \pi_2 x_{t2} + \ldots + \pi_K x_{tK} + u_t, \\ x_{t1} = 1 \text{ für } t = 1, \ldots, T.$$

Da ökonomische Verhaltensgleichungen im Gegensatz zu den meisten naturwissenschaftlichen Gesetzen immer nur zeitlich begrenzt gültig sind, sollten nur solche Beobachtungen zur Schätzung der Parameter verwendet werden[3], die unter gleich bleibenden allgemeinen ökonomischen Bedingungen realisiert wurden. Bestünde auch in den Wirtschaftswissenschaften die Möglichkeit kontrollierbarer Experimente, wäre diese Bedingung leicht einzuhalten, und die Datenbasis könnte einen beliebigen Umfang annehmen. Da dies im Allgemeinen jedoch nicht möglich ist, muss man sich bei der Festlegung des Stützzeitraumes auf a priori Kenntnisse verlassen. Der Umfang T bzw. die Länge des Stützzeitraumes kann i. d. R. nicht beliebig groß gewählt werden.

Um die Daten des Stützzeitraumes zu ordnen, hat sich ihre Zusammenfassung zu einer Beobachtungsmatrix bewährt. Alle Beobachtungen mit demselben Zeitbezug werden als eine Zeile geschrieben:

$$\begin{bmatrix} y_1 \; x_{11} \; ... x_{1K} \\ \vdots \quad \vdots \qquad \vdots \\ y_T \; x_{T1} \; ... x_{TK} \end{bmatrix} \begin{matrix} \leftarrow \text{ Beobachtungstupel für die 1. Periode} \\ \\ \leftarrow \text{ Beobachtungstupel für die T-te Periode} \end{matrix}$$

Die Spalten dieser Matrix stellen die Zeitreihe der entsprechenden Variablen dar. Sollen die Beobachtungen für die endogenen Variablen von denen der exogenen Variablen getrennt werden, zerlegt man die Matrix nach der ersten Spalte. Die Beobachtungen für y bilden einen Spaltenvektor, die Beobachtungen für die Regressoren ergeben eine Matrix $\mathbf{X}$ der Ordnung $T \times K$, wobei im Falle einer inhomogenen Regression alle Elemente der ersten Spalte wegen $x_{t1} = 1$ den Wert 1 haben.

$$\mathbf{y} := \begin{bmatrix} y_1 \\ \vdots \\ y_T \end{bmatrix}, \quad \mathbf{X} := \begin{bmatrix} 1 \; x_{12} \; ... x_{1K} \\ \vdots \;\; \vdots \qquad \vdots \\ 1 \; x_{T2} \; ... x_{TK} \end{bmatrix}.$$

Die Beobachtungen der Variablen einer Regressionsgleichung gewinnt man durch direktes Messen. Die generelle Vorgehensweise ist meist durch das Untersuchungsobjekt bestimmt, denn in der systematischen Komponente sind alle beobachtbaren Variablen bereits theoretisch spezifiziert. Trotzdem können selbst bei einfachen Zusammenhängen erhebliche Probleme bei der Festlegung des konkreten Messverfahrens eintreten. Ein Beispiel soll dies verdeutlichen. In einem einfachen Regressionsansatz sei y_t die Nachfrage nach Personenkraftwagen in einem Jahr und x_{t2} der Preis. Misst man y_t als Anzahl verkaufter Autos, werden Markenunterschiede verwischt. Um Unterschiede zu berücksichtigen, müsste y_t als Wertgröße (Menge multipliziert mit dem Preis) gemessen werden. Diese Vorgehensweise basiert aber auf der Annahme, dass der Preis positiv mit der Qualität korreliert. Bezieht sich die Variable y_t auf ein Jahr, muss auch x_{t2} denselben Zeitbezug haben. Was ist aber der Jahrespreis für Personenkraftwagen, wenn unterschiedliche Fabrikate existieren und deren Preise innerhalb eines Jahres schwanken? Es wäre sicherlich nicht sachad-

---

3 Zur Behandlung dieser Problematik in der Praxis des Modellbaus vgl. den Beitrag von Heilemann in diesem Band.

äquat, den Preis eines beliebigen PKW's in einer bestimmten Periode, z.B. eines Monats, heranzuziehen. Vielmehr ist ein gewichteter Jahresdurchschnitt zu bilden. Ein weiteres Messproblem ergibt sich, wenn für die theoretisch korrekte Variable keine oder nur unzureichende Beobachtungen vorliegen. Man ersetzt diese Variable dann durch eine Proxy-Variable. Bei der Auswahl der Proxy-Variablen ist darauf zu achten, dass sie mit der zu ersetzenden Variablen stark korreliert. Da für die theoretisch korrekte Variable nur eine unzureichende Datenbasis vorliegt, ist diese Forderung nicht leicht zu erfüllen. Es ist daher ratsam, alle Gründe, die zur Wahl einer bestimmten Proxy-Variablen führen, darzulegen. Schließlich können in einem Regressionsansatz Variablen vorkommen, die aufgrund ihrer inhaltlichen Festlegung nicht quantifizierbar sind, wie z.B. bei Geschlecht, Religionszugehörigkeit, Familienstand oder saisonalen Einflüssen. Solche Variablen müssen durch Dummy-Variablen ersetzt werden. Lassen z.B. sozio-ökonomische Erkenntnisse vermuten, dass das Niveau der nachgefragten Menge eines Gutes y nicht nur von seinem Marktpreis x_2, sondern auch vom Geschlecht des Nachfragers abhängt, nimmt man in die Regression die Dummy-Variable x_3 auf, mit dem Wert 1 bei weiblichen und dem Wert 0 bei männlichen Nachfragern (oder umgekehrt):

$$y_t = \pi_1 x_{t1} + \pi_2 x_{t2} + \pi_3 x_{t3} + u_t,$$

$$x_{t3} = \begin{cases} 1, & \text{weiblich} \\ 0, & \text{männlich} \end{cases}.$$

Die Nachfragefunktion männlicher Wirtschaftssubjekte erhält man hier für $x_{t3} = 0$ als $y_{m,t} = \pi_1 x_{t1} + \pi_2 x_{t2} + u_t$. Der Koeffizient π_3 gibt daher an, um welchen Betrag die Nachfrage weiblicher Wirtschaftssubjekte von derjenigen männlicher Wirtschaftssubjekte abweicht.

Hat eine qualitative Variable m Merkmalsausprägungen, $m \geq 2$, dann sind bei einer inhomogenen Regression $m-1$ Dummy-Variablen aufzunehmen. Ist die Regressionsgleichung homogen, können sich Anzahl der Dummy-Variablen und der Merkmalsausprägungen entsprechen. Auch bei $m \geq 2$ nehmen die Dummy-Variablen nur die Werte null und eins an; den Wert eins, wenn die durch die Dummy-Variable erfasste Merkmalsausprägung vorliegt, den Wert null sonst. Wegen dieser Eigenschaft heißen Dummy-Variablen oft auch binäre Variablen oder (0,1)-Regressoren.

Die bis jetzt dargestellten Zusammenhänge lassen sich anhand eines Streudiagramms für die einfache Regression $y_t = \pi_1 + \pi_2 x_{t2} + u_t$ veranschaulichen. In Abbildung 1 sind an der Abszisse der Regressor x_{t2}, an der Ordinate die endogene Variable y_t abgetragen. Jeder Punkt repräsentiert ein Beobachtungspaar für x_{t2} und y_t zum selben Zeitpunkt t.

Die Beobachtungen sind in einem Streudiagramm nach den Werten des Regressors, nicht nach der Zeit t geordnet. Die Gerade G gibt den systematischen Teil der Regressionsgleichung wieder. Es sei angenommen, dass mit ihm alle wesentlichen Einflüsse auf y_t erfasst und dass die Koeffizienten π_1 und π_2 a priori bekannt sind.

Wäre in der Regressionsgleichung zusätzlich eine Dummy-Variable x_{t3} enthalten, würde diese für $x_{t3} = 1$ eine Parallelverschiebung der Geraden G bewirken. Die Regressionsgleichung hat dann die Form $y_t = (\pi_1 + \pi_3) + \pi_2 x_{t2} + u_t$; ihr Graph ist für $\pi_3 > 0$ durch die Gerade G_1 wiedergegeben, um die dann die Punktwolke liegen würde.

Abbildung 1

Streudiagramm und systematischer Teil der Regressionsgleichung

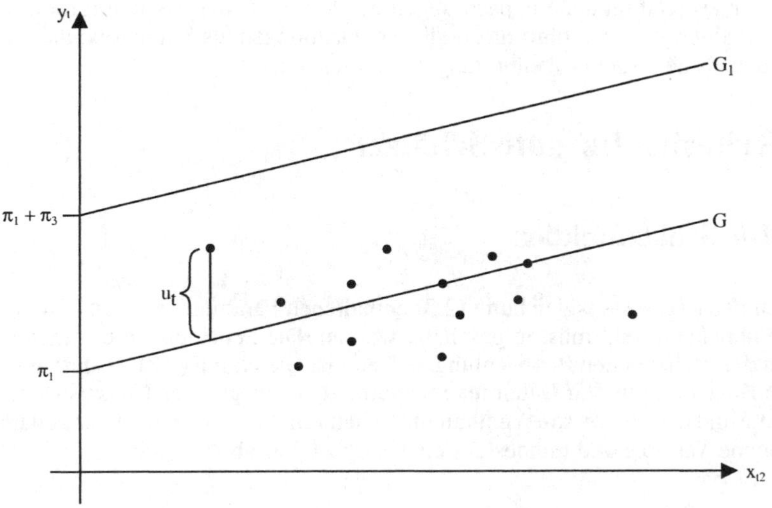

Wegen der additiven Verknüpfung des systematischen und stochastischen Teils müssen die vertikal gemessenen Abstände der Punkte zu der Geraden *G* die Realisationen der Störvariablen u_t in einer bestimmten Periode *t* darstellen. Für jede Periode *t* ist somit eine Störvariable u_t definiert; insgesamt sind im Regressionsansatz (2.3) die Störvariablen $u_1,...,u_T$ zu unterscheiden. Jede dieser Störvariablen besitzt bestimmte Verteilungseigenschaften, die im vierten Abschnitt präzisiert werden. Obwohl u_t in der Periode *t* nur eine Realisation annehmen kann, hätte es auch wegen des Zufallcharakters von u_t nicht dieser, sondern ein anderer Wert aus ihrem stetigen Definitionsbereich sein können. Die Realisationen der Störvariablen können nicht direkt beobachtet werden. Sie sind vielmehr zusammen mit dem Wert des systematischen Teils in den Beobachtungen für y_t enthalten. Da die Koeffizienten π_k nicht bekannt sind, können die Realisationen der Störvariablen nicht über die Regressionsgleichung berechnet werden.

Die Festlegung der Störvariablen als stetige Zufallsvariablen bewirkt, dass auch der Regressand y_t für jede Periode *t* als stetige Zufallsvariable aufzufassen ist. Denn der Regressionsansatz (2.3) stellt nach der mathematischen Statistik eine Lineartransformation der Zufallsvariablen u_t in die Zufallsvariable y_t dar. Die Regressoren x_{tk} hingegen werden überwiegend als nichtstochastische, d. h. determinierte bzw. mathematische Variablen angesehen. Diese Interpretation lässt sich unter Bezug auf das Kausalprinzip rechtfertigen, nach dem die Regressoren x_{tk} als Ursache der Wirkung y_t logisch vorgelagert sein müssen. Sie sind vor den Realisationen für y_t bereits eingetreten und stellen daher die Bedingungen dar, unter denen y_t einen bestimmten Wert annimmt. Enthält der Regressionsansatz alle wesentlichen Einflüsse, kann sein systematischer Teil jetzt geschrieben werden als:

$$E\left(y_t \middle| x_{t2},...,x_{tK}\right) = \pi_1 + \pi_2 x_{t2} + ... + \pi_K x_{tK}.$$

$E(y_t | x_{t2},...,x_{tK})$ stellt den Erwartungswert von y_t unter der Bedingung dar, dass das Beobachtungstupel $(x_{t2},...,x_{tK})$ bereits eingetreten ist.

Die Interpretation der Beobachtungen des Regressanden als Realisation der Zufallsvariablen $y_1,...,y_T$ führt dazu, alle Beobachtungen als Stichprobe und entsprechend T als den Stichprobenumfang zu bezeichnen.

3. Kriterien für gute Schätzer

3.1 Die Schätzfunktion

Die in der Regressionsgleichung (2.3) enthaltenen Parameter $\pi_1,...,\pi_K$ sind numerisch unbekannt und müssen geschätzt werden. Die Schätzungen erfolgen auf der Basis der vorliegenden Beobachtungen. Denn ist Gleichung (2.3) „wahr", muss sich diese Beziehung in den Daten manifestiert haben. Wegen der Kausalstruktur zwischen y und den Regressoren enthält die Schätzfunktion, auch Schätzer genannt, die endogene Variable und mindestens eine exogene Variable:

(3.1) $$p_k = f\left(y_1,...,y_T, x_{11},...,x_{T1},...,x_{1n},...,x_{Tn}\right)$$
$$n \leq K.$$

Gleichung (3.1) gibt eine Regel an, nach der die Stichprobendaten mathematisch zu behandeln sind. Welche exogenen Variablen letztlich in die Schätzfunktion eingehen, hängt von dem zur Anwendung kommenden Schätzverfahren ab. Aus der Schätzfunktion (3.1) erhält man einen konkreten numerischen Wert $\hat{p}_k$, eine Schätzung für π_k, wenn die vorliegenden Beobachtungen eingesetzt werden. Da die Schätzfunktion die Zufallsvariablen $y_1,...,y_T$ enthält, ist auch jedes p_k eine Zufallsvariable, obwohl die Gewinnung der Beobachtungen einen einmaligen und nicht wiederholbaren Vorgang darstellt. Jedoch erlaubt die stochastische Interpretation der endogenen Variablen weiterhin die Annahme, dass die zeitlich fest abgegrenzte Datenbasis auch aus anderen Beobachtungen hätte bestehen können. Da in der Schätzfunktion aber auch determinierte Variablen, nämlich die Regressoren, enthalten sind, stellt p_k eine bedingte, stetige Zufallsvariable dar, deren stochastische Eigenschaften sich über die Gleichungen (3.1) und (2.3) aus denen der Störvariablen herleiten lassen.

3.2 Erwartungstreue

Ziel jeder ökonometrischen Schätzung der unbekannten Koeffizienten π_k ist es, diese möglichst genau zu quantifizieren. Ein Maß für die Genauigkeit ist der Schätz- bzw. Zufallsfehler, definiert als $p_k - \pi_k$. Er entsteht, weil p_k in den überwiegenden Fällen auf der Basis einer endlichen Stichprobe ermittelt werden muss. Man kann daher nicht erwarten, dass der Schätzfehler bei jeder Schätzung verschwindet, ob-

Abbildung 2

Erwartungstreue Schätzfunktion

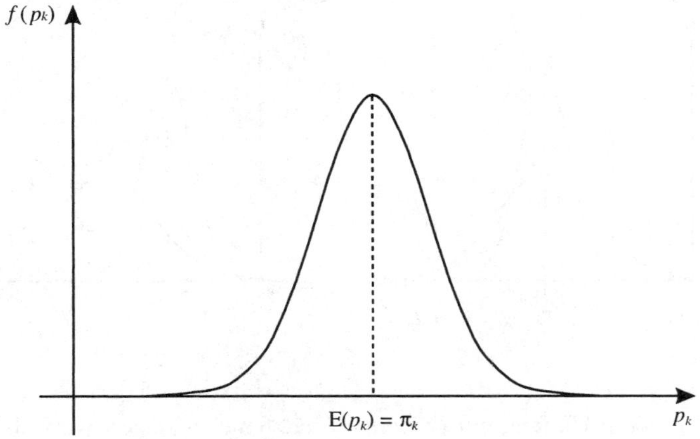

wohl dies bei einzelnen Schätzungen durchaus der Fall sein kann. Jedoch würde man eine Schätzung mit dieser Eigenschaft nicht erkennen, da π_k selbst unbekannt ist und deswegen geschätzt werden muss. Anders ist jedoch die Beurteilungsgrundlage, wenn Aussagen über den Durchschnitt des Schätzfehlers zu machen sind. Da p_k bei gegebenem Stichprobenumfang theoretisch unendlich viele Werte annehmen kann, wäre eine wünschenswerte Eigenschaft der Schätzfunktion (3.1), dass der Erwartungswert E des Schätzfehlers bei jedem beliebig vorgegebenen Stichprobenumfang T verschwinden würde:

(3.2) $$E(p_k - \pi_k) = 0 \quad \text{oder} \quad E(p_k) = \pi_k \text{ für } k = 1, \ldots, K$$

Eine Schätzfunktion mit dieser Eigenschaft heißt erwartungstreu bzw. unverzerrt (unbiased). Die Stichprobenverteilung einer erwartungstreuen Schätzfunktion gibt Abbildung 2 wieder; an der Abszisse ist die Schätzfunktion p_k, an der Ordinate ihre Wahrscheinlichkeitsdichte $f(p_k)$ abgetragen.

3.3 Konsistenz

Häufig ist es nicht möglich, erwartungstreue Schätzfunktionen zu erhalten. In solchen Fällen sind Schätzungen nur dann sinnvoll, wenn die Schätzfunktionen wenigstens konsistent sind. Die Konsistenz ist ein Gütekriterium, das insofern allgemeiner als die Erwartungstreue ist, weil ihm sowohl erwartungstreue als auch verzerrte Schätzer genügen können. Die Konsistenz stellt eine Minimalforderung an gute Schätzfunktionen dar.

Eine Schätzfunktion heißt konsistent, wenn mit zunehmendem Stichprobenumfang der Schätzer p_k mit Wahrscheinlichkeit gegen den wahren Wert π_k strebt. „Mit Wahrscheinlichkeit" bedeutet dabei, dass bei großen Stichproben kleine Schätzfehler wahrscheinlicher sind als große. Das schließt aber nicht aus, dass bei einer Stich-

Abbildung 3

Konsistente Schätzfunktionen, $T_2 > T_1$

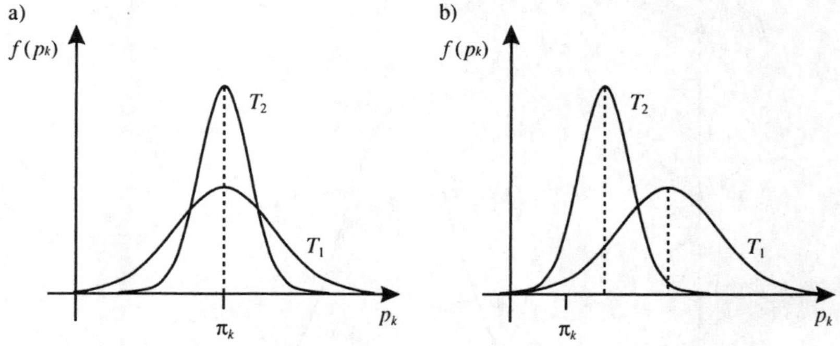

probe mit großem Umfang ein größerer Schätzfehler realisiert wird als bei einer Stichprobe mit relativ kleinem Umfang. Formal bedeutet Konsistenz, dass mit zunehmendem Stichprobenumfang T für jedes beliebig kleine, positive ε gilt:

$$\lim_{T\to\infty} P\left(\left|p_k - \pi_k\right| < \varepsilon\right) = 1,$$

wobei P die Wahrscheinlichkeit bezeichnet.

Für diesen Grenzübergang schreibt man:

$$\operatorname{plim} p_k = \pi_k;$$

die Abkürzung plim resultiert aus „probability limit“ und heißt Wahrscheinlichkeitslimes bzw. Wahrscheinlichkeitsgrenzwert.

Um eine Schätzfunktion auf Konsistenz zu überprüfen, sind die beiden hinreichenden Bedingungen nützlich, wobei „Var“ im Folgenden die Varianz bezeichnet:

$$\lim_{T\to\infty} E(p_k) = \pi_k \quad \text{und} \quad \lim_{T\to\infty} Var(p_k) = 0.$$

Diese beiden Bedingungen sind hinreichend für den Konsistenznachweis[4]. Abbildung 3 zeigt zwei konsistente Schätzfunktionen mit symmetrischen Dichtefunktionen, wobei die in Abbildung 3.a dargestellte Schätzfunktion noch erwartungstreu ist. Mit zunehmendem Stichprobenumfang konzentriert sich die Wahrscheinlichkeitsdichte immer stärker um den wahren Wert π_k.

[4] Da auch bei einer unendlichen Varianz Konsistenz gegeben sein kann, sind die beiden Bedingungen jedoch nicht notwendig.

3.4 Effizienz

Da im Allgemeinen der Schätzfehler $p_k - \pi_k$ nicht berechnet werden kann, strebt man Schätzfunktionen an, die bei jedem Stichprobenumfang mit kleinster Varianz um den wahren Wert π_k streuen. Eine erwartungstreue Schätzfunktion heißt dann effizient, oder wegen der kleinsten Varianz auch beste Schätzfunktion. Aus der Klasse erwartungstreuer Schätzfunktionen existiert keine andere Schätzfunktion p_k^* mit einer kleineren Varianz als p_k:

$$Var(p_k) \leq Var(p_k^*).$$

Lässt sich Effizienz nur für $T \rightarrow \infty$ nachweisen, spricht man von asymptotischer Effizienz.

3.5 Mittlerer quadratischer Fehler

Obwohl die Effizienz ein zentrales Kriterium bei der Auswahl des Schätzverfahrens sein muss, sollte es dennoch nicht ausschließlich herangezogen werden. Denn es liegen mittlerweile Schätzfunktionen vor (z.B. Ridge-Regression)[5], die nur sehr geringe Verzerrungen, dafür aber eine erheblich kleinere Varianz als die beste erwartungstreue Schätzfunktion aufweisen. Da sich bei diesen Schätzfunktionen auch das Grundproblem unbekannter Koeffizienten π_k stellt, müssen sie hierfür zusätzliche a priori Informationen heranziehen. Es existiert somit bei diesen Schätzfunktionen ein Trade-off zwischen Verzerrung und Reduktion der Varianz, den Abbildung 4 wiedergibt.

In Abbildung 4 stellt p_k den effizienten und daher definitionsgemäß erwartungstreuen und $p_k^{'}$ einen verzerrten Schätzer dar. Die Varianz von $p_k^{'}$ ist so viel kleiner als die Varianz von p_k, dass man unter Umständen den verzerrten Schätzer dem effizienten vorziehen könnte. Um für solche Fälle ein Auswahlkriterium zu besitzen, muss der Trade-off formalisiert werden. Eine verbreitete Vorgehensweise ist die Berechnung eines gewogenen Durchschnitts aus Varianz und der quadrierten Verzerrung. Sind die Gewichte gleich groß, erhält man hieraus den mittleren quadratischen Fehler (mean square error).

Der mit MSE abgekürzte mittlere quadratische Fehler ist definiert als:

$$MSE(p_k) = E(p_k - \pi_k)^2,$$

der in die $Var(p_k)$ und in die quadrierte Verzerrung $\left[E(p_k) - \pi_k)\right]^2$ zerlegt werden kann:

$$MSE(p_k) = Var(p_k) + \left[E(p_k) - \pi_k\right]^2.$$

---

[5] Eine kurze Einführung in die Ridge-Regression findet man z.B. bei Greene (2003: 58ff.) und Darnell (1994: 352ff.).

Abbildung 4

Trade-off zwischen Verzerrung und Reduktion der Varianz

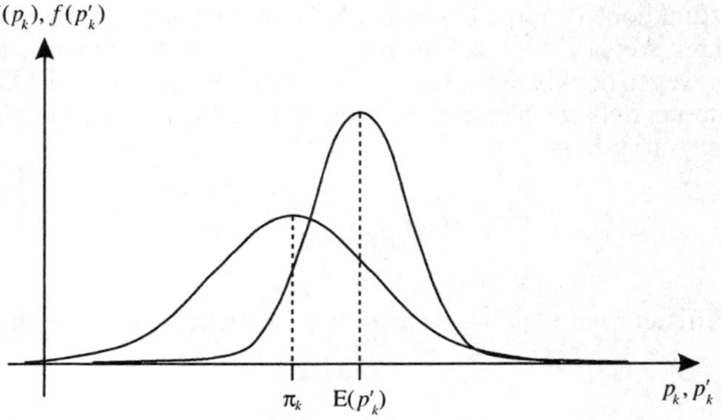

Bei erwartungstreuen Schätzern verschwindet die Verzerrung; mittlerer quadratischer Fehler und Varianz entsprechen sich dann. Mit dem mittleren quadratischen Fehler liegt nun ein Auswahlkriterium für die in Abbildung 4 wiedergegebenen Situation vor: man wählt denjenigen Schätzer, der den mittleren quadratischen Fehler minimiert.

4. Das klassische Regressionsmodell

4.1 Die Grundannahmen

Um die unbekannten Koeffizienten einer in den Variablen und Parametern linearen Regressionsgleichung mit den Beobachtungen zu schätzen, sind bestimmte Annahmen einzuführen. Diese Annahmen beziehen sich sowohl auf die Störvariablen als auch auf die Regressoren. Da annahmegemäß der systematische Teil der Regressionsgleichung alle wesentlichen Ursachen für y_t umfasst, die Regressionsgleichung somit wohlspezifiziert ist, darf vom stochastischen Teil kein systematischer Einfluss auf y_t ausgehen. Dies kommt in der Annahme zum Ausdruck, dass der bedingte Erwartungswert der Störvariablen u_t zu jedem Zeitpunkt t null ist:

(4.1) $$E(u_t|\mathbf{x}'_t) = 0 \text{ für alle } t = 1, \ldots, T.$$

Die Bedingung $\mathbf{x}'_t$ stellt einen Zeilenvektor dar, dessen Elemente die Beobachtungen aller Regressoren sind. Aus Annahme (4.1) folgt auch ein unbedingter Erwartungswert von null; daher wird Annahme (4.1) oft spezifiziert als:

(4.1a) $$E(u_t) = 0 \text{ für alle } t = 1, \ldots, T.$$

Trifft Annahme (4.1) bzw. (4.1a) nicht zu, gilt z.B. $E(u_t)=a\neq 0$ für alle t, absorbiert bei einer inhomogenen Regression der Koeffizient π_1 den über die Zeit konstanten Teil der Werte von y_t. Bei einer inhomogenen Regression werden alle Störvariablen u_t in neue Störvariablen $u_t - E(u_t)$ transformiert. Anstelle der Regression $y_t = \pi_1 + \pi_2 x_{t2} + ... + \pi_K x_{tK} + u_t$ wird bei $E(u_t)=a\neq 0$ die Regressionsgleichung $y_t = (\pi_1 + a) + \pi_2 x_{t2} + ... + \pi_K x_{tK} + (u_t - a)$ mit $E(u_t - a) = 0$ geschätzt. Dies verdeutlicht, dass Schätzungen der Konstanten sehr vorsichtig zu interpretieren sind.

Bei genauer Spezifikation der Regressionsgleichung darf zudem vermutet werden, dass die Störvariable einer Periode stochastisch unabhängig von den Störvariablen der anderen Perioden ist oder wenigstens mit diesen nicht korreliert. Man sagt dann, die Störvariablen sind frei von Autokorrelation. Bezeichnet „Cov" die Kovarianz, gilt:

(4.2) $$Cov\left(u_t, u_\tau \middle| \mathbf{x}_t'\right) = 0, \text{ für alle } t,\tau = 1,...,T;\ t\neq\tau,$$

Trifft Annahme (4.2) nicht zu, würde positive Autokorrelation $\left(Cov\left(u_t, u_\tau \middle| \mathbf{x}_t'\right) > 0\right)$ dazu führen, dass ein großer positiver Wert einer Störvariablen in der Periode t die Wahrscheinlichkeit für eine große positive Realisation der Störvariablen in der Periode τ erhöht. Bei negativer Autokorrelation $\left(Cov\left(u_t, u_\tau \middle| \mathbf{x}_t'\right) < 0\right)$ steigt die Wahrscheinlichkeit, dass die Realisationen der Störvariablen einer alternierenden Entwicklung um den Erwartungswert $E(u_t)=0$ folgen. Bei Zeitreihenmodellen (Datengewinnung mittels Längsschnitterhebung) sollte immer geprüft werden, ob die Annahme: „keine Autokorrelation" gerechtfertigt ist. Abschnitt 7.2. behandelt Tests zur Überprüfung dieser Annahme.

Von der Varianz der Störvariablen wird angenommen, dass sie existiert, unabhängig von den Beobachtungen der Regressoren und der Periode t ist:

(4.3) $$0 < Var(u_t) = \sigma^2 < \infty \text{ für alle } t = 1,...,T.$$

Die Eigenschaft einer über die Zeit konstanten Varianz der Störvariablen nennt man Homoskedastizität; ist die Varianz periodenabhängig, spricht man von Heteroskedastizität.[6]

Die beiden Annahmen (4.1) und (4.3) legen noch nicht die Verteilung der Störvariablen fest. Dies geschieht durch Einführung der Normalverteilungshypothese. Die Begründung dieser Annahme erfolgt mit dem zentralen Grenzwertsatz von Ljapunoff. Danach konvergiert die Verteilung für die Summe unabhängiger Zufallsvariablen mit wachsender Anzahl gegen die Normalverteilung, unabhängig von der Verteilung jeder einzelnen Zufallsvariablen. Jedoch darf keine dieser Zufallsvariablen die anderen hinsichtlich Erwartungswert und Varianz dominieren. Da annahmegemäß u_t die Summe solcher Einflüsse darstellt, ist in den meisten praktischen Fällen diese Annahme mindestens approximativ erfüllt. Die Gültigkeit der Annahmen (4.1) bis (4.3) führt in Verbindung mit der Normalverteilungshypothese dazu, dass die Störvariablen des Regressionsansatzes (2.3) unabhängig identisch normalverteilt sind.

---

6 Auch findet man die Bezeichnung Homo- bzw. Heteroskedastie.

Aus Annahme (4.1) folgt, dass die Regressoren x_k nicht mit den Störvariablen u_t korrelieren. Wegen der Bedeutung dieser Implikation für den Schätzprozess soll diese Folgerung als explizite Annahme herausgestellt werden:

(4.4) $$Cov(x_k, u_t) = 0 \text{ für } k = 1,...,K.$$

Die beiden folgenden Annahmen beziehen sich auf die Regressoren. Um die systematische Variation in y_t quantifizieren zu können, muss für die empirische Varianz jedes Regressors gelten:

(4.5) $$0 < Var(x_k) < \infty \text{ für } k = 1,...,K.$$

Schließlich darf sich keine Spalte der Beobachtungsmatrix **X** als Linearkombination eines Teils oder aller übrigen Spalten darstellen lassen. Diese Annahme lässt sich kompakt in der Forderung nach linearer Unabhängigkeit der Regressoren oder einen Rang von K für X ausdrücken.

4.2 Die Schätzfunktion

Gelten für eine Regressionsgleichung alle im vorangegangenen Abschnitt eingeführten Annahmen, werden ihre Koeffizienten mit der Methode der kleinsten Quadrate geschätzt. Die Vorgehensweise lässt sich anschaulich für die einfache Regression darstellen, die zur Erleichterung hier wieder aufgeführt ist:

(4.6) $$y_t = \pi_1 + \pi_2 x_{t2} + u_t.$$

Abbildung 5 gibt ihren wahren, aber unbekannten systematischen Teil $E(y_t|\mathbf{x}_t')$ wieder; die Punkte repräsentieren Beobachtungstupel. Da nur die Beobachtungstupel bekannt sind, muss eine Gerade so bestimmt werden, dass damit eine beste Anpassung an die Punktwolke erreicht wird. Die Parameter dieser Funktion stellen dann die Schätzungen für die unbekannten Koeffizienten dar und sind mit $\hat{p}_1$ und $\hat{p}_2$ bezeichnet. Die Schätzung des systematischen Teils wird somit gegeben durch:

(4.7) $$\hat{y}_t = \hat{p}_1 + \hat{p}_2 x_{t2},$$

und heißt Regressionsgerade. Der Funktionswert $\hat{y}_t$ stellt eine Schätzung des bedingten Erwartungswertes von y_t in der Periode t bei gegebener Beobachtung x_{t2} dar; es hat sich hierfür die Bezeichnung „berechneter y-Wert" oder „Regresswert" durchgesetzt. Die Differenz zwischen tatsächlich eingetretenem und berechnetem y-Wert in einer Periode t muss wegen der additiven Verknüpfung des systematischen Teils mit dem stochastischen Teil eine Schätzung der nicht direkt beobachtbaren Realisation der Störvariablen u_t sein. Diese Schätzung heißt Residuum und wird mit $\hat{u}_t$ bezeichnet (Abbildung 5):

(4.8) $$\hat{u}_t = y_t - \hat{y}_t.$$

Abbildung 5

Streudiagramm, systematischer Teil und geschätzte Regression

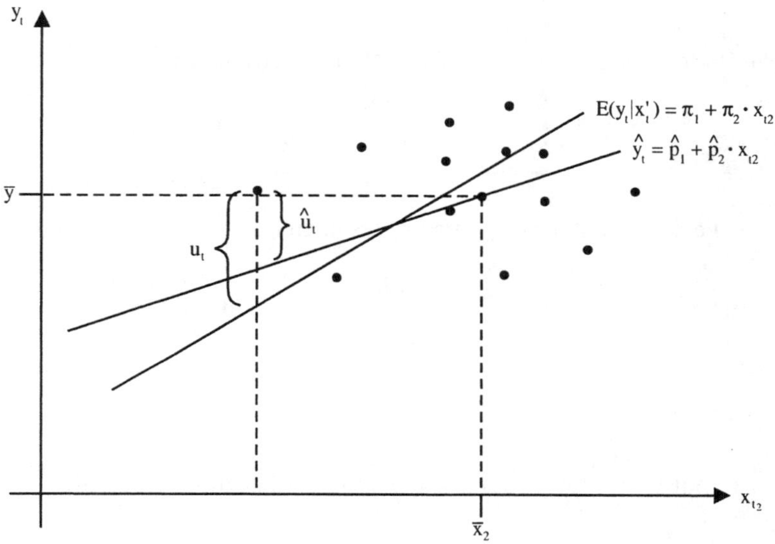

Gleichung (4.8) liefert auch ein Kriterium für eine „beste Anpassung". Die Koeffizienten π_1 und π_2 sind so zu schätzen, dass die Summe der quadrierten Residuen minimal wird. Durch Quadrieren vermeidet man, dass sich negative und positive Residuen gegenseitig kompensieren und dass die Schätzungen mehrdeutig sind. Mit dieser Vorgabe lassen sich die Schätzfunktionen p_k für $\pi_k, k=1,2$ gewinnen, indem in Gleichung (4.7) die konkreten Schätzungen $\hat{p}_1$ und $\hat{p}_2$ durch ihre Schätzfunktionen p_1 und p_2 ersetzt werden. In Verbindung mit Gleichung (4.8) erhält man dann:

$$S^2 = \sum(y_t - \hat{y}_t)^2 = \sum(y_t - p_1 - p_2 x_{t2})^2 \to \underset{p_1, p_2}{\text{Min!}}$$

(4.9) S^2: Quadratsumme der Residuen bei einfacher Regression,

$\sum$: Summenoperator für $t=1$ bis $t=T$.

Unter der Annahme einer endlichen Quadratsumme findet man die Schätzfunktionen p_1 und p_2 dadurch, dass man den Klammerausdruck partiell nach p_1 und p_2 differenziert, das Summenzeichen beibehält, die beiden partiellen Ableitungen gleich null setzt und dann nach p_1 und p_2 auflöst. Da S^2 nie negativ werden kann, minimieren die so gefundenen stationären Werte die Quadratsumme S^2:

$$\frac{\partial S^2}{\partial p_1} = \sum -2(y_t - p_1 - p_2 x_{t2}) = 0,$$
$$\frac{\partial S^2}{\partial p_2} = \sum -2(y_t - p_1 - p_2 x_{t2}) x_{t2} = 0.$$

Einfache Umformungen liefern die beiden Normalgleichungen

$$\sum y_t = T p_1 + p_2 \sum x_{t2},$$
$$\sum x_{t2} y_t = p_1 \sum x_{t2} + p_2 \sum x_{t2}^2,$$

aus denen die Schätzfunktionen p_2 und p_1 resultieren:

(4.10) $$p_2 = \frac{\sum (y_t - \bar{y})(x_{t2} - \bar{x}_2)}{\sum (x_{t2} - \bar{x}_2)^2} \quad \text{und}$$

(4.11) $$p_1 = \bar{y} - p_2 \bar{x}_2,$$

mit $\bar{y} = \frac{1}{T} \sum y_t$ und $\bar{x}_2 = \frac{1}{T} \sum x_{t2}$ (arithmetisches Mittel).

Nach Einsetzen der Beobachtungen erhält man aus den beiden Schätzfunktionen (4.10) und (4.11) konkrete Schätzungen $\hat{p}_1$ und $\hat{p}_2$.

Die Methode der kleinsten Quadrate (Ordinary Least Squares = OLS) lässt sich auch auf die multiple Regression mit K Regressoren übertragen. Die zu minimierende Quadratsumme S_K^2 wird jetzt gegeben durch:

(4.12) $$S_K^2 = \sum (y_t - p_1 x_{t1} - p_2 x_{t2} - \ldots - p_K x_{tK})^2 \to \underset{p_1, \ldots, p_K}{Min!}$$

Die K partiellen Ableitungen lauten:

$$\frac{\partial S_k^2}{\partial p_k} = \sum -2(y_t - p_1 x_{t1} - p_2 x_{t2} - \ldots - p_K x_{tK}) x_{tk} = 0$$
$$\text{für } k = 1, \ldots, K.$$

Man erhält hier K Normalgleichungen, die sich in Matrizenschreibweise überführen lassen. Fasst man die Schätzfunktionen $p_1, \ldots p_K$ zu einem Spaltenvektor **p** zusammen, ergibt die Auflösung des Gleichungssystems (4.12) nach **p**:

(4.13) $$\mathbf{p} = (\mathbf{X'X})^{-1} \mathbf{X'y},$$

X': Transponierte der Beobachtungsmatrix **X**.

Nach Einsetzen der Beobachtungen in Gleichung (4.13) geht **p** in $\hat{\mathbf{p}}$ über; der Schätzwert $\hat{p}_k$ des k-ten Koeffizienten wird durch das k-te Element von $\hat{\mathbf{p}}$ gegeben.

4.3 Eigenschaften der geschätzten Regressionsgleichung

Die geschätzte Regressionsgleichung besitzt vier wichtige Eigenschaften.

(1) Nehmen die Regressoren x_{kt} den Wert $\bar{x}_k$ (arithmetisches Mittel) an, dann gilt dies auch für den berechneten y-Wert: $\hat{y}_t(1,\bar{x}_2,...,\bar{x}_K)=\bar{y}$. Sowohl die Regressionsgerade als auch im multiplen Fall die Regressionshyperebene gehen durch den Schwerpunkt der Punktwolke.

(2) Die Summe der Residuen ist null:

$$\sum \hat{u}_t = 0. \tag{4.14}$$

Dies lässt sich für die einfache Regression leicht nachweisen:

$$\sum \hat{u}_t = \sum (y_t - p_1 - p_2 x_{t2}) = \sum y_t - Tp_1 - p_2 \sum x_{t2}.$$

Substituiert man für $\sum y_t$ die erste Normalgleichung, erhält man:

$$\sum \hat{u}_t = Tp_1 + p_2 \sum x_{t2} - Tp_1 - p_2 \sum x_{t2} = 0.$$

(3) Im Stützzeitraum $t=1,...,T$ stimmt das arithmetische Mittel der Beobachtungen der endogenen Variable mit dem arithmetischen Mittel der berechneten y-Werte überein: $\bar{y}=\bar{\hat{y}}$. Dies folgt unmittelbar aus Gleichung (4.8). Summation führt zu:

$$\sum \hat{u}_t = \sum y_t - \sum \hat{y}_t = 0.$$

Mithin gilt: $\sum y_t = \sum \hat{y}_t$ und daher nach Division durch $T{:}\bar{y}=\bar{\hat{y}}$.

(4) Die Kovarianz für die Residuen und jeden Regressor ist null:

$$Cov(x_k,\hat{u}) = 0 \text{ für } k=1,...,K.$$

Die Eigenschaften (1) und (3) zeigen, dass sich die mit der OLS-Methode geschätzte Regressionsgleichung den Daten gut anpasst. Jedoch sollte wegen der zweiten und vierten Eigenschaft mit der OLS-Methode nur geschätzt werden, wenn das Modell wohlspezifiziert und Annahme (4.4) erfüllt ist.

4.4 Eigenschaften der Schätzfunktionen: Das Gauß-Markov-Theorem

Sind bei einem Regressionsansatz die Grundannahmen bis auf die Normalverteilungshypothese erfüllt, besitzen die OLS-Schätzfunktionen die im Gauß-Markov-Theorem zusammengefassten Eigenschaften. Dieses Theorem besagt, dass die OLS-Schätzfunktionen linear in den Beobachtungen der endogenen Variablen und erwar-

Übersicht 2

Die OLS-Methode im Überblick

x_t	u_t	
	unkorreliert	autokorreliert
	Erwartungstreue	
exogen	ja	ja
verzögert endogen	nein	nein
	Effizienz	
exogen	ja	nein
verzögert endogen	nein	nein
	Konsistenz	
exogen	ja	ja
verzögert endogen	ja	nein

tungstreu sind und dass in dieser Klasse keine andere Schätzfunktion existiert, die eine kleinere Varianz für die Verteilung der Koeffizientenschätzungen aufweist als die OLS-Schätzfunktionen. Die OLS-Methode ist somit effizient. Die im Gauß-Markov-Theorem aufgeführten Eigenschaften bezeichnet man im Englischen mit „best" für effizient, „linear" und „unbiased" für erwartungstreu; unter Verwendung der Anfangsbuchstaben der englischen Bezeichnungen hat sich die Abkürzung „blu" durchgesetzt. Über die wichtigen blu-Eigenschaften hinaus sind OLS-Schätzer noch konsistent. Da sie bei jedem Stichprobenumfang erwartungstreu sind, muss die Varianz mit zunehmendem Stichprobenumfang kleiner werden und im Grenzübergang verschwinden.[7]

Enthält eine Regressionsgleichung die endogene Variable in verzögerter Form als Regressoren, z.B. $x_{t3} = y_{t-1}$, $x_{t4} = y_{t-2}$ usw., kann für diese Regressoren nicht mehr gelten, dass die Kovarianz zwischen ihnen und den Störvariablen jeder Periode t null ist[8]. So korreliert z.B. in der Periode $t-1$ die hier endogene Variable y_{t-1} nicht nur mit u_{t-1}, sondern wegen der autoregressiven Beziehung der endogenen Variablen auch mit den Störvariablen aller vorangegangener Perioden. Damit verletzen verzögert endogene Regressoren die Annahme (4.4). Die OLS-Methode würde auch jetzt die Koeffizienten so schätzen, als sei diese Annahme erfüllt. Dies ist offensichtlich falsch und die Schätzungen sind verzerrt. Da mit zunehmendem Stichprobenumfang die Verzerrung verschwindet, sind die Schätzungen bei Gültigkeit der Annahme (4.2) wenigstens konsistent. In Übersicht 2 sind die Schätzeigenschaften der OLS-

---

[7] Die Konsistenz der Schätzfunktionen setzt jedoch voraus, dass die Grenzwerte der Anfangsmomente bis zur zweiten Ordnung für alle x_k, $k=1,\ldots,K$ und die Grenzwerte der gemischten Momente $\frac{1}{T}\sum x_{tk}x_{tj}$, $k \neq j; k, j=1,\ldots,K$ für $T \rightarrow \infty$ existieren.

[8] Für Regressionen mit verzögert endogenen Regressoren vgl. den Beitrag von Wolters in diesem Band.

Methode in Abhängigkeit der Regressorenart und der Annahmen für die Störvariablen zusammengestellt.

Eine letzte Eigenschaft der OLS-Schätzer folgt aus der bis jetzt noch nicht benötigten Normalverteilungshypothese für die Störvariablen. Da die Koeffizientenschätzungen lineare Funktionen in den Beobachtungen der endogenen Variablen und diese wiederum lineare Funktionen in den Störvariablen sind, findet ein Transfer der Verteilungshypothese von den Störvariablen auf die Koeffizientenschätzungen statt. Sind die Störvariablen u_t normalverteilt mit einem Erwartungswert von null und konstanter Varianz σ^2, ist auch jede Schätzfunktion $p_k, k=1,...,K$ normal verteilt mit einem Erwartungswert von π_k und konstanter Varianz $Var(p_k)$. Damit können alle statistischen Tests, die auf dieser Verteilung basieren, durchgeführt werden.

5. Bestimmtheitsmaß und Hypothesentests

5.1 Bestimmtheitsmaß und einfacher Korrelationskoeffizient

Ist die Regressionsgleichung geschätzt, muss geprüft werden, wie gut sie die Stichprobenbeobachtungen und ihre Variationen erklärt. Hierzu verwendet man das Bestimmtheitsmaß, auch Determinationskoeffizient genannt. Die Grundidee dieser Maßzahl lässt sich übersichtlich für die einfache Regression entwickeln und kann ohne Modifikation auf die multiple Regression übertragen werden. Aus Gleichung (4.8) folgt, dass jede Beobachtung y_t in den geschätzten Teil $\hat{y}_t$ und das Residuum $\hat{u}_t$ zerlegt werden kann. Subtraktion von $\bar{y}$ auf beiden Seiten, Quadrieren der entstandenen Differenzen und Summieren ergibt:

$$\sum(y_t-\bar{y})^2=\sum(\hat{y}_t-\bar{y}+\hat{u}_t)^2=\sum(\hat{y}_t-\bar{y})^2+\sum\hat{u}_t^2+2\sum\hat{u}_t(\hat{y}_t-\bar{y}).$$

Es kann gezeigt werden, dass der letzte Term dieser Gleichung null wird. Damit ist die gesamte Quadratsumme $(y_t-\bar{y})^2$, die aus der Streuung der endogenen Variablen um ihr arithmetisches Mittel resultiert, in zwei Komponenten zerlegt worden. Die erste Komponente $\sum(\hat{y}_t-\bar{y})^2$ gibt an, welche Summe entstehen würde, lägen alle Beobachtungstupel auf der Regressionsgeraden. Man nennt sie die erklärte Quadratsumme, da ihre Höhe allein durch die lineare funktionale Beziehung zwischen y_t und der erklärenden Variablen x_{t2} begründet ist. Die zweite Komponente $\sum\hat{u}_t^2$ fängt den Zufallseinfluss auf. Da eine ursächliche Zuordnung dieser Summe auf bestimmte Faktoren nicht möglich ist, heißt sie unerklärte Quadratsumme. Die Streuung der Beobachtungstupel um die Regressionsgerade ist umso geringer, je kleiner der nicht erklärte Teil an der gesamten Quadratsumme ausfällt. Das Bestimmtheitsmaß (R^2) wird daher definiert als:

$$(5.1)\qquad \text{(a) } R^2=\frac{\sum(\hat{y}_t-\bar{y})^2}{\sum(y_t-\bar{y})^2} \quad \text{oder (b) } R^2=1-\frac{\sum\hat{u}_t^2}{\sum(y_t-\bar{y})^2}.$$

Liegen alle Beobachtungen auf der Regressionsgeraden, ist die unerklärte Quadratsumme null und R^2 nimmt seinen größten Wert eins an. Enthält die gesamte Quadratsumme keinen erklärten Anteil, entsprechen sich gesamte und unerklärte Quadratsumme; R^2 ist jetzt null. Damit ist das Intervall für R^2 festgelegt als $0 \leq R^2 \leq 1$.

Das Bestimmtheitsmaß für die einfache Regression stimmt mit dem Quadrat des Korrelationskoeffizienten r für y_t und x_{t2} überein und misst daher nur den linearen Zusammenhang zwischen beiden Variablen. Bezeichnet σ die Standardabweichung, ist der Korrelationskoeffizient definiert als:

$$r_{y,x_2} = \frac{Cov(y,x_2)}{\sigma_y \sigma_{x_2}}.$$

Schätzungen, die mit der OLS-Methode durchgeführt werden, maximieren das Bestimmtheitsmaß, da bei der OLS-Methode die Anpassungsvorschrift durch Minimierung der Quadratsumme der Residuen, der unerklärten Quadratsumme also, erfolgt.

Das Bestimmtheitsmaß besitzt zwei Eigenschaften, die eine zurückhaltende Interpretation seines Wertes nahelegen. R^2 steigt bei konstantem Stichprobenumfang T und konstanter nicht erklärter Quadratsumme mit der Varianz der endogenen Variablen y_t. Nimmt die Varianz $\text{var}(y_t)$ zu, so muss auch $\sum (y_t - \bar{y})^2$ wachsen. Damit wird aber $\sum \hat{u}_t^2 / \sum (y_t - \bar{y})^2$ kleiner und nach Gleichung (5.1b) R^2 größer. Zudem entwickelt sich R^2 mit der Anzahl der Regressoren monoton steigend. Sein Wert kann daher durch die Aufnahme weiterer Regressoren erhöht werden. Um dies zu vermeiden, verwendet man das bereinigte Bestimmtheitsmaß $\bar{R}^2$:

$$\bar{R}^2 = 1 - \frac{T-1}{T-K}(1-R^2). \tag{5.2}$$

Wegen der Korrektur kann $\bar{R}^2$ im Gegensatz zu R^2 auch negative Werte annehmen.

Der bereinigte Determinationskoeffizient ist heranzuziehen, wenn Regressionsgleichungen mit unterschiedlicher Anzahl an Regressoren verglichen werden sollen. Will man mit dem Bestimmtheitsmaß prüfen, welcher Funktionstyp sich besser einer vorgegebenen Punktwolke anpasst, reicht der einfache Determinationskoeffizient aus[9].

5.2 Hypothesentests und ihre Anwendung

Ein wichtiger Teil bei der Bewertung des empirischen Gehalts einer geschätzten Regressionsgleichung und damit der sie begründenden ökonomischen Theorie stellt der Signifikanztest für die geschätzten Regressionskoeffizienten dar. Der Testaufbau basiert auf folgender Überlegung. Ginge in der Realität von einem Regressor x kein

---

9 Vgl. hierzu auch den Beitrag von Wolters in diesem Band, besonders Abschnitt 4.1.

Einfluss auf y aus, dann müsste für seinen wahren Regressionskoeffizienten gelten: $\pi = 0$. Dies formuliert man als Nullhypothese H_0:

$$H_0 : \pi = 0.$$

Erst eine signifikante Abweichung der Schätzung p vom Wert null widerlegt die Nullhypothese.

Bei vielen ökonometrischen Analysen ist das Vorzeichen der Regressionskoeffizienten aufgrund theoretischer Erwägungen a priori bekannt, so dass ein einseitiger Test ausreicht. Bei unbekannten Vorzeichen kommt ein zweiseitiger Test zur Anwendung. Der Testaufbau ist in beiden Situationen gleich. In Abhängigkeit einer Irrtumswahrscheinlichkeit α werden eine Grenze p_α (einseitiger Test) oder zwei Grenzen $p_{1,\frac{\alpha}{2}}$ und $p_{2,\frac{\alpha}{2}}$ (zweiseitiger Test) festgelegt, deren Über- bzw. Unterschreiten als signifikante Abweichung der Schätzung von $\pi = 0$ interpretiert wird. Dabei hat die Wahrscheinlichkeit P für signifikante Abweichungen die Höhe α:

$$P(p \geq p_\alpha) = \alpha \qquad \text{(rechtsseitiger Test),}$$
$$P(p \leq p_\alpha) = \alpha \qquad \text{(linksseitiger Test),}$$
$$P\left(p \leq p_{1,\frac{\alpha}{2}} \text{ oder } p \geq p_{2,\frac{\alpha}{2}}\right) = \alpha \qquad \text{(zweiseitiger Test).}$$

Um den Test durchzuführen, müssen Verteilung und Standardabweichung von p bekannt sein. Wegen der Normalverteilungshypothese für p folgt der Quotient $z = p/\sigma_p$ bei bekannter Standardabweichung σ_p einer Standardnormalverteilung: $N(0,1)$. Die Standardabweichung σ_p ist aber in den meisten Fällen unbekannt und durch s_p zu schätzen. Die Schätzfunktionen s_{p_1} und s_{p_2} erhält man für die einfache Regression nach folgenden Formeln:

$$s_{p_1} = \left[\frac{\bar{x}_2^2 s_u^2}{\sum (x_{t2} - \bar{x}_2)^2}\right]^{\frac{1}{2}} \text{ und } s_{p_2} = \left[\frac{s_u^2}{\sum (x_{t2} - \bar{x}_2)^2}\right]^{\frac{1}{2}}.$$

Dabei stellt s_u^2 die Schätzfunktion der Varianz der Störvariablen dar, die mit $s_u^2 = \frac{\sum \hat{u}_t^2}{T-K}$ vorliegt ($K = 2$ bei der einfachen Regression) und es gilt: $\bar{x}_2^2 = \frac{1}{T}\sum x_{t2}^2$.

Bei einer multiplen Regressionsgleichung erhält man die Schätzer für die Varianzen der K Regressionskoeffizienten als Hauptdiagonalelemente der Kovarianzmatrix $Var(\mathbf{p})$, die gegeben wird durch:

$$Var(\mathbf{p}) = \sigma_u^2 (\mathbf{X}'\mathbf{X})^{-1}. \tag{5.3}$$

Auch hier ist σ_u^2 mit der oben angegebenen Formel zu schätzen. Nach Schätzung der Standardabweichung σ_p durch s_p ist der Quotient p/s_p nicht mehr standardnormal-

Abbildung 6

Einseitiger Hypothesentest

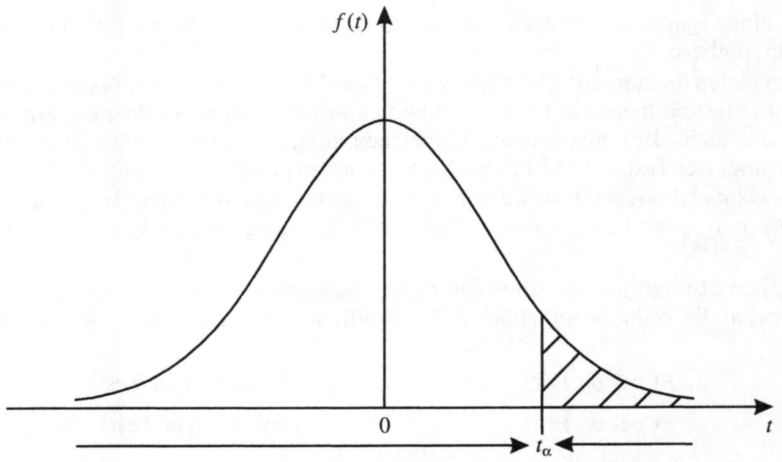

verteilt, sondern t-verteilt mit $n = T - 2$ Freiheitsgraden bei der einfachen und $n = T - K$ Freiheitsgraden bei der multiplen Regression.

Die Vorgehensweise bei Signifikanztests soll für einen rechtsseitigen Test gezeigt werden. Durch die Irrtumswahrscheinlichkeit α und die Anzahl n der Freiheitsgrade wird in der Tabelle der t-Verteilung (Tabelle 2) ein theoretischer Wert t_α festgelegt. Überschreitet der empirische t-Wert $t = \frac{p}{s_p}$ den theoretischen Wert, ist die Abweichung signifikant. Die H_0-Hypothese ist widerlegt; sie wird von der Alternativhypothese abgelöst, nach der gilt: $\pi \neq 0$. Abbildung 6 verdeutlicht den Testaufbau.

Wissenschaftliche Vorsicht gebietet es, die Irrtumswahrscheinlichkeit (α-Fehler) sehr klein zu wählen. In der Praxis haben sich hierfür $\alpha = 5\%$ und $\alpha = 1\%$ durchgesetzt. Als Faustregel gilt, dass bei einem empirischen t-Wert, dessen Betrag größer als zwei ist, der geschätzte Regressionskoeffizient bei einem Fehler von höchstens 5% signifikant von null (nach rechts bzw. links) abweicht.

5.3 Test auf gemeinsame Einflüsse

Im multiplen Regressionsmodell kommt zusätzlich zu den Einzeleinflusstests auch noch den Tests auf gemeinsame Einflüsse Bedeutung zu. Es mag z.B. Situationen geben, in denen ein Teil der Regressoren keinen Einzeleinfluss auf y_t ausübt, sie jedoch gemeinsam signifikant sind. Ein solcher Test ist leicht durchzuführen, er wird für den Fall dargestellt, dass der gemeinsame Einfluss aller K Regressoren auf y_t geprüft werden soll. Die Nullhypothese lautet hier, dass alle Regressionskoeffizenten π_k, $k=1,...,K$ null sind, d. h. der Vektor π entspricht dem Nullvektor: $\pi = 0$.

Um den Test durchzuführen, muss die Annahme unabhängig normalverteilter Störvariablen gelten. Die Residuen $\hat{u}_t$ und Koeffizientenschätzfunktionen p_k besitzen dann ebenfalls diese Verteilungseigenschaft. Aus allen Koeffizientenschätzern, die in dem Spaltenvektor **p** zusammengefasst sind, der Beobachtungsmatrix **X** der Regressoren und aus den Residuen $\hat{u}_t$ wird eine für den Test geeignete Zufallsvariable gebildet:

(5.4)
$$F = \frac{1}{s_u^2 K}(\mathbf{p}-\pi)'\mathbf{X}'\mathbf{X}(\mathbf{p}-\pi).$$

Diese Variable ist wegen der getroffenen Annahmen und ihrer Bildungsvorschrift[10] F-verteilt mit $m=K$ Freiheitsgraden im Zähler und $n=T-K$ Freiheitsgraden im Nenner: F_{T-K}^{K}. Die F-Verteilung liegt tabelliert vor (Tabellen 3 und 4); die Zählerfreiheitsgrade stehen in der Kopfzeile und die Nennerfreiheitsgrade in der Vorspalte der Tabelle. Für gegebene Freiheitsgrade und α-Fehler lässt sich ein theoretischer F-Wert aus der Tabelle ablesen. Unter der Nullhypothese $\pi = 0$ geht Gleichung (5.4) über in: $F = \frac{1}{s_u^2 K}\mathbf{p}'\mathbf{X}'\mathbf{X}\mathbf{p}$. Ist dieser empirische F-Wert größer als F_α, liegt ein signifikanter gemeinsamer Einfluss bei einer Irrtumswahrscheinlichkeit von α% vor.

Soll mit Gleichung (5.4) der gemeinsame Einfluss von nur m Regressoren, $m < K$, getestet werden, sind in **p** nur deren Koeffizientenschätzungen und in **X** nur ihre Beobachtungen aufzunehmen. Die Anzahl der Freiheitsgrade für F beträgt dann m für den Zähler und $n = T - K$ für den Nenner; in Gleichung (5.4) ist K durch m zu ersetzen. Führt der F-Wert zu einem positiven Ergebnis, können die Regressoren beibehalten werden. .

Um den gemeinsamen Einfluss aller Regressoren $x_2,...,x_K$ außer der Scheinvariablen x_1 für alle t zu teste, wirde unter der Nullhypothese $H_0: \pi_2 = \pi_3 = ... = \pi_K = 0$ die Testfunktion (5.4) in Abhängigkeit des Determinationskoeffizienten R^2 formuliert:

(5.5)
$$F = \frac{R^2/(K-1)}{(1-R^2)/(T-K)}.$$

Die Zählerfreiheitsgrade betragen jetzt $m = K-1$, die Nennerfreiheitsgrade sind unverändert $n = T - K$. Ist der berechnete F-Wert bei gegebenem α-Fehler signifikant, gilt dies auch für R^2 . Selbst wenn R^2 klein ist, liegt dann ein signifikanter, linearer Gesamtzusammenhang zwischen y und den Regressoren $x_k, k = 2,...K$ vor.

---

[10] Auf die Darstellung der notwendigen Überführung von **p** und $\hat{\mathbf{u}}$ in zwei unabhängige χ^2-verteilte Zufallsvariablen wird hier verzichtet. Eine Herleitung findet man bei Assenmacher (2002: 139ff.).

6. Multikollinearität

6.1 Das Problem der Multikollinearität und seine Diagnose

Exakte Multikollinearität liegt vor, wenn ein Regressor als lineare Funktion der übrigen Regressoren oder eines Teils von ihnen darstellbar ist. Damit ist die Annahme der linearen Unabhängigkeit verletzt. Dies führt dazu, dass die Beobachtungsmatrix X nicht mehr vollen Spaltenrang besitzt und daher die Koeffizienten einer multiplen Regression nicht geschätzt werden können. In der Realität kommt exakte Multikollinearität zwischen den Regressoren selten vor. Wird die Abhängigkeit zweier Regressoren nicht gänzlich durch eine lineare Funktion beschrieben, sondern existiert für ihre Zeitreihen ein hoher Korrelationskoeffizient, liegt unvollständige oder kurz Multikollinearität vor. Multikollinearität ist immer dann gegeben, wenn die Regressoren einem gemeinsamen Trend folgen; aber auch, wenn gleiche Regressoren verzögert und unverzögert vorkommen und daher korrelieren. Da makroökonomische Zeitreihen immer mehr oder weniger stark untereinander korrelieren, muss ein Wert für den Korrelationskoeffizienten festgelegt werden, dessen Überschreiten man als Vorliegen von ernsthafter Multikollinearität deutet. Als Faustregel hat sich durchgesetzt, dass für zwei Regressoren x_i und x_j Multikollinearität vorliegt, wenn deren quadrierter Korrelationskoeffizient r_{ij}^2 mindestens so groß wie das Bestimmtheitsmaß ist: $r_{ij}^2 \geq R^2$.

Liegt der Korrelationskoeffizient unter dem kritischen Wert, behandelt man x_i und x_j wie orthogonale Regressoren. Ein Regressor heißt orthogonal, wenn der einfache Korrelationskoeffizient für ihn und jeden anderen Regressor der Regressionsgleichung null ist; bei Werten in der Nähe von null spricht man von quasiorthogonalen Regressoren. Im Falle von Multikollinearität sind mit der OLS-Methode Koeffizientenschätzungen möglich, die jedoch, wie im nächsten Abschnitt dargestellt wird, vorsichtig zu interpretieren sind.

6.2 Auswirkungen der Multikollinearität

Die folgenden Ausführungen beziehen sich auf die multiple Regression

$$(6.1) \qquad y_t = \pi_1 + \pi_2 x_{t2} + \pi_3 x_{t3} + u_t,$$

deren Regressoren x_{2t} und x_{3t} stark korrelieren. Ihr quadrierter Korrelationskoeffizient r_{23}^2 ist größer als das Bestimmtheitsmaß.

Schätzt man die Koeffizienten mit der OLS-Methode, bleiben die Schätzer erwartungstreu. Jedoch erhöht die Multikollinearität die Varianz der Koeffizientenschätzfunktionen, weil die Einflüsse der einzelnen Regressoren nicht mehr so klar wie bei Freiheit von Multikollinearität zu unterscheiden sind. Die Schätzfehler $p_k - \pi_k$ nehmen daher bei Multikollinearität tendenziell zu. Trotz dieser unerwünschten Eigenschaft besitzen die Schätzfunktionen die blu-Eigenschaften. Es gibt auch bei Multikollinearität keine andere erwartungstreue, in den endogenen Variablen lineare Schätzfunktion, die eine kleinere Varianz besitzt. Nur ist eben diese minimale Varianz recht groß. Multikollinearität ist kein Schätz-, sondern ein Datenproblem. In

Abbildung 7

Dichtefunktion für Schätzungen mit und ohne Multikollinearität

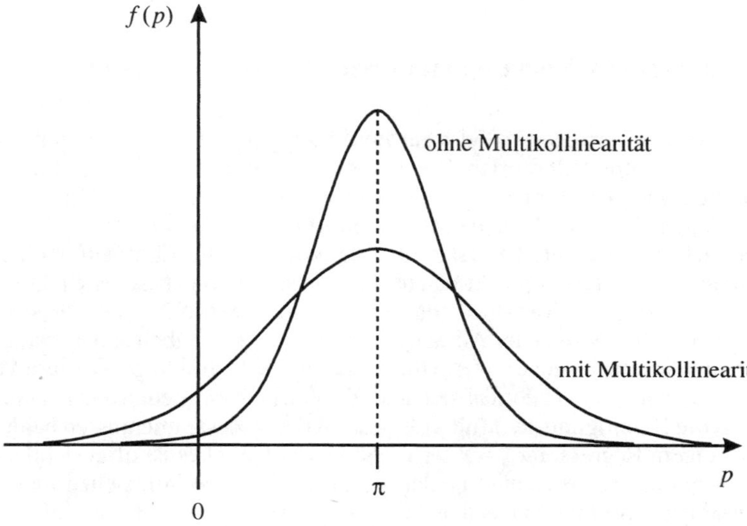

Abbildung 7 sind die Dichtefunktionen für Schätzungen mit und ohne Multikollinearität wiedergegeben.

Die Auswirkungen der Multikollinearität auf die Varianz der Koeffizientenschätzungen beeinträchtigt auch die Hypothesentests. Den empirischen t-Wert erhält man nach der Formel $t = p/s_p$. Steigt die Varianz und damit auch die Standardabweichung s_p, sinkt t. Dies kann dazu führen, dass t in den Annahmebereich der Nullhypothese fällt: Signifikante Einflüsse werden wegen vorliegender Multikollinearität als solche nicht erkannt. Multikollinearität reduziert die t-Werte. Eine größere Varianz für p bewirkt auch, dass die Wahrscheinlichkeit für Koeffizientenschätzungen, die stark vom Erwartungswert $E(p) = \pi$ abweichen, zunimmt. Gilt: $\pi \neq 0$, erhöht sich mit zunehmendem σ_p^2 die Wahrscheinlichkeit für Koeffizientenschätzungen, die nahe bei null liegen. Diese negative Auswirkung einer größeren Varianz wird jedoch durch eine ebenfalls gestiegene Wahrscheinlichkeit für Schätzungen mit großen Abweichungen von null ausgeglichen (Abbildung 7).

Bei der Durchführung von Hypothesentests ist eine weitere Auswirkung der Multikollinearität zu beachten. Es lässt sich zeigen, dass der Korrelationskoeffizient r_{p_2,p_3} für die Koeffizientenschätzfunktionen p_2 und p_3 immer dem negativen Wert des Korrelationskoeffizienten r_{23} der beiden Regressoren entspricht. Dann hat aber der Korrelationskoeffizient für die beiden Schätzfehler $(p_2 - \pi_2)$ und $(p_3 - \pi_3)$ ebenfalls den Wert $-r_{23}$. Dies bedeutet für $r_{23} > 0$, dass große Schätzfehler bei einem Koeffizienten sehr wahrscheinlich mit kleinen Schätzfehlern beim anderen Koeffizienten verbunden sind. Wegen dieser Eigenschaft reagieren die Koeffizientenschätzungen sehr sensitiv auf Änderungen der Spezifikation der Regressionsgleichung.

Elimination selbst scheinbar nicht signifikanter Regressoren führt zu beträchtlichen Variationen bei den Koeffizientenschätzungen der verbleibenden Regressoren.

Enthält eine Regressionsgleichung neben multikollinearen auch orthogonale bzw. quasiorthogonale Regressoren, bleiben deren Koeffizientenschätzungen und ihre Varianzen von der Multikollinearität unberührt.

6.3 Verfahren zur Verringerung der Multikollinearität

Die Verfahren zur Verringerung oder gar Beseitigung der Multikollinearität können in zwei Gruppen aufgeteilt werden. Die erste Gruppe fasst Methoden zusammen, die hauptsächlich aus der Manipulation der Datenbasis bestehen. Die Verfahren der zweiten Gruppe ziehen zusätzliche externe Informationen heran.

Das einfachste Verfahren der ersten Gruppe besteht in der Elimination eines der beiden Regressoren. Dabei macht es aus statistisch-ökonometrischer Sicht keinen Unterschied, welche Variable entfernt wird. Sowohl die Regression $y_t = \pi_1 + \pi_2 x_{t2} + u_t$ als auch der Ansatz $y_t = \pi_1 + \pi_3 x_{t3} + u_t$ haben annähernd gleich großes R^2 und in etwa gleiche t-Werte für p_2 und p_3. Jedoch sind gegen diese Vorgehensweise wegen ihrer Theoriearmut und Willkürlichkeit Bedenken angebracht. Ähnlich ist die Beseitigung der Multikollinearität durch Zusammenfassen beider Variablen zu einem Regressor $x_{t4} = x_{t2} + x_{t3}$ zu beurteilen. Dies ist offensichtlich nur sinnvoll, wenn die Koeffizienten beider Variablen dasselbe Vorzeichen und wenn beide Variablen denselben Maßstab haben. Es gibt wenig Sinn, z.B. das Inlandsprodukt und einen Zinssatz zusammenzufassen.

Verursacht ein Trend die Multikollinearität, wird häufig eine Trendelimination empfohlen. Die einfachste Vorgehensweise hierfür ist die Bildung der ersten Differenz zeitlich aufeinander folgender Beobachtungen. Die Regressionsgleichung (6.1) geht dann über in:

$$\Delta y_t = \pi_2 \Delta x_{t2} + \pi_3 \Delta x_{t3} + \Delta u_t,$$

Δ: Differenzenoperator, definiert als: $\Delta y_t = y_t - y_{t-1}.$

Zwei Einwände begrenzen jedoch diese Vorgehensweise. Erstens kann die Streuung der Regressoren stark zurückgehen, zweitens kann durch die Differenzenbildung eine inhaltlich neue ökonomische Variable entstehen. Wäre in Gleichung (6.1) z.B. der Nettokapitalstock als Variable enthalten, stellt seine erste Differenz die Nettoinvestitionen dar.

Die Verfahren der zweiten Gruppe lassen sich anwenden, wenn zuverlässige externe Informationen zu gewinnen sind. Dies soll an einem Beispiel verdeutlicht werden. Ist das Verhältnis c der beiden Koeffizienten π_2 und π_3, nicht aber ihre Werte bekannt, lässt sich die Multikollinearität ganz beseitigen. Nach Umformung der Gleichung (6.1) in

$$y_t = \pi_1 + \pi_3 \left(\frac{\pi_2}{\pi_3} x_{t2} + x_{t3} \right) + u_t$$

ersetzt man das Verhältnis π_2/π_3 durch den bekannten Wert *c*. Aus den beiden multikollinearen Variablen ist ein neuer Regressor $z_t = cx_{t2} + x_{t3}$ entstanden, dessen Werte aus den Beobachtungen berechnet werden können. Sind π_1 und π_3 geschätzt, lässt sich auch die Schätzung für π_2 berechnen: $p_2 = cp_3$. Die Anwendbarkeit dieses Verfahrens ist stark begrenzt, da eine genaue a priori Kenntnis über das Verhältnis der Regressionskoeffizienten nur selten zur Verfügung steht. In manchen Fällen lässt sich hierfür jedoch eine gewisse Abschätzung mittels einer Querschnitterhebung gewinnen.

7. Autokorrelation und Heteroskedastizität

7.1 Ursachen und Auswirkungen der Autokorrelation

Korrelieren die Störvariablen untereinander, liegt Autokorrelation vor. Dies verletzt die Annahme (4.2) und hat daher Auswirkungen auf die Eigenschaften der OLS-Schätzungen. Bei Autokorrelation unterscheidet man zwischen echter und unechter Autokorrelation. Echte Autokorrelation ist ausschließlich auf die stochastische Natur der Störvariablen zurückzuführen. Unechte Autokorrelation entsteht entweder durch einen Spezifikationsfehler und könnte daher prinzipiell behoben werden, oder durch die Transformation der Regressionsgleichung.

Aus einer Fehlspezifikation resultiert unechte Autokorrelation, wenn eine Regressionsgleichung eine wesentliche erklärende Variable nicht enthält und wenn diese Autokorrelation aufweist. Die Störvariable umfasst dann auch den Einfluss des fehlenden Regressors auf y_t und ist dadurch selbst autokorreliert. Ein falsch spezifizierter Funktionstyp der Regressionsgleichung wirkt sich auf die Störvariable wie ein fehlender Regressor aus. Wird anstelle der quadratischen Funktion $y_t = \pi_1 + \pi_2 x_{t2} + \pi_3 x_{t2}^2 + u_t$ die lineare Regressionsgleichung $y_t = \pi_1 + \pi_2 x_{t2} + u_t$ verwendet, enthält die Störvariable u_t den Einfluss x_{t2}^2 und ist bei autokorreliertem x_{t2} von ihren Vorgängern abhängig.

Die Abhängigkeit einer Variablen von ihren zeitlichen Vorgängern bezeichnet man allgemein als autoregressiven Prozess, der mit AR(*r*) abgekürzt wird. Die Zahl *r* heißt seine Ordnung und gibt die höchste Verzögerung des Prozesses an. Die Spezifikation der Autokorrelation geschieht sehr häufig durch einen autoregressiven Prozess erster Ordnung AR(1), insbesondere dann, wenn die Beobachtungen jährlich erhoben werden (Jahresdaten):

(7.1) $$u_t = \rho u_{t-1} + \varepsilon_t.$$

Die Störvariable ε_t unterliegt einem reinen Zufallsprozess: $E(\varepsilon_t) = 0, Var(\varepsilon_t) = \sigma_\varepsilon^2$ und $Cov(\varepsilon_t, \varepsilon_\tau) = 0$ für $t \neq \tau$. Der Autokorrelationskoeffizient ρ ist dem Betrag nach kleiner als 1: $|\rho| < 1$. Damit ist ausgeschlossen, dass die Realisationen der Störvariablen mit der Zeit absolut zunehmen und den systematischen Teil bis zu dessen Unkenntlichkeit überlagern. Der in Gleichung (7.1) festgelegte AR(1)-Prozess heißt auch Markov-Prozess. Werden die Beobachtungen in einer kürzeren Grundzeitperiode erhoben, z.B. als Quartals- oder Monatswerte, sind Markov-Prozesse höherer Ordnung[11] angemessen:

$$AR(4): u_t = \rho u_{t-4} + \varepsilon_t \quad \text{bei Quartalsdaten,}$$

$$AR(12): u_t = \rho u_{t-12} + \varepsilon_t \quad \text{bei Monatswerten.}$$

Schätzt man eine Regression mit der OLS-Methode, obwohl die Störvariablen autokorrelieren, bleiben die Schätzungen weiterhin erwartungstreu, wenn die endogene Variable nicht in verzögerter Form als Regressor vorkommt. Jedoch sind die OLS-Schätzer nicht mehr effizient. Es gibt andere erwartungstreue und in den endogenen Variablen lineare Schätzfunktionen mit einer kleineren Varianz, z.B. die verallgemeinerte Methode der kleinsten Quadrate. Unterliegen die Störvariablen einem Markov-Prozess erster Ordnung mit positivem Autokorrelationskoeffizienten, unterschätzen die mit Gleichung (5.3) gewonnenen Varianzen die Varianzen der Stichprobenverteilung der Regressionskoeffizientenschätzern p_k, $k = 1, ..., K$. Die Unterschätzung wird noch verstärkt, wenn die Störvariablenvarianz mit OLS-Residuen ermittelt werden muss. Daher steigt bei positiver Autokorrelation die Gefahr einer zu optimistischen Beurteilung der Signifikanz einer Koeffizientenschätzung. Weder der t- noch der F-Wert haben verlässliche Aussagekraft.

Kommt die endogene Variable in verzögerter Form als Regressor vor, sind die OLS-Schätzfunktionen bei Autokorrelation weder erwartungstreu noch konsistent (vgl. auch Übersicht 2).

7.2 Tests auf Autokorrelation

Da die Störvariablen nicht beobachtbar sind, kann die Überprüfung einer Autokorrelation nur anhand der Residuen erfolgen. Um die für einen Test notwendigen Werte zu erhalten, schätzt man zunächst die Regressionsgleichung ungeachtet der Auswirkungen einer Autokorrelation mit der OLS-Methode. Um auf Autokorrelation erster Ordnung zu testen, ist der Durbin-Watson-Test geeignet. Er findet auch bei Markov-Prozessen mit Ordnungen größer als eins Anwendung. Jedoch existieren für solche Autokorrelationsstrukturen geeignetere Tests, wie z.B. der Q-Test von Box und Pierce oder seine Weiterentwicklung durch Ljung und Box[12].

Für die Anwendung des Durbin-Watson-Tests müssen zwei Voraussetzungen erfüllt sein:

(a) Die Regressionsgleichung muss eine Konstante enthalten,

(b) die endogene Variable darf nicht in verzögerter Form als Regressor vorkommen.

---

[11] Ein AR(r)-Prozess wird Markov-Prozess r-ter Ordnung genannt, wenn u_t nur von u_{t-r} und nicht noch von geringer verzögerten Vorgängern abhängt. Die Bezeichnung „autoregressiver Prozess" ist daher für $r > 1$ allgemeiner als die Bezeichnung „Markov-Prozess".

[12] Eine Darstellung beider Tests findet man bei Assenmacher (2002: 172ff.).

Abbildung 8

Der Durbin–Watson–Test

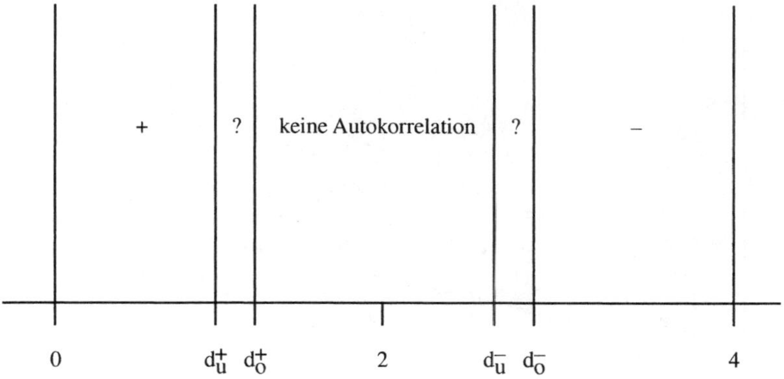

Die Durbin-Watson-Statistik d ist definiert als:

$$d = \frac{\sum_{2} (\hat{u}_t - \hat{u}_{t-1})^2}{\sum \hat{u}_t^2}. \tag{7.2}$$

Dabei bedeutet $\sum_{2}$, dass wegen der Verzögerung die Summation von $t = 2$ bis $t = T$ erfolgt.

Zwischen der Schätzung des Autokorrelationskoeffizienten $\hat{\rho}$ und der Statistik d besteht der Zusammenhang: $d \approx 2(1-\hat{\rho})$. Da annahmegemäß $\hat{\rho}$ im offenen Intervall $-1 < \hat{\rho} < 1$ liegt, gilt für d: $0 < d < 4$. Liegt keine Autokorrelation vor, ist $\rho = 0$ und $d = 2$; bei positiver Autokorrelation $(0 < \rho < 1)$ gilt: $0 < d < 2$, bei negativer Autokorrelation $(-1 < \rho < 0)$ gilt: $2 < d < 4$. Man wird nur dann auf Autokorrelation schließen, wenn die Prüfgröße d signifikant von 2 abweicht. Für verschiedene Signifikanzniveaus α, unterschiedliche Stichprobenumfänge und Regressorenanzahl liegen die für den Test kritischen Werte tabelliert vor (Tabelle 5). Da die Residuen nur Schätzungen für die Realisationen der Störvariablen sind und von der Regressorenmatrix **X** abhängen, enthalten die Tabellen Unschärfebereiche, deren Grenzen $(d_u^+, d_0^+$ bzw. $d_u^-, d_0^-)$ angegeben sind. Wegen der Symmetrie der Verteilung von d reicht die Angabe nur eines Unschärfebereichs aus; der andere kann dann selbst berechnet werden. Fällt die Prüfgröße in diese Intervalle, können keine Testaussagen getroffen werden. Abbildung 8 zeigt den Testvorgang (siehe hierzu auch Beispiel (B7)).

Enthält die Regressionsgleichung die endogene Variable in verzögerter Form y_{t-1} als Regressor, ist der Durbin-Watson-Test verzerrt gegen zwei: der empirische Befund würde zu optimistisch beurteilt. Dies gilt auch, wenn neben y_{t-1} noch höhere Verzögerungen $y_{t-l}, l = 2,3,...$ in der Regressionsgleichung vorkommen. In diesen Fällen ist die h-Statistik zu verwenden:

Abbildung 9

Streudiagramm bei Heteroskedastizität

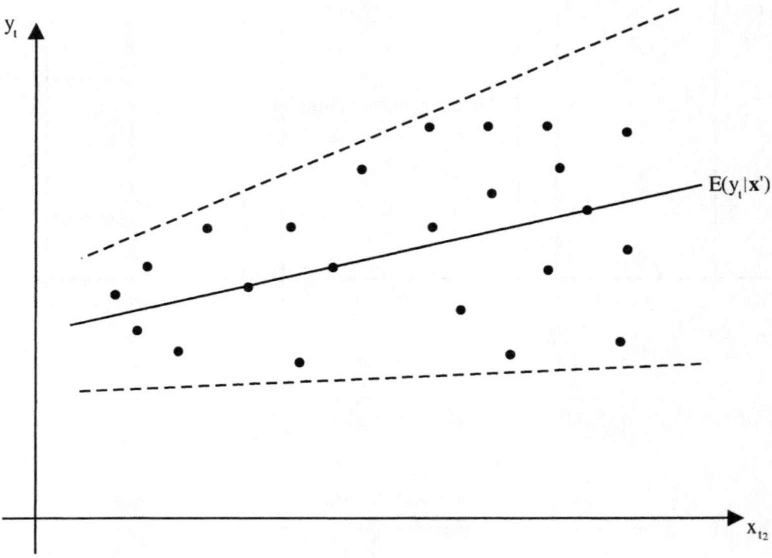

$$h = \hat{\rho}\left(\frac{T}{1 - T\,\mathrm{var}(b)}\right)^{\frac{1}{2}},$$

b: Schätzung des Koeffizienten des Regressors y_{t-1}.

Die Zufallsvariable h ist standardnormalverteilt: $N(0, 1)$. Gilt $h = 0$, liegt keine Autokorrelation vor. Erst bei einer signifikanten Abweichung von null wird man die Hypothese: „keine Autokorrelation“ verwerfen. Die für vorgegebenen α-Fehler kritischen Werte erhält man aus Tabelle 1.[13]

7.3 Echte und falsche Heteroskedastizität

Heteroskedastizität besagt, dass die Varianzen der Störvariablen periodenabhängig sind. Ist ihre Ursache allein in der Stochastik der Störvariablen zu finden, liegt echte Heteroskedastizität vor. Resultiert sie jedoch aus einer Fehlspezifikation, spricht man von unechter Heteroskedastizität. Unechte Heteroskedastizität kommt meist dadurch zustande, dass im Regressionsansatz eine einflussreiche Variable nicht enthalten ist. Erste Hinweise auf das Vorliegen von Heteroskedastizität liefert – für die einfache Regression – ein Streudiagramm. Ist der Regressor x_{t2} trendbehaftet, dann

[13] Der Q-Test und seine Weiterentwicklung sind robust hinsichtlich verzögert endogener Regressoren; sie stellen daher Alternativen zum h-Test dar.

liegen bei einer Zunahme (Abnahme) der Varianzen mit der Zeit die Beobachtungen in einem nach rechts (links) geöffneten Keil (Abbildung 9).

Da es in der Praxis oft sehr schwierig, wenn nicht unmöglich ist, zwischen echter und unechter Heteroskedastizität zu differenzieren, soll bei der Analyse ihrer Auswirkungen auf eine Unterscheidung verzichtet werden.

7.4 Auswirkungen der Heteroskedastizität

Aus Heteroskedastizität resultieren dieselben Auswirkungen auf die Eigenschaften der OLS-Schätzer wie im Falle der Autokorrelation: Die Schätzungen bleiben erwartungstreu, sind jedoch nicht mehr effizient. Vernachlässigt man die Heteroskedastizität und berechnet die Varianzen der Koeffizientenschätzern mit der für Homoskedastizität gültigen Formel (5.3), wird $\sigma^2_{p_k}, k=1,\ldots,K$ wie bei einer Nichtberücksichtigung der Autokorrelation unterschätzt. Es besteht somit auch hier die Gefahr, die Nullhypothese abzulehnen, obwohl sie richtig ist.

7.5 Tests auf Heteroskedastizität

Ein allgemeiner Test, der keine Vorgaben für die Varianzentwicklung der Störvariablen benötigt, wurde von White konzipiert. Er lässt sich bei inhomogenen Regressionsgleichungen mit signifikant geschätzten Koeffzienten anwenden. Für die K Regressoren werden zunächst alle Kombinationen mit Wiederholung gebildet; ihre Anzahl beträgt $\binom{K+1}{2} = (K+1)K/2$.

Nach Multiplikation der Regressoren einer Kombination stellen ihre Produkte Regressoren z_i der Hilfsregression $\hat{u}_t^2 = \sum \alpha_i z_{it} + \varepsilon_t, 1, \ldots, (K+1)K/2$ dar, die mit der OLS-Methode geschätzt wird. Unter der Nullhypothese „Homoskedastizität" ist bei unabhängigen, normalverteilten Störvariablen die Größte TR^2 asymptotisch χ^2-verteilt mit $n = (K+1)K/2 - 1$ Freiheitsgraden. Für vorgegebene α-Fehler erhält man den kritischen Wert $\chi^2(n,\alpha)$, so dass für $TR^2 > \chi^2(n,\alpha)$ die Nullhypothese abgelehnt wird. Eine Schwäche des Tests liegt darin, dass die Anzahl der Freiheitsgrade mit K sehr schnell wächst, was eine Ablehnung der Nullhypothese erschwert bzw. unmöglich macht. Sein Vorteil besteht darin, dass keine Annahmen bezüglich der Heteroskedastizität zu treffen sind. Dies ist bei dem häufig verwendeten Goldfeld-Quandt-Test anders. Er setzt voraus, dass jetzt die Varianz der Störvariablen funktional von einem der Regressoren abhängt, die Störvariablen aber weiter frei von Autokorrelation und normalverteilt sind. Das Datenmaterial wird nicht mehr nach der Zeit, sondern nach der Größe der Beobachtungen des ausgewählten Regressors angeordnet, beginnend mit dem kleinsten Wert. Diese neue Anordnung wird in zwei gleich große Hälften aufgeteilt, wobei zentrale Werte ausgelassen werden können. Jedoch muss die Anzahl der Beobachtungen der so gebildeten Teilstichproben T_1 und T_2 mit $T_1 = T_2$ für das Schätzverfahren noch genügend groß bleiben. Auf der Datenbasis von T_1 und T_2 schätzt man mit der OLS-Methode dieselbe Regressionsgleichung und ermittelt deren Residuen. Aus den Residuen wird eine Test-Statistik g gebildet:

$$g = \frac{\sum_{T_2} \hat{u}_t^2}{\sum_{T_1} \hat{u}_t^2}. \tag{7.3}$$

Im Zähler von Gleichung (7.3) steht immer die größere Quadratsumme, die hier aus der Regression für die zweite Stichprobe resultiert; der Nenner enthält die Residuen für die Schätzung auf Basis der ersten Stichprobe. Als Nullhypothese formuliert man: „keine Heteroskedastizität". Die Variable g folgt unter der Nullhypothese einer F-Verteilung mit $T_1 - K$ Freiheitsgraden im Zähler und Nenner. Aus den Tabellen 3 und 4 der F-Verteilung ist bei gegebener Anzahl an Freiheitsgraden und Irrtumswahrscheinlichkeit α ein kritischer Wert F_α ablesbar. Ist der empirische Wert g größer als F_α, liegt eine signifikante Abweichung von der Nullhypothese vor; sie wird ersetzt durch die Annahme der Heteroskedastizität.

Werden bei einer Regressionsgleichung Autokorrelation oder Heteroskedastizität signifikant diagnostiziert, können mit Hilfe der verallgemeinerten Methode der kleinsten Quadrate (GLS: generalized least squares) die aufgezeigten statistischen Mängel der OLS-Schätzfunktionen beseitigt werden. Unter bestimmten Voraussetzungen sind mit dieser Methode auch bei Heteroskedastizität und Autokorrelation blu-Schätzer möglich.

Tabellenanhang

Tabelle 1

Verteilungsfunktion der Standardnormalverteilung

Beispiel zur Benutzung der Tabelle: $P(Z \leq 2,36) = 0,9909$. Man liest diesen Wert im Schnittpunkt der Zeile 2.3 mit der Spalte 0,06.

z	0,00	0,01	0,02	0,03	0,04	0,05	0,06	0,07	0,08	0,09
0,0	0,5000	0,5040	0,5080	0,5120	0,5160	0,5199	0,5239	0,5279	0,5319	0,5359
0,1	0,5398	0,5438	0,5478	0,5517	0,5557	0,5596	0,5636	0,5675	0,5714	0,5753
0,2	0,5793	0,5832	0,5871	0,5910	0,5948	0,5987	0,6026	0,6064	0,6103	0,6141
0,3	0,6179	0,6217	0,6255	0,6293	0,6331	0,6368	0,6406	0,6443	0,6480	0,6517
0,4	0,6554	0,6591	0,6628	0,6664	0,6700	0,6736	0,6772	0,6808	0,6844	0,6879
0,5	0,6915	0,6950	0,6985	0,7019	0,7054	0,7088	0,7123	0,7157	0,7190	0,7224
0,6	0,7257	0,7291	0,7324	0,7357	0,7389	0,7422	0,7454	0,7486	0,7517	0,7549
0,7	0,7580	0,7611	0,7642	0,7673	0,7704	0,7734	0,7764	0,7794	0,7823	0,7852
0,8	0,7881	0,7910	0,7939	0,7967	0,7995	0,8023	0,8051	0,8078	0,8106	0,8133
0,9	0,8159	0,8186	0,8212	0,8238	0,8264	0,8289	0,8315	0,8340	0,8365	0,8389
1,0	0,8413	0,8438	0,8461	0,8485	0,8508	0,8531	0,8554	0,8577	0,8599	0,8621
1,1	0,8643	0,8665	0,8686	0,8708	0,8729	0,8749	0,8770	0,8790	0,8810	0,8830
1,2	0,8849	0,8869	0,8888	0,8907	0,8925	0,8944	0,8962	0,8980	0,8997	0,9015
1,3	0,9032	0,9049	0,9066	0,9082	0,9099	0,9115	0,9131	0,9147	0,9162	0,9177
1,4	0,9192	0,9207	0,9222	0,9236	0,9251	0,9265	0,9279	0,9292	0,9306	0,9319
1,5	0,9332	0,9345	0,9357	0,9370	0,9382	0,9394	0,9406	0,9418	0,9429	0,9441
1,6	0,9452	0,9463	0,9474	0,9484	0,9495	0,9505	0,9515	0,9525	0,9535	0,9545
1,7	0,9554	0,9564	0,9573	0,9582	0,9591	0,9599	0,9608	0,9616	0,9625	0,9633
1,8	0,9641	0,9649	0,9656	0,9664	0,9671	0,9678	0,9686	0,9693	0,9699	0,9706
1,9	0,9713	0,9719	0,9726	0,9732	0,9738	0,9744	0,9750	0,9756	0,9761	0,9767
2,0	0,9772	0,9778	0,9783	0,9788	0,9793	0,9798	0,9803	0,9808	0,9812	0,9817
2,1	0,9821	0,9826	0,9830	0,9834	0,9838	0,9842	0,9846	0,9850	0,9854	0,9857
2,2	0,9861	0,9864	0,9868	0,9871	0,9875	0,9878	0,9881	0,9884	0,9887	0,9890
2,3	0,9893	0,9896	0,9898	0,9901	0,9904	0,9906	0,9909	0,9911	0,9913	0,9916
2,4	0,9918	0,9920	0,9922	0,9925	0,9927	0,9929	0,9931	0,9932	0,9934	0,9936
2,5	0,9938	0,9940	0,9941	0,9943	0,9945	0,9946	0,9948	0,9949	0,9951	0,9952
2,6	0,9953	0,9955	0,9956	0,9957	0,9959	0,9960	0,9961	0,9962	0,9963	0,9964
2,7	0,9965	0,9966	0,9967	0,9968	0,9969	0,9970	0,9971	0,9972	0,9973	0,9974
2,8	0,9974	0,9975	0,9976	0,9977	0,9977	0,9978	0,9979	0,9979	0,9980	0,9981
2,9	0,9981	0,9982	0,9982	0,9983	0,9984	0,9984	0,9985	0,9985	0,9986	0,9986
3,0	0,9987	0,9987	0,9987	0,9988	0,9988	0,9989	0,9989	0,9989	0,9990	0,9990
3,1	0,9990	0,9991	0,9991	0,9991	0,9992	0,9992	0,9992	0,9992	0,9993	0,9993
3,2	0,9993	0,9993	0,9994	0,9994	0,9994	0,9994	0,9994	0,9995	0,9995	0,9995
3,3	0,9995	0,9995	0,9995	0,9996	0,9996	0,9996	0,9996	0,9996	0,9996	0,9997
3,4	0,9997	0,9997	0,9997	0,9997	0,9997	0,9997	0,9997	0,9997	0,9997	0,9998
3,5	0,9998	0,9998	0,9998	0,9998	0,9998	0,9998	0,9998	0,9998	0,9998	0,9998

Die Tabelle ist entnommen aus Assenmacher (2000).

Tabelle 2

Quantile der t-Verteilung

Beispiel zur Benutzung der Tabelle: $t(0{,}95{:}4) = 2{,}1318$.

n	0,6	0,7	0,8	0,9	0,95	0,975	0,99	0,995
1	0,3249	0,7265	1,3764	3,0777	6,3137	12,7062	31,8210	63,6559
2	0,2887	0,6172	1,0607	1,8856	2,9200	4,3027	6,9645	9,9250
3	0,2767	0,5844	0,9785	1,6377	2,3534	3,1824	4,5407	5,8408
4	0,2707	0,5686	0,9410	1,5332	2,1318	2,7765	3,7469	4,6041
5	0,2672	0,5594	0,9195	1,4759	2,0150	2,5706	3,3649	4,0321
6	0,2648	0,5534	0,9057	1,4398	1,9432	2,4469	3,1427	3,7074
7	0,2632	0,5491	0,8960	1,4149	1,8946	2,3646	2,9979	3,4995
8	0,2619	0,5459	0,8889	1,3968	1,8595	2,3060	2,8965	3,3554
9	0,2610	0,5435	0,8834	1,3830	1,8331	2,2622	2,8214	3,2498
10	0,2602	0,5415	0,8791	1,3722	1,8125	2,2281	2,7638	3,1693
11	0,2596	0,5399	0,8755	1,3634	1,7959	2,2010	2,7181	3,1058
12	0,2590	0,5386	0,8726	1,3562	1,7823	2,1788	2,6810	3,0545
13	0,2586	0,5375	0,8702	1,3502	1,7709	2,1604	2,6503	3,0123
14	0,2582	0,5366	0,8681	1,3450	1,7613	2,1448	2,6245	2,9768
15	0,2579	0,5357	0,8662	1,3406	1,7531	2,1315	2,6025	2,9467
16	0,2576	0,5350	0,8647	1,3368	1,7459	2,1199	2,5835	2,9208
17	0,2573	0,5344	0,8633	1,3334	1,7396	2,1098	2,5669	2,8982
18	0,2571	0,5338	0,8620	1,3304	1,7341	2,1009	2,5524	2,8784
19	0,2569	0,5333	0,8610	1,3277	1,7291	2,0930	2,5395	2,8609
20	0,2567	0,5329	0,8600	1,3253	1,7247	2,0860	2,5280	2,8453
21	0,2566	0,5325	0,8591	1,3232	1,7207	2,0796	2,5176	2,8314
22	0,2564	0,5321	0,8583	1,3212	1,7171	2,0739	2,5083	2,8188
23	0,2563	0,5317	0,8575	1,3195	1,7139	2,0687	2,4999	2,8073
24	0,2562	0,5314	0,8569	1,3178	1,7109	2,0639	2,4922	2,7970
25	0,2561	0,5312	0,8562	1,3163	1,7081	2,0595	2,4851	2,7874
26	0,2560	0,5309	0,8557	1,3150	1,7056	2,0555	2,4786	2,7787
27	0,2559	0,5306	0,8551	1,3137	1,7033	2,0518	2,4727	2,7707
28	0,2558	0,5304	0,8546	1,3125	1,7011	2,0484	2,4671	2,7633
29	0,2557	0,5302	0,8542	1,3114	1,6991	2,0452	2,4620	2,7564
30	0,2556	0,5300	0,8538	1,3104	1,6973	2,0423	2,4573	2,7500
31	0,2555	0,5298	0,8534	1,3095	1,6955	2,0395	2,4528	2,7440
32	0,2555	0,5297	0,8530	1,3086	1,6939	2,0369	2,4487	2,7385
33	0,2554	0,5295	0,8526	1,3077	1,6924	2,0345	2,4448	2,7333
34	0,2553	0,5294	0,8523	1,3070	1,6909	2,0322	2,4411	2,7284
35	0,2553	0,5292	0,8520	1,3062	1,6896	2,0301	2,4377	2,7238
36	0,2552	0,5291	0,8517	1,3055	1,6883	2,0281	2,4345	2,7195
37	0,2552	0,5289	0,8514	1,3049	1,6871	2,0262	2,4314	2,7154
38	0,2551	0,5288	0,8512	1,3042	1,6860	2,0244	2,4286	2,7116
39	0,2551	0,5287	0,8509	1,3036	1,6849	2,0227	2,4258	2,7079
40	0,2550	0,5286	0,8507	1,3031	1,6839	2,0211	2,4233	2,7045
45	0,2549	0,5281	0,8497	1,3007	1,6794	2,0141	2,4121	2,6896
50	0,2547	0,5278	0,8489	1,2987	1,6759	2,0086	2,4033	2,6778

Die Tabelle ist entnommen aus Assenmacher (2000).

Tabelle 3

0,95-Quantile der *F*-Verteilung

Beispiel zur Benutzung der Tabelle: $F_6^7(0{,}95) = 4{,}21$.

	Freiheitsgrade Zähler *m*													
n	1	2	3	4	5	6	7	8	10	12	15	20	24	30
1	161,4	199,5	215,7	224,6	230,2	234,0	236,8	238,9	241,9	243,9	245,9	248,0	249,1	250,1
2	18,51	19,00	19,16	19,25	19,30	19,33	19,35	19,37	19,40	19,41	19,43	19,45	19,45	19,46
3	10,13	9,55	9,28	9,12	9,01	8,94	8,89	8,85	8,79	8,74	8,70	8,66	8,64	8,62
4	7,71	6,94	6,59	6,39	6,26	6,16	6,09	6,04	5,96	5,91	5,86	5,80	5,77	5,75
5	6,61	5,79	5,41	5,19	5,05	4,95	4,88	4,82	4,74	4,68	4,62	4,56	4,53	4,50
6	5,99	5,14	4,76	4,53	4,39	4,28	4,21	4,15	4,06	4,00	3,94	3,87	3,84	3,81
7	5,59	4,74	4,35	4,12	3,97	3,87	3,79	3,73	3,64	3,57	3,51	3,44	3,41	3,38
8	5,32	4,46	4,07	3,84	3,69	3,58	3,50	3,44	3,35	3,28	3,22	3,15	3,12	3,08
9	5,12	4,26	3,86	3,63	3,48	3,37	3,29	3,23	3,14	3,07	3,01	2,94	2,90	2,86
10	4,96	4,10	3,71	3,48	3,33	3,22	3,14	3,07	2,98	2,91	2,85	2,77	2,74	2,70
11	4,84	3,98	3,59	3,36	3,20	3,09	3,01	2,95	2,85	2,79	2,72	2,65	2,61	2,57
12	4,75	3,89	3,49	3,26	3,11	3,00	2,91	2,85	2,75	2,69	2,62	2,54	2,51	2,47
13	4,67	3,81	3,41	3,18	3,03	2,92	2,83	2,77	2,67	2,60	2,53	2,46	2,42	2,38
14	4,60	3,74	3,34	3,11	2,96	2,85	2,76	2,70	2,60	2,53	2,46	2,39	2,35	2,31
15	4,54	3,68	3,29	3,06	2,90	2,79	2,71	2,64	2,54	2,48	2,40	2,33	2,29	2,25
16	4,49	3,63	3,24	3,01	2,85	2,74	2,66	2,59	2,49	2,42	2,35	2,28	2,24	2,19
17	4,45	3,59	3,20	2,96	2,81	2,70	2,61	2,55	2,45	2,38	2,31	2,23	2,19	2,15
18	4,41	3,55	3,16	2,93	2,77	2,66	2,58	2,51	2,41	2,34	2,27	2,19	2,15	2,11
19	4,38	3,52	3,13	2,90	2,74	2,63	2,54	2,48	2,38	2,31	2,23	2,16	2,11	2,07
20	4,35	3,49	3,10	2,87	2,71	2,60	2,51	2,45	2,35	2,28	2,20	2,12	2,08	2,04
21	4,32	3,47	3,07	2,84	2,68	2,57	2,49	2,42	2,32	2,25	2,18	2,10	2,05	2,01
22	4,30	3,44	3,05	2,82	2,66	2,55	2,46	2,40	2,30	2,23	2,15	2,07	2,03	1,98
23	4,28	3,42	3,03	2,80	2,64	2,53	2,44	2,37	2,27	2,20	2,13	2,05	2,01	1,96
24	4,26	3,40	3,01	2,78	2,62	2,51	2,42	2,36	2,25	2,18	2,11	2,03	1,98	1,94
25	4,24	3,39	2,99	2,76	2,60	2,49	2,40	2,34	2,24	2,16	2,09	2,01	1,96	1,92
30	4,17	3,32	2,92	2,69	2,53	2,42	2,33	2,27	2,16	2,09	2,01	1,93	1,89	1,84
40	4,08	3,23	2,84	2,61	2,45	2,34	2,25	2,18	2,08	2,00	1,92	1,84	1,79	1,74
60	4,00	3,15	2,76	2,53	2,37	2,25	2,17	2,10	1,99	1,92	1,84	1,75	1,70	1,65

Die Tabelle ist entnommen aus Assenmacher (2000).

Tabelle 4

0,99-Quantile der *F*-Verteilung

Beispiel zur Benutzung der Tabelle: $F_6^7(0{,}95) = 8{,}26$.

	Freiheitsgrade Zähler *m*													
n	1	2	3	4	5	6	7	8	10	12	15	20	24	30
1	4052,2	4999,3	5403,5	5624,3	5764,0	5859,0	5928,3	5981,0	6055,9	6106,7	6157,0	6208,7	6234,3	6260,4
2	98,50	99,00	99,16	99,25	99,30	99,33	99,36	99,38	99,40	99,42	99,43	99,45	99,46	99,47
3	34,12	30,82	29,46	28,71	28,24	27,91	27,67	27,49	27,23	27,05	26,87	26,69	26,60	26,50
4	21,20	18,00	16,69	15,98	15,52	15,21	14,98	14,80	14,55	14,37	14,20	14,02	13,93	13,84
5	16,26	13,27	12,06	11,39	10,97	10,67	10,46	10,29	10,05	9,89	9,72	9,55	9,47	9,38
6	13,75	10,92	9,78	9,15	8,75	8,47	8,26	8,10	7,87	7,72	7,56	7,40	7,31	7,23
7	12,25	9,55	8,45	7,85	7,46	7,19	6,99	6,84	6,62	6,47	6,31	6,16	6,07	5,99
8	11,26	8,65	7,59	7,01	6,63	6,37	6,18	6,03	5,81	5,67	5,52	5,36	5,28	5,20
9	10,56	8,02	6,99	6,42	6,06	5,80	5,61	5,47	5,26	5,11	4,96	4,81	4,73	4,65
10	10,04	7,56	6,55	5,99	5,64	5,39	5,20	5,06	4,85	4,71	4,56	4,41	4,33	4,25
11	9,65	7,21	6,22	5,67	5,32	5,07	4,89	4,74	4,54	4,40	4,25	4,10	4,02	3,94
12	9,33	6,93	5,95	5,41	5,06	4,82	4,64	4,50	4,30	4,16	4,01	3,86	3,78	3,70
13	9,07	6,70	5,74	5,21	4,86	4,62	4,44	4,30	4,10	3,96	3,82	3,66	3,59	3,51
14	8,86	6,51	5,56	5,04	4,69	4,46	4,28	4,14	3,94	3,80	3,66	3,51	3,43	3,35
15	8,68	6,36	5,42	4,89	4,56	4,32	4,14	4,00	3,80	3,67	3,52	3,37	3,29	3,21
16	8,53	6,23	5,29	4,77	4,44	4,20	4,03	3,89	3,69	3,55	3,41	3,26	3,18	3,10
17	8,40	6,11	5,19	4,67	4,34	4,10	3,93	3,79	3,59	3,46	3,31	3,16	3,08	3,00
18	8,29	6,01	5,09	4,58	4,25	4,01	3,84	3,71	3,51	3,37	3,23	3,08	3,00	2,92
19	8,18	5,93	5,01	4,50	4,17	3,94	3,77	3,63	3,43	3,30	3,15	3,00	2,92	2,84
20	8,10	5,85	4,94	4,43	4,10	3,87	3,70	3,56	3,37	3,23	3,09	2,94	2,86	2,78
21	8,02	5,78	4,87	4,37	4,04	3,81	3,64	3,51	3,31	3,17	3,03	2,88	2,80	2,72
22	7,95	5,72	4,82	4,31	3,99	3,76	3,59	3,45	3,26	3,12	2,98	2,83	2,75	2,67
23	7,88	5,66	4,76	4,26	3,94	3,71	3,54	3,41	3,21	3,07	2,93	2,78	2,70	2,62
24	7,82	5,61	4,72	4,22	3,90	3,67	3,50	3,36	3,17	3,03	2,89	2,74	2,66	2,58
25	7,77	5,57	4,68	4,18	3,85	3,63	3,46	3,32	3,13	2,99	2,85	2,70	2,62	2,54
30	7,56	5,39	4,51	4,02	3,70	3,47	3,30	3,17	2,98	2,84	2,70	2,55	2,47	2,39
40	7,31	5,18	4,31	3,83	3,51	3,29	3,12	2,99	2,80	2,66	2,52	2,37	2,29	2,20
60	7,08	4,98	4,13	3,65	3,34	3,12	2,95	2,82	2,63	2,50	2,35	2,20	2,12	2,03

Die Tabelle ist entnommen aus Assenmacher (2000).

Tabelle 5

Untere (d_u) und obere (d_o) Grenze für die Durbin-Watson-Teststatistik d bei $\alpha = 5\%$

	$K=2$		$K=3$		$K=4$		$K=5$		$K=6$		$K=2$		$K=3$		$K=4$		$K=5$		$K=6$	
t	d_u	d_o	d_u	d_o	d_u	d_o	d_u	d_o	d_u	d_o	d_u	d_o	d_u	d_o	d_u	d_o	d_u	d_o	d_u	d_o
15	1,08	1,36	0,95	1,54	0,82	1,75	0,69	1,97	0,56	2,21	0,81	1,07	0,70	1,25	0,59	1,46	0,49	1,70	0,39	1,96
16	1,10	1,37	0,98	1,54	0,86	1,73	0,74	1,93	0,62	2,15	0,84	1,09	0,74	1,25	0,63	1,44	0,53	1,66	0,44	1,90
17	1,13	1,38	1,02	1,54	0,90	1,71	0,78	1,90	0,67	2,10	0,87	1,10	0,77	1,25	0,67	1,43	0,57	1,63	0,48	1,85
18	1,16	1,39	1,05	1,53	0,93	1,69	0,82	1,87	0,71	2,06	0,90	1,12	0,80	1,26	0,71	1,42	0,61	1,60	0,52	1,80
19	1,18	1,40	1,08	1,53	0,97	1,68	0,86	1,85	0,75	2,02	0,93	1,13	0,83	1,26	0,74	1,41	0,65	1,58	0,56	1,77
20	1,20	1,41	1,10	1,54	1,00	1,68	0,90	1,83	0,79	1,99	0,95	1,15	0,86	1,27	0,77	1,41	0,68	1,57	0,60	1,74
21	1,22	1,42	1,13	1,54	1,03	1,67	0,93	1,81	0,83	1,96	0,97	1,16	0,89	1,27	0,80	1,41	0,72	1,55	0,63	1,71
22	1,24	1,43	1,15	1,54	1,05	1,66	0,96	1,80	0,86	1,94	1,00	1,17	0,91	1,28	0,83	1,40	0,75	1,54	0,66	1,69
23	1,26	1,44	1,17	1,54	1,08	1,66	0,99	1,79	0,90	1,92	1,02	1,19	0,94	1,29	0,86	1,40	0,77	1,53	0,70	1,67
24	1,27	1,45	1,19	1,55	1,10	1,66	1,01	1,78	0,93	1,90	1,04	1,20	0,96	1,30	0,88	1,41	0,80	1,53	0,72	1,66
25	1,29	1,45	1,21	1,55	1,12	1,66	1,04	1,77	0,95	1,89	1,05	1,21	0,98	1,30	0,90	1,41	0,83	1,52	0,75	1,65
26	1,30	1,46	1,22	1,55	1,14	1,65	1,06	1,76	0,98	1,88	1,07	1,22	1,00	1,31	0,93	1,41	0,85	1,52	0,78	1,64
27	1,32	1,47	1,24	1,56	1,16	1,65	1,08	1,76	1,01	1,86	1,09	1,23	1,02	1,32	0,95	1,41	0,88	1,51	0,81	1,63
28	1,33	1,48	1,26	1,56	1,18	1,65	1,10	1,75	1,03	1,85	1,10	1,24	1,04	1,32	0,97	1,41	0,90	1,51	0,83	1,62
29	1,34	1,48	1,27	1,56	1,20	1,65	1,12	1,74	1,05	1,84	1,12	1,25	1,05	1,33	0,99	1,42	0,92	1,51	0,85	1,61
30	1,35	1,49	1,28	1,57	1,21	1,65	1,14	1,74	1,07	1,83	1,13	1,26	1,07	1,34	1,01	1,42	0,94	1,51	0,88	1,61
31	1,36	1,50	1,30	1,57	1,23	1,65	1,16	1,74	1,09	1,83	1,15	1,27	1,08	1,34	1,02	1,42	0,96	1,51	0,90	1,60
32	1,37	1,50	1,31	1,57	1,24	1,65	1,18	1,73	1,11	1,82	1,16	1,28	1,10	1,35	1,04	1,43	0,98	1,51	0,92	1,60
33	1,38	1,51	1,32	1,58	1,26	1,65	1,19	1,73	1,13	1,81	1,17	1,29	1,11	1,36	1,05	1,43	1,00	1,51	0,94	1,59
34	1,39	1,51	1,33	1,58	1,27	1,65	1,21	1,73	1,15	1,81	1,18	1,30	1,13	1,36	1,07	1,43	1,01	1,51	0,95	1,59
35	1,40	1,52	1,34	1,58	1,28	1,65	1,22	1,73	1,16	1,80	1,19	1,31	1,14	1,37	1,08	1,44	1,03	1,51	0,97	1,59
36	1,41	1,52	1,35	1,59	1,29	1,65	1,24	1,73	1,18	1,80	1,21	1,32	1,15	1,38	1,10	1,44	1,04	1,51	0,99	1,59
37	1,42	1,53	1,36	1,59	1,31	1,66	1,25	1,72	1,19	1,80	1,22	1,32	1,16	1,38	1,11	1,45	1,06	1,51	1,00	1,59
38	1,43	1,54	1,37	1,59	1,32	1,66	1,26	1,72	1,21	1,79	1,23	1,33	1,18	1,39	1,12	1,45	1,07	1,52	1,02	1,58
39	1,43	1,54	1,38	1,60	1,33	1,66	1,27	1,72	1,22	1,79	1,24	1,34	1,19	1,39	1,14	1,45	1,09	1,52	1,03	1,58
40	1,44	1,54	1,39	1,60	1,34	1,66	1,29	1,72	1,23	1,79	1,25	1,34	1,20	1,40	1,15	1,46	1,10	1,52	1,05	1,58
45	1,48	1,57	1,43	1,62	1,38	1,67	1,34	1,72	1,29	1,78	1,29	1,38	1,24	1,42	1,20	1,48	1,16	1,53	1,11	1,58
50	1,50	1,59	1,46	1,63	1,42	1,67	1,38	1,72	1,34	1,77	1,32	1,40	1,28	1,45	1,24	1,49	1,20	1,54	1,16	1,59
55	1,53	1,60	1,49	1,64	1,45	1,68	1,41	1,72	1,38	1,77	1,36	1,43	1,32	1,47	1,28	1,51	1,25	1,55	1,21	1,59
60	1,55	1,62	1,51	1,65	1,48	1,69	1,44	1,73	1,41	1,77	1,38	1,45	1,35	1,48	1,32	1,52	1,28	1,56	1,25	1,60
65	1,57	1,63	1,54	1,66	1,50	1,70	1,47	1,73	1,44	1,77	1,41	1,47	1,38	1,50	1,35	1,53	1,31	1,57	1,28	1,61
70	1,58	1,64	1,55	1,67	1,52	1,70	1,49	1,74	1,46	1,77	1,43	1,49	1,40	1,52	1,37	1,55	1,34	1,58	1,31	1,61
75	1,45	1,50	1,42	1,53	1,39	1,56	1,37	1,59	1,34	1,62	1,60	1,65	1,57	1,68	1,54	1,71	1,51	1,74	1,49	1,77
80	1,61	1,66	1,59	1,69	1,56	1,72	1,53	1,74	1,51	1,77	1,47	1,52	1,44	1,54	1,42	1,57	1,39	1,60	1,36	1,62
85	1,62	1,67	1,60	1,70	1,57	1,72	1,55	1,75	1,52	1,77	1,48	1,53	1,46	1,55	1,43	1,58	1,41	1,60	1,39	1,63
90	1,63	1,68	1,61	1,70	1,59	1,73	1,57	1,75	1,54	1,78	1,50	1,54	1,47	1,56	1,45	1,59	1,43	1,61	1,41	1,64
95	1,64	1,69	1,62	1,71	1,60	1,73	1,58	1,75	1,56	1,78	1,51	1,55	1,49	1,57	1,47	1,60	1,45	1,62	1,42	1,64
100	1,65	1,69	1,63	1,72	1,61	1,74	1,59	1,76	1,57	1,78	1,52	1,56	1,50	1,58	1,48	1,60	1,46	1,63	1,44	1,65

Die Tabelle ist entnommen aus Assenmacher (2002).

Literaturverzeichnis

Assenmacher, W. (1985): Eine wissenschaftstheoretische Begründung der Linearitätshypothese in angewandten ökonometrischen Modellen. Jahrbücher für Nationalökonomie und Statistik 200/1, 56–70

Assenmacher, W. (2002): Einführung in die Ökonometrie, 6. Auflage. Oldenbourg, München, Wien

Darnell, A.C. (1994): A Dictionary of Econometrics. Elgar, Aldershot, Hants et al.

Greene, W.H. (2003): Econometric Analysis, 5th edition. Prentice Hall, Upper Saddle River, NJ

Kennedy, P.E. (1998): A Guide to Econometrics, 4th edtion. Blackwell, Oxford et al.

Maddala, G.S. (1992): Introduction to Econometrics, 2nd edition. Macmillan et al., New York et al.

Schneeweiß, H.J. (1990), Ökonometrie, 4. Auflage. Physica-Lehrbuch. Physica, Heidelberg

Stock, J.H., Watson, M.W. (2003): Introduction to Econometrics. Addison Wesley, Boston, MA et al.

Studenmund, A.H., Cassidy H.J. (2000): Using Econometrics: A Practical Guide, 4th edition. Addison Wesley, Boston, MA et al.

Dynamische Regressionsmodelle[1]

Jürgen Wolters[2]

Im vorhergehenden Beitrag von Assenmacher werden Regressionsmodelle behandelt, bei denen die Veränderung einer erklärenden Variable eine sofortige Wirkung auf die abhängige Variable hat. In der ökonomischen Praxis beobachtet man aber, dass Änderungen einer erklärenden Variablen erst mit zeitlicher Verzögerung ihre gesamte Wirkung zeigen. Deshalb werden in diesem Beitrag Modelle mit verteilten Verzögerungen (*distributed lags*) behandelt. Sie sind ein Standardansatz um aufzuzeigen, wie eine (oder mehrere) Variable(n) die abhängige Variable im Zeitablauf beeinflusst (beeinflussen). Hierbei spielen insbesondere kurz- und langfristige Reaktionen, die dann als temporäre und permanente Effekte interpretiert werden, eine Rolle.

Im folgenden sollen zunächst allgemeine Modelle mit verteilten Verzögerungen dargestellt werden. Danach werden im Abschnitt 2 einige ökonomische Beispiele für solche Modelle behandelt. Der darauf folgende Abschnitt 3 beschäftigt sich mit dem allgemeinsten Ansatz linearer dynamischer Regressionsgleichungen, dem *autoregressive distributed lag* (ADL) Modell. Die Schätzung solcher dynamischer Regressionsmodelle wird im abschließenden Abschnitt 4 behandelt.

1. Allgemeine Darstellungen

Technologische und institutionelle Beschränkungen oder psychologische Gründe führen häufig dazu, dass bei ökonomischen Zusammenhängen nicht immer davon ausgegangen werden kann, dass sich eine Veränderung der erklärenden Variablen sofort und vollständig in einer Veränderung der abhängigen Variablen niederschlägt. Vielmehr erscheint es sinnvoller, wenn wir annehmen, dass die Wirkungen erst allmählich zur Geltung kommen. Wir müssen daher zwischen Reaktionen verschiedener Fristigkeiten unterscheiden. Erfolgt also die gesamt Wirkung einer Variablen auf eine andere nicht sofort, sondern ist die Wirkung über eine bestimmte Zeitspanne verteilt, wobei unterstellt wird, dass diese Verteilung im Zeitablauf konstant ist, dann kann der Zusammenhang zwischen diesen beiden Variablen in einem *Modell mit verteilten Verzögerungen* (*distributed lag*) abgebildet werden. Solche Ansätze spielen in empirischen Arbeiten, die auf Zeitreihendaten basieren, insbesondere dann eine Rolle, wenn die Zeitdauer der gesamten Wirkung größer ist als die vorliegende Grundzeitperiode. Je kürzer die Grundzeitperiode ist (Woche, Monat, Quartal), um so wichtiger wird es, diese Anpassungsvorgänge adäquat zu modellieren.

---

1 Ich danke Imke Brüggemann und Andreas Göhler, Freie Universität Berlin, sowie Uwe Hassler und Sven Schreiber, Universität Frankfurt a.M., für hilfreiche Anmerkungen.

2 Institut für Statistik und Ökonometrie, Freie Universität Berlin, Boltzmannstr. 20, D-14195 Berlin und Deutsches Institut für Wirtschaftsforschung, Königin-Luise-Straße 5, D-14195 Berlin.

Modelle mit verteilten Verzögerungen treten beispielsweise auf, weil Produktionsprozesse oder Gesetzesänderungen Zeit benötigen, aber auch weil Vertragslaufzeiten zu beachten sind, oder dauerhafte Güter Leistungen über mehrere Perioden abgeben. Weitere wichtige Beispiele für *distributed lags* sind die Trägheit und das Beharrungsvermögen bei ökonomischen Akteuren oder die Bildung von Erwartungen.

1.1 Formale Darstellung und Eigenschaften

Wir wollen zunächst das einfachste Modell mit verteilten Verzögerungen behandeln, d.h. wir unterstellen einen linearen Zusammenhang zwischen der endogenen Variablen y und nur einer exogenen Variablen x, die mit zeitlicher Verzögerung auf y wirkt:

(1a) $$y_t = a + b_0 x_t + b_1 x_{t-1} + b_2 x_{t-2} + \ldots + u_t .$$

Hierbei bezeichnet u_t einen reinen Zufallsprozess, d.h. $E(u_t) = 0$, $Var(u_t) = \sigma^2$ und $E(u_t u_s) = 0$ für $t \neq s$.

Die Gleichung (1a) lässt sich kompakt schreiben als

(1b) $$y_t = a + \sum_{j=0}^{\infty} b_j x_{t-j} + u_t .$$

Für die Interpretation von (1a,b) betrachten wir den systematischen Teil, d.h. wir gehen zum bedingten Erwartungswert $E(y_t | x_t, x_{t-1}, \ldots) = \bar{y}_t$ über:

(1c) $$\bar{y}_t = a + \sum_{j=0}^{\infty} b_j x_{t-j} .$$

Wählen wir speziell $x_t = \bar{x}$ für alle t, so erhalten wir

(2) $$\bar{y}_t = a + \bar{x} \sum_{j=0}^{\infty} b_j .$$

Aus (2) ist sofort ersichtlich, dass das Modell mit verteilten Verzögerungen nur dann ökonomisch Sinn macht, wenn der bedingte Erwartungswert $\bar{y}_t = \bar{y}$ in (2) endlich ist. Dies impliziert aber, dass folgende Bedingung gelten muss

(3) $$\sum_{j=0}^{\infty} b_j = b < \infty .$$

Aus (3) folgt dann, dass die b_j, $j = 0,1,2,\ldots$, eine Nullfolge bilden müssen, d.h.

(4) $$\lim_{j \to \infty} b_j = 0.$$

Gleichung (4) besagt, dass weit in der Vergangenheit liegende x-Werte einen immer geringer werdenden Einfluss haben. Selbstverständlich sind (3) und (4) automatisch erfüllt, wenn nur endlich viele Verzögerungen von x_t eine Rolle spielen, d.h. $b_j = 0$ für $j > n$.

Betrachten wir nun die ersten Differenzen von (1c), so erhalten wir

(5) $$\Delta\bar{y}_t = \sum_{j=0}^{\infty} b_j \Delta x_{t-j}.$$

Weiterhin wählen wir für x_t eine spezielle Sprungfunktion, d.h.

$$x_t = \begin{cases} 0 & \textit{für} \quad t < t_0 \\ 1 & \textit{für} \quad t \geq t_0 \end{cases}$$

Damit ist $\Delta x_t = 0$ für $t \neq t_0$ und $\Delta x_{t_0} = 1$. Aus (5) erhalten wir dann

$$\Delta\bar{y}_{t_0} = b_0 \Delta x_{t_0}$$
$$\Delta\bar{y}_{t_0+1} = b_1 \Delta x_{t_0}$$
$$\vdots$$
$$\Delta\bar{y}_{t_0+j} = b_j \Delta x_{t_0}$$

bzw.

(6a) $$\frac{\Delta\bar{y}_{t_0+j}}{\Delta x_{t_0}} = b_j, \; j = 0,1,2,\ldots$$

Ersetzt man in (6a) $t_0 + j$ durch t_0, so erhält man

(6b) $$\frac{\Delta\bar{y}_{t_0}}{\Delta x_{t_0-j}} = b_j, \; j = 0,1,2,\ldots$$

Die b_j, $j = 0,1,2,\ldots$, sind *dynamische Multiplikatoren* oder *Reaktionskoeffizienten*. Sie geben an, um wie viel sich $\bar{y}$ nach j Perioden ändert, wenn sich heute (in t_0) x um eine Einheit ändert oder um wie viel sich heute (in t_0) $\bar{y}$ ändert, wenn sich x vor j Perioden einmal um eine Einheit geändert hat. Der Koeffizient b_0 gibt den unmittelbaren Effekt an, er wird auch *impact multiplier* genannt.

Für die Niveaus gilt $\bar{y}_t = \bar{y}_{t-1} + \Delta\bar{y}_t$. Hieraus ergibt sich sofort wegen (6a)

$$\begin{aligned}
\bar{y}_{t_0} &= \bar{y}_{t_0-1} + \Delta\bar{y}_{t_0} = \bar{y}_{t_0-1} + b_0 \Delta x_{t_0} \\
\bar{y}_{t_0+1} &= \bar{y}_{t_0} + \Delta\bar{y}_{t_0+1} = \bar{y}_{t_0-1} + b_0 \Delta x_{t_0} + b_1 \Delta x_{t_0} \\
\bar{y}_{t_0+2} &= \bar{y}_{t_0+1} + \Delta\bar{y}_{t_0+2} = \bar{y}_{t_0-1} + b_0 \Delta x_{t_0} + b_1 \Delta x_{t_0} + b_2 \Delta x_{t_0} \\
&\vdots \\
\bar{y}_{t_0+j} &= \bar{y}_{t_0-1} + (b_0 + b_1 + \ldots + b_j) \Delta x_{t_0}
\end{aligned}$$

Und hieraus erhalten wir die *kumulierten Multiplikatoren*, d.h. den Gesamteffekt, der sich nach j Perioden ergibt, wenn vor j Perioden x um eine Einheit verändert wurde. Dies können wir auch als die Wirkung einer dauerhaften Veränderung von x interpretieren:

$$\frac{\bar{y}_{t_0+j} - \bar{y}_{t_0-1}}{\Delta x_{t_0}} = b_0 + b_1 + \ldots + b_j.$$

Lässt man j gegen ∞ gehen, dann erhält man den Gesamteffekt oder *Gesamtmultiplikator* GM:

(7) $$GM = b_0 + b_1 + b_2 + \ldots = \sum_{j=0}^{\infty} b_j = b.$$

1.2 Darstellung mit Hilfe des Verschiebungsoperators

Der *Verschiebungsoperator* (*lag-Operator*) L ist für eine beliebige Zeitreihe z_t definiert als[3]

$$Lz_t = z_{t-1}.$$

Somit gilt auch

$$Lz_{t-1} = L(Lz_t) = L^2 z_t = z_{t-2}$$

oder allgemein

(8) $$L^k z_t = z_{t-k}, \quad k = \ldots, -1, 0, 1, 2, \ldots$$

Hierbei liefert $k = 0$ die Identität, und negative Werte von k führen auf den inversen Operator, es wird nicht zeitlich zurück, sondern nach vorne verschoben. Da auf diesen Operator die üblichen Rechenregeln für Potenzen anwendbar sind, führt dies zu einer wesentlichen Rechenerleichterung bei Operationen mit Modellen mit verteilten Verzögerungen. Das Modell (1a) lässt sich wegen (8) schreiben als

3 Vgl. hierzu z.B. Dhrymes (1971: 17ff.) oder Hamilton (1994: 25ff.).

$$y_t = a + b_0 + b_1 L + b_2 L^2 x_t + \ldots + u_t$$

bzw.

$$y_t = a + \left(b_0 + b_1 L + b_2 L^2 + \ldots\right) x_t + u_t .$$

Definiert man die unendliche Reihe im lag-Operator L als

(9) $$B(L) := \sum_{j=0}^{\infty} b_j L^j$$

so ergibt sich für das Modell mit verteilten Verzögerungen

(10) $$y_t = a + B(L) x_t + u_t .$$

In (10) haben wir eine Darstellung, die es uns ermöglicht, die Effekte, die von der lag-Verteilung und von der erklärenden Variablen ausgehen, zu trennen. Wir sehen sofort (vgl. (6a) oder (6b)), dass sich der *impact multiplier* $\frac{\Delta \bar{y}_t}{\Delta x_t} = b_0$ aus (9) ergibt, wenn wir formal dem Operator L den Wert 0 zuweisen: $B(0) = b_0$. Den Gesamtmultiplikator $GM = \sum_{j=0}^{\infty} b_j = b$ aus (7) erhalten wir wieder aus (9), indem wir jetzt formal dem Operator L den Wert 1 zuweisen: $B(1) = \sum_{j=0}^{\infty} b_j = b.$

Unter der Annahme, dass alle Reaktionskoeffizienten das gleiche (z.B. positive) Vorzeichen besitzen, können wir $B(L)$ durch Normierung mit $B(1) = b$ als Gewichtsfunktion schreiben

$$\frac{1}{b} B(L) = \frac{b_0}{b} + \frac{b_1}{b} L + \frac{b_2}{b} L^2 + \ldots = w_0 + w_1 L + w_2 L^2 + \ldots = W(L),$$

wobei gilt

(11) $$w_j = \frac{b_j}{b} \geq 0,\ j = 0,1,2,\ldots \text{und} \sum_{j=0}^{\infty} w_j = 1.$$

Hiermit ergibt sich für (10) folgende Schreibweise

(12a) $$y_t = a + bW(L) x_t + u_t$$

bzw.

(12b) $$y_t = a + b \sum_{j=0}^{\infty} w_j x_{t-j} + u_t .$$

Aus (11) sehen wir, dass alle $w_j \geq 0$ sind und dass sie sich zu Eins summieren. Deshalb können wir die $\{w_j\}$ als Wahrscheinlichkeiten für eine diskrete Zufallsvariable J auffassen. Die Zufallsvariable J nimmt die Werte j mit der Wahrscheinlichkeit w_j, $j = 0,1,2,\ldots$, an. Die Eigenschaften von lag-Verteilungen lassen sich nun durch entsprechende Maßzahlen von Wahrscheinlichkeitsverteilungen beschreiben.

Den *Medianlag* m, d.h. die Anzahl der Perioden, die es dauert, bis die Hälfte der Anpassung an den Gesamteffekt erfolgt ist, erhalten wir durch (approximative) Lösung der Gleichung[4]

$$w_0 + w_1 + \ldots + w_m = 0.5. \tag{13}$$

Die durchschnittliche Verzögerung θ und die Streuung um θ lassen sich durch den Erwartungswert, den *mean-lag*, und die Varianz von J berechnen. Für den Erwartungswert gilt

$$\theta = E(J) = \sum_{j=0}^{\infty} j w_j = \sum_{j=0}^{\infty} j \frac{b_j}{b} = \frac{\sum_{j=0}^{\infty} j b_j}{\sum_{j=0}^{\infty} b_j}. \tag{14}$$

Für die Varianz ergibt sich wegen

$$Var(J) = E((J - E(J))^2) = E(J^2) - (E(J))^2$$

$$Var(J) = \sum_{j=0}^{\infty} j^2 w_j - \left(\sum_{j=0}^{\infty} j w_j \right)^2. \tag{15}$$

Die Gleichungen (14) und (15) können direkt in termini der Gewichtsverteilung W(L) geschrieben werden. Mit der reellen Veränderlichen s ergibt sich

$$W(s) = w_0 + w_1 s + w_2 s^2 + w_3 s^3 + \ldots$$

Für die Ableitungen nach s gilt

$$\frac{dW(s)}{ds} = W'(s) = 0 \cdot w_0 + 1 \cdot w_1 + 2 \cdot w_2 s + 3 \cdot w_3 s^2 + \ldots$$

und

4 Da m ganzzahlig ist, ist nicht garantiert, dass (13) exakt gilt. Man wählt dann dasjenige m, für das $\left| \sum_{j=0}^{m} w_j - 0.5 \right|$ am kleinsten ist.

$$\frac{d^2W(s)}{ds^2} = W''(s) = 1 \cdot 0 \cdot w_1 + 2 \cdot 1 \cdot w_2 + 3 \cdot 2 \cdot w_3 s + \dots .$$

Wir sehen aus (14), dass sich der Erwartungswert als

$$(16) \qquad \theta = E(J) = W'(1) = \sum_{j=0}^{\infty} j w_j$$

ergibt. Weiterhin gilt

$$W'(1) + W''(1) = 0^2 w_0 + 1^2 w_1 + 2^2 w_2 + 3^2 w_3 + \dots = \sum_{j=0}^{\infty} j^2 w_j .$$

Damit lässt sich wegen (15) für die Varianz schreiben

$$(17) \qquad Var(J) = W'(1) + W''(1) - (W'(1))^2 .$$

Die Darstellungen in (16) und(17) sind insbesondere dann vorteilhaft, wenn sich, wie wir später sehen werden, $W(L)$ als gebrochen rationale Funktion von L schreiben lässt.

2. Ökonomische Ansätze für Modelle mit verteilten Verzögerungen

Hinsichtlich der Reaktionskoeffizienten wurde bisher nur unterstellt, dass sie summierbar sein müssen, sie also eine Nullfolge bilden. Ansonsten werden aber den b_j, $j = 0,1,2,\dots$ keinerlei Restriktionen auferlegt. Im folgenden sollen daher einige spezifische lag-Verteilungen, wie sie bei ökonomischen Fragstellungen auftreten, überblicksartig dargestellt werden.

2.1 Extrapolative und regressive Erwartungen

Metzler (1941) unterstellt bei der Analyse von Lagerhaltungsmodellen einfache Erwartungsschemata. Es gelte

$$(18) \qquad y_t = a x_t^e + u_t ,$$

wobei sich die erwarteten Größen x_t^e folgendermaßen aufgrund vergangener Realisationen bestimmen lassen

$$(19) \qquad x_t^e = x_{t-1} + \eta (x_{t-1} - x_{t-2}).$$

Für $\eta > 0$ wird die Richtung der Trendentwicklung fortgeschrieben, man spricht von *extrapolativen Erwartungen*. Ist dagegen $\eta < 0$, so kehrt sich die Richtung der Trendentwicklung um, es liegen *regressive Erwartungen* vor. Für $\eta = 0$ wird die Entwicklung der letzten Periode fortgeschrieben, es liegen *statische Erwartungen* vor. Setzt man (19) in (18) ein, so ergibt sich ein endliches distributed lag Modell:

(20) $$y_t = a(1+\eta)x_{t-1} - a\eta x_{t-2} + u_t .$$

2.2 Geometrisch abnehmende Reaktionskoeffizienten

In seiner Arbeit über das Investitionsverhalten hat Koyck (1954) unterstellt, dass der Anpassungsprozess mit geometrisch abnehmenden Reaktionskoeffizienten erfolgt, d.h. $b_j = \alpha\beta^j$, $j = 0,1,2,\ldots$ mit $0 < \beta < 1$ und $\alpha \neq 0$. Hiermit erhält man aus (1b)

(21) $$y_t = a + \alpha \sum_{j=0}^{\infty} \beta^j x_{t-j} + u_t .$$

Da das Modell in dieser Form nicht schätzbar ist (unendlich viele Parameter, die nichtlinear verknüpft sind), wird es entsprechend den Überlegungen von Koyck transformiert. Bei der sogenannten *Koyck-Transformation* wird von der Gleichung (21) die um eine Periode verzögerte und mit β multiplizierte Gleichung (21) abgezogen. Dies führt auf

$$\begin{aligned} y_t &= a + \alpha(x_t + \beta x_{t-1} + \beta^2 x_{t-2} + \ldots) + u_t \\ -\beta y_{t-1} &= -\beta a - \alpha(\beta x_{t-1} + \beta^2 x_{t-2} + \ldots) - \beta u_{t-1} \\ \hline y_t - \beta y_{t-1} &= (1-\beta)a + \alpha x_t + u_t - \beta u_{t-1} \end{aligned}$$

Wir erhalten somit als *finale Gleichung* des Modells mit verteilten Verzögerungen[5]

(22) $$y_t = (1-\beta)a + \alpha x_t + \beta y_{t-1} + v_t$$

mit

$$v_t = u_t - \beta u_{t-1} .$$

Die Gleichung (22) enthält neben der exogenen Variablen x_t noch die verzögert endogene Variable y_{t-1} als erklärende Variable. Der Residualprozess v_t ist jetzt kein reiner Zufallsprozess mehr wie in (21), sondern ein *moving average Prozess* der Ordnung (1), ein MA(1). Wie man leicht nachvollziehen kann, gilt

---

[5] Hier stimmt die finale Gleichung mit der reduzierten Form überein. Generell verstehen wir unter der finalen Gleichung eine Beziehung, in der die endogene Größe nur von ihren eigenen Verzögerungen und exogenen bzw. exogenen verzögerten Variablen abhängt.

$$E(v_t) = 0$$

$$E(v_t v_{t-\tau}) = \begin{cases} (1+\beta^2)\sigma^2, & \tau = 0 \\ -\beta\sigma^2, & \tau = \pm 1 \\ 0, & \text{sonst} \end{cases}$$

Die Transformation des Modells mit verteilten Verzögerungen (21) in seine finale Gleichung (22) lässt sich auch sofort mittels des Verschiebungsoperators L durchführen. Gleichung (21) lässt sich dann darstellen als

(23) $$y_t = a + \alpha \sum_{j=0}^{\infty} \beta^j L^j x_t + u_t .$$

Der Ausdruck

$$B(L) = \alpha \sum_{j=0}^{\infty} \beta^j L^j = \alpha(1 + \beta L + \beta^2 L^2 + \ldots)$$

lässt sich für $|\beta| < 1$ in geschlossener Form mittels der Summenformel der geometrischen Reihe schreiben als[6]

(24) $$B(L) = \frac{\alpha}{1 - \beta L} .$$

Berücksichtigt man die Darstellung (24) in (23), dann führt dies auf die *gebrochen rationale Darstellung* des verteilten lag-Modells

(25) $$y_t = a + \frac{\alpha}{1 - \beta L} x_t + u_t .$$

Multiplikation dieser Gleichung mit $1 - \beta L$ liefert die Darstellung (22)[7]

$$y_t = (1-\beta)a + \alpha x_t + \beta y_{t-1} + v_t$$

$$v_t = u_t - \beta u_{t-1} .$$

Aus Gleichung (24) ergibt sich sofort, wenn wir formal $L = 0$ setzen, der impact multiplier α sowie der Gesamtmultiplikator $\alpha/(1-\beta)$ für $L = 1$.

---

[6] Diese Bedingung ist wegen $0 < \beta < 1$ erfüllt.

[7] Wendet man $1 - \beta L$ auf die Konstante a an, $(1 - \beta L)a$, so ergibt dies wegen $La = a$ den Ausdruck $(1 - \beta)a$.

Da in diesem Modell alle Reaktionskoeffizienten positiv sind, können Momente der lag-Verteilung berechnet werden. Zur Berechnung von mean-lag und Varianz des Modells mit verteilten Verzögerungen in Gleichung (25) benötigen wir die normierte Darstellung der lag-Verteilung

$$W(L)=\frac{B(L)}{B(1)}=\frac{1-\beta}{1-\beta L}$$

mit den Ableitungen

$$W'(L)=\frac{\beta(1-\beta)}{(1-\beta L)^2} \quad \text{und} \quad W''(L)=\frac{2\beta^2(1-\beta)}{(1-\beta L)^3}.$$

Wegen (16) lautet der mean-lag dann

(26a) $$\theta=W'(1)=\frac{\beta}{1-\beta},$$

und seine Varianz ergibt sich wegen (17) zu

(26b) $$Var(J)=\frac{\beta}{(1-\beta)^2}.$$

Für β nahe Null sind der Erwartungswert und die Varianz klein. Wir haben also eine schnelle Anpassung mit geringer Variabilität. Für β nahe bei Eins liegt dagegen eine langsame Anpassung vor, was sich auch in einer großen Varianz, d.h. in einer breiter streuenden Verteilung niederschlägt.

Aus (26a) sehen wir sofort, dass sich der mean-lag aus der finalen Gleichung (22) in folgender Form angeben lässt: Bilde den Quotienten aus dem Koeffizienten von y_{t-1} und eins minus diesem Koeffizienten.

2.3 Das adaptive Erwartungsmodell

Wegen vorhandener Unsicherheit über die zukünftige Entwicklung gewisser Einflussfaktoren werden Regressionsmodelle in folgender Weise formuliert

(27) $$y_t=a+bx_{t+1}^e+u_t,$$

wobei u_t wieder ein reiner Zufallsprozess ist und x_{t+1}^e den für die Periode $t+1$ erwarteten Wert der exogenen Variablen bezeichnet. Da Wirtschaftssubjekte dazu tendieren, ihre Gewohnheiten nur langsam zu ändern, wurde eine spezielle Klasse von Erwartungsbildungsmodellen formuliert, die als Informationsbasis zur Bildung von

Erwartungen nur die Vergangenheitswerte der jeweiligen Variablen berücksichtigen[8]. Für das *adaptive Erwartungsmodell* gilt dann

(28) $$x_{t+1}^{e} - x_{t}^{e} = \lambda(1-\gamma) \text{ mit } 0 \leq \lambda \leq 1.$$

Die Veränderung der zukünftigen Erwartung ist proportional zum Erwartungsfehler der laufenden Periode, d.h. zur Differenz zwischen dem realisierten und dem erwarteten Wert. Es wird also eine Art Fehler-Lern-Modell bei der Erwartungsbildung unterstellt, bei dem jeweils ein Bruchteil des Erwartungsfehlers in einer Periode angepasst wird. Für $\lambda = 0$ erhält man konstante Erwartungen unabhängig vom tatsächlichen Verlauf von x_t und für $\lambda = 1$ statische Erwartungen, es wird die Entwicklung der letzten Periode fortgeschrieben.

Um die Parameter in Gleichung (27) schätzen zu können, muss die nichtbeobachtbare Größe x_{t+1}^{e} mittels (28) durch beobachtbare Größen ausgedrückt werden. Ohne Zuhilfenahme des lag-Operators lässt sich

(28') $$x_{t+1}^{e} = \lambda x_t + (1-\lambda) x_t^{e} \text{ mit } 0 < \lambda < 1$$

durch Rückwärtssubstitution lösen

$$\begin{aligned} x_{t+1}^{e} &= \lambda x_t + (1-\lambda)\left[\lambda x_{t-1} + (1-\lambda) x_{t-1}^{e}\right] \\ &= \lambda x_t + \lambda(1-\lambda) x_{t-1} + (1-\lambda)^2 x_{t-1}^{e} \\ &= \lambda x_t + \lambda(1-\lambda) x_{t-1} + (1-\lambda)^2 \left[\lambda x_{t-2} + (1-\lambda) x_{t-2}^{e}\right] \\ &= \lambda x_t + \lambda(1-\lambda) x_{t-1} + \lambda(1-\lambda)^2 x_{t-2} + (1-\lambda)^3 x_{t-2}^{e} \\ &\;\;\vdots \end{aligned}$$

Da $0 < 1-\lambda < 1$ gilt, verschwindet letztlich der Einfluss des nicht beobachtbaren, weit in der Vergangenheit liegenden erwarteten Wertes und wir erhalten

(29) $$x_{t+1}^{e} = \lambda \sum_{j=0}^{\infty} (1-\lambda)^j x_{t-j}.$$

Die für die nächste Periode erwartete Größe ist ein unendlicher gewichteter Durchschnitt mit geometrisch abnehmenden Gewichten aller in der Vergangenheit beobachteten Werte. Einsetzen von (29) in (27) führt auf

(30) $$y_t = a + b\lambda \sum_{j=0}^{\infty} (1-\lambda)^j x_{t-j} + u_t.$$

---

[8] Das Modell adaptiver Erwartungen erschien zuerst bei Cagan (1956).

Dies hat dieselbe Bauart wie (21). Wir erhalten wieder ein Modell mit verteilten Verzögerungen mit geometrisch abnehmenden Reaktionskoeffizienten. Es ergeben sich somit die finale Gleichung sowie der mean-lag und die Varianz in analoger Weise.

Alternativ lässt sich die finale Gleichung für das Modell (27) und (28) sofort mittels des lag-Operators berechnen. Gleichung (28) lässt sich schreiben als

$$x_{t+1}^{e} - (1-\lambda)Lx_{t+1}^{e} = \lambda x_t$$

bzw.

$$x_{t+1}^{e} = \frac{\lambda}{1-(1-\lambda)L} x_t .$$

Einsetzen in (27) liefert die gebrochen rationale Darstellung des verteilten lag-Modells

(31) $$y_t = a + \frac{b\lambda}{1-(1-\lambda)L} x_t + u_t .$$

Hieraus ergibt sich wieder für $L=0$ der impact multiplier $b\lambda$ und für $L=1$ der Gesamtmultiplikator b. Wird Gleichung (31) mit $1-(1-\lambda)L$ durchmultipliziert, so erhalten wir die finale Gleichung des adaptiven Erwartungsmodells

(32) $$y_t = \lambda a + b\lambda x_t + (1-\lambda) y_{t-1} + v_t$$

mit dem MA(1) Residualprozess

$$v_t = u_t - (1-\lambda) u_{t-1} .$$

Dies führt, wie wir im 4. Abschnitt sehen werden, wegen der um eine Periode verzögerten endogenen Variablen als erklärende Variable zu zusätzlichen Komplikationen bei der Schätzung von (32). Für den mean-lag gilt jetzt $\theta = (1-\lambda)/\lambda$.

Adaptive Erwartungen spielten wegen ihrer einfachen Handhabung und wegen durchaus zufriedenstellender empirischer Ergebnisse schon früh eine Rolle in der Zeitreihenökonometrie. Dies soll an den beiden folgenden Beispielen gezeigt werden.

Beispiel 1: Permanente Einkommenshypothese und Konsum

In vereinfachter Form lässt sich für aggregierte Zeitreihendaten die permanente Einkommenshypothese der Konsumfunktion entsprechend Friedman (1957) wie folgt formulieren. Das beobachtete Einkommen Y_t und der beobachtete Konsum C_t setzen sich additiv aus einer permanenten und einer transitorischen Komponente zusammen. Diese Komponenten sind nicht beobachtbar.

(i) $$Y_t = Y_t^P + Y_t^T ,$$

(ii) $$C_t = C_t^P + C_t^T .$$

Während die transitorischen Komponenten einen verschwindenden Erwartungswert aufweisen und miteinander und mit den permanenten Komponenten unkorreliert sind, gilt für die permanenten Komponenten die langfristige Konsumfunktion

(iii) $$C_t^P = \beta Y_t^P \text{ mit } 0 < \beta < 1.$$

Für das nicht beobachtbare Y_t^P wird angenommen, dass es in Analogie zu einem adaptiven Erwartungsmodell (vgl. (28)) gebildet wird. Das übliche adaptive Erwartungsmodell wird so abgewandelt, dass die Wirtschaftssubjekte ihre Erwartungen nur dann revidieren, wenn sie die Differenz zwischen erwartetem und beobachtetem Wert als dauerhaft ansehen, d.h. es gilt

$$Y_t^P - Y_{t-1}^P = (1-\gamma)(Y_t - Y_{t-1}^P) \text{ mit } 0 < \gamma < 1$$

bzw.

$$Y_t^P = \frac{1-\gamma}{1-\gamma L} Y_t .$$

Wegen (ii) und (iii) ergibt sich die gebrochen rationale Darstellung des entsprechenden verteilten lag-Modells als

(iv) $$C_t = \frac{\beta(1-\gamma)}{1-\gamma L} Y_t + C_t^T .$$

Daraus erhalten wir die schätzbare finale Gleichung als

(v) $$C_t = \beta(1-\gamma) Y_t + \gamma C_{t-1} + v_t$$

$$v_t = C_t^T - \gamma C_{t-1}^T .$$

Die kurzfristige marginale Konsumneigung erhalten wir aus (iv) für $L = 0$ als $\beta(1-\gamma)$, während die langfristige marginale Konsumneigung $(L = 1)\,\beta$ beträgt. Die zugehörige lag-Verteilung weist mit dem Faktor γ abnehmende marginale Konsumneigungen auf. Die Habit Persistence Hypothese der Konsumfunktion von Brown (1952) entspricht dem durch ein Absolutglied erweiterten systematischen Teil von (v). Für Schätzungen solcher Konsumfunktionen für Deutschland vgl. z.B. Wolters (1992).

Beispiel 2: Permanentes Einkommen und Geldnachfrage

Laidler und Parkin (1972) unterstellen, dass die Geldnachfrage M_t ebenfalls vom permanenten Einkommen Y_t^P abhängt. Es gilt also für die langfristige Geldnachfrage

(i) $$M_t = a_0 + a_1 Y_t^P - a_2 r_t, \quad a_0 > 0, \quad a_1 > 0, \quad a_2 > 0,$$

wobei mit dem Zins r_t die Opportunitätskosten der Geldhaltung erfasst werden. Benutzt man für das permanente Einkommen denselben Ansatz wie in Beispiel 1, so erhält man für die gebrochen rationale Darstellung des Modells mit verteilten Verzögerungen

(ii) $$M_t = a_0 + \frac{a_1(1-\gamma)}{1-\gamma L} Y_t - a_2 r_t .$$

Die finale Gleichung lautet dann

(iii) $$M_t = (1-\gamma)a_0 + a_1(1-\gamma)Y_t - a_2 r_t + a_2 \gamma r_{t-1} + \gamma M_{t-1} .$$

Würde nun (iii) entsprechend der Regressionsgleichung

$$M_t = b_0 + b_1 Y_t + b_2 r_t + b_3 r_{t-1} + b_4 M_{t-1} + u_t$$

geschätzt, so sehen wir, dass die permanente Einkommenshypothese bei der Geldnachfrage impliziert, dass $b_1 > 0$, $b_2 < 0$, $b_3 > 0$ und $0 < b_4 < 1$ sein müssen. Weiterhin muss die Restriktion $b_3 = -b_2 b_4$ erfüllt sein.

2.4 Das partielle Anpassungsmodell

Die Existenz von technologischen und institutionellen Beschränkungen, die eine sofortige Realisierung von Plänen nicht gestattet, führt auf sogenannte partielle Anpassungsmodelle. Die zugrundeliegende Regressionsbeziehung wird für den gewünschten, optimalen, langfristig geplanten Wert y_t^* der endogenen Variablen formuliert

(33) $$y_t^* = a + bx_t + u_t .$$

Der Wert y_t^* kann aber wegen bestehender Restriktionen nicht sofort erreicht werden. Entsprechend Nerlove (1958) versuchen die Wirtschaftssubjekte die Veränderung der endogenen Variable so zu wählen, dass in jeder Periode ein bestimmter Bruchteil γ der Differenz zwischen realisierter und gewünschter Größe abgebaut wird, d.h. es gilt das *partielle Anpassungsmodell*

(34) $$y_t - y_{t-1} = \gamma(y_t^* - y_{t-1}) \text{ mit } 0 \le \gamma \le 1.$$

Für $\gamma = 0$ erfolgt keine und für $\gamma = 1$ dagegen sofortige Anpassung. Setzt man (33) in (34) ein, so erhält man die finale Gleichung

(35) $$\begin{aligned} y_t &= \gamma a + \gamma b x_t + (1-\gamma) y_{t-1} + v_t \\ v_t &= \gamma u_t . \end{aligned}$$

Im systematischen Teil stimmt die finale Gleichung des partiellen Anpassungsmodells mit derjenigen des adaptiven Erwartungsmodells (32) und des Koyck-Modells (22) überein. Der Unterschied besteht in den Residuen. In (22) und (32) folgen diese einem MA(1)-Prozess, während sie in (35) nach wie vor einen reinen Zufallsprozess bilden, allerdings mit der kleineren Varianz $\gamma^2\sigma^2$.

Die zu (35) gehörige gebrochen rationale Darstellung ergibt sich sofort mittels des lag-Operators als

(36) $$y_t = a + \frac{\gamma b}{1-(1-\gamma)L} x_t + \frac{\gamma}{1-(1-\gamma)L} u_t$$

und das Modell mit verteilten Verzögerungen durch Reihenentwicklung in (36) als[9]

(37) $$y_t = a + \gamma b \sum_{j=0}^{\infty} (1-\gamma)^j x_{t-j} + \gamma \sum_{j=0}^{\infty} (1-\gamma)^j u_{t-j}.$$

Jetzt ist im Gegensatz zum Koyck-Modell (21) und zum adaptiven Erwartungsmodell (30) der Residualprozess kein reiner Zufallsprozess mehr, sondern ein MA(∞) mit geometrisch abnehmenden Gewichten.

Aus (36) erhält man für $L=0$ den impact multiplier γb und für $L=1$ den Gesamtmultiplikator b. Für den mean-lag gilt $\theta=(1-\gamma)/\gamma$.

Das partielle Anpassungsmodell findet vielfach Anwendung. In ihrer Arbeit über Investitionsverhalten versuchen Eisner und Strotz (1963) eine theoretische Begründung für die partielle Anpassung (34) zu geben.[10] Sie unterstellen quadratische Funktionen sowohl für die Kosten, die anfallen, wenn man nicht im Optimum produziert (z.B. entgangene Gewinne), als auch für die Änderungskosten. Bezeichnet man mit S_t^* den optimalen und mit S_{t-1} den bereits realisierten Wert, dann lässt sich eine Verlustfunktion V in Abhängigkeit des noch zu wählenden Wertes S_t schreiben als

(38) $$V(S_t) = v(S_t - S_t^*)^2 + \mu(S_t - S_{t-1})^2, \quad v>0, \quad \mu>0.$$

Hierbei sind v und μ Parameter, die die Bedeutung der jeweiligen Kostenarten angeben. Wählt man nun S_t so, dass V minimal wird, dann lautet bei dieser nach oben unbeschränkten speziellen Verlustfunktion die notwendige und hinreichende Bedingung

$$\frac{dV(S_t)}{dS_t} = 2v(S_t - S_t^*) + 2\mu(S_t - S_{t-1}) = 0.$$

---

9 Es wird wieder für $|1-\gamma|<1$ der Zusammenhang zwischen der geometrischen Reihe und ihrer Summenformel benutzt: $1/(1-(1-\gamma)L) = 1+(1-\gamma)L+(1-\gamma)^2L^2+\ldots$

10 Für weitere Ansätze zur theoretischen Fundierung von lag-Verteilungen aufgrund von Anpassungskosten vgl. z.B. Nerlove (1972).

Dies führt auf

$$S_t = \frac{\nu}{\nu+\mu} S_t^* + \frac{\mu}{\nu+\mu} S_{t-1}.$$

Setzt man $\nu/(\nu+\mu)=\gamma$ und damit $\mu/(\nu+\mu)=1-\gamma$, so gilt $0<\gamma<1$, und man erhält sofort die Gleichung (34) für die partielle Anpassung

$$S_t - S_{t-1} = \gamma(S_t^* - S_{t-1}).$$

Nimmt μ relativ zu ν zu, d.h. werden die Änderungskosten im Vergleich zu den Kosten, nicht im Optimum zu sein, größer, dann wird γ kleiner und damit der mean-lag $(1-\gamma)/\gamma$ und die Anpassungsdauer größer.

Beispiel 3: Flexibles Akzeleratormodell

Angenommen, der optimale Kapitalbestand K_t^* sei proportional zum Output Y_t.[11] Die zugehörige Regressionsbeziehung lässt sich dann schreiben als

(i) $$K_t^* = a + bY_t + u_t.$$

Wird weiterhin ein partielles Anpassungsmodell entsprechend (34) für K_t unterstellt, so gilt

(ii) $$K_t - K_{t-1} = \gamma(K_t^* - K_{t-1}), \quad 0<\gamma<1.$$

Einsetzen von (ii) in (i) führt auf

(iii) $$K_t = \gamma a + \gamma b Y_t + (1-\gamma)K_{t-1} + \gamma u_t.$$

Da Daten für den Kapitalbestand und für die Nettoinvestitionen schwierig zu generieren sind und daher eine hohe Unzuverlässigkeit aufweisen, ist es sinnvoller, auf die entsprechenden Bruttoinvestitionen I_t zurückzugreifen. Unter der zusätzlichen Annahme, dass immer ein konstanter Bruchteil $0<\delta<1$ des Kapitalbestandes der Vorperiode abgeschrieben wird, und da die Nettoinvestitionen gleich der Veränderung des Kapitalbestandes sind, können wir schreiben

(iv) $$I_t = K_t - K_{t-1} + \delta K_{t-1}.$$

Einführen des Verschiebungsoperators L in (iv) und Auflösen nach K_t liefert

$$K_t = \frac{1}{1-(1-\delta)L} I_t.$$

---

[11] Eine solche Beziehung ergibt sich beispielsweise, wenn eine limitationale Produktionsfunktion mit Kapital als limitierendem Faktor unterstellt wird.

Setzen wir diesen Ausdruck in (iii) ein und formen entsprechend um, so erhalten wir

$$\text{(v)} \qquad \begin{aligned} I_t &= \delta\gamma a + \gamma b(Y_t - (1-\delta)Y_{t-1}) + (1-\gamma)I_{t-1} + v_t \\ v_t &= \gamma u_t - (1-\delta)\gamma u_{t-1} \end{aligned}$$

Stimmt der optimale Kapitalbestand mit dem tatsächlichen überein, d.h. ist $\gamma = 1$, so ergibt sich die Akzeleratorfunktion für Bruttoinvestitionen

$$I_t = \delta a + b(Y_t - (1-\delta)Y_{t-1}) + v_t$$

mit dem starren Akzelerator *b*. Gleichung (v) lässt sich schreiben als

$$I_t = \delta a + \frac{\gamma b}{1-(1-\gamma)L}(Y_t - (1-\delta)Y_{t-1}) + \frac{\gamma(1-(1-\delta)L)}{1-(1-\gamma)L}u_t.$$

Es liegt jetzt eine flexible Akzeleratorfunktion vor. Der starre Akzelerator wird durch ein Modell mit verteilten Verzögerungen mit geometrisch abnehmenden Koeffizienten ersetzt, das die lag-Verteilung $B(L) = \dfrac{\gamma b}{1-(1-\gamma)L}$ aufweist.

Wird nun (v) entsprechend der Regressionsgleichung

$$I_t = a_0 + a_1 Y_1 + a_2 Y_{t-1} + a_3 I_{t-1} + v_t$$

geschätzt, so muss $0 < a_3 < 1$, $a_1 > 0$, $a_2 < 0$ und $|a_2| < a_1$ gelten. Den Abschreibungssatz können wir dann bestimmen als $\delta = 1 + a_2 / a_1$.

3. Die allgemeinste parametrische Darstellung von Modellen mit verteilten Verzögerungen

3.1 Rationale lag-Verteilungen

Die in 2.2 bis 2.4 behandelten Modelle führen alle zu geometrisch abnehmenden Reaktionskoeffizienten, d.h. Der größte Effekt erfolgt sofort und dann nimmt die Stärke des Einflusses allmählich ab. Dies ist selbstverständlich nur ein mögliches zeitliches Reaktionsmuster. Damit auch andere Verläufe der Reaktionskoeffizienten erfasst werden können, soll im folgenden ein verallgemeinerter Ansatz vorgestellt werden.

Eine allgemeine lag-Verteilung

$$B(L) = \sum_{j=0}^{\infty} b_j L^j \quad \text{mit} \quad \sum_{j=0}^{\infty} b_j = b < \infty,$$

die in dieser Form durch unendlich viele Parameter dargestellt wird, soll durch endlich viele Parameter beschrieben werden. Für das Koyck-Modell, das adaptive Erwartungsmodell und das partielle Anpassungsmodell haben wir dies schon erreicht. Im allgemeinen Fall muss der Ansatz von Jorgenson (1966) herangezogen werden. Durch die Reihenentwicklung von gebrochen rationalen Funktionen in L können unendliche Reihen erzeugt werden. Umgekehrt ist es auch möglich, eine unendliche Potenzreihe in L durch eine gebrochen rationale Funktion in L zu approximieren.

Wir wollen nun zeigen, wie sich eine gebrochen rationale Funktion in L formal in eine unendliche Reihe entwickeln lässt. Das Zählerpolynom sei gegeben durch

(39a) $$Z(L) := c_0 + c_1 L + c_2 L^2 + \ldots + c_n L^n, \quad c_n \neq 0$$

und das Nennerpolynom durch

(39b) $$N(L) := 1 - a_1 L - a_2 L^2 - \ldots - a_m L^m, \quad a_m \neq 0,$$

wobei die Koeffizienten gegeben sind und ohne Beschränkung der Allgemeinheit der Polynomgrad des Zählers, n, kleiner ist als der des Nenners, m. Weiterhin sollen $Z(L)$ und $N(L)$ keine gemeinsamen Nullstellen besitzen. Wir werden nun in der unendlichen Reihe $\sum_{j=0}^{\infty} b_j L^j$ die b_j so bestimmen, dass

(40) $$\frac{c_0 + c_1 L + c_2 L^2 + \ldots + c_n L^n}{1 - a_1 L - a_2 L^2 - \ldots - a_m L^m} = b_0 + b_1 L + b_2 L^2 + b_3 L^3 + \ldots$$

gilt. Multiplizieren wir (40) mit $N(L)$ durch, so erhalten wir

$$c_0 + c_1 L + c_2 L^2 + \ldots + c_n L^n = (1 - a_1 L - \ldots - a_m L^m)(b_0 + b_1 L + b_2 L^2 + b_3 L^3 + \ldots)$$

$$\begin{aligned} c_0 + c_1 L + c_2 L^2 + \ldots + c_n L^n = b_0 &+ b_1 L + b_2 L^2 + b_3 L^3 + \ldots \\ &- a_1 b_0 L - a_1 b_1 L^2 - a_1 b_2 L^3 - \ldots \\ &\qquad - a_2 b_0 L^2 - a_2 b_1 L^3 - \ldots \\ &\qquad\qquad - a_3 b_0 L^3 - \ldots \\ &\qquad\qquad\qquad \ddots \end{aligned}$$

Die Polynome in L auf der linken und rechten Seite der Gleichung sind dann und nur dann gleich, wenn sie koeffizientenweise übereinstimmen. Durch Koeffizientenvergleich können wir die Unbekannten b_j, $j = 0,1,2,\ldots$, berechnen.

$$\begin{aligned} &L^0: \quad c_0 = b_0 && \text{d.h. } b_0 = c_0 \\ &L^1: \quad c_1 = b_1 - a_1 b_0 && \text{d.h. } b_1 = c_1 + a_1 b_0 \\ &L^2: \quad c_2 = b_2 - a_1 b_1 - a_2 b_0 && \text{d.h. } b_2 = c_2 + a_1 b_1 + a_2 b_0 \end{aligned}$$

$$\begin{aligned}
&L^n: && c_n = b_n - a_1 b_{n-1} - a_2 b_{n-2} - \ldots - a_n b_0 \\
&L^{n+1}: && 0 = b_{n+1} - a_1 b_n - a_2 b_{n-1} - \ldots - a_{n+1} b_0 \\
&\vdots && \\
&L^m: && 0 = b_m - a_1 b_{m-1} - a_2 b_{m-2} - \ldots - a_m b_0 \\
&L^{m+1}: && 0 = b_{m+1} - a_1 b_m - a_2 b_{m-1} - \ldots - a_m b_1 \\
&\vdots &&
\end{aligned}$$

Für $j \geq m$ ergeben sich die b_j als Lösung der linearen homogenen Differenzengleichung m-ter Ordnung

$$b_j - a_1 b_{j-1} - \ldots - a_m b_{j-m} = 0,$$

wobei die Anfangswerte $b_0, b_1, \ldots, b_{m-1}$ rekursiv durch Koeffizientenvergleich bestimmt wurden. Die Lösung dieser Differenzengleichung ist stabil, wenn ihre charakteristische Gleichung

$$\lambda^m - a_1\lambda^{m-1} - a_2\lambda^{m-2} - \ldots - a_{m-1}\lambda - a_m = 0$$

nur Wurzeln, d.h. Nullstellen besitzt, die betragsmäßig kleiner als Eins sind. Es lässt sich zeigen, dass in diesem Fall auch die Reihenentwicklung konvergiert, d.h. $\sum_{j=0}^{\infty} b_j = b < \infty$ ist. Die Konvergenz der Reihenentwicklung wird also allein durch das lag-Polynom im Nenner bestimmt. Eine rationale lag-Verteilung lässt sich somit schreiben als

$$\frac{Z(L)}{N(L)} = B(L). \tag{41}$$

3.2 Autoregressive verteilte lag-Modelle

Nach den Überlegungen in 3.1 bietet sich somit für die Schätzung von *distributed lag* (DL) Modellen die Darstellung mit endlich vielen Parametern in der finalen Gleichung, d.h. als *autoregressive distributed lag* (*ADL*(*m*, *n*)) Modell an[12]:

$$y_t = a + a_1 y_{t-1} + a_2 y_{t-2} + \ldots + a_m y_{t-m} + c_0 x_t + c_1 x_{t-1} + \ldots + c_n x_{t-n} + u_t \tag{42}$$

bzw.

$$\left(1 - \sum_{j=1}^{m} a_j L^j\right) y_t = a + \left(\sum_{k=0}^{n} c_k L^k\right) x_t + u_t.$$

[12] Der Begriff *autoregressive* wird benutzt, weil verzögert endogene Variablen als Regressoren auftreten.

Mit den Definitionen (39a, b) erhalten wir

(43) $$N(L)y_t = a + Z(L)x_t + u_t$$

Wegen (41) ergibt sich das zugehörige DL Modell als

(44a) $$y_t = \frac{a}{N(1)} + \frac{Z(L)}{N(L)}x_t + \frac{1}{N(L)}u_t$$

bzw.

(44b) $$y_t = \tilde{a} + B(L)x_t + v_t$$

mit

$$v_t = \frac{1}{N(L)}u_t .$$

Aus (44a) erhalten wir für $L = 0$ den impact multiplier $\frac{Z(0)}{N(0)} = c_0$ und für $L = 1$ den Gesamtmultiplikator

$$\frac{Z(1)}{N(1)} = \frac{c_0 + c_1 + \ldots + c_n}{1 - a_1 - \ldots - a_m} = b = B(1) < \infty .$$

Falls nun in (44b) alle Reaktionskoeffizienten b_j gleiches Vorzeichen haben, dann kann sinnvollerweise der mean-lag θ berechnet werden. Entsprechend (16) gilt $\theta = W'(1)$ mit $W(L) = B(L)/B(1)$. Wegen (41) gilt

$$W(L) = \frac{Z(L)}{N(L)} \Big/ \frac{Z(1)}{N(1)} = \frac{N(1)}{Z(1)} \cdot \frac{Z(L)}{N(L)} ;$$

somit ist

$$W'(L) = \frac{N(1)}{Z(1)} \cdot \frac{N(L) \cdot Z'(L) - Z(L) \cdot N'(L)}{N^2(L)} .$$

Hieraus ergibt sich

(45) $$\theta = E(J) = W'(1) = \frac{Z'(1)}{Z(1)} - \frac{N'(1)}{N(1)} .$$

Die Allgemeinheit des $ADL(m,n)$ Modells (42) wird auch dadurch deutlich, dass es alle bisher behandelten Modelle umfasst. Ist beispielsweise $m = 0$, d.h. das Nennerpolynom ist eine Konstante und $n > 0$, dann erhalten wir eine lag-Verteilung endlicher Länge. Ist dagegen $n = 0$, d.h. das Zählerpolynom eine Konstante und $m = 1$, so führt dies auf ein DL Modell mit geometrisch abnehmenden Koeffizienten wie wir das beim adaptiven Erwartungsmodell und beim partiellen Anpassungsmodell gesehen haben.

Beispiel 4: ADL(2,0) Modell

Entsprechend (42) lautet dieses Modell mit $a=0$ und $c_0=1$

$$y_t = a_1 y_{t-1} + a_2 y_{t-2} + x_t + u_t \qquad \text{(i)}$$

d.h. $N(L)=1-a_1 L-a_2 L^2$ und $Z(L)=1$

Wir unterstellen, dass die charakteristische Gleichung

$$\lambda^2 - a_1\lambda - a_2 = 0$$

des autoregressiven Teils nur Wurzeln besitzt, die betragsmäßig kleiner als Eins sind. Für die Reaktionskoeffizienten b_j, $j=0,1,2,\ldots$, gilt entsprechend (41)

$$\frac{1}{1-a_1 L-a_2 L^2} = b_0 + b_1 L + b_2 L^2 + b_3 L^3 + \ldots$$

bzw. nach Multiplikation der Gleichung mit dem Nenner

$$\begin{aligned} 1 = b_0 &+ b_1 L &+ b_2 L^2 &+ b_3 L^3 &+ \ldots \\ &- a_1 b_0 L &- a_1 b_1 L^2 &- a_1 b_2 L^3 &- \ldots \\ & &- a_2 b_0 L^2 &- a_2 b_1 L^3 &- \ldots \end{aligned}$$

Der Koeffizientenvergleich führt auf

$$\begin{array}{lll} L^0: & b_0 = 1 & \\ L^1: & 0 = b_1 - a_1 b_0 & \text{d.h. } b_1 = a_1 \\ L^2: & 0 = b_2 - a_1 b_1 - a_2 b_0 & \text{d.h. } b_2 = a_1 b_1 + a_2 b_0 = a_1^2 + a_2 \\ \vdots & & \\ L^j: & 0 = b_j - a_1 b_{j-1} - a_2 b_{j-2} & \text{d.h. } b_j = a_1 b_{j-1} + a_2 b_{j-2}, \quad j \geq 2 \end{array}$$

Somit lassen sich die b_j, $j=2,3,\ldots$ rekursiv ermitteln.

Andererseits kann aber auch die Tatsache ausgenutzt werden, dass für $j \geq 2$

$$b_j - a_1 b_{j-1} - a_2 b_{j-2} = 0 \qquad \text{(ii)}$$

eine lineare homogene Differenzengleichung 2. Ordnung mit konstanten Koeffizienten ist, die wegen der Anfangsbedingungen $b_0=1$ und $b_1=a_1$ eine eindeutige Lösung besitzt. Diese Lösung soll im folgenden berechnet werden. Hierzu benötigt man die charakteristische Gleichung von (ii)

(iii) $$\lambda^2 - a_1\lambda - a_2 = 0.$$

Sie ist identisch mit der charakteristischen Gleichung des autoregressiven Teils der finalen Gleichung (i). Damit wird auch die Bedeutung der Stabilität der finalen Gleichung für die Konvergenz der Reaktionskoeffizienten klar.

Die beiden Wurzeln λ_1 und λ_2 in (iii), die wegen der Stabilitätsbedingung beide betragsmäßig kleiner als Eins sind, seien verschieden. Dann ergibt sich die allgemeine Lösung der Differenzengleichung zu

$$b_j = C_1\lambda_1^j + C_2\lambda_2^j.$$

Die Berücksichtigung der Anfangswerte führt auf ein Gleichungssystem zur Bestimmung der Konstanten C_1 und C_2:

$$1 = C_1 + C_2$$
$$a_1 = \lambda_1 C_1 + \lambda_2 C_2$$

bzw.

$$C_1 = \frac{\lambda_2 - a_1}{\lambda_2 - \lambda_1}$$

$$C_2 = \frac{a_1 - \lambda_1}{\lambda_2 - \lambda_1}$$

Wegen der Vietaschen Wurzelsätze gilt

$$\lambda_1 + \lambda_2 = a_1 \quad \text{und} \quad \lambda_1\lambda_2 = -a_2.$$

Somit ist

$$\lambda_2 - a_1 = -\lambda_1 \quad \text{und} \quad a_1 - \lambda_1 = \lambda_2,$$

und wir können schreiben

$$C_1 = \frac{\lambda_1}{\lambda_1 - \lambda_2} \quad \text{und} \quad C_2 = -\frac{\lambda_2}{\lambda_1 - \lambda_2}.$$

Die spezielle Lösung der Differenzengleichung (ii) lautet daher

$$b_j = \frac{\lambda_1}{\lambda_1 - \lambda_2}\lambda_1^j - \frac{\lambda_2}{\lambda_1 - \lambda_2}\lambda_2^j$$

bzw.

$$b_j = \frac{1}{\lambda_1 - \lambda_2}(\lambda_1^{j+1} - \lambda_2^{j+1}).$$

Also lässt sich der Erwartungswert $\bar{y}_t$ von (i) als unendliche Reihe wie folgt darstellen:

$$\bar{y}_t = \frac{1}{\lambda_1 - \lambda_2} \sum_{j=0}^{\infty} (\lambda_1^{j+1} - \lambda_2^{j+1}) x_{t-j}.$$

Falls alle b_j gleiches Vorzeichen haben, können wir mit $Z(L)$ und $N(L)$ wegen (45) den mean-lag berechnen als

$$\theta = \frac{Z'(1)}{Z(1)} - \frac{N'(1)}{N(1)}.$$

Da $Z'(L) = 0$ und $N'(L) = -a_1 - 2a_2 L$ ist, erhalten wir

$$\theta = \frac{a_1 + 2a_2}{1 - a_1 - a_2}.$$

Die Entwicklung der Reaktionskoeffizienten b_j ist für alternative Zahlenwerte in folgender Tabelle aufgezeigt, wobei $i^2 = -1$ gilt

	(1)	(2)	(3)	(4)
Koeffizienten	$a_1 = 5/4$ $a_2 = -3/8$	$a_1 = 1/2$ $a_2 = 3/16$	$a_1 = -1/2$ $a_2 = 3/16$	$a_1 = 1$ $a_2 = -1/2$
Wurzeln	$\lambda_1 = 3/4$ $\lambda_2 = 1/2$	$\lambda_1 = 3/4$ $\lambda_2 = -1/4$	$\lambda_1 = -3/4$ $\lambda_2 = 1/4$	$\lambda_1 = 1/2(1+i)$ $\lambda_2 = 1/2(1-i)$
b_0	1.000	1.000	1.000	1.000
b_1	1.250	0.500	-0.500	1.000
b_2	1.188	0.438	0.438	0.500
b_3	1.016	0.313	-0.313	0.000
b_4	0.824	0.238	0.238	-0.250
b_5	0.649	0.178	-0.178	-0.250
b_6	0.502	0.134	0.134	-0.125
b_7	0.384	0.100	-0.100	0.000
b_8	0.292	0.077	0.077	0.063
⋮	⋮	⋮	⋮	⋮
θ	4.000	2.800	–	–

Wir sehen, dass wir für eine dominante positive Wurzel nur positive Reaktionskoeffizienten erhalten. Sind beide Wurzeln positiv, so ist es möglich, die Spitze der lag-Verteilung aus dem Ursprung zu verschieben. Ist dagegen die dominante Wurzel negativ, so ergibt sich ein Zickzackpfad für die Reaktionskoeffizienten, während sie für konjugiert komplexe Wurzeln zyklisch verlaufen mit einer Periodizität größer als zwei Zeiteinheiten. In der letzten Zeile der Tabelle wird der mean-lag angegeben, der nur für Reaktionskoeffizienten existiert, die alle das gleiche Vorzeichen haben.

Liefert die charakteristische Gleichung (iii) eine Doppelwurzel, d.h. es gilt $a_1^2 = -4a_2$, so führt das Modell (i) auf eine sogenannte Solowsche lag-Verteilung (Solow 1960).

3.3 Das ADL(1,1) Modell und seine Spezialfälle

Aus Gleichung (42) erhalten wir für $m = n = 1$ und $a = 0$ das ADL(1,1) Modell als

(46) $$y_t = a_1 y_{t-1} + c_0 x_t + c_1 x_{t-1} + u_t$$

mit

(47a) $$Z(L) = c_0 + c_1 L$$

und

(47b) $$N(L) = 1 - a_1 L.$$

Die Stabilität des autoregressiven Teils ist gewährleistet, wenn $|a_1| < 1$ ist. Die gebrochen rationale Darstellung lautet

(48) $$y_t = \frac{c_0 + c_1 L}{1 - a_1 L} x_t + \frac{1}{1 - a_1 L} u_t.$$

Hieraus erhalten wir für $L = 0$ den impact multiplier c_0 und für $L = 1$ den Gesamtmultiplikator $(c_0 + c_1)/(1 - a_1)$.

Die DL-Darstellung berechnen wir durch folgende Reihenentwicklung

$$\frac{c_0 + c_1 L}{1 - a_1 L} = b_0 + b_1 L + b_2 L^2 + b_3 L^3 + \ldots$$

$$\begin{aligned} c_0 + c_1 L = b_0 &+ b_1 L + b_2 L^2 + b_3 L^3 + \ldots \\ &- a_1 b_0 L - a_1 b_1 L^2 - a_1 b_2 L^3 - \ldots \end{aligned}$$

Durch Koeffizientenvergleich erhalten wir

$$\begin{array}{lll} L^0: & c_0 = b_0 & \text{d.h. } b_0 = c_0 \\ L^1: & c_1 = b_1 - a_1 b_0 & \text{d.h. } b_1 = c_1 + a_1 c_0 \\ L^2: & 0 = b_2 - a_1 b_1 & \text{d.h. } b_2 = a_1 (c_1 + a_1 c_0) \\ L^3: & 0 = b_3 - a_1 b_2 & \text{d.h. } b_3 = a_1^2 (c_1 + a_1 c_0) \\ \vdots & & \\ L^j: & 0 = b_j - a_1 b_{j-1} & \text{d.h. } b_j = a_1^{j-1} (c_1 + a_1 c_0) \end{array}$$

Somit können wir das DL-Modell schreiben als

$$y_t = c_0 x_t + (c_1 + a_1 c_0) \sum_{j=1}^{\infty} a_1^{j-1} x_{t-j} + \sum_{j=0}^{\infty} a_1^j u_{t-j}.$$

Damit alle b_j, $j = 0,1,2, \ldots$, positiv sind, müssen folgende Bedingungen erfüllt sein[13]:

$$c_0 > 0, \; 0 < a_1 < 1 \text{ und } c_1 > -a_1 c_0.$$

Für diese Parameterkonstellation kann nach (45) der mean-lag θ berechnet werden. Wegen $Z'(L) = c_1$ und $N'(L) = -a_1$ ergibt sich

$$\theta = \frac{c_1}{c_0 + c_1} + \frac{a_1}{1 - a_1}$$

Für $c_1 = 0$ erhalten wir die geometrische lag-Verteilung mit dem mean-lag $\theta g = a_1 / (1 - a_1)$. Da $c_0 + c_1 > 0$ ist, bedeutet ein positiver Wert von c_1 eine Vergrößerung des mean-lags gegenüber θg und ein negativer Wert von c_1 verringert den mean-lag gegenüber θg. Für $c_0 < 0$, $0 < a_1 < 1$ und $c_1 < -a_1 c_0$ gilt, dass alle b_j, $j = 0,1,2, \ldots$ negativ sind. Auch in diesem Fall kann in analoger Weise der mean-lag berechnet werden.

Die Spezialfälle des Modells (46) sind in Übersicht 1 (vgl. hierzu Hendry, Pagan, Sargan 1984) aufgelistet.

Der Modelltyp (c), Modelle in Differenzen, tritt auf, weil die Stabilitätsbedingung $|a_1| < 1$ verletzt ist. Generell werden häufig differenzierte Variablen gebildet, um stationäre Größen zu erhalten und diese dann aufeinander zu regressieren. Es ist zu beachten, dass sich das Modell (c) nicht durch Differenzenbildung des Modells (a) ergibt. In diesem Falle würde als Residualprozess Δu_t auftreten. Aus dem Modell (c) kann keine Aussage über den Zusammenhang in den Niveaugrößen gemacht werden.

Modelle vom Typ (d) und (h) werden oft für Prognosezwecke, um beispielsweise konjunkturelle Entwicklungen vorherzusagen, benutzt. Modelle vom Typ (f) ergeben sich aus partiellen Anpassungsmodellen (vgl. 2.4). Wie wir in 2.3 gesehen haben, führen adaptive Erwartungsmodelle wohl zum selben systematischen Teil, aber zu einem MA(1) Residualprozess.

Das Modell (g) zeigt klar den Zusammenhang zwischen dynamischer und stochastischer Spezifikation auf, entweder man hat die Dynamik im systematischen Teil und einen reinen Zufallsprozess als Residuum oder man hat einen statischen systematischen Teil und einen AR(1)-Prozess in den Residuen. Ausgehend von (48) sehen wir, dass die Restriktion $c_1 = -a_1 c_0$ auf die Darstellung

---

13 Für $c_1 = -a_1 c_0$ besitzen $Z(L) = 0$ und $N(L) = 0$ dieselbe Nullstelle. In diesem Fall geht (48) in das statische Modell $y_t = c_0 x_t + v_t$ mit dem AR(1) Residualprozess $v_t = a_1 v_{t-1} + u_t$ über; vgl. hierzu die Modelle mit gemeinsamen Faktoren.

Übersicht 1

Spezialfälle des ADL (1,1) Modells

	Modelltyp	Gleichung	Restriktionen in (46)
(a)	statische Regression	$y_t = c_0 x_t + u_t$	$c_1 = a_1 = 0$
(b)	AR(1)	$y_t = a_1 y_{t-1} + u_t$	$c_0 = c_1 = 0$
(c)	differenzierte Daten	$\Delta y_t = c_0 \Delta x_t + u_t$	$a_1 = 1, c_1 = -c_0$
(d)	vorlaufender Indikator	$y_t = c_1 x_{t-1} + u_t$	$a_1 = c_0 = 0$
(e)	endlicher distributed lag	$y_t = c_0 x_t + c_1 x_{t-1} + u_t$	$a_1 = 0$
(f)	geometrischer distributed lag	$y_t = a_1 y_{t-1} + c_0 x_t + u_t$	$c_1 = 0$
(g)	gemeinsamer Faktor AR (1) Residuen	$y_t = c_0 x_t + v_t$ $v_t = a_1 v_{t-1} + u_t$	$c_1 = -a_1 c_0$
(h)	reduzierte Form	$y_t = a_1 y_{t-1} + c_1 x_{t-1} + u_t$	$c_0 = 0$
(i)	Fehler-Korrektur Modell	$\Delta y_t = c_0 \Delta x_t$ $-(1-a_1)\cdot(y_{t-1} - x_{t-1}) + u_t$	$c_0 + c_1 + a_1 = 1$
(j)	Fehler-Korrektur Modell	$\Delta y_t = c_0 \Delta x_t - (1-a_1)\cdot$ $\cdot\left[y_{t-1} - \frac{c_0 + c_1}{1-a_1} x_{t-1}\right] + u_t$	keine

(49) $$y_t = \frac{c_0(1-a_1 L)}{1-a_1 L} x_t + \frac{1}{1-a_1 L} u_t$$

führt. Zähler- und Nennerpolynom besitzen den gemeinsamen Faktor $1-a_1 L$, der sich herauskürzt. Damit erhalten wir

$$y_t = c_0 x_t + v_t \quad \text{mit} \quad v_t = a_1 v_{t-1} + u_t .$$

Multiplizieren wir (49) mit dem gemeinsamen Faktor $(1-a_1 L)$ durch, so wird die Autokorrelation in den Residuen eliminiert, und wir erhalten das statische Modell in den Quasidifferenzen $\tilde{y}_t = y_t - a_1 y_{t-1}$ und $\tilde{x}_t = x_t - a_1 x_{t-1}$:

$$\tilde{y}_t = c_0 \tilde{x}_t + u_t$$

Die Gleichungen (i) und (j) stellen spezielle Fehlerkorrekturmodelle, *error correction models*, dar.[14] Fehlerkorrekturmodelle spielen in der ökonomischen Theorie (z.B. Nickel, 1985 oder Phillips, 1954) wie auch in frühen ökonometrischen Anwendungen (z.B. Sargan, 1964 oder Davidson et al., 1978) eine Rolle. In der neueren Zeitreihenökonometrie, die sich mit kointegrierten Variablen beschäftigt, sind Fehlerkorrekturmodelle, wie Engle und Granger (1987) gezeigt haben, die angemessene Spezifikation.

Die Gleichung (j) ist eine Umparametrisierung des ADL(1,1)-Modells (46). Subtraktion von y_{t-1} auf beiden Seiten und Subtraktion und Addition von $c_0 x_{t-1}$ auf der rechten Seite von (46) ergibt

$$\Delta y_t = c_0 \Delta x_t - (1-a_1) y_{t-1} + (c_0 + c_1) x_{t-1} + u_t$$

bzw.

$$\Delta y_t = c_0 \Delta x_t - (1-a_1) \left[y_{t-1} - \frac{c_0 + c_1}{1-a_1} x_{t-1} \right] + u_t . \qquad (50)$$

Hierbei steht in eckigen Klammern – dem sogenannten *Fehlerkorrekturterm* – die Abweichung vom Gleichgewicht in der Vorperiode. Diese Umparametrisierung liefert eine Trennung von kurzfristiger Reaktion und langfristiger Reaktion. Der Koeffizient c_0 bei Δx_t entspricht dem impact multiplier, während der Koeffizient $\frac{c_0 + c_1}{1-a_1}$ bei x_{t-1} dem Gesamtmultiplikator entspricht. In (i) ist der Wert des Gesamtmultiplikators auf Eins restringiert. Weiterhin sehen wir, dass die eckige Klammer die langfristige Gleichgewichtsbeziehung enthält. Für $y_t = y_{t-1} = \ldots = \bar{y}$ und $x_t = x_{t-1} = \ldots = \bar{x}$ erhalten wir für den systematischen Teil aus (50)

$$\bar{y} = \frac{c_0 + c_1}{1-a_1} \bar{x} . \qquad (51)$$

Die Gleichung (50) beschreibt die Anpassungsprozesse in folgender Weise. Die endogene Variable y_t ändert sich, weil sich Δx_t verändert und/oder weil sich das System in der Vorperiode nicht im Gleichgewicht (51) befunden hat. Ist beispielsweise y_{t-1} größer als der entsprechende langfristige Wert, dann ergibt sich eine positive Abweichung vom Gleichgewicht. Wegen der Stabilitätsbedingung $|a_1| < 1$ gilt $0 < 1 - a_1 < 2$, d.h. bei konstantem x_t verringert sich y_t, somit bewegt es sich auf das Gleichgewicht zu.

3.4 Kointegration

Die in der Zeitreihenökonometrie über lange Jahre sehr kontrovers diskutierte Frage war, ob bei nichtstationären Variablen überhaupt Regressionen in den Niveaus der Variablen durchgeführt werden dürfen, oder ob man nur mit den ersten Differenzen dieser Größen arbeiten sollte, um stationäre Variablen zu regressieren. Diese Diskussion unterstellt eine spezielle Art der Nichtstationarität, nämlich sogenannte *integrierte Prozesse*. Beschränken wir uns auf integrierte Prozesse der Ordnung 1, I(1),

[14] In der neueren Literatur (z.B. Clements, Hendry 1998) spricht man auch von *equilibrium correction models*.

so sind diese wie folgt definiert: Die Niveaus dieser Prozesse sind nichtstationär in dem Sinne, dass sie zumindest zeitabhängige Varianzen besitzen, aber ihre ersten Differenzen sind stationär (I(0)).[15] Zumindest theoretisch wurde die Frage nach der angemessenen Regressionsbeziehung bei nichtstationären Variablen mit dem Begriff der Kointegration gelöst. Inzwischen ist der Kointegrationsansatz einer der wichtigsten Ansätze in der Zeitreihenökonometrie. Hier seien nur Engle und Granger (1987), Stock und Watson (1988), Banerjee et al. (1993), Lütkepohl (1991), Hamilton (1994) und Johansen (1995) erwähnt. Für das folgende vergleiche z.B. Wolters (1995).[16]

Regressiert man voneinander unabhängige I(1)-Prozesse aufeinander, dann tritt das Problem der *spurious regression* (Granger, Newbold 1974; Phillips 1986) auf. Dies bedeutet, dass zum einen t-Werte auftreten, die für das vorgegebene nominale Signifikanzniveau fälschlicherweise zu oft die Nullhypothese verwerfen, also Abhängigkeiten anzeigen, auch asymptotisch. Zum anderen konvergiert das Bestimmtheitsmaß nicht gegen Null, sondern gegen eine nicht degenerierte Verteilung. Nur die Durbin Watson Statistik konvergiert gegen ihren wahren Wert von Null. Daraus folgt, dass man bei der Interpretation der üblichen Testverfahren bei Regressionen mit I(1)-Variablen sehr vorsichtig sein muss. Als erster Ansatz, dieses Problem zu umgehen, wurde deshalb vorgeschlagen, die entsprechende Regression mit den ersten Differenzen der Variablen durchzuführen, um wieder stationäre Größen zu haben. Dass dieses Vorgehen nicht immer zum Ziel führt, wurde erst später durch den Kointegrationsansatz klar.

Kointegration lässt sich ganz generell dadurch charakterisieren, dass zwei oder mehr nichtstationäre Prozesse langfristig gemeinsame Entwicklungen aufweisen, d.h. sie laufen nicht permanent auseinander. Unterstellen wir speziell x_t und y_t seien I(1)-Prozesse, dann ist i.a. eine Linearkombination dieser beiden Prozesse ebenfalls ein I(1)-Prozess. Gibt es aber einen Parameter β, so dass die Linearkombination

(52) $$y_t - \beta x_t = z_t$$

stationär ist, d.h. z_t ist I(0), so heißen x_t und y_t kointegriert. Kointegrationsbeziehungen können häufig als langfristige (ökonomische) Gleichgewichte interpretiert werden. In diesem Falle würde zu dem statistischen Gleichgewicht (52) die ökonomische Gleichgewichtsbeziehung $y = \beta x$ gehören. Die z_t stellen dann die Gleichgewichtsfehler (*equilibrium error*) dar. Da es sich dabei um einen stationären Prozeß handelt, besitzen die Abweichungen vom Gleichgewicht eine beschränkte Variation, und die Variablen kehren immer wieder zum Gleichgewicht $y = \beta x$ zurück.

Statistisch lässt sich Kointegration dadurch beschreiben, dass x_t und y_t einen gemeinsamen stochastischen Trend[17] besitzen, der beispielsweise durch einen einfachen random walk

---

[15] Unter Stationarität wird hier schwache Stationarität verstanden, nämlich der Prozess besitzt zeitunabhängige Erwartungswerte und Varianzen sowie Autokovarianzen, die nur von der Zeitdifferenz abhängen. Ein spezieller I(1)-Prozess ist z.B. ein random walk: $x_t = \delta + x_{t-1} + u_t$.

[16] Für das Schätzen und Testen in diesem Zusammenhang vgl. z.B. den Beitrag von Hassler in diesem Band.

[17] Bei einem stochastischen Trend ist der Erwartungswert der Zuwächse konstant, während bei einem deterministischen linearen Trend die Zuwächse konstant sind.

$$w_t = w_{t-1} + u_t$$

mit u_t einem reinen Zufallsprozess, modelliert werden kann. Die beiden I(1)-Prozesse lassen sich dann darstellen als

$$y_t = \beta w_t + \tilde{y}_t \text{ Mit } \tilde{y}_t \sim I(0) \text{ und}$$

$$x_t = w_t + \tilde{x}_t \text{ mit } \tilde{x}_t \sim I(0).$$

Beide Variablen enthalten somit w_t als gemeinsamen stochastischen Trend. Bilden wir entsprechend (52) die Linearkombination

$$y_t - \beta x_t = \beta w_t + \tilde{y}_t - \beta(w_t + \tilde{x}_t) = \tilde{y}_t - \beta\tilde{x}_t$$

so erhalten wir als Linearkombination von zwei stationären Prozessen wieder einen stationären Prozess, und damit sind x_t und y_t kointegriert mit dem Kointegrationsvektor $(1,-\beta)$.

Wie wir im vorherigen Abschnitt gesehen haben, sind Fehlerkorrekturmodelle Ansätze, die langfristige Gleichgewichtsbeziehungen und die Anpassung an dieses Gleichgewicht modellieren. Des weiteren zeigt das sogenannte Repräsentationstheorem von Granger[18], dass Kointegration eine Fehlerkorrekturdarstellung impliziert und umgekehrt. Ein allgemeines Fehlerkorrekturmodell in reduzierter Form, d.h. es treten keine zeitgleichen erklärenden Variablen auf, lautet für die beiden kointegrierten I(1)-Variablen x_t und y_t

(53a) $$\Delta x_t = a + \gamma^x (y_{t-1} - \beta x_{t-1}) + \sum_{j=1}^{n_x} a_j^x \Delta x_{t-j} + \sum_{j=1}^{n_y} a_j^y \Delta y_{t-j} + u_t^x$$

(53b) $$\Delta y_t = b + \gamma^y (y_{t-1} - \beta x_{t-1}) + \sum_{j=1}^{k_x} b_j^x \Delta x_{t-j} + \sum_{j=1}^{k_y} b_j^y \Delta y_{t-j} + u_t^y .$$

Hierbei sind die $u_t^i, i = x, y$, reine Zufallsprozesse und bei Vorliegen von Kointegration muss mindestens ein $\gamma^i, i = x, y$, von Null verschieden sein. Wie man leicht sieht, liegt bei Kointegration somit eine Beziehung in den Niveaus zwischen x_t und y_t vor. Würden nur die Differenzen der Variablen regressiert, dann wäre wegen der Nichtberücksichtigung des Terms $y_{t-1} - \beta x_{t-1}$ die Gleichung fehlspezifiziert. Die Darstellung (53) hat den Vorteil, dass sie nur stationäre Größen enthält, obwohl die zugrundeliegende wahre Beziehung sich auf die Niveaus von I(1)-Variablen bezieht. Dies bedeutet, dass bei Vorliegen von Kointegration und bekanntem Fehlerkorrekturterm für (53) die üblichen Schätz- und Testverfahren angewendet werden können.

Das System (53) ist auf jeden Fall stabil[19], wenn $\gamma^x \geq 0$ und $\gamma^y \leq 0$ ist, wobei nicht beide gleichzeitig Null sein dürfen. Für negatives γ^y (positives γ^x) bedeutet dies, dass z.B. ceteris paribus eine positive Abweichung vom langfristigen Gleichgewicht

---

[18] Vgl. hierzu Engle, Granger (1987).

[19] Hierbei wird $\beta > 0$ angenommen.

eine Verringerung von y und eine Zunahme von x bewirkt, was zu einer Reduktion des ursprünglichen Gleichgewichtsfehlers führt. In diesem Fall erfolgt die Anpassung durch eine Reaktion der beiden (endogenen) Variablen. Bei einem ursprünglich negativen Gleichgewichtsfehler wird ein analoger Mechanismus in Gang gesetzt. [20] Ist ein Anpassungskoeffizient z.B. $\gamma^x = 0$, so läuft die Anpassung nur über eine Veränderung von y. Die Variable x entwickelt sich unabhängig vom Gleichgewichtsfehler. Sie beschreibt dann quasi den stochastischen Trend, der das ganze System treibt. Man bezeichnet x_t in diesem Fall als schwach exogen.

Bei zwei I(1)-Variablen können somit die beiden folgenden Situationen auftreten: (i) Die beiden Variablen sind nicht kointegriert, d.h. $\gamma^x = \gamma^y = 0$. Dann enthält das System zwei stochastische Trends. (ii) Die beiden Variablen sind kointegriert, d.h. mindestens ein γ^i, $i = x, y$, ist von Null verschieden. Dann enthält das System eine Kointegrationsbeziehung und einen stochastischen Trend.[21].

Liegt keine Kointegrationsbeziehung vor, d.h. $\gamma^x = \gamma^y = 0$, dann liefert das System (53) die üblichen Testgleichungen für nichtkointegrierte I(1)-Variablen auf Granger-Kausalität.[22] Gibt es dagegen Kointegration zwischen x_t und y_t, dann sind die Gleichungen nur in Differenzen fehlspezifiert. In diesem Falle benötigt man zum Testen auf Granger-Kausalität das vollständige Fehlerkorrekturmodell. Weiterhin sieht man sofort (siehe Granger 1986, 1988), dass Kointegration mindestens eine einfache Granger-kausale Beziehung zwischen x_t und y_t impliziert. Die Umkehrung, dass Granger-Kausalität Kointegration impliziert, gilt allerdings nicht.

4. Schätzung von Modellen mit verteilten Verzögerungen

4.1 Modelle mit endlicher lag-Länge

Zunächst wollen wir uns mit der Schätzung der Parameter in folgender Gleichung beschäftigen

$$(54) \qquad y_t = a + \sum_{i=0}^{N} b_i x_{t-i} + u_t, \; t = 1,2,\ldots,T.$$

Hierbei sollen die x_t als fest, nicht stochastisch angesehen werden, und u_t ist ein reiner Zufallsprozess. Ist die lag-Länge N bekannt, dann ist der Kleinst Quadrate Schätzer der beste lineare unverzerrte Schätzer von $a, b_0, \ldots, b_N$.

---

[20] Ist aber $\gamma^x > 0$ und hat γ^y ebenfalls ein positives Vorzeichen, dann liegt auch in diesem Fall Stabilität vor, wenn γ^x gegenüber γ^y hinreichend groß ist. Analoges gilt für $\gamma^y < 0$ und $\gamma^x < 0$.

[21] Nur wenn ein γ^i, $i = x, y$, Null ist, lässt sich der stochastische Trend direkt angeben. Andernfalls muss eine Zerlegung in nichtbeobachtbare Komponenten durchgeführt werden, vgl. z.B. Gonzalo, Granger (1995).

[22] Vgl. Granger (1969). Für die Darstellung und einen kritischen Vergleich von alternativen Kausalitätstests vgl. z.B. Kirchgässner (1981).

Bei der praktischen Anwendung muss man aber realistischer Weise davon ausgehen, dass N unbekannt ist. Wählt man a priori eine zu kleine lag-Länge, d.h. berücksichtigt man in (54) zu wenige Regressoren, dann sind die geschätzten Koeffizienten der verbleibenden Regressoren verzerrt, sie enthalten den Einfluß der vernachlässigten Variablen. Wählt man dagegen eine zu große lag-Länge, dann wird die Schätzung wegen der Aufnahme von irrelevanten Variablen in (54) ineffizient.

Eine Möglichkeit, die unbekannte lag-Länge zu bestimmen, besteht in der Anwendung sogenannter „Informationskriterien". Hierunter versteht man Maße, die nicht nur die Güte der Anpassung, sondern auch die Anzahl der geschätzten Parameter berücksichtigen. Nehmen wir an, in Gleichung (54) wird eine maximale Verzögerung von m gewählt, dann müssen in (54) $m+2$ Parameter geschätzt werden. Für die Residuenquadratsumme ergibt sich dann

$$S_m = \sum_{t=1}^{T} (y_t - \hat{y}_t(m))^2,$$

die mit steigendem m kleiner wird. Der gegenläufige Effekt der steigenden Parameterzahl wird in unterschiedlichen Kriterien auf verschiedene Weise erfasst:

Akaike (1981): $$AIC = \ln \frac{S_m}{T} + (m+2)\frac{2}{T}$$

Schwarz (1978): $$BIC = \ln \frac{S_m}{T} + (m+2)\frac{\ln T}{T}$$

Hannan und Quinn (1979): $$HQ = \ln \frac{S_m}{T} + (m+2)\frac{2 \ln \ln T}{T}.$$

Die Kriterien sind alle so aufgebaut, dass sie einen Term enthalten, der in m fällt und einen, der in m steigt. Gibt es eine endliche wahre maximale Verzögerung m^*, dann wird diese von AIC asymptotisch überschätzt, während BIC und HQ diese wahre endliche Ordnung konsistent schätzen. Die zu schätzende lag-Länge wird wie folgt bestimmt. Man wählt eine angemessene maximale Verzögerung $N^{\max}$. Dann schätzt man (54) für $m = 0,1,2,\ldots, N^{\max}$. Ausgewählt wird diejenige Spezifikation, für die das jeweilige Kriterium minimal wird. Für endliche Stichproben gilt für die nach den jeweiligen Kriterien geschätzten lag-Längen $\hat{m}_{BIC} \leq \hat{m}_{HQ} \leq \hat{m}_{AIC}$. Eine andere Möglichkeit wird in Judge et al. (1988, S. 723 ff) beschrieben. Hier wird durch sequentielle Tests die Signifikanz der maximalen Verzögerung überprüft.

Treten große Verzögerungen m^* auf, dann reduziert dieses im allgemeinen die Anzahl der Freiheitsgrade und damit die Effizienz der Schätzung. Darüber hinaus besteht die Gefahr der Multikollinearität und damit ungenauer Parameterschätzungen, da die Regressoren die verzögerten Werte von x_t sind. Diesem Problem wurde schon früh von Fisher (1937) begegnet, indem er annahm, dass die $b_i, i = 0,1,2,\ldots, N$, in (54) alle auf einer Geraden liegen. Eine Verallgemeinerung in dem Sinne, dass die b_i auf Polynomen niederer Ordnung liegen, lieferte Almon (1965). Vergleiche zu diesem Ansatz auch Judge et al. (1988: 729ff.). Dieser Ansatz spielt allerdings in der neueren Zeitreihenökonometrie keine große Rolle mehr. Hier werden hauptsächlich Modelle mit unendlicher lag-Länge unterstellt.

4.2 Modelle mit unendlicher Lag-Länge

4.2.1 Schätzung von Modellen mit geometrischer lag-Verteilung

Gängige ökonomische Hypothesen wie adaptive Erwartungsmodelle oder partielle Anpassungsmodelle führen auf finale Gleichungen der folgenden Form

$$y_t = a_0 + a_1 x_t + a_2 y_{t-1} + v_t,\; t = 1,2,\ldots,T \tag{55}$$

Gleichung (55) impliziert folgendes verteilte lag-Modell

$$y_t = \frac{a_0}{1-a_2} + a_1 \sum_{j=0}^{\infty} a_2^j x_{t-j} + \sum_{j=0}^{\infty} a_2^j v_{t-j}$$

mit geometrisch abnehmenden Reaktionskoeffizienten, sofern $|a_2| < 1$ ist.
Definieren wir $y' = (y_1, y_2, \ldots, y_T)$, $a' = (a_0, a_1, a_2)$, $v' = (v_1, v_2, \ldots, v_T)$, und $X = \begin{pmatrix} 1 & x_1 & y_0 \\ 1 & x_2 & y_1 \\ \vdots & \vdots & \vdots \\ 1 & x_T & y_{T-1} \end{pmatrix}$, so erhalten wir

$$y = Xa + v. \tag{56}$$

Der Kleinst-Quadrate Schätzer (OLS) von (56) lautet

$$\hat{a} = (X'X)^{-1} X'y = a + (X'X)^{-1} X'v. \tag{57}$$

Da ein Regressor, nämlich y_{t-1}, eine verzögert endogene Variable ist, und somit nicht als feste Größe angesehen werden kann, ist in diesem Falle $\hat{a}$ weder ein linearer noch ein erwartungstreuer Schätzer, selbst unter der Annahme, dass x_t exogen und damit unabhängig von v_t ist. Ist v_t ein reiner Zufallsprozess, dann lässt sich zeigen, dass $\hat{a}$ ein konsistenter Schätzer für a ist:

$$\text{plim}\; \hat{a} = a + \text{plim}\left(\frac{X'X}{T}\right)^{-1} \text{plim}\left(\frac{X'v}{T}\right) \tag{58}$$

Die entscheidende Bedingung für die Konsistenz ist, dass $\text{plim}\left(\frac{X'v}{T}\right) = 0$ ist. Dies ergibt sich sofort, wenn wir die einzelnen Komponenten von $\frac{X'v}{T}$ betrachten:

$$\frac{X'v}{T} = \begin{pmatrix} \frac{1}{T}\sum_{t=1}^{T} v_t \\ \frac{1}{T}\sum_{t=1}^{T} x_t v_t \\ \frac{1}{T}\sum_{t=1}^{T} y_{t-1} v_t \end{pmatrix}$$

Für die erste Komponente gilt plim $\frac{1}{T}\sum_{t=1}^{T} v_t = 0$, da der Stichprobenmittelwert ein konsistenter Schätzer für $E(v_t) = 0$ ist. Entsprechend ist die zweite Komponente eine konsistente Schätzung von $E(x_t v_t)$. Diese Kovarianz ist Null, wenn x_t eine feste Größe ist oder wenn x_t als exogene Größe unabhängig von v_t ist. Die dritte Komponente ist eine konsistente Schätzung von $E(y_{t-1} v_t)$. Diese Kovarianz ist Null, wenn v_t ein reiner Zufallsprozess ist. Sobald v_t autokorreliert ist, ist y_{t-1} mit v_t korreliert und $\hat{a}$ ist inkonsistent.

Beispiel 5:

Das adaptive Erwartungsmodell (vgl. 2.3) führt auf eine finale Gleichung mit einem MA(1)-Störterm

(i) $$y_t = a_0 + a_1 x_t + a_2 y_{t-1} + v_t$$
$$v_t = u_t - a_2 u_{t-1}$$

wobei u_t ein reiner Zufallsprozess ist, x_t als fest behandelt wird und $0 < a_2 < 1$ gilt.
Mittels des Verschiebungsoperators L lässt sich (i) schreiben als

(ii) $$y_t = \frac{a_0}{1-a_2} + \frac{a_1}{1-a_2 L} x_t + u_t.$$

Für die Kovarianz zwischen y_{t-1} und v_t ergibt sich daher

$$E(y_{t-1} v_t) = E\left[\left(\frac{a_0}{1-a_2} + \frac{a_1}{1-a_2 L} x_{t-1} + u_{t-1}\right)(u_t - a_2 u_{t-1})\right] = -a_2 \sigma_u^2 \neq 0.$$

In diesem Falle würden also die Parameter in (i) mit OLS inkonsistent geschätzt.

4.4.2 Schätzung mit Instrumentvariablen

Eine Möglichkeit, um konsistente Parameterschätzungen zu erhalten, wenn Regressoren und Residuen korreliert sind, besteht in der Schätzung mittels Instrumentvariablen. Für die Instrumentvariablen Z gilt[23], dass sie

[23] Z hat die gleiche Dimension wie die ursprüngliche Regressormatrix X.

(a) mit dem Fehlerterm v unkorreliert sind in dem Sinne, dass $\text{plim}\frac{1}{T}Z'v = 0$ ist und dass

(b) Z mit den ursprünglichen Regressoren X korreliert ist in dem Sinne, dass $\text{plim}\frac{1}{T}Z'X = \Sigma_{ZX}$ existiert und nichtsingulär ist.

Für (56) lautet der Instumentvariablenschätzer

(59)
$$\hat{a}_{iv} = (Z'X)^{-1}Z'y = a + (Z'X)^{-1}Z'v$$

mit

$$\text{plim}\,\hat{a}_{iv} = a + \text{plim}\left(\frac{Z'X}{T}\right)^{-1}\text{plim}\left(\frac{Z'v}{T}\right)$$

Wegen (a) und (b) gilt $\text{plim}\,\hat{a}_{iv} = a$.

Bei der Schätzung von (56) bietet sich als konkrete Wahl für Z an, dass in X, die Variable, die für Inkonsistenz verantwortlich ist, nämlich y_{t-1}, entsprechend ersetzt wird, beispielsweise durch x_{t-1}. In diesem Falle sind die beiden Bedingungen (a) und (b) erfüllt. Dass der Instrumentenschätzer nur asymptotisch gültig ist, zeigt sich hier sehr deutlich, wählt man für y_{t-1} statt x_{t-1} z.B. x_{t-2}, was ebenfalls zulässig ist, dann erhält man unterschiedliche Parameterschätzer, die aber alle konsistent sind.

4.2.3 Schätzung von allgemeinen verteilten lag-Modellen

Wie wir im vorhergehenden Abschnitt gesehen haben, treten die Probleme bei der Schätzung deshalb auf, weil die finalen Gleichungen verzögert endogene Variablen enthalten. Die allgemeine Form einer finalen Gleichung kann wie folgt geschrieben werden:

(60)
$$y_t = a_1 y_{t-1} + a_2 y_{t-2} + \ldots + a_m y_{t-m} + z_t'\gamma + u_t,$$

wobei z_t ein Vektor von exogenen Variablen und deren Verzögerungen darstellt. Für $z_t' = (x_t, x_{t-1}, \ldots, x_{t-n})$ enthält (60) ein ADL(m,n)-Modell.

Entsprechend Malinvaud (1980: 535 ff.) lassen sich folgende Aussagen für (60) machen:

Ann. 1: u_t ist ein reiner Zufallsprozess.

Ann. 2: Es liegt eine stabile Differenzengleichung in y_t vor, d.h. alle Wurzeln der charakteristischen Gleichung $\lambda^m - a_1\lambda^{m-1} - \ldots - a_{m-1}\lambda - a_m = 0$ sind betragsmäßig kleiner als eins.

Ann. 3: Die exogenen Variablen z_t sind für $T \to \infty$ beschränkt, und die Matrix ihrer empirischen Momente geht für $T \to \infty$ gegen eine nichtsinguläre Matrix.

Satz 1:
Gelten die Ann. 1 und 3, dann können alle Parameter in (60) mit der Kleinst-Quadrate Methode konsistent geschätzt werden.

Satz 2:
Gelten die Ann. 1, 2 und 3, dann gilt für die OLS-Schätzer von (60), dass $\sqrt{T}(\hat{a}_1 - a_1), \ldots, \sqrt{T}(\hat{a}_m - a_m), \sqrt{T}(\hat{\gamma} - \gamma)$ asymptotisch normalverteilt sind.

Satz 1 zeigt, dass für die konsistente Schätzung die Stabilitätsannahme nicht notwendig ist. In dem Beitrag von Hassler in diesem Band werden die Schätzung in Regressionsmodellen mit nichtstationären Variablen und die entsprechenden Tests behandelt. Es zeigt sich, dass bei Vorliegen von Kointegration sogar schnellere Konvergenzraten als in der stationären Welt erreicht werden.[24]

Weiterhin erhält man als eine Folgerung aus den Sätzen 1 und 2, dass bei OLS asymptotisch die üblichen Tests benutzt werden können, d.h. die verzögert endogenen Variablen können als quasi exogene Größen behandelt werden.

Literaturverzeichnis

Akaike, H. (1981): Likelihood of a Model and Information Criteria. Journal of Econometrics 16, 3–14

Almon, S. (1965): The Distributed Lag between Capital Appropriations and Expenditures. Econometrica 33, 178–196

Banerjee, A., Dolado, J., Galbraith, J.W., Hendry, D.F. (1993): Co-Integration, Error-Correction, and the Econometric Analysis of Non-Stationary Data. Oxford University Press, Oxford

Brown, T.M. (1952): Habit Persistence and Lags in Consumer Behaviour. Econometrica 20, 335–371

Cagan, P. (1956): The Monetary Dynamics of Hyper-Inflations. In: Friedman, M. (Ed.), Studies in the Quantity Theory of Money. Chicago: University of Chicago Press, Chicago, 25–117

Clements, M.P., Hendry, D.F. (1998): Forecasting Economic Time Series. Cambridge University Press, New York

Davidson, J.E.H., Hendry, D.F., Srba, F., Yeo, S. (1978): Econometric Modelling of the Aggregate Time Series Relationship between Consumer's Expenditure and Income in the United Kingdom. Economic Journal 88, 661–692

Dhrymes, P.J. (1971): Distributed Lags: Problems of Estimation and Formulation. Holden-Day, San Francisco

Eisner, R., Strotz, R.H. (1963): Determinants of Business Investment. In Commission on Money and Credit (Ed.), Impact of Monetary Policy. Prentice Hall, Englewood Cliffs, NJ, 59–236

---

[24] Für eine allgemeine Analyse von (60), wenn exogene I(1)-Regressoren auftreten, vgl. auch Pesaran, Shin (1998).

Engle, R.F., Granger, C.W.J. (1987): Co-Integration and Error-Correction: Representation, Estimation and Testing. Econometrica 55, 251–276

Fisher, I. (1937): Note on a Short-Cut Method for Calculating Distributed Lags. Bulletin de l'Institute International de Statistique 29, 323–328

Friedman, M. (1957): A Theory of the Consumption Function. National Bureau of Economic Research, New York

Gonzalo, J., Granger, C.W.J. (1995): Estimation of Common Long-Memory Components in Cointegrated Systems. Journal of Business and Economic Statistics 13, 27–35

Granger, C.W.J. (1969): Investigating Causal Relations by Econometric Models and Cross-Spectral Methods. Econometrica 37, 424–438

Granger, C.W.J. (1986): Developments in the Study of Cointegrated Economic Variables. Oxford Bulletin of Economics and Statistics 48, 213–228

Granger, C.W.J. (1988): Some Recent Developments in a Concept of Causality. Journal of Econometrics 39, 199–211

Granger, C.W.J., Newbold, P. (1974): Spurious Regressions in Econometrics. Journal of Econometrics 2, 111–120

Hamilton, J.D. (1994): Time Series Analysis. Princeton University Press, Princeton

Hannan, E.J., Quinn, B.G. (1979): The Determination of the Order of an Autoregression. Journal of the Royal Statistical Society B41, 190–195

Hendry, D.F., Pagan, A.R., Sargan, J.D. (1984): Dynamic Specification. In: Griliches, Z., Intriligator, M.D. (Eds.): Handbook of Econometrics, Vol. 2. North Holland, Amsterdam, 1023–1100

Johansen, S. (1995): Likelihood-Based Inference in Cointegrated Vector Autoregressive Models. Oxford University Press, Oxford

Jorgenson, D.W. (1966): Rational Distributed Lag Functions. Econometrica 34, 135–149

Judge, G.G., Hill, R.C., Griffiths, W.E., Lütkepohl, H., Lee, T.C. (1988): Introduction to the Theory and Practice of Econometrics, 2nd edition. John Wiley & Sons, New York

Kirchgässner, G. (1981): Einige neuere statistische Verfahren zur Erfassung kausaler Beziehungen zwischen Zeitreihen. Darstellung und Kritik. New York: Vandenhoeck & Ruprecht, Göttingen

Koyck, L.M. (1954): Distributed Lags and Investment Analysis. North Holland, Amsterdam

Laidler, D., Parkin, M. (1972): The Demand for Money in the United Kingdom, 1955–1967: Preliminary Estimates. In: Johnson, H.G. (Ed.), Readings in British Monetary Economics. Clarendon Press, Oxford, 181–200

Lütkepohl, H. (1991): Introduction to Multiple Time Series Analysis. Springer, Berlin.

Malinvaud, E. (1980): Statistical Methods of Econometrics, 3rd edition. North Holland, Amsterdam

Metzler, L.A. (1941): The Nature and Stability of Inventory Cycles. Review of Economic Statistics 23, 113–129

Nerlove, M. (1958): The Dynamics of Supply: Estimation of Farmers' Response to Price. Johns Hopkins Press, Baltimore, MD

Nerlove, M. (1972): Lags in Economic Behavior. Econometrica 40, 221–251

Nickel, S. (1985): Error Correction, Partial Adjustment and All That: An Expository Note. Oxford Bulletin of Economics and Statistics 47, 119–129

Pesaran, M.H., Shin, Y. (1998): An Autoregressive Distributed-Lag Modelling Approach to Cointegration Analysis. In: Strøm, S. (Ed.), Econometrics and Economic Theory in the 20th Century. The Ragnar Frisch Centennial Symposium. Cambridge University Press, New York, 371–413

Phillips, A.W. (1954): Stabilisation Policy in a Closed Economy. Economic Journal 64, 290–323

Phillips, P.C.B. (1986): Understanding Spurious Regressions in Econometrics. Journal of Econometrics 32, 311–340

Sargan, J.D. (1964): Wages and Prices in the United Kingdom: A Study in Econometric Methodology. In Hart, P.E., Mills, G., Whitaker, J.K. (Eds.): Econometric Analysis for National Economic Planning. Butterworths, London

Schwarz, G. (1978). Estimating the Dimension of a Model. Annals of Statistics 6, 461–464

Solow, R. (1960): On a Family of Lag Distributions. Econometrica 28, 393–406

Stock, J.H., Watson, M. (1988): Variable Trend in Economic Time Series. Journal of Economic Perspectives 2, 147–174

Wolters, J. (1992): Der Zusammenhang zwischen Konsum und Einkommen: Alternative ökonometrische Ansätze. RWI-Mitteilungen 43, 115–132

Wolters, J. (1995): Kointegration und Zinsentwicklung im EWS – Eine Einführung in die Kointegrationsmethodologie und deren Anwendung. Allgemeines Statistisches Archiv 9, 146–169

Leitfaden zum Testen und Schätzen von Kointegration[1]

Uwe Hassler[2]

The most vigorous development in econometrics in recent years had undoubtedly been the unit-root field, including error correction and co-integration.
Hatanaka (1996: V)

1. Einleitung

Vor einem Dutzend Jahren begann die Publikation einer Reihe von Arbeiten, welche die Ökonometrie unter dem Stichwort „Kointegration" von Grund auf revolutioniert haben, was das vorangestellte Zitat unterstreichen soll. Ein Grund, warum sich das Kointegrationskonzept erdrutschartig auf dem Gebiet der empirischen Wirtschaftsforschung durchsetzen konnte, ist, dass hier rein technische, statistisch-zeitreihenanalytische Ansätze mit dem ökonomischen Gleichgewichtsgedanken in Verbindung gebracht wurden. Hinzu kam, dass Vorliegen von Kointegration unter bestimmten Annahmen eine Kleinst-Quadrate(OLS)-Regression von Einzelgleichungen rechtfertigt, so dass die neuen Methoden mit gängigen Programmpaketen umgesetzt werden können.

Die überwiegende Zahl ökonomischer Zeitreihen ist anerkanntermaßen trendbehaftet. Traditionellerweise modellierte man deterministische Trends als zeitlich mehr oder minder stetig anwachsende Erwartungswerte. In den achtziger Jahren setzte sich aber seit der Arbeit von Nelson/Plosser (1982) die Erkenntnis durch, dass viele ökonomische Zeitreihen einem sogenannten stochastischen Trend folgen, d.h. ihre Variabilität wächst mit der Zeit. Solche Zeitreihen nennt man integriert. Kointegration liegt nun vor, wenn mehrere integrierte Zeitreihen, abgesehen von vorübergehenden Schwankungen, die man als Gleichgewichtsabweichungen interpretiert, ein und demselben stochastischen Trend folgen.

Die Kointegrationsidee wurde von Granger (1981) geboren, unter anderem von Granger (1986) popularisiert und durch die Arbeit von Engle/Granger (1987) fest im Methodengebäude der Ökonometrie verankert. Seitdem ist sie immer wieder über-

---

[1] Frühere Fassungen dieser Arbeit wurden bei der Durchführung des Workshops zur empirischen Wirtschaftsforschung an der FU Berlin und von Weiterbildungskursen am Deutschen Institut für Wirtschaftsforschung, Berlin, verwandt. Ich danke allen Teilnehmern, die diesen Leitfaden kritisierten, darüber hinaus meinen Kollegen Jörg Breitung, Dieter Nautz, Hannah Nielsen, Sven Schreiber, Alexander Schulz, und insbesondere Prof. Dr. J. Wolters. Die Revision vorliegender Arbeit erfolgte im Wintersemester 1999/00 während einer Lehrstuhlvertretung am Insititut für Statistik der Ludwig-Maximilians-Universität München. Ich danke Prof. Dr. H. Schneeweiß, LMU München, für seine Gastfreundschaft.

[2] Johann Wolfgang Goethe Universität Frankfurt, Statistik und Methoden der Ökonometrie, Gräfstraße 78, D-60054 Frankfurt.

blicksartig dargestellt worden (z.B. Kapitel 1 in Engle, Granger 1991; Lütkepohl 1991; Banerjee, Hendry 1992; Watson 1994; Wolters 1995. Für eine erste Einführung vgl. auch den Beitrag von Wolters in diesem Band). Verschiedene Ansätze zur Kointegrationsanalyse lassen sich auch in den Büchern von Banerjee et al. (1993), Johansen (1995) und Hatanaka (1996) nachlesen und sind inzwischen Bestandteil der Lehrbuchliteratur zur Zeitreihenökonometrie geworden (etwa Hamilton 1994).

Die Zielsetzung beim Verfassen dieses Leitfadens war, dem Anwender auf elementare Weise einige praktische und einfache Instrumente zur Durchführung erster Schritte einer Kointegrationsanalyse an die Hand zu geben. Dazu werden im nächsten Abschnitt sogenannte Integrationstests vorgestellt, mit denen Integriertheit einzelner Zeitreihen etabliert werden kann. Anwendungen der Tests auf deutsche Konsum- und Zinsdaten sollen ihr Funktionieren veranschaulichen. Sämtliche Berechnungen wurden für diese Arbeit mit dem Programmpaket *EViews3* durchgeführt. Abschnitt 3 widmet sich der statischen Kointegrationsregression und der Abwandlung der schon besprochenen Integrationstests zu Kointegrationstests. Gleichzeitig werden Eigenschaften der Kointegrationsschätzer diskutiert und sogenannte effiziente Schätzer eingeführt, die asymptotisch normalverteilt sind. Im vierten Abschnitt wird auf die Repräsentation kointegrierter Zeitreihen als Fehlerkorrekturmodelle Bezug genommen, um ein weiteres auf Einzelgleichungen basierendes Schätz- und Testverfahren kennenzulernen. Es werden aber keine multivariaten Kointegrationsanalysen in vektorautoregressiven Modellen in der Tradition von Johansen (1988, 1991) behandelt. Der letzte Abschnitt ist der Anwendung der bis dahin besprochenen Verfahren vorbehalten, die am Beispiel einer Konsumfunktion für Deutschland illustriert werden. In einem tabellarischen Anhang sind die relevanten kritischen Werte zur Durchführung der vorgestellten Tests versammelt.

2. Integrationstests

Drei Integrationstests werden hier besprochen. Der erste testet auf die Nullhypothese der Integriertheit, der zweite testet umgekehrt auf die Nullhypothese der Stationarität, der dritte testet auf die Nullhypothese saisonaler Integriertheit bei Quartalsdaten (für einen detaillierteren Überblick vgl. Stock 1994).

2.1 Dickey-Fuller-Test

Der einfachste und älteste Integrationstest basiert auf den Arbeiten von Fuller (1976) und Dickey/Fuller (1979). Der allgemeinste Fall, den wir betrachten, modelliert die Abweichungen der Zeitreihe von einem linearen Zeittrend durch den Prozess

$$x_t - \mu - \delta t = e_t, \quad t = 1, 2, \ldots, T.$$

Dabei enthält der Prozess e_t eine autoregressive Komponente, d.h. er kann geschrieben werden als

$$e_t = \rho e_{t-1} + u_t$$

wobei u_t ein stationärer Prozess mit Erwartungswert Null (im einfachsten Fall unkorreliert und identisch verteilt) ist.[3] Damit lautet das allgemeinste Modell:

$$x_t - \mu - \delta t - \rho(x_{t-1} - \mu - \delta(t-1)) = u_t,$$

bzw. in reparametrisierter Gestalt

$$x_t = m + dt + \rho x_{t-1} + u_t,$$

mit folgenden definitorischen Zusammenhängen:

$$m = (1-\rho)\mu + \rho\delta, \quad d = \delta(1-\rho).$$

Zieht man auf beiden Seiten dieser Gleichung x_{t-1} ab und bezeichnet Δx_t die Differenz $x_t - x_{t-1}$, so erhält man mit dieser Definition von m und d

(1) $$\Delta x_t = m + dt + (\rho - 1)x_{t-1} + u_t, \quad t = 2,3,\ldots,T.$$

Wir betrachten zuerst das allgemeinste Modell (1) und dann zwei Spezialfälle davon[4]. Durchweg ist die interessierende Nullhypothese $\rho = 1$, in welchem Fall man sagt, x_t sei integriert der Ordnung Eins, I(1), oder weise eine autoregressive Einheitswurzel auf. Mitunter ist auch von Differenzstationarität die Rede, da x_t für $\rho = 1$ instationär ist, während die Differenzen Δx_t gerade stationär sind. Speziell von einem Random Walk wird gesprochen, wenn u_t nicht nur stationär, sondern sogar frei von Autokorrelation ist.

Modell 1 – Trendmodell: $\delta \neq 0$

Unter der Nullhypothese, $\rho = 1$, wird der Trendparameter d aus (1) Null, und der Achsenabschnitt m wird δ,

$$\Delta x_t = \delta + u_t \Leftrightarrow x_t = x_0 + \delta t + \sum_{i=1}^{t} u_i,$$

d.h. es liegt ein I(1) Prozess mit Drift ($\delta \neq 0$) vor. Dieser Prozess ist nicht nur varianzinstationär, er weist auch überdies im Mittel einen linearen Trend der Steigung δ auf. Unter der Gegenhypothese $|\rho| < 1$ ist der Trendparameter d von Null verschieden, und die Abweichungen vom linearen Trend sind stationär, weshalb x_t dann auch trendstationär genannt wird:

---

3 Mit Stationarität ist hier immer schwache Stationarität gemeint, d.h. wir fordern, dass die Varianz des Prozesses nicht von t und die Kovarianz zwischen u_t und $u_{t+\tau}$ nur von τ abhängt.

4 Die folgenden Namen, nämlich Trend-, Erwartungswert- und Nullniveaumodell, werden hier neu geschöpft und haben in der Literatur keine gängige Entsprechung.

$$H_0^{(1)}: \rho = 1\ (\Rightarrow d = 0, m = \delta)\text{: I(1) mit Drift,}$$

$$H_1^{(1)}: |\rho| < 1\ (\Rightarrow d \neq 0)\text{: trendstationär.}$$

Modell 2 – Erwartungswertmodell: $\mu \neq 0, \delta = 0$

Aus (1) wird hier durch die Restriktion des Trendparameters

(2) $$\Delta x_t = m + (\rho - 1)x_{t-1} + u_t, m = (1-\rho)\mu.$$

Unter der Nullhypothese, $\rho = 1$, wird der Achsenabschnitt m Null, d.h. es liegt ein I(1) Prozess ohne Drift vor,

$$\Delta x_t = u_t \Leftrightarrow x_t = x_0 + \sum_{i=1}^{t} u_i.$$

Unter der Gegenhypothese ist der Achsenabschnitt von Null verschieden, und der Prozess x_t ist stationär mit von Null verschiedenem Erwartungswert:

$$H_0^{(2)}: \rho = 1\ (\Rightarrow m = 0)\text{: I(1) ohne Drift,}$$

$$H_1^{(2)}: |\rho| < 1\ (\Rightarrow m \neq 0)\text{: stationär mit Erwartungswert } \neq 0.$$

Ersetzt man den konstanten Achsenabschnitt in (2) durch saisonal variierende Achsenabschnitte, so wird dadurch die unten behandelte Verteilung nicht beeinflusst (Dickey et al. 1986, Appendix B).

Modell 3 – Nullniveaumodell: $\mu = \delta = 0$

Aus (1) wird hier

(3) $$\Delta x_t = (\rho - 1)x_{t-1} + u_t.$$

Unter der Nullhypothese, $\rho = 1$, liegt wiederum ein I(1) Prozess ohne Drift vor. Unter der Gegenhypothese allerdings ist der Achsenabschnitt ebenfalls Null, und der Prozess x_t ist stationär mit Erwartungswert Null:

$$H_0^{(3)}: \rho = 1\text{: I(1) ohne Drift,}$$

$$H_1^{(3)}: |\rho| < 1\text{: stationär mit Erwartungswert Null.}$$

Der Dickey-Fuller(DF)-Test basiert nun auf den üblichen t-Statistiken zum Test von $(\rho - 1)$ auf Null einer OLS-Regression von (1), (2) oder (3). Den drei Modellen entsprechen drei prototypische Situationen in der Praxis. Zum im Folgenden diskutierten Güteverhalten vergleiche Perron (1988).

Abbildung 1

Konsum Privater Haushalte Westdeutschlands

1976 bis 1994; logarithmiert, saisonal bereinigt, in Preisen von 1991

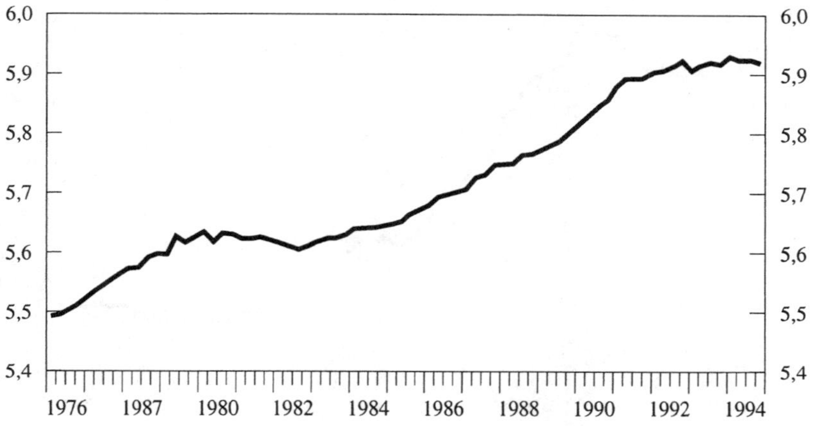

Fall 1: Konsum

Die Zeitreihe x_t hat einen Drift oder einen Trend, der durchweg steigt oder fällt und näherungsweise linear ist. Ein typischer Verlauf findet sich in Abbildung 1. Hier muss im Trendmodell 1 getestet werden. Testet man im (fehlspezifizierten) Erwartungswertmodell 2 und ist $H_1^{(1)}$ wahr (trendstationärer Prozess), so tendiert der Schätzer für $(\rho - 1)$ aus (2) gegen Null, und der Test hat äußerst geringe Güte, d.h. die falsche Nullhypothese aus Modell 2 wird kaum abgelehnt.

Fall 2: Zinsen

Die Zeitreihe x_t hat keinen linearen Zeittrend, sondern schwankt um einen von Null verschiedenen Wert (Abbildung 2). Testet man im (fehlspezifizierten) Nullniveaumodell 3 und gilt $H_1^{(2)}$ (stationärer Prozess mit von Null verschiedenem Erwartungswert), so wird die falsche Hypothese $H_0^{(3)}$ umso seltener abgelehnt, je mehr der Erwartungswert von Null verschieden ist. Das angemessene Modell ist daher das Erwartungswertmodell 2. Testet man im Trendmodell 1, so verschenkt man Güte, weil der Trendparameter d überflüssigerweise geschätzt wird.

Fall 3: Zinsdifferenzen

Die Zeitreihe x_t schwankt um den Wert Null (Abbildung 3). Nur hier ist das Nullniveaumodell 3 adäquat. Bei Tests in Modell 1 oder 2 verschenkt man Güte, weil Parameter überflüssigerweise geschätzt werden. Das Nullniveaumodell ist für die Praxis nicht sehr relevant, es sei denn man möchte aus Regressionsresiduen, die definitionsgemäß einen Mittelwert von Null haben, auf deren Integriertheit testen, vgl. Abschnitt 3.

Abbildung 2

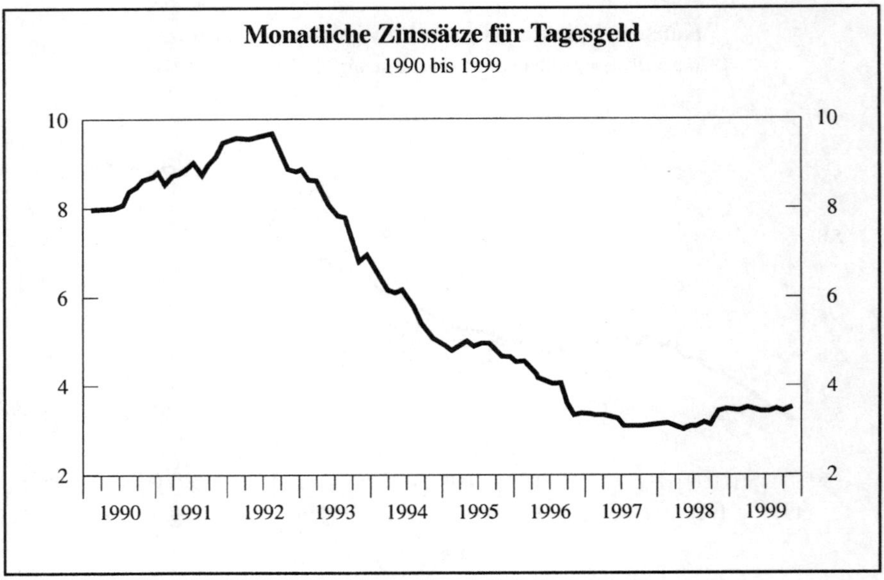

Abbildung 3

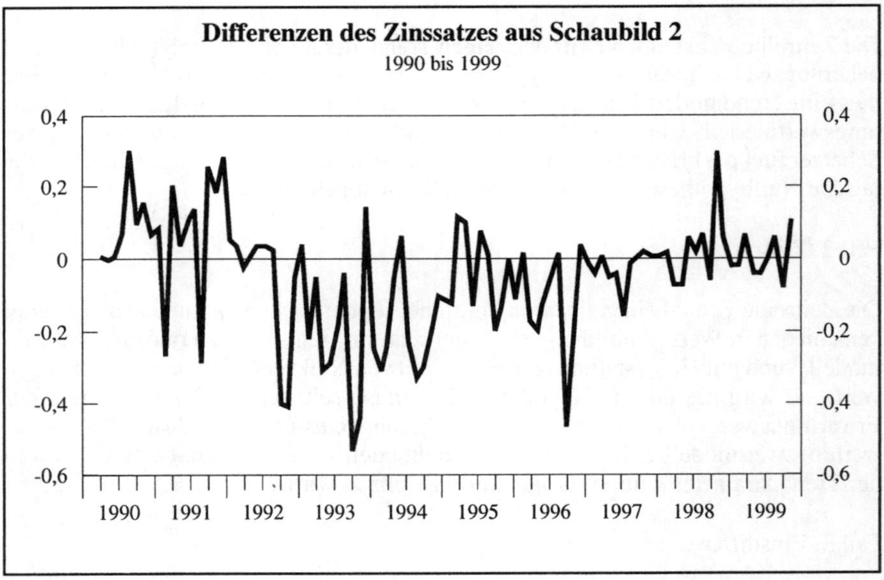

In jedem der drei Fälle kann der Test durchgeführt werden, indem man die besagte t-Statistik berechnet und mit den asymptotischen Quantilen aus Fuller (1976) vergleicht. Die Quantile dieser sogenannten Dickey-Fuller-Verteilung differieren stark von denen der Standardnormalverteilung. Überdies hängt die Grenzverteilung davon ab, ob in Modell (1), (2) oder (3) getestet wird. Für die entsprechenden gewöhnlichen t-Statistiken gilt unter den jeweiligen Nullhypothesen in den drei Fällen des Trend-, Mittelwert- und Nullniveaumodells:

$$t_{\rho,\tau} \xrightarrow{d} DF_\tau(0),$$

$$t_{\rho,\mu} \xrightarrow{d} DF_\mu(0),$$

$$t_\rho \xrightarrow{d} DF(0),$$

wobei $\xrightarrow{d}$ Konvergenz in Verteilung bedeutet. Hierbei gibt die in Klammern gesetzte Null an, dass es sich um den univariaten DF-Test handelt, und nicht um den auf Regressionsresiduen angewandten DF-Test (Abschnitt 3). Eine elegante Darstellung von $DF_\tau(0)$, $DF_\mu(0)$ und $DF(0)$ in termini sogenannter Wiener-Prozesse findet sich in Phillips (1987) und Phillips/Perron (1988). Verworfen wird die Nullhypothese einer Einheitswurzel für zu stark negative t-Werte. Kritische Werte $c(\alpha)$ für einen Test zum Niveau α erhält man auch aus der sogenannten response-surface-Simulation von MacKinnon (1991) bei einer Stichprobe vom Umfang T gemäß

$$c(\alpha) = c_\infty(\alpha) + c_1(\alpha)T^{-1} + c_2(\alpha)T^{-2}.$$

Für $T \to \infty$ ergeben sich asymptotische kritische Werte, die in Tabelle 1 im tabellarischen Anhang wiedergegeben sind.

Ist u_t autokorreliert, so können die Modelle (1) – (3) jeweils um verzögerte Differenzen von x_t ergänzt werden (augmented Dickey-Fuller(ADF)-Test)[5]. Aus (1) wird beispielsweise

$$\Delta x_t = m + dt + (\rho - 1)x_{t-1} + \sum_{i=1}^{k} \alpha_i \Delta x_{t-i} + \varepsilon_t, t = k+1, k+2, \ldots, T,$$

wobei k so zu wählen ist, dass ε_t als frei von Autokorrelation angesehen werden kann. Andererseits sollte k nicht unnötig groß sein, da sich mit steigendem k die effektive Stichprobe bei wachsender Anzahl zu schätzender Parameter reduziert; dieser Verlust an Freiheitsgraden geht mit einer sinkenden Güte einher. Der ADF-Test kann wiederum mit den kritischen Werten aus Tabelle 1 durchgeführt werden.

Noch eine Bemerkung zur Güte: Eine der wohl am häufigsten wiederholten Aussagen der angewandten Zeitreihenökonometrie der letzten Jahre ist die Behauptung, der DF-Test weise geringe Güte auf. Aber gering im Vergleich womit? Gonzalo/Lee (1996) zeigen computerexperimentell, dass der Test auf $\rho = 1$ mindestens vergleichbare Güte aufweist wie der t-Test auf Werte von ρ kleiner als Eins. Insofern ist die Güte des DF-Tests durchaus von einer üblichen Größenordnung.

Drei konkrete Beispiele sollen die drei Varianten des DF-Tests veranschaulichen. Das erste beruht auf den Daten aus Abbildung 1. Hierbei handelt es sich um Logarithmen saisonal bereinigter, vierteljährlicher Konsumausgaben privater westdeutscher Haushalte in Preisen von 1991. Die Daten stammen vom DIW, Berlin, 1976.1

---

[5] Eine alternative Korrektur um Autokorrelation und auch Heteroskedastizität schlagen Phillips (1987) und Phillips/Perron (1988) vor.

bis 1994.4. Getestet wird natürlich im Trendmodell, mit 5 verzögerten Differenzen, um Residuen frei von Autokorrelation zu erhalten (es bezeichne c_t wie üblich die Konsumvariable):

$$\Delta c_t = \underset{(2.57)}{0.34} + \underset{(2.39)}{0.0004t} - \underset{(-2.55)}{0.065}\, c_{t-1} + \underset{(0.44)}{0.05}\, \Delta c_{t-1} + \ldots + \underset{(2.24)}{0.27}\, \Delta c_{t-5} + \hat{\varepsilon}_t .$$

In Klammern wurden hier jeweils die t-Werte angegeben. Man beachte: Auch wenn der t-Wert von $\hat{\delta} = 0.0004$ betragsmäßig kleiner als 2 ausfiele, wäre doch die Trendbereinigung aus dem oben angeführten Grund erforderlich! Allerdings könnte man Δc_{t-1} von der Regression eliminieren, um die Güte des ADF-Tests etwas zu erhöhen, indem man sich die Schätzung eines Parameters erspart. Aber dies würde (in diesem Fall) nichts an der klaren Testentscheidung ändern: Vergleicht man $t_{\rho,\tau} = -2.55$ mit den kritischen Werten aus $DF_\tau(0)$ in Tabelle 1, so finden wir nicht einmal zum 10%-Niveau Evidenz gegen die Nullhypothese, dass die betrachteten Konsumdaten I(1) mit Drift sind.

Das zweite Beispiel soll das Erwartungswertmodell illustrieren. Dazu untersuchen wir monatliche Beobachtungen des Zinssatzes für Tagesgeld (Abbildung 2). Die Daten stammen aus den Monatsberichten der Bundesbank, sie reichen von 1990.07 bis 1998.08 und seien mit r_t bezeichnet:

$$\Delta r_t = \underset{(-0.35)}{-0.02} - \underset{(-0.39)}{0.003}\, r_{t-1} + \underset{(3.39)}{0.33}\, \Delta r_{t-1} + \hat{\varepsilon}_t .$$

Der t-Wert bei Δr_{t-1} zeigt, dass diese Differenz erforderlich ist, um unkorrelierte Residuen zu erzeugen. Obwohl $\hat{m} = -0.02$ nicht ansatzweise signifikant von Null verschieden ist, wird mit Achsenabschnitt geschätzt, weil das Nullniveaumodell 3 fehlspezifiziert wäre. Die Testentscheidung aufgrund von $t_{\rho,\mu} = -0.39$ ist unzweifelhaft: Verglichen mit $DF_\mu(0)$ aus Tabelle 1 kann die Nullhypothese, dass die Zinssätze für Tagesgeld integriert ohne Drift sind, zu keinem vernünftigen Niveau verworfen werden. Bedeutet dies, dass die Zinszuwächse Δr_t aus Abbildung 3 schon stationär sind, oder ist etwa zweifache Differenzenbildung erforderlich, um Stationarität zu erhalten? Dieser Frage gehen wir nun als drittes nach. Dazu testen wir, ob die Zinsdifferenzen noch eine Einheitswurzel aufweisen. Hier ist das Nullniveaumodell adäquat. Es bezeichne $\Delta^2 r_t = \Delta r_t - \Delta r_{t-1}$ die zweifache Differenz. Dann testen wir nun also die Nullhypothese

$$H_0^{(3)}: \Delta r_t \text{ ist I(1) ohne Drift}$$

durch

$$\Delta^2 r_t = \underset{(-6.52)}{-0.62}\, \Delta r_{t-1} + \hat{\varepsilon}_t .$$

Die t-Statistik $t_\rho = -6.52$ lässt keine Zweifel aufkommen. Das 1%-Quantil von $DF(0)$ aus Tabelle 1 beträgt –2.57, d.h. die Zinszuwächse können nicht als integriert der Ordnung Eins, sondern müssen als stationär angesehen werden. Dies bedeutet, dass die Zinssätze r_t selbst in der Tat gerade integriert der Ordnung Eins und nicht etwa integriert höherer Ordnung sind.

2.2 KPSS-Test

Der Test von Kwiatkowski et al. (1992) ist im Rahmen eines additiven Komponentenmodells angesiedelt,

$$x_t = r_t + e_t, t = 1,2,\ldots,T.$$

Hierbei ist e_t ein stationärer Prozess mit Erwartungswert Null und r_t ein Random Walk,

$$r_t = r_{t-1} + v_t, Var(v_t) = \sigma_v^2.$$

Unter der Nullhypothese, $\sigma_v^2 = 0$, gilt

$$H_0 : x_t = r_0 + e_t\text{: stationär,}$$

während x_t unter der Alternative, $\sigma_v^2 > 0$, infolge der Random-Walk-Komponente integriert der Ordnung Eins ist. Die von Kwiatkowski et al. (1992) vorgeschlagene Teststatistik basiert auf der Partialsumme S_t,

$$S_t = \sum_{i=1}^{t}(x_i - \bar{x}),\ \bar{x} = T^{-1}\sum_{t=1}^{T} x_t.$$

Da x_t unter H_0 stationär ist, ist S_t unter der Nullhypothese gerade integriert der Ordnung Eins, und die Quadratsumme eines I(1)-Prozesses divergiert mit T^2. Man erhält, dass

$$\frac{1}{T^2\omega_e^2}\sum_{t=1}^{T} S_t^2$$

eine Grenzverteilung hat, die von keinen Parametern mehr abhängt, wobei ω_e^2 gleich definiert wird. Sie wird in Analogie zu den DF-Verteilungen wie folgt bezeichnet:

$$\frac{1}{T^2\omega_e^2}\sum_{t=1}^{T} S_t^2 \xrightarrow{d} KPSS_\mu(0).$$

Daher konnten Quantile von Kwiatkowski et al. (1992) simuliert und tabelliert werden. Abgelehnt wird für zu große Werte der Teststatistik. Zur Berechnung der Prüfgröße muss aber noch die sogenannte „Langfristvarianz" ω_e^2 geschätzt werden. Dieser Parameter ist als

$$\omega_e^2 = Var(e_t) + 2\sum_{\tau=1}^{\infty} Cov(e_t, e_{t+\tau})$$

definiert. Eine konsistente Schätzung erfolgt zum Beispiel durch

$$\hat{\omega}_e^2 = Var(\hat{e}_t) + 2\sum_{\tau=1}^{k} w_\tau Cov(\hat{e}_t, \hat{e}_{t+\tau}) \tag{4}$$
$$= \frac{1}{T}\sum_{t=1}^{T}\hat{e}_t^2 + 2\sum_{\tau=1}^{k}\left(\left(1-\frac{\tau}{k+1}\right)\frac{1}{T}\sum_{t=1}^{T-\tau}\hat{e}_t\hat{e}_{t+\tau}\right),$$

wobei der Stutzungsparameter k mit dem Stichprobenumfang, aber langsamer als dieser, über alle Grenzen wachsen muss. Die Gewichte $w_\tau = 1 - \tau/(k+1)$, die in (4) zur Anwendung kommen, gewährleisten eine konsistente Schätzung. In der Zeitreihenliteratur (und in *EViews3*) heißt diese spezielle Gewichtsfunktion auch „Bartlett-Fenster". Die Wahl der sogenannten Bandbreite k ist in praxi ein schwieriges Unterfangen. Eine optimale, automatische (d.h. datengetriebene) Wahl von k hat Andrews (1991) vorgeschlagen. Bei der Schätzung von (4) wurden die nicht beobachtbaren e_t durch

$$\hat{e}_t = x_t - \bar{x}$$

ersetzt. Die endgültige KPSS-Statistik und ihre Grenzverteilung unter H_0 lauten dann

$$\eta_\mu := \frac{T^{-2}}{\hat{\omega}_e^2}\sum_{t=1}^{T} S_t^2 \xrightarrow{d} KPSS_\mu(0).$$

Es ist η_μ geeignet, um zwischen einer stationären Größe und einer I(1)-Reihe ohne Drift zu diskriminieren. Will man jedoch zwischen Trendstationarität und Integriertheit mit Drift unterscheiden, so ist es erforderlich, trendbereinigte Beobachtungen $\hat{e}_t$ zu verwenden,

$$x_t = \hat{\beta}_0 + \hat{\beta}_1 t + \hat{e}_t.$$

Diese werden dann zur Schätzung von ω_e^2 und zur Berechnung der Partialsumme $S_t = \sum_{i=1}^{t} \hat{e}_i$ herangezogen. Wegen der Trendbereinigung wird der Index ‚μ' durch ‚τ' ersetzt, und es gilt

$$\eta_\tau \xrightarrow{d} KPSS_\tau(0).$$

Kritische Werte für den Fall mit und ohne Trendbereinigung sind in Tabelle 2 im Anhang angegeben. Für eine Variante des KPSS-Tests mit höherer Güte bei kleinem Stichprobenumfang sei auf Breitung (1995) verwiesen.

Betrachten wir diesen Unterabschnitt beschließend noch zwei Anwendungen des KPSS-Tests. Dazu ist eine Schätzung wie in (4) erforderlich. Diese erhält man auf Umwegen auch in *EViews3*, und zwar indem man bei der Regression von x_t auf eine Konstante (und Trend) von der Option „Instrumentvariablenschätzung" Gebrauch macht. Dann öffnet sich ein Fenster, in welchem man die Gewichte w_τ ebenso wie k

festlegen kann[6]. Aus den ausgegebenen Standardfehlern lässt sich auf einfache Weise das zugehörige $\hat{\omega}_e^2$ bestimmen.

Für die $T = 76$ Beobachtungen des westdeutschen Konsums aus Abbildung 1 erhält man mit elementaren Manipulationen in *EViews3* für die trendbereinigte Reihe

$$\sum_{t=1}^{76} S_t^2 = 8.3698.$$

Eine Variation von k in (4) führt damit zu folgenden Ergebnissen:

$k=$	8	12	16
$\hat{\omega}_e$	0.0764	0.0847	0.0879
η_τ	0.248	0.202	0.188

Verglichen mit den 1%- und 5%-Punkten 0.216 und 0.146 von $KPSS_\tau(0)$ aus Tabelle 2 weisen die Werte η_τ Evidenz gegen die Nullhypothese, dass der Konsum trendstationär ist, aus. Dies ist im Einklang mit dem Ergebnis des ADF-Tests. Leider wird es in der Praxis auch vorkommen, dass der DF- und KPSS-Test bei ein und derselben Zeitreihe beide etwa nicht ablehnen, und sich damit widersprechen.

Untersucht man die Zinsdaten aus Abbildung 2 mit dem KPSS-Test, so ergibt sich für $T = 98$ aus den mittelwertbereinigten Daten

$$\sum_{t=1}^{98} S_t^2 = 518315.3.$$

Eine Variation der Bandbreite k liefert folgende Ergebnisse:

$k=$	6	12	18
$\hat{\omega}_e$	6.2738	8.3638	10.8790
η_μ	1.371	0.770	0.559

Leider variiert η_μ mit k recht stark. Allerdings sind die angegebenen Werte verglichen mit $KPSS_\mu(0)$ signifikant zum 1%- und 5%-Niveau. Dies zeigt an, dass die Nullhypothese stationärer Tagesgeldsätze verworfen werden sollte, was wiederum mit dem Ergebnis des ADF-Tests konsistent ist.

2.3 HEGY-Test

Der folgende Test ist nach Hylleberg, Engle, Granger und Yoo (1990) benannt. Er testet auf die Nullhypothese saisonaler Einheitswurzeln bei Quartalsdaten. Die Test-

[6] *EViews3* lässt auch eine automatische Wahl von k unter der Option „Andrews" zu; hierbei können aber unmöglich große Werte $(k > T)$ auftreten, so dass wir diese Option nicht nutzen.

idee wurde für monatliche Beobachtungen von Beaulieu/Miron (1993) verallgemeinert (vgl. auch die Überblicksarbeit von Ghysels et al. 1999).

Es sei x_t eine univariate Zeitreihe vierteljährlicher Beobachtungen. Man sagt, x_t hat eine langfristige Einheitswurzel, wenn die gewöhnlichen Differenzen erforderlich sind, um einen stochastischen Trend zu eliminieren. Entsprechende Tests haben wir eben kennengelernt. Überdies kann es aber erforderlich sein, die Transformation $x_t + x_{t-2} = (1+L^2)x_t$ durchzuführen, um eine instationäre Jahresschwingung zu beseitigen, wobei der Lag-Operator die Zeitreihe entsprechend verschiebt, $L^k = x_{t-k}$. Ebenso mag es geboten sein, die Transformation $x_t + x_{t-1} = (1+L)x_t$ vorzunehmen, um eine instationäre Halbjahresschwingung zu bereinigen. Sind alle drei Transformationen die Voraussetzung für Stationarität, so korrespondiert dies mit der Bildung von Jahresdifferenzen, $x_t - x_{t-4} = (1-L^4)x_t$, denn es gilt

$$(1-L^4) = (1-L)(1+L)(1+L^2) = (1-L)(1+L)(1-iL)(1+iL),$$

wobei i die imaginäre Wurzel aus -1 bezeichnet, $i^2 = -1$. Daher sagt man auch, die instationäre Jahresschwingung entspricht den komplexen Einheitswurzeln $\pm i$, während die Einheitswurzel -1 einer instationären Halbjahresschwingung entspricht, und die Einheitswurzel 1 einen langfristigen Trend bedeutet. Der von Hylleberg et al. (1990) vorgeschlagene Test erlaubt nun, zusätzlich zur gewöhnlichen Einheitswurzel auf die übrigen, saisonalen Einheitswurzeln zu testen. Dies erfordert folgende Transformationen der Ausgangsreihe x_t:

$$\begin{aligned}
z_{1t} &:= x_t + x_{t-1} + x_{t-2} + x_{t-3} = (1+L)(1+L^2)x_t = (1+L+L^2+L^3)x_t,\\
z_{2t} &:= -x_t + x_{t-1} - x_{t-2} + x_{t-3} = -(1-L)(1+L^2)x_t,\\
z_{3t} &:= -x_t + x_{t-2} = -(1-L)(1+L)x_t,\\
z_{4t} &:= x_t - x_{t-4} = (1-L)(1+L)(1+L^2)x_t = (1-L^4)x_t.
\end{aligned}$$

Als Schätzgleichung wird die erweiterte Dickey-Fuller-Regression für saisonale Differenzen $z_{4t} = x_t - x_{t-4}$ modifiziert,

$$(5) \qquad z_{4t} = \sum_{i=1}^{4} \hat{s}_i d_{it} + \sum_{i=1}^{k} \hat{\alpha}_i z_{4t-i} + \hat{\pi}_1 z_{1t-1} + \hat{\pi}_2 z_{2t-1} + \hat{\pi}_3 z_{3t-2} + \hat{\pi}_4 z_{3t-1} + \hat{\varepsilon}_t,$$

wobei die Anzahl k verzögerter Jahresdifferenzen z_{4t} so groß sein muss, dass $\hat{\varepsilon}_t$ frei von Autokorrelation ist. In (5) bezeichnen d_{it} vier Quartalsdummies. Beispielsweise ist d_{1t} genau dann Eins, wenn t ins erste Quartal fällt, und sonst ist die Variable immer Null. Aus dieser OLS-Schätzung lassen sich die gewöhnlichen t-Statistiken von $\hat{\pi}_1$ und $\hat{\pi}_2$ zum Test auf Null und die übliche F-Statistik zum gemeinsamen Signifikanztest auf $\pi_3 = \pi_4 = 0$ berechnen. Unter der jeweiligen Nullhypothese, dass die jeweiligen Parameter Null sind, liegen gerade (1) die gewöhnliche langfristige Einheitswurzel 1, (2) die Halbjahreseinheitswurzel -1, und (3) die komplexen Jahreseinheitswurzeln vor:

$$H_0^{(1)}: \pi_1 = 0: (1-L),$$
$$H_0^{(2)}: \pi_2 = 0: (1+L),$$
$$H_0^{(3)}: \pi_3 = \pi_4 = 0: (1+L^2).$$

Unter der jeweiligen Nullhypothese ist also gerade die Bildung der gewöhnlichen Differenzen, die Anwendung des Filters $1+L$ und des Filters $1+L^2$ erforderlich, um Stationarität zu erlangen. Die Hypothesen werden für zu stark negative t-Statistiken bzw. eine zu große F-Statistik abgelehnt. Dabei wurden die Variablen in (5) gerade so definiert, dass für die auf $H_0^{(1)}$ und $H_0^{(2)}$ testenden t-Statistiken gilt

$$t_{\pi 1} \xrightarrow{d} DF_{\mu}(0),$$
$$t_{\pi 2} \xrightarrow{d} DF_{\mu}(0).$$

Asymptotische kritische Werte entnehmen wir also wieder Tabelle 1. Die F-Statistik $F_{\pi 3,\pi 4}$ zum Test auf $H_0^{(3)}$ hat ebenfalls eine Nichtstandardverteilung. Kritische Werte aus Hylleberg et al. (1990) sind in Tabelle 3 im Anhang angegeben. Weitere F-Statistiken für gemeinsame Tests der obigen Nullhypothesen werden in Ghysels et al. (1994) behandelt.

Liegt der Reihe ein linearer Trend zugrunde, so ist es wieder erforderlich, um diesen zu korrigieren:

$$z_{4t} = \sum_{i=1}^{4} \hat{s}_i d_{it} + \hat{d}t + \sum_{i=1}^{k} \hat{\alpha}_i z_{4t-i} + \hat{\pi}_1 z_{1t-1} + \hat{\pi}_2 z_{2t-1} + \hat{\pi}_3 z_{3t-2} + \hat{\pi}_4 z_{3t-1} + \hat{\varepsilon}_t.$$

Die Trendbereinigung schlägt sich asymptotisch ausschließlich auf die Quantile von $t_{\pi 1}$ nieder, die Grenzverteilungen von $t_{\pi 2}$ und der F-Statistik werden nicht tangiert. Nunmehr gilt unter den jeweiligen Nullhypothesen

$$t_{\pi 1} \xrightarrow{d} DF_{\tau}(0),$$
$$t_{\pi 2} \xrightarrow{d} DF_{\mu}(0).$$

und kritische Werte für $F_{\pi 3,\pi 4}$ finden sich wieder in Tabelle 3.

Nun soll eine Anwendung des HEGY-Tests auf vierteljährliche Konsum- und Einkommensdaten ohne Saisonbereinigung erfolgen (Abbildung 4). Die Zeitreihen reichen von 1976.1 bis 1998.2 und enthalten ab 1990 Werte für das vereinigte Deutschland. Da das Modellieren von Strukturbrüchen den Rahmen dieses Artikels sprengt, wird nur mit Daten vor der Vereinigung getestet[7]. Für beide Zeitreihen lautet die Testgleichung:

7 Modifikationen des HEGY-Tests bei Strukturbrüchen schlagen Smith/Otero (1997) und Franses/Vogelsang (1998) vor. Zu dem offenbar wichtigen Thema von Strukturbrüchen und Kointegration sei Maddala/Kim (1998) empfohlen.

Abbildung 4

Konsum und verfügbares Einkommen in Deutschland

1976 bis 1998; logarithmiert, in Preisen von 1991

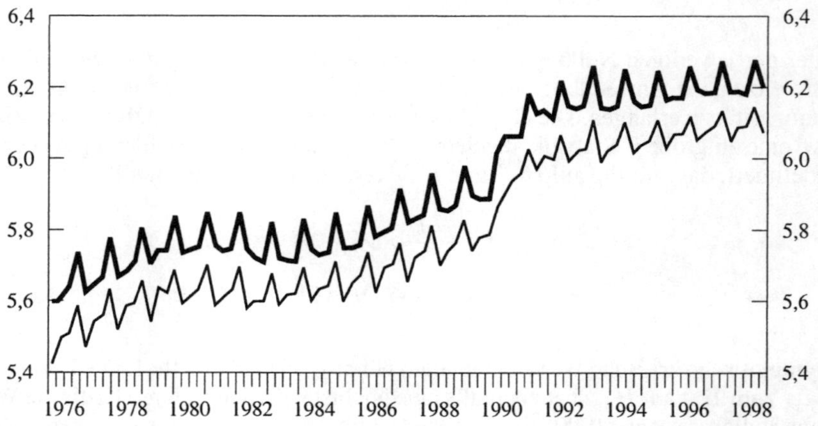

$$z_{4t} = \sum_{i=1}^{4} \hat{s}_i d_{it} + \hat{d}t + \hat{\alpha}_4 z_{4t-4} + \hat{\pi}_1 z_{1t-1} + \hat{\pi}_2 z_{2t-1} + \hat{\pi}_3 z_{3t-2} + \hat{\pi}_4 z_{3t-1} + \hat{\varepsilon}_t .$$

Mit der Breusch-Godfrey-Statistik des Lagrange-Multiplikator-Tests wurde keine nennenswerte Autokorrelation in den Residuen mehr gefunden. Zusammen mit der üblichen Durbin-Watson-Statistik dw sind die Teststatistiken in folgender Tabelle ausgewiesen, wobei *c* für die Konsumreihe und *y* für das verfügbare Einkommen steht:

	$t_{\pi 1}$	$t_{\pi 2}$	$F_{\pi 3, \pi 4}$	dw
c	–2.49	–3.80	13.55	2.06
y	–2.67	–6.03	9.80	2.15

Vergleicht man $t_{\pi 1}$ mit $DF_{\tau}(0)$, so kann die Nullhypothese einer gewöhnlichen Einheitswurzel nicht einmal zum 10%-Niveau abgelehnt werden. Dagegen ist $t_{\pi 2}$ jeweils kleiner als der 1%-Punkt von $DF_{\mu}(0)$, womit die Nullhypothese einer instationären Halbjahresschwingung klar abgelehnt wird. Auch die Nullhypothese $H_0^{(3)}$ einer instationären Jahresschwingung wird infolge von $F_{\pi 3, \pi 4}$ verglichen mit den Quantilen aus Tabelle 3 hochsignifikant verworfen. Insgesamt finden wir, dass *c* und *y* zwar (langfristig) integriert, aber nicht saisonal integriert sind, womit die Voraussetzung für eine gewöhnliche Kointegrationsanalyse gegeben ist, die in Abschnitt 5 erfolgt.

3. Kointegrationsregressionen

Prinzipiell ist jeder Test auf bzw. gegen Integration ein Test gegen bzw. auf Kointegration, indem er auf Regressionsresiduen angewandt wird. Dementsprechend behandeln wir nun den DF-Kointegrationstest und den KPSS-Kointegrationstest. Letzterer ist aber im Unterschied zu ersterem i.a. nicht auf gewöhnliche OLS-Residuen anwendbar. Daher werden entsprechend modifizierte, sogenannte effiziente, Kointegrationsschätzungen im zweiten Unterabschnitt besprochen. Darüber hinaus sind, wie wir sehen werden, effiziente Kointegrationsregressionen auch für sich genommen von Interesse. Eine Anwendung der hier vorgestellten Verfahren erfolgt erst im Abschnitt 5.

3.1 Dickey-Fuller-Kointegrationstest

Es sei nunmehr x_t ein n-dimensionaler Vektor, dessen Komponenten sich ebenso wie der Skalar y_t als I(1) herausgestellt haben. Dann sind wir daran interessiert, ob zwischen den Zeitreihen eine langfristige Gleichgewichtsbeziehung existiert, von der die Abweichungen z_t stationär sind. In diesem Fall driften die I(1)-Variablen einem gemeinsamen Trend folgend, und wir sprechen von Kointegration. Es heißen also y_t und x_t kointegriert, falls ein von Null verschiedener n-dimensionaler Vektor b existiert, so dass die Linearkombination

$$y_t - b' x_t = a + z_t, \quad b \neq 0, \tag{6}$$

stationär ist. Hierbei sei z_t stationär mit Erwartungswert Null, und a gibt das Niveau des gleichgewichtigen Zusammenhangs an.

Motiviert durch die Kointegrationsbeziehung (6) betrachten wir die statische Kointegrationsregression, geschätzt nach der Methode der kleinsten Quadrate:

$$y_t = \hat{a} + \hat{b}' x_t + \hat{z}_t, \quad t = 1, 2, \ldots, T. \tag{7}$$

Die Nullhypothese, dass keine Kointegration vorliegt, ist gleichbedeutend damit, dass z_t aus (6) instationär, genauer: I(1), ist. Wir formulieren daher als Hypothesenpaar:

$$H_0\text{: keine Kointegration: } z_t \text{ ist I(1)},$$

$$H_1\text{: Kointegration: } z_t \text{ ist stationär.}$$

Aber z_t aus (6) selbst ist nicht beobachtbar. Wir kennen nur das empirische Residuum $\hat{z}_t$ aus (7), für das wegen $\hat{a} = \bar{y} - \hat{b}' \bar{x}$ gilt

$$\hat{z}_t = y_t - \bar{y} - \hat{b}'(x_t - \bar{x}) = z_t - \bar{z} - (\hat{b} - b)'(x_t - \bar{x}).$$

Unter der Nullhypothese fehlender Kointegration strebt $\hat{z}_t$ nicht gegen z_t, weil $(\hat{b} - b)'(x_t - \bar{x})$ nicht vernachlässigbar ist. Letzteres ist der Fall, da unter der Nullhypothese keiner Kointegration $\hat{b}-b$ nicht etwa gegen Null, sondern gegen eine nichtdegenerierte Zufallsvariable konvergiert, wie aus den Arbeiten zur Scheinregression von Granger und Newbold (1974) und Phillips (1986) bekannt ist.[8] Je mehr Steigungsparameter in (7) geschätzt werden, d.h. je größer die Länge n des Regressorenvektors ist, desto mehr I(1)-Variablen gehen in $\hat{z}_t$ ein. Daher hängen die Quantile zum Test auf Instationarität von $\hat{z}_t$ (bzw. z_t) von der Anzahl der Regressoren ab, vgl. Phillips und Ouliaris (1990) für eine Behandlung der Asymptotik.

Konstruktionsgemäß weisen die Kleinst-Quadrate-Residuen einen Mittelwert von Null auf, weshalb obiges Nullniveaumodell (3) für den Test adäquat ist (allerdings nicht mit den Quantilen aus DF(0)):

$$\Delta\hat{z}_t = (\rho-1)\hat{z}_{t-1} + u_t.$$

Aus dieser Gleichung (eventuell ergänzt um verzögerte Differenzen von $\Delta\hat{z}_t$ für den Fall, dass u_t autokorreliert ist) berechnet man wieder die zum Schätzwert für $(\rho-1)$ gehörige t-Statistik, um den (augmented) Dickey-Fuller-Kointegrationstest durchzuführen. Kritische Werte für einen Test zum Niveau α bei n Regressoren sind in MacKinnon (1991) wiederum durch

$$c(n,\alpha) = c_\infty(n,\alpha) + c_1(n,\alpha)T^{-1} + c_2(n,\alpha)T^{-2}$$

gegeben. Für $T \to \infty$ ergeben sich asymptotische Quantile, die in Tabelle 1 tabelliert wurden. Sie stammen aus einer Verteilung, die wir mit $DF_\mu(n)$ bezeichnen. Für die t-Statistik t_ρ einer DF-Regression von Residuen einer Regression auf n I(1)-Variablen x_t mit Konstante gilt also unter der Nullhypothese keiner Kointegration

$$t_\rho \xrightarrow{d} DF_\mu(n).$$

Für das bisher Gesagte wurde angenommen, dass x_t selbst nicht kointegriert ist. Nur dann haben die eben besprochenen Quantile, wie aus Choi (1994) bekannt ist, Gültigkeit. Um kointegrierte Regressoren auszuschließen, empfiehlt es sich für eine auf Einzelgleichungsregressionen beruhende Kointegrationsanalyse, mit kleinen Modellen zu beginnen (möglichst wenige Regressoren) und so lange weitere Variablen hinzuzunehmen, bis die Residualanalyse erlaubt, die Nullhypothese keiner Kointegration zu verwerfen. Man beachte, dass dies nicht der traditionellen Vorgehensweise entspricht, eine Regressionsanalyse mit vielen Regressoren zu beginnen und schrittweise insignifikante Variablen zu eliminieren.

Erweitert man die statische Kointegrationsregression noch um einen linearen Zeittrend,

$$y_t = \hat{a} + \hat{c}t + \hat{b}' x_t + \hat{z}_t, \quad t = 1,2,\ldots,T, \tag{8}$$

---

[8] Gleichzeitig strebt die Durbin-Watson-Statistik dw, die auf Residuenautokorrelation erster Ordnung testet, bei Abwesenheit von Kointegration gegen Null. Ein erster, allerdings nur heuristischer Test ohne asymptotische Quantile besteht also darin, die Nullhypothese keiner Kointegration für Durbin-Watson-Werte, die hinreichend größer als Null sind, zu verwerfen, vgl. Engle/Granger (1987).

so gelten andere Quantile, die im unteren Tableau in Tabelle 1 unter $DF_\tau(n)$ wiedergegeben werden. Denn es gilt infolge des linearen Zeittrends in (8) für die t-Statistiken der DF-Regression der Residuen

$$t_\rho \xrightarrow{d} DF_\tau(n),$$

wobei n wieder die Anzahl der stochastischen Regressoren x_t angibt.

Leider liegen die Dinge damit noch nicht kompliziert genug. Es hat nämlich nicht nur eine Trendbereinigung einen Einfluss auf die kritischen Werte, sondern allein schon das Vorliegen eines linearen Trends im Regressor. In Hansen (1992) wird folgendes gezeigt: Regressiert man auf n Regressoren, von denen mindestens einer **mit** Drift ist, gemäß (7) **ohne** Trendbereinigung, so sind die korrekten Quantile in dem unteren Tableau in Tabelle 1 für $n-1$ gegeben. Formal gilt also: Weist x_t einen linearen Trend auf, so gilt für die t-Statistik der DF-Regression der Residuen von (7) **ohne** Trendbereinigung unter der Nullhypothese keiner Kointegration

$$t_\rho \xrightarrow{d} DF_\tau(n-1).$$

Die Intuition hinter diesem Ergebnis ist, dass der lineare Trend eines n-dimensionalen I(1)-Prozesses mit Drift genau einen stochastischen Trend asymptotisch dominiert, weshalb eben die Quantile einer trendbereinigten Regression mit $n-1$ I(1)-Variablen korrekt sind, wenn man (7) mit n stochastischen Regressoren ohne Trendbereinigung schätzt. Dieses Ergebnis von Hansen (1992) ist weitgehend unbekannt und auch eher von akademischem Interesse. Denn wie man aus Tabelle 1 sieht, gilt für die relevanten Quantile

$$DF_\mu(n) \approx DF_\tau(n-1), \quad n > 0.$$

Daher ist für die Praxis der Fehler vernachlässigbar, den man begeht, wenn man, wie allgemein üblich, trotz eines linearen Trends in x_t bei einer Regression von (7) mit $DF_\mu(n)$ anstelle der korrekten Quantile aus $DF_\tau(n-1)$ testet.

3.2 Superkonsistente und effiziente Schätzung

Der DF-Kointegrationstest setzt unter der Nullhypothese Abwesenheit von Kointegration voraus. Im Unterschied zu dieser Annahme wird nunmehr die Gültigkeit der Kointegrationsbeziehung (6) unterstellt.

Aus den bahnbrechenden Arbeiten von Phillips/Durlauf (1986), Engle/Granger (1987) und Stock (1987) ist bekannt, dass bei Vorliegen von Kointegration $\hat{b}$ aus (7) „superkonsistent" ist, d.h. schneller als bei Regressionen mit stationären Variablen gegen den wahren Wert b aus (6) strebt. Konkret heißt Superkonsistenz, dass $T(\hat{b}-b)$ gegen eine nichtdegenerierte Zufallsvariable konvergiert. Diese Grenzverteilung nennen wir hier $\breve{b}$. Damit gilt also

$$T(\hat{b}-b) \xrightarrow{d} \breve{b}.$$

Noch bemerkenswerter für die Praxis ist, dass dieses Ergebnis auch dann gilt, wenn der Störterm z_t mit dem Regressor korreliert, was im krassen Gegensatz zu dem bekannten Ergebnis bei stationären Regressionen steht. Mit anderen Worten: Es gibt bei Kointegrationsregressionen asymptotisch nicht das Problem des ‚simultaneous-equation-bias'. Allerdings sind die t-Statistiken im allgemeinen leider nicht approximativ normalverteilt und damit nicht ohne weiteres zu gebrauchen. Die Konsistenz des OLS-Schätzers setzt überdies voraus, dass die Regressoren x_t selbst untereinander nicht kointegriert sind. Gilt (6) und sind die Regressoren allein auch schon kointegriert, so existieren für y_t und x_t mehrere linear unabhängige Kointegrationsbeziehungen. Das Vorliegen mehrerer linear unabhängiger Kointegrationsbeziehungen sprengt den Einzelgleichungsansatz und erfordert multivariate Zeitreihenmodelle (z.B. Lütkepohl 1991a; Johansen 1995), die hier aber nicht weiter verfolgt werden.

Das eben Gesagte gilt nicht für einen Spezialfall, der auf West (1988) zurückgeht. Setzen wir nämlich eine bivariate, oder einfache, Kointegrationsregression voraus, $n=1$, und ist der skalare Regressor x_t integriert **mit** Drift, so konvergiert der OLS-Schätzer noch schneller als bei Superkonsistenz, und zwar gegen eine Normalverteilung. Für die gewöhnliche t-Statistik zum Test auf den wahren Parameterwert gilt dann asymptotisch

$$t_b = \frac{\hat{b}-b}{s_b} \xrightarrow{d} N\left(0, \frac{\omega_z^2}{Var(z_t)}\right).$$

Um dieses Resultat von West (1988) für praktische Inferenz nutzen zu können, muss man die Varianz und die Langfristvarianz ω_z^2 des Störterms,

$$\omega_z^2 = Var(z_t) + 2\sum_{\tau=1}^{\infty} Cov(z_t, z_{t+\tau}),$$

konsistent schätzen. Dies ist mit den Regessionsresiduen $\hat{z}_t$ aber leicht möglich. Ersetzt man in (4) $\hat{e}_t$ durch $\hat{z}_t$, so hat man sofort einen Schätzer für die Langfristvarianz, und die gewöhnliche Varianz wird wie üblich aus der Residuenquadratsumme durch $s^2 = T^{-1}\sum_{t=1}^{T} \hat{z}_t^2$ geschätzt. Für den Spezialfall einer Einfachregression, bei welcher der Regressor einen linearen Trend aufweist, erhalten wir damit für folgende Modifikation der t-Statistik einer OLS-Regression:

$$\tau_b := \frac{s}{\hat{\omega}_z} t_b \xrightarrow{d} N(0,1).$$

Im allgemeinen Fall, wenn der OLS-Schätzer nicht gegen eine Normalverteilung konvergiert, kann der gewöhnliche OLS-Schätzer so modifiziert werden, dass zusätzlich zur Superkonsistenz doch standardnormalverteilte Inferenz möglich ist. Die erforderliche Modifikation geht auf Saikkonen (1991) zurück und basiert auf einer sogenannten „effizienten Korrektur" des OLS-Schätzers. Eine solche Korrektur läßt sich in der Praxis leicht berechnen, indem man in (7) verzögerte und zukünftige Differenzen des Regressors einschließt. Daher spricht man vom dynamischen OLS-Schätzer (DOLS) (Stock, Watson 1993):

$$(9) \qquad y_t = \tilde{a} + \tilde{b}' x_t + \sum_{i=-K_2}^{K_1} \tilde{\pi}'_i \Delta x_{t+i} + \tilde{v}_t, \quad t = K_2 + 2, K_2 + 3, \ldots, T - K_1.$$

Die Parameter K_i müssen hierbei **nicht** so gewählt werden, dass $\tilde{v}_t$ frei von Autokorrelation ist. Saikkonen (1991) zufolge müssen sie zwar (wie beim ADF-Test) mit dem Stichprobenumfang wachsen, aber in der Praxis empfiehlt es sich, K_1 und K_2 mithilfe von Informationskriterien zu bestimmen. Die Koeffizienten $\tilde{\pi}_i$ aus (9) haben keine ökonomische Bedeutung, sondern dienen nur dem statistischen Zweck, Unkorreliertheit von Regressoren und Residuen und damit asymptotische Normalität zu gewährleisten. In diesem Fall ist nämlich $\tilde{b}$ nicht nur superkonsistent für den interessierenden Kointegrationsparameter, sondern es gilt überdies für die gewöhnlichen t-Statistiken aus (9)

$$t_i = \frac{[\tilde{b} - b]_i}{s_i} \xrightarrow{d} N\left(0, \frac{\omega_v^2}{Var(v_t)}\right), \quad i = 1, 2, \ldots, n.$$

Hierbei bezeichnet ω_v^2 die „Langfristvarianz" von v_t,

$$\omega_v^2 = Var(v_t) + 2 \sum_{\tau=1}^{\infty} Cov(v_t, v_{t+\tau}).$$

Wie eben im Zusammenhang mit West (1988) diskutiert, ist es ein Leichtes, die Varianz und Langfristvarianz des Störterms konsistent zu schätzen. Für die geeignet modifizierten t-Statistiken ergibt sich daher

$$\tau_i := \frac{s}{\hat{\omega}_v} t_i \xrightarrow{d} N(0,1), \quad i = 1, 2, \ldots n,$$

wobei die Varianz und Langfristvarianz aus $\tilde{v}_t$ berechnet werden. Ist $\tilde{v}_t$ frei von Autokorrelation, so ist selbstverständlich die übliche t-Statistik selbst schon asymptotisch $N(0,1)$-verteilt.

Eine trendbereinigte DOLS-Schätzung erhält man auf offensichtliche Weise durch die trendbereinigte Regression

$$(10) \qquad y_t = \tilde{a} + \tilde{c}t + \tilde{b}' x_t + \sum_{i=-K}^{K} \tilde{\pi}'_i \Delta x_{t+i} + \tilde{v}_t, \quad t = K + 2, K + 3 \ldots, T - K,$$

wobei $K = K_1 = K_2$ unterstellt wurde. Nicht nur die Schätzer für den Kointegrationsparameter b sind hier asymptotisch normalverteilt. Auch auf Signifikanz des Trendparameters kann durch obige Modifikation der gewöhnlichen t-Statistik t_c getestet werden:

$$\tau_c := \frac{s}{\hat{\omega}_v} t_c \xrightarrow{d} N(0,1).$$

Damit ist es möglich, bei Vorliegen von Kointegration auf die Notwendigkeit einer Trendbereinigung, (10) statt (9), zu testen. Pro und contra einer trendbereinigten Kointegrationsregression werden auch in Hassler (1999) diskutiert.

3.3 KPSS-Kointegrationstest

Wie beim univariaten KPSS-Test werden nun die Null- und Gegenhypothese des DF-Tests vertauscht. Unter H_0 gilt also gerade die Kointegrationsbeziehung (6)

$$H_0\text{:Kointegration: } z_t \text{ ist stationär,}$$
$$H_1\text{:keine Kointegration: } z_t \text{ ist I(1).}$$

Zum Testen auf die Nullhypothese ‚Kointegration' schlug Shin (1994) den naheliegenden Weg ein, mit den Residuen aus (7) die KPSS-Statistik zu berechnen, um die Nullhypothese der Kointegration zu testen. Dazu muss wieder die „Langfristvarianz"

$$\omega_z^2 = Var(z_t) + 2\sum_{\tau=1}^{\infty} Cov(z_t, z_{t+\tau})$$

geschätzt werden. Eine konsistente Schätzung wurde schon besprochen. Sie ergibt sich wie in (4), indem dort $\hat{e}_t$ durch $\hat{z}_t$ ersetzt wird. Basierend auf der Partialsumme $S_t = \sum_{i=1}^{t} \hat{z}_i$ lautet die KPSS-Statistik dann

$$\eta_\mu := \frac{T^{-2}}{\omega_z^2} \sum_{t=1}^{T} S_t^2 .$$

Leider taugt diese Prüfgröße im allgemeinen noch nicht zu einem Test. Wie schon erwähnt wurde, ist zwar der OLS-Schätzer $\hat{b}$ unter der Nullhypothese superkonsistent, aber im allgemeinen nicht normalverteilt. Dies impliziert, wie gezeigt werden kann, dass die KPSS-Statistik auch asymptotisch von Parametern auf eine unzugängliche Weise abhängt. Eine Ausnahme liegt jedoch bei einfachen Regressionen $(n=1)$ vor, falls der Regressor I(1) mit Drift ist. Für diesen Spezialfall von West (1988) kann gezeigt werden (Hassler 1999a), dass die auf den OLS-Residuen einer Einfachregression basierende KPSS-Statistik die gleiche Grenzverteilung wie der univariate, trendbereinigte KPSS-Test hat,

$$\eta_\mu \xrightarrow{d} KPSS_\tau(0).$$

Kritische Werte liegen also in dem unteren Tableau in Tabelle 2 vor.

Im allgemeinen Fall aber, d.h. wenn der OLS-Schätzer des Kointegrationsvektors nicht asymptotisch normalverteilt ist, kann der KPSS-Kointegrationstest nicht ohne Modifikation aus den OLS-Residuen angewandt werden. Eine geeignete Modifikation haben wir aber schon bei der DOLS-Regression (9) kennengelernt. Shin (1994) schlägt vor, mit den effizient korrigierten Residuen aus (9) die Langfristvarianz ω_v^2

(statt ω_z^2) wie in (4) zu schätzen und die KPSS-Statistik analog zu η_μ zu konstruieren:

$$\eta_{\mu,K} := \frac{T^{-2}}{\hat{\omega}_v^2} \sum_{t=1}^{T} \left(\sum_{i=1}^{t} \tilde{v}_i \right)^2 .$$

Diese auf Residuen aus (9) basierende KPSS-Statistik hängt nach Shin (1994) asymptotisch von keinem Parameter außer der Anzahl n der I(1)-Regressoren x_t ab. Wir können daher schreiben

$$\eta_{\mu,K} \xrightarrow{d} KPSS_\mu(n).$$

Kritische Werte wurden von Shin (1994) tabelliert und sind in Tabelle 2 wiedergegeben.

Wie beim DF-Kointegrationstest hat die Trendbereinigung der Regression einen Einfluss auf die Quantile. Die adäquaten Prozentpunkte der effizienten trendbereinigten Regression (10) sind im unteren Tableau in Tabelle 2 zu finden. Bezeichnet $\eta_{\tau,K}$ die $\eta_{\mu,K}$ entsprechende KPSS-Statistik mit Residuen aus (10), so gilt nämlich unter der Nullhypothese der Kointegration

$$\eta_{\tau,K} \xrightarrow{d} KPSS_\tau(n).$$

Die Grenzverteilung $KPSS_\mu(n)$ bei einer effizienten Regression ohne Trendbereinigung basiert auf der Annahme, dass den I(1)-Regressoren kein Drift zugrundeliegt. Wir heben nun diese Annahme auf und unterstellen, dass zwar (9) ohne Trendbereinigung regressiert wird, aber dass mindestens eine Komponente von x_t einen linearen Trend aufweist. Analog zu dem Ergebnis von Hansen (1992) beim DF-Kointegrationstest kann nun gezeigt werden, dass allein schon das Vorliegen eines linearen Trends in den Daten die Grenzverteilung beeinflusst, aber im Unterschied zum DF-Kointegrationstest ist der Einfluss beim KPSS-Kointegrationstest gravierend. Das folgende wurde in Hassler (2001) bewiesen: Regressiert man n Regressoren, von denen mindestens einer I(1) mit Drift ist, gemäß (9) **ohne** Trendbereinigung, so sind die korrekten Quantile in dem unteren Tableau in Tabelle 2 für $n-1$ gegeben. Formal gilt dann also bei Vorliegen eines linearen Trends ohne Trendbereinigung

$$\eta_{\mu,K} \xrightarrow{d} KPSS_\tau(n-1).$$

Die Intuition hinter diesem Ergebnis ist die gleiche wie beim DF-Kointegrationstest. Allerdings gilt im Unterschied zum DF-Kointegrationstest, dass dieses neue Verteilungsergebnis keinesfalls nur von akademischem Interesse ist. Naiverweise würde man nämlich bei einer Regression von n I(1)-Regressoren ohne Trendbereinigung die Quantile aus $KPSS_\mu(n)$ verwenden. Diese weichen nun aber drastisch von den korrekten Quantile aus $KPSS_\tau(n-1)$ ab, wie man in Tabelle 2 sieht. Um genau zu sein: die korrekten Quantile sind wesentlich kleiner. Da der KPSS-Test für zu große

Werte ablehnt, bedeutet dies, dass der Gebrauch der Quantile von $KPSS_\mu(n)$ bei Vorliegen linearer Trends ohne Trendbereinigung viel seltener als die Verwendung der korrekten Quantile zum Verwerfen der Nullhypothese ‚Kointegration‘ führt, wenn diese in der Tat falsch ist.

4. Fehlerkorrekturanalyse

Die im folgenden vorgestellte Einzelgleichungsanalyse eines sogenannten Fehlerkorrekturmodells erlaubt, sowohl auf die Nullhypothese keiner Kointegration zu testen, als auch unter der Alternative von Kointegration den Kointegrationsvektor zu schätzen. Dies ist in der Praxis insbesondere dann von Interesse, wenn die Gleichgewichtsabweichung aus (6) stark autokorreliert ist. Diese Autokorrelation wird ja bei der statischen Kointegrationsregression (7) nicht berücksichtigt, was in endlichen Stichproben zu erheblichen Verzerrungen führen kann (Banerjee et al. 1986). Im Unterschied dazu wird in Fehlerkorrekturmodellen die kurzfristige Dynamik explizit modelliert. Für eine einführende Darstellung von Fehlerkorrekturmodellen vgl. den Beitrag von Wolters in diesem Band. Eine Anwendung der nun folgenden Verfahren enthält der nächste Abschnitt.

Engle/Granger (1987) zufolge ist Vorliegen von Kointegration der Reihen y_t und $x_t = (x_{1t}, \ldots, x_{nt})$ gleichbedeutend damit, dass die Daten durch ein Fehlerkorrekturmodell erzeugt werden (Grangers Repräsentationstheorem). Ist z_t wieder die Gleichgewichtsabweichung aus (6), so gilt nämlich für die Fehlerkorrekturgleichung von y_t

$$\Delta y_t = \gamma z_{t-1} + \sum_{i=1}^{m} a_i' \Delta x_{t-i} + \sum_{i=1}^{m} \alpha_i \Delta y_{t-i} + \varepsilon_t, \tag{11}$$

mit

$$z_{t-1} = y_{t-1} - a - b' x_{t-1},$$

wobei ε_t weißes Rauschen ist. Selbstverständlich müssen nicht alle m Parametervektoren a_i und Koeffizienten α_i ungleich Null sein, d.h. die Anzahl verzögerter Differenzen von x_t und y_t darf differieren. Die Gleichgewichtsabweichung z_t wird auch Fehler genannt, und der ökonomisch interessierende Anpassungsparameter γ gibt an, in welchem Umfang die Veränderung von y_t auf den „Fehler“ der Vorperiode reagiert. Analoge Fehlerkorrekturgleichungen gelten für die Veränderungen von x_t, z.B. für die erste Komponente:

$$\Delta x_{1t} = \gamma_1 z_{t-1} + \sum_{i=1}^{m} a_i^{(1)'} \Delta x_{t-i} + \sum_{i=1}^{m} \alpha_i^{(1)} \Delta y_{t-i} + \varepsilon_{1t}.$$

Die Verallgemeinerung für den Zuwachs der j-ten Komponente von x_t ist offensichtlich. Man erhält sie, indem man überall den Index 1 durch j ersetzt. Will man die zeitgleiche Abhängigkeit, d.h. die Korrelation zwischen ε_{jt} und ε_t modellieren, so können zeitgleiche Differenzen auf den rechten Seiten zugelassen werden. Man spricht dann von einer konditionalen oder strukturellen Fehlerkorrekturgleichung (vgl. auch Wolters 1998). Für (11) z.B. bedeutet dies die Hinzunahme des Terms $a_0' \Delta x_t$.

Die Parameter a_i und α_i aus (11) und den übrigen Fehlerkorrekturgleichungen lassen sich ebenso wie γ und γ_j gemäß Engle/Granger (1987) leicht zweistufig konsistent schätzen. In einer ersten Stufe regressiert man (7). In einer zweiten Stufe werden die Residuen $\hat{z}_{t-1}$ in (11) (oder eine der anderen Fehlerkorrekturgleichungen) anstelle der unbeobachtbaren Gleichgewichtsabweichung eingesetzt, worauf diese Gleichung nach der Methode der Kleinsten Quadrate geschätzt wird. Bei Vorliegen von Kointegration sind dann die Schätzer konsistent und asymptotisch standardnormalverteilt, so dass übliche t-Tests Gültigkeit haben.

Grangers Repräsentationstheorem besagt genauer: y_t und x_t sind genau dann kointegriert, wenn obige Fehlerkorrekturmodelle gelten und dabei mindestens ein Fehlerkorrekturparameter, $\gamma, \gamma_1, \ldots, \gamma_n$, von Null verschieden ist. Nehmen wir an, γ sei ungleich Null. Damit die Gleichung (11) „ausbalanciert" ist, muss z_{t-1} stationär sein, da andernfalls Δy_t als Summe der rechten Seite instationär wäre, was annahmegemäß nicht der Fall ist. Das heißt, $y_t - b' x_t$ ist notwendigerweise stationär, wenn das Fehlerkorrekturmodell gilt, womit gerade die Kointegrationsbedingung erfüllt ist. Auf dieser Überlegung basiert folgender Test im Fehlerkorrekturmodell.

Nehmen wir für das folgende an, x_t sei in dem Sinne **exogen**, dass Δx_t und ε_{t-i} aus (11) für beliebiges i unkorreliert sind. Dies bedeutet insbesondere, dass $\gamma_1 = \ldots = \gamma_n = 0$ ist. Unter dieser Annahme muss, damit Kointegration vorliegt, $\gamma < 0$ sein[9]. Damit lautet das Hypothesenpaar:

$$H_0: y_t \text{ und } x_t \text{ sind nicht kointegriert: } \gamma = 0,$$
$$H_1: y_t \text{ und } x_t \text{ sind kointegriert: } \gamma < 0.$$

Der Test basiert auf einer OLS-Schätzung von (11) in folgender Gestalt:

$$\Delta y_t = \hat{\beta} + \hat{\gamma} y_{t-1} + \hat{\theta}' x_{t-1} + \sum_{i=0}^{m} \hat{a}_i' \Delta x_{t-i} + \sum_{i=1}^{m} \hat{\alpha}_i \Delta y_{t-i} + \hat{\varepsilon}_t. \tag{12}$$

Aus der Regression, die mit verzögerten Differenzen so spezifiziert sein muss, dass $\hat{\varepsilon}_t$ empirisch unkorreliert ist, kann man nun die gewöhnliche t-Statistik von $\hat{\gamma}$ zum Test heranziehen. Abgelehnt wird wieder für zu kleine (d.h. zu stark negative) Werte. Gültige Quantile erhält man aber nicht über die Normalverteilungsapproximation, sondern aus Banerjee/Dolado/Mestre (1998), vgl. Tabelle 4. Sie hängen nur von der Anzahl n der exogenen Variablen ab. Unter der Nullhypothese keiner Kointegration gilt also

$$t_\gamma \xrightarrow{d} BDM_\mu(n).$$

---

[9] Ein positiver Wert von γ würde ein explosives Modell implizieren, bei dem die Anpassung nicht zum Gleichgewicht führt: Zu große Werte von y_{t-1} bezüglich des Gleichgewichtswertes $b' x_{t-1}$ bewirken ein weiteres Anwachsen von y_t.

Das untere Tableau aus Tabelle 4 im Anhang enthält Prozentpunkte für den Fall, dass die Fehlerkorrekturgleichung trendbereinigt geschätzt wird:

$$\Delta y_t = \hat{\beta}_0 + \hat{\beta}_1 t + \hat{\gamma} y_{t-1} + \hat{\theta}' x_{t-1} + \sum_{i=0}^{m} \hat{a}_i' \Delta x_{t-i} + \sum_{i=1}^{m} \hat{\alpha}_i \Delta y_{t-i} + \hat{\varepsilon}_t. \quad (13)$$

Die Trendbereinigung beeinflusst wieder die kritischen Werte. Für die gewöhnliche t-Statistik aus (13) gilt

$$t_\gamma \xrightarrow{d} BDM_\tau(n).$$

Damit nicht genug. Wie bei den Residuenkointegrationstests hat nämlich nicht nur eine Trendbereinigung einen Einfluss auf die Quantile, sondern allein schon das Vorliegen eines linearen Trends im Regressor (Hassler 2000). Hat von den $n > 1$ exogenen Regressoren x_t zumindest einer einen linearen Trend, so findet man die korrekten kritischen Werte bei der Schätzung von (12) **ohne** Trendbereinigung in dem unteren Tableau in Tabelle 4 für $n-1$:

$$t_\gamma \xrightarrow{d} BDM_\tau(n-1).$$

Schätzt man eine Fehlerkorrekturgleichung mit nur einem exogenen Regressor ($n=1$) mit Drift gemäß (12) **ohne** Trendbereinigung, so erhält man die korrekten Quantile aus dem trendbereinigten univariaten DF-Test aus Tabelle 1, d.h.

$$t_\gamma \xrightarrow{d} DF_\tau(0).$$

Analog zu der Anmerkung aus Abschnitt 3.3 gilt Hassler (2000) zufolge: Die Verwendung der falschen kritischen Werte aus $BDM_\mu(n)$ bei Vorliegen mindestens eines linearer Trends im n-dimensionalen Vektor x_t **ohne** Trendbereinigung führt zu oft fälschlicherweise zum Etablieren von Kointegration.

Im Falle von Kointegration liefert die Regression von (12) oder (13) sofort einen einstufigen Schätzer für den Kointegrationsvektor b aus (6). Vergleicht man nämlich (12) mit (11), so gilt wegen $z_{t-1} = y_{t-1} - a - b' x_{t-1}$ gerade $b = -\theta / \gamma$. Da es sich hierbei um eine nichtlineare Kombination der Parameter aus (12) handelt, heißt der von Stock (1987) vorgeschlagene Schätzer $\hat{b}_{NL} := -\hat{\theta} / \hat{\gamma}$ oft auch nichtlinearer Kointegrationsschätzer. Er ist superkonsistent, aber i.a. nicht effizient, d.h. führt nicht auf asymptotisch normalverteilte t-Statistiken. Dass der nichtlineare Schätzer dem statischen KQ-Schätzer überlegen sein kann, wurde schon zu Beginn dieses Abschnitts erwähnt. Entsprechend lässt der Test im Fehlerkorrekturmodell höhere Güte erwarten als der DF-Kointegrationstest, allerdings um den Preis der oben getroffenen Exogenitätsannahme die Variablen x_t betreffend.

5. Kointegrationsanalyse der Konsumfunktion

Mit deutschen Daten war es Wolters (1988, 1992), der erstmals eine Kointegrationsanalyse der Konsumfunktion durchführte. Die hier untersuchten Variablen c_t und y_t sind logarithmierte reale Reihen von Konsumausgaben privater Haushalte und von verfügbarem Einkommen. Es handelt sich um vierteljährliche Beobachtungen, die starke saisonale Ausschläge und einen anscheinend ansteigenden, näherungsweise linearen Trend aufweisen (Abbildung 4). In Abschnitt 2.3 wurde für den Zeitraum vor der Wiedervereinigung argumentiert, dass die Daten integriert, aber nicht saisonal integriert sind; wir gehen im folgenden davon aus, dass dies auch über den Bruch infolge der Wiedervereinigung hinaus gilt. Die Stichprobe beginnt erst 1976.1 wegen eines Strukturbruchs infolge der Ölkrise, und sie endet 1998.2. Damit liegt 1990 ein weiterer Strukturbruch vor. Dieser Bruch wird hier aber nicht modelliert. Stattdessen wird „co-breaking" unterstellt, d.h. angenommen, dass die Niveauverschiebung beider Reihen den ökonomischen Zusammenhang unberührt läßt. Diese Annahme wird nachträglich gerechtfertigt sein, wenn wir über den ganzen Zeitraum eine Kointegrationsbeziehung gefunden haben.

Wir beginnen mit einer statischen Regression,

$$c_t = \sum_{i=1}^{4} \hat{s}_i d_{it} + \underset{(0.005)}{1.01}\, y_t + \hat{z}_t, \qquad dw = 0.99, t_\rho = -3.44,$$

wobei in Klammern der gewöhnliche Standardfehler gegeben ist. Die Durbin-Watson-Statistik legt Stationarität der Residuen nahe, obschon Autokorrelation gegeben ist, und die ADF-Statistik t_ρ stammt aus

$$\Delta\hat{z}_t = (\rho - 1)\hat{z}_{t-1} + \alpha_1 \Delta\hat{z}_{t-1} + \alpha_4 \Delta\hat{z}_{t-4} + u_t.$$

Vergleicht man $t_\rho = -3.44$ mit $DF_\tau(0)$ (statt mit $DF_\mu(1)$ wegen des linearen Trends in y_t (vgl. die Ausführungen in Abschnitt 3.1), so wird die Nullhypothese keiner Kointegration gerade zum 5%-Niveau verworfen. Akzeptiert man einen linearen Trend in y_t, so ist gemäß West (1988) die KQ-Regression unserer Konsumfunktion asymptotisch normalverteilt. Weiterhin kann bei einer Einfachregression mit linearem Trend der KPSS-Test, wie oben besprochen, direkt auf KQ-Residuen angewandt werden. Für die $T = 90$ Residuen $\hat{z}_t$ ergibt sich

$$\sum_{t=1}^{90} S_t^2 = 0.3299.$$

Eine Variation der Bandbreite k liefert folgende Werte der Teststatistik η_μ :

$k =$	4	8	12
$\hat{\omega}_z$	0.0194	0.0204	0.0204
η_μ	0.109	0.098	0.098
$\tau_{b=1}$	1.11	1.01	1.01

In Abschnitt 3.3 wurde asymptotisch argumentiert, dass η_μ bei einer Einfachregression und einem Regressor mit Drift mit $KPSS_\tau(0)$ verglichen werden muss. Man beachte, dass diese Quantile sehr viel strenger als die von $KPSS_\mu(1)$ sind, d.h. sie sind viel kleiner und führen daher leichter zum Verwerfen der Nullhypothese. Dennoch kann hier die Nullhypothese stationärer Residuen (Kointegration) nicht zum 10%-Niveau abgelehnt werden. Insofern bestätigt der KPSS-Test erfreulicherweise den ADF-Test.

Gegeben einen linearen Trend in y_t ist die OLS-Regression wie gesagt asymptotisch normalverteilt, aber die üblichen Standardfehler haben keine Gültigkeit. Trotzdem wollen wir wissen, ob $\hat{b}=1.01$ signifikant von Eins verschieden ist. Dazu müssen wir, wie in Abschnitt 3.2 ausgeführt, die modifizierte t-Statistik

$$\tau_{b=1} = \frac{s}{\hat{\omega}_z} t_{b=1}$$

berechnen, wobei s der gewöhnliche Standardfehler der Regression ist. Die entsprechend modifizierten t-Werte sind in der kleinen Übersicht oben ebenfalls enthalten. Verglichen mit den Quantilen der $N(0,1)$-Verteilung kann die Nullhypothese $b=1$ nicht abgelehnt werden. Dies impliziert, dass die Ersparnis[10], $s=y-c$, im wesentlichen gleich dem Negativen der Regressionsresiduen und mithin stationär ist.

Diese Ergebnisse werden schließlich durch eine Schätzung der Fehlerkorrekturgleichung (12) ergänzt, wobei in Klammern die Standardfehler stehen:

$$\begin{aligned}\Delta c_t &= \sum_{i=1}^{4} \hat{s}_i d_{it} - \underset{(0.085)}{0.400}\, c_{t-1} + \underset{(0.086)}{0.406}\, y_{t-1} + \underset{(0.045)}{0.98}\, \Delta y_t \\ &\quad - \underset{(0.039)}{0.14}\, \Delta c_{t-1} + \underset{(0.084)}{0.26}\, \Delta c_{t-4} - \underset{(0.090)}{0.28}\, \Delta y_{t-4} + \hat{\varepsilon}_t, \qquad dw = 2.29.\end{aligned}$$

Die um 4 Perioden verzögerten Differenzen von Konsum und Einkommen sind erforderlich, um seriell unkorrelierte Residuen zu erhalten. Als Autokorrelationsmaß der Residuen haben wir die Durbin-Watson-Statistik. Außerdem wurde der Breusch-Godfrey-Test auf Autokorrelation durchgeführt, und er war zu keinem vernünftigen Niveau signifikant.

Für die t-Statistik des Anpassungsparameters ergibt sich aufgrund des Standardfehlers in Klammern $t_\gamma = -4.71$, und verglichen mit $DF_\tau(0)$ ist dieser Wert zum 1%-Niveau signifikant. Dies spricht stark gegen die Nullhypothese keiner Kointegration. Für den nichtlinearen Schätzer erhält man überdies $\hat{b}_{NL} = 0.406 / 0.400 = 1.015$, was den Schätzwert der statischen Regression gut reproduziert. Zusammenfassend lässt sich festhalten, dass die empirische Evidenz für einen Kointegrationszusammenhang zwischen Konsum und Einkommen in Deutschland eindeutig ist.

[10] Genauer: approximative relative Ersparnis infolge der Logarithmierung.

Tabellarischer Anhang

In diesem Anhang finden sich Tabellen mit kritischen Werten für einige Tests auf und gegen (Ko)Integration. Durchweg handelt es sich um computerexperimentell erzeugte Werte.

Tabelle 1

Dickey-Fuller-Test						
$\alpha =$	1%		5%		10%	
$DF(0)$	-2.57		-1.94		-1.62	
			$DF_{\mu}(n)$			
$n =$	0	1	2	3	4	5
1%	−3.43	−3.90	−4.30	−4.65	−4.96	−5.24
5%	−2.86	−3.34	−3.74	−4.10	−4.42	−4.70
10%	−2.57	−3.05	−3.45	−3.81	−4.13	−4.42
			$DF_{\tau}(n)$			
n =	0	1	2	3	4	5
1%	−3.96	−4.33	−4.67	−4.97	−5.25	−5.51
5%	−3.41	−3.78	−4.12	−4.43	−4.72	−4.98
10%	−3.13	−3.50	−3.83	−4.15	−4.43	−4.70

Asymptotische kritische Werte der t-Statistik beim (erweiterten) Dickey-Fuller-Test. Die Quantile stammen aus MacKinnon (1991) und basieren auf einer "response-surface-Simulation" wie im Text beschrieben. Abgelehnt wird für zu stark negative t-Statistiken. Es bezeichnet n die Anzahl der stochastischen I(1)-Regressoren x_t.

Tabelle 2

KPSS-Test						
			$KPSS_{\mu}(n)$			
$n =$	0	1	2	3	4	5
1%	0.739	0.533	0.380	0.271	0.208	0.158
5%	0.463	0.314	0.221	0.159	0.121	0.097
10%	0.347	0.231	0.163	0.121	0.094	0.075
			$KPSS_{\tau}(n)$			
$n =$	0	1	2	3	4	5
1%	0.216	0.184	0.150	0.126	0.109	0.087
5%	0.146	0.121	0.101	0.085	0.073	0.061
10%	0.119	0.097	0.081	0.069	0.056	0.050

Asymptotische kritische Werte der KPSS-Statistik. Die Quantile stammen aus Kwiatkowski et al. (1992) und Shin (1994, Table 1). Sie basieren auf Zeitreihen der Länge $T = 2000$ und 20000 bzw. 50000 Replikationen. Abgelehnt wird für zu große KPSS-Statistiken. Es bezeichnet n die Anzahl der stochastischen I(1)-Regressoren x_t.

Tabelle 3

HEGY-Integrationstest		
α	ohne Trend	mit Trend
1%	8.93	8.96
5%	6.61	6.57
10%	5.56	5.56

Kritische Werte der F-Statistik $F_{\pi 3, \pi 4}$ zum Signifikanzniveau α für $T = 200$. Die Quantile stammen aus Hylleberg et al. (1990). Abgelehnt wird für zu große F-Statistiken.

Tabelle 4

Kointegrationstest in einer Fehlerkorrekturgleichung					
	$BDM_{\mu}(n)$				
$n =$	1	2	3	4	5
1%	−3.78	−4.06	−4.46	−4.57	−4.70
5%	−3.19	−3.48	−3.74	−3.97	−4.27
10%	−2.89	−3.19	−3.42	−3.66	−3.82
	$BDM_{\tau}(n)$				
1%	−4.27	−4.51	−4.72	−4.89	−5.11
5%	−3.69	−3.91	−4.12	−4.30	−4.52
10%	−3.39	−3.62	−3.82	−4.00	−4.18

Asymptotische kritische Werte der t-Statistik beim Testen gegen Kointegration in einer Fehlerkorrekturgleichung. Die Quantile stammen aus Banerjee et al. (1998, Table 1). Abgelehnt wird für zu stark negative t-Statistiken. Es bezeichnet n die Anzahl der stochastischen I(1)-Regressoren x_t.

Literaturverzeichnis

Andrews, D.W.K. (1991): Heteroskedasticity and Autocorrelation Consistent Covariance Matrix Estimation. Econometrica 59, 817–858

Banerjee, A., Dolado, J.J., Galbraith, J.W., Hendry, D.F. (1993): Co-Integration, Error Correction, and the Econometric Analysis of Non-Stationary Data. Oxford University Press, Oxford

Banerjee, A., Dolado, J.J., Hendry, D.F., Smith, G.W. (1986): Exploring Equilibrium Relationships in Econometrics through Static Models: Some Monte Carlo Evidence. Oxford Bulletin of Economics and Statistics 48, 253–277

Banerjee, A., Dolado, J.J., Mestre, R. (1998): Error-Correction Mechanism Tests for Cointegration in a Single-Equation Framework. Journal of Time Series Analysis 19, 267–283

Banerjee, A., Hendry, D.F. (1992): Testing Integration and Cointegration: An overview. Oxford Bulletin of Economics and Statistics 54, 225–255

Beaulieu, J.J., Miron, J.A. (1993): Seasonal Unit Roots in Aggregate U.S. Data. Journal of Econometrics 55, 305–328

Breitung, J. (1995): Modified Stationarity Tests with Improved Power in Small Samples. Statistical Papers 36, 77–95

Choi, I. (1994): Spurious Regressions and Residual-Based Tests for Cointegration when Regressors are Cointegrated. Journal of Econometrics 60, 313–320

Dickey, D.A., Bell, W.R., Miller, R.B. (1986): Unit Roots in Time Series Models: Tests and Implications. American Statistician 40, 12–26

Dickey, D.A., Fuller, W.A. (1979): Distribution of the Estimators for Autoregressive Time Series with a Unit Root. Journal of the American Statistical Association 74, 427–431

Engle, R.F., Granger, C.W.J. (1987): Co-Integration and Error Correction: Representation, Estimation, and Testing. Econometrica 55, 251–276

Engle, R.F., Granger, C.W.J. (1991): Long-Run Economic Relationship. Oxford University Press, Oxford, 1–16.

Franses, Ph.H., Vogelsang, T.J. (1998): On seasonal cycles, unit roots, and mean shifts. Review of Economics and Statistics 80, 231–240

Fuller, W.A. (1976): Introduction to Statistical Time Series. Wiley, New York

Ghysels, E., Lee, H.S., Noh, J. (1994): Testing for Unit Roots in Seasonal Time Series: Some Theoretical Extensions and a Monte Carlo Investigation. Journal of Econometrics 62, 415–442

Ghysels, E., Osborn, D.R., Rodrigues, P.M.M. (1999): Seasonal Nonstationarity and Near-Nonstationarity. CIRANO Working Paper 99s-05. Montreal

Gonzalo, J., Lee, T.-H. (1996): Relative Power of t Type Tests for Stationary and Unit Root Processes. Journal of Time Series Analysis 17, 37–47

Granger, C.W.J. (1981): Some Properties of Time Series Data and their Use in Econometric Model Specification. Journal of Econometrics 16, 121–130

Granger, C.W.J. (1986): Developments in the Study of Co-integrated Economic Variables. Oxford Bulletin of Economics and Statistics 48: 213–228

Granger, C.W.J., Newbold, P. (1974): Spurious Regressions in Econometrics. Journal of Econometrics 2, 111–120

Hamilton, J.D. (1994): Time Series Analysis. Princeton University Press, Princeton

Hansen, B.E. (1992): Efficient Estimation and Testing of Cointegrating Vectors in the Presence of Deterministic Trends. Journal of Econometrics 53, 87–121

Hassler, U. (1999): (When) Should Cointegrating Regressions be Detrended? The Case of a German Money Demand Function. Empirical Economics 24, 155–172

Hassler, U. (1999a): The KPSS Test for Cointegration in Case of Bivariate Regressions with Linear Trends. Econometric Theory 15, 629–632

Hassler, U. (2000): Cointegration Testing in Single Error-Correction Equations in the Presence of Linear Time Trends. Oxford Bulletin of Economics and Statistics 62, 621–632

Hassler, U. (2001): The Effect of Linear Time Trends on the KPSS Test for Cointegrations. Journal of Time Series Analysis 22, 283–292

Hatanaka, M. (1996): Time-Series-Based Econometrics: Unit Roots and Cointegration. Oxford University Press, Oxford

Hylleberg, S., Engle, R.F., Granger, C.W.J., Yoo, B.S. (1990): Seasonal Integration and Co-Integration. Journal of Econometrics 44, 215–228

Johansen, S. (1988): Statistical Analysis of Cointegration Vectors. Journal of Economic Dynamics and Control 12, 231–254

Johansen, S. (1991): Estimation and Hypothesis Testing of Cointegration Vectors in Gaussian Vector Autoregressive Models. Econometrica 59, 1551–1580

Johansen, S. (1995): Likelihood-Based Inference in Cointegrated Vector Autoregressive Models. Oxford University Press, Oxford

Kwiatkowski, D., Phillips, P.C.B., Schmidt, P., Shin, Y. (1992): Testing the Null Hypothesis of Stationarity Against the Alternative of a Unit Root. Journal of Econometrics 54, 159–178

Lütkepohl, H. (1991): Analyse trendbehafteter multipler Zeitreihen. Allgemeines Statistisches Archiv 75, 103–123

Lütkepohl, H. (1991a): Introduction to Multiple Time Series Analysis. Springer, Berlin et al.

MacKinnon, J.G. (1991): Critical Values for Co-Integration Tests. In: Engle, R.F., Granger, C.W.J. (Eds.), Long-Run Economic Relationships. Oxford University Press, Oxford, 267–276

Maddala, G.S., Kim, I.M. (1998): Unit Roots, Cointegration, and Structural Breaks. Cambridge University Press, Cambridge, MA

Nelson, C.R., Plosser, C.I. (1982): Trends and Random Walks in Macroeconomic Time Series: Some Evidence and Implications. Journal of Monetary Economics 10, 139–162

Perron, P. (1988): Trends and Random Walks in Macroeconomic Time Series: Further Evidence from a New Approach. Journal of Economic Dynamics and Control 12, 297–332

Phillips, P.C.B. (1986): Understanding Spurious Regressions in Econometrics. Journal of Econometrics 33, 311–340

Phillips, P.C.B. (1987): Time Series Regression with a Unit Root. Econometrica 55, 277–301

Phillips, P.C.B., Durlauf, S.N. (1986): Multiple Time Series Regressions with Integrated Processes. Review of Economic Studies 53, 473–495

Phillips, P.C.B., Hansen, B.E. (1990): Statistical Inference in Instrumental Variables Regression with I(1) Processes. Review of Economic Studies 57, 99–125

Phillips, P.C.B., Ouliaris, S. (1990): Asymptotic Properties of Residual Based Tests for Cointegration. Econometrica 58, 165–193

Phillips, P.C.B., Perron, P. (1988): Testing for a Unit Root in Time Series Regression. Biometrika75, 335–346

Saikkonen, P. (1991): Asymptotically Efficient Estimation of Cointegration Regressions. Econometric Theory 7, 1–21

Shin, Y. (1994): A Residual-Based Test of the Null of Cointegration Against the Alternative of No Cointegration. Econometric Theory 10, 91–115

Smith, J., Otero, J. (1997): Structural breaks and seasonal integration. Economics Letters 56, 13–19

Stock, J.H. (1987): Asymptotic Properties of Least-Squares Estimators of Co-integrating Vectors. Econometrica 55, 1035–1056

Stock, J.H. (1994): Unit Roots, Structural Breaks and Trends. In: Engle, R.F., McFadden, D.L. (Eds.), Handbook of Econometrics. North-Holland, Amsterdam, vol. IV, Chapter 46, 2740–2841

Stock, J.H., Watson, M.W. (1993): A Simple Estimator of Cointegrating Vectors in Higher Order Integrated Systems. Econometrica 61, 783–820

Watson, M.W. (1994): Vector Autoregressions and Cointegration. In: Engle, R.F., McFadden, D.L. (Eds.), Handbook of Econometrics. North-Holland, Amsterdam, vol. IV, Chapter 47, 2843–2915

West, K.D. (1988): Asymptotic Normality, when Regressors have a Unit Root. Econometrica 56, 1397–1418

Wolters, J. (1988): Konsum und Einkommen: Theoretische Entwicklungen und empirische Ergebnisse für die Bundesrepublik Deutschland. In: Franz, W., Gaab, W., Wolters, J. (Eds.), Theoretische und angewandte Wirtschaftsforschung. Springer, Berlin et al., 167-182

Wolters, J. (1992): Der Zusammenhang zwischen Konsum und Einkommen: Alternative ökonometrische Ansätze. RWI-Mitteilungen 43, 115–132

Wolters, J. (1995): Kointegration und Zinsentwicklung im EWS – Eine Einführung in die Kointegrationsmethodologie und deren Anwendungen. Allgemeines Statistisches Archiv 79, 146–169

Wolters, J. (1998): Makroökonomische Modelle und Kointegration. In: Heilemann, U., Wolters, J. (Eds.), Gesamtwirtschaftliche Modelle in der Bundesrepublik Deutschland: Erfahrungen und Perspektiven. Schriftenreihe des RWI 61. Duncker & Humblot, Berlin, 181–191

Simultane ökonometrische Modelle: Struktur, Schätzung und Evaluation

Werner Gaab[1]

1. Einleitung

In den bisherigen Überlegungen stand die Schätzung von Einzelgleichungen im Vordergrund. Dabei wurde eine einseitige „Kausalitätsbeziehung" zwischen der abhängigen Variable y und den erklärenden oder unabhängigen Variablen $x_i(i=1,2,...,K)$ derart unterstellt, dass die Variablen x_i zwar die Variable y beeinflussen, jedoch selbst unabhängig von y sind, d.h. dass keine Feedback-Beziehung existiert. Es gibt viele Beispiele dafür, dass die Einzelgleichungsbetrachtung nicht konsistent mit der ökonomischen Theorie ist. Betrachten wir z.B. die Preisbildung für ein Gut x auf einem polypolistischen Gütermarkt. Die ökonomische Theorie lehrt uns, dass der Preis p dieses Gutes nicht nur von der Nachfrage, sondern auch vom Angebot abhängig ist und dass die beobachteten Preisdaten das Ergebnis der Aktivitäten beider Marktseiten sind. In der Regel wird die Preisbildung auf einem derartigen Markt durch ein Gleichgewichtsmodell der folgenden Art beschrieben:

Modell I: Standardmodell der Preistheorie

(1) $$x_t^d = \alpha_0 + \alpha_1 p_t + u_t, \quad \alpha_1 < 0$$ Nachfrage

(2) $$x_t^s = \beta_0 + \beta_1 p_t + v_t, \quad \beta_1 > 0$$ Angebot

(3) $$x_t^d = x_t^s$$ Gleichgewicht

wobei x^d die nachgefragte Menge, x^s die angebotene Menge und p den Preis des Gutes x darstellt und u und v stochastische Störglieder bezeichnen. Aus diesem Modell ist ersichtlich, dass Preis und Menge simultan durch Angebot und Nachfrage bestimmt werden.

Ein anderes Beispiel für ein simultanes Gleichungssystem, welches die Interdependenz von ökonomischen Größen aufzeigt, ist das einfache keynesianische Festpreismodell einer geschlossenen Volkswirtschaft ohne staatliche Aktivität. Das Modell besteht aus zwei Gleichungen: einer Konsumfunktion und einer Gleichgewichtsbedingung.

Modell II: Keynesianisches Festpreismodell

(4) $$C_t = \alpha + \beta Y_t + u_t, \quad 0 < \beta < 1, \alpha > 0$$ Konsumfunktion

[1] Universität Essen, Universitätsstraße 12, D-45117 Essen.

(5) $Y_t = C_t + I_t$ Gleichgewicht

Dabei sind C_t (= Konsum) und Y_t (= Sozialprodukt) endogene Variablen, d.h. durch das Modell bestimmt, I_t (= Investition) ist exogen, d.h. wird nicht im Modell bestimmt, sondern ist von außen vorgegeben und u_t bezeichnet ein stochastisches Störglied. Es handelt sich wiederum um ein simultanes Modell, da das Sozialprodukt Y den Konsum C, und dieser wiederum das Sozialprodukt beeinflusst; d.h. es liegt keine einseitige Kausalbeziehung, sondern eine sog. Feedback-Beziehung vor. Es kann davon ausgegangen werden, dass Feedback-Beziehungen um so eher auftreten, je länger die Grundzeitperiode der Beobachtungen (täglich, wöchentlich, monatlich, vierteljährlich, jährlich usw.) ist.

Aus den beiden Modellen ist ersichtlich, dass in simultanen Modellen eine wesentliche Annahme des klassischen Regressionsmodells verletzt ist, nämlich dass die erklärenden Variablen unabhängig von den stochastischen Störgrößen sind. Dieses kann anhand des keynesianischen Festpreismodells (Gl. (4) und (5)) wie folgt verdeutlicht werden: Eine Erhöhung des Störgliedes (u_t) führt gemäß der Konsumfunktion (4) uno actu zu einer gleich großen Erhöhung des Konsums C_t und diese wiederum führt gemäß (5) zu einer Erhöhung des Einkommens Y_t. Somit sind Y_t und u_t in der Konsumfunktion nicht voneinander unabhängig mit der Implikation, dass die Verwendung der gewöhnlichen Methode der kleinsten Quadrate (OLS) zu verzerrten und inkonsistenten Schätzwerten für die Parameter führt. Neben diesem Schätzproblem ergibt sich – wie wir sehen werden – auch noch ein Identifikationsproblem. Bevor wir uns diesen Problemen zuwenden, sollen jedoch zunächst einige Grundbegriffe, die bei der Analyse simultaner Gleichungssysteme eine Rolle spielen, kurz definiert werden.

2. Die Strukturform

Jedes ökonometrische (ökonomische) Modell enthält endog*ene und exogene Variablen*. Endogene Variablen werden durch das Modell erklärt, exogene Variablen werden im Modell als von außen vorgegebene Größen behandelt. Typische exogene Variablen in ökonomischen Modellen sind z.B. meteorologische Einflüsse, wie z.B. Regenmenge oder die Sonnenscheindauer. Andere Beispiele für exogene Variablen sind z.B. für eine kleine offene Volkswirtschaft der Weltmarktpreis und das Einkommen im Ausland. Variablen, die von den wirtschaftspolitischen Entscheidungsträgern kontrolliert werden, wie z.B. der Mindestreservesatz, der durch die Zentralbank festgelegt wird, können ebenfalls als exogene Größen betrachtet werden. Allerdings gibt es auch Modelle, in denen wirtschaftspolitische Instrumentvariablen über die Formulierung sog. Reaktionsfunktionen der Entscheidungsträger endogenisiert werden. Welche Größen in einem Modell als endogen und exogen behandelt werden, wird von dem Modellbauer auf der Grundlage der ökonomischen Theorie festgelegt. Die Beantwortung dieser Frage hängt dabei auch von der untersuchten Fragestellung ab. Dadurch ergibt sich natürlich eine gewisse Willkür und ein subjektives Element bei der Modellkonstruktion. Es stellt sich deshalb bei jeder Exogenitätsannahme die Frage, ob diese ökonomisch sinnvoll ist.

Die exogenen Variablen erklären die endogenen Variablen und werden durch diese nicht beeinflusst. Es besteht somit eine eindeutige (einseitige) Wirkungsrichtung von den exogenen zu den endogenen Variablen. Verzögerte Werte der endogenen Variablen (z.B. $y_{t-1}, y_{t-2},...$) sind wie die exogenen Variablen zum Zeitpunkt t bereits bekannt. Exogene und verzögerte endogene Variablen werden deshalb auch *vorherbestimmte Variablen* genannt. Zwischen einzelnen endogenen Variablen des Modells besteht häufig eine gegenseitige Kausalität, d.h. eine Feedback-Beziehung. Es liegt dann ein *simultanes (interdependentes) Modell* vor.

Ein simultanes ökonometrisches Modell mit G endogenen Variablen (y_{it}), K exogenen bzw. vorherbestimmten Variablen (x_{jt}) und G stochastischen Störgliedern u_{it} lässt sich in linearer Form für einen Zeitpunkt t (t = 1,2,...,T) wie folgt darstellen:

$$\begin{array}{c}\beta_{11}y_{1t}+\beta_{12}y_{2t}+...+\beta_{1G}y_{Gt}+\gamma_{11}x_{1t}+\gamma_{12}x_{2t}+...+\gamma_{1K}x_{Kt}=u_{1t}\\ \beta_{21}y_{1t}+\beta_{22}y_{2t}+...+\beta_{2GF}y_{Gt}+\gamma_{21}x_{1t}+\gamma_{22}x_{2t}+...+\gamma_{2K}x_{Kt}=u_{2t}\\ \vdots \\ \beta_{G1}y_{1t}+\beta_{G2}y_{2t}+...+\beta_{GG}y_{Gt}+\gamma_{G1}x_{1t}+\gamma_{G2}x_{2t}+...+\gamma_{GK}x_{Kt}=u_{Gt}\end{array} \quad (6)$$

Das Modell enthält G^2 Parameter β_{ij} der endogenen Variablen und GK Parameter α_{ij} der vorherbestimmten Variablen, d.h. insgesamt *G^2+GK Strukturparameter.* Die Gleichungen eines ökonometrischen Modells werden *Strukturgleichungen* genannt. Dabei unterscheidet man zwischen stochastischen Gleichungen und Identitäten. Die stochastischen Gleichungen werden unterteilt in (i) *Verhaltensgleichungen*, die das Verhalten von Wirtschaftssubjekten erklären wie z.B. die Konsumfunktion, die Investitionsfunktion, die Geldnachfragefunktion, (ii) *technologische Gleichungen*, welche technologische Zusammenhänge beschreiben wie z.B. die Produktionsfunktion (iii) *institutionelle Gleichungen*, die institutionelle Gegebenheiten abbilden wie z.B. die Steueraufkommensfunktion und (iv) *Identitätsgleichungen*, die in *Definitionsgleichungen* (z.B. Definition des Volkseinkommens) und *Gleichgewichtsbedingungen* (z.B. Güternachfrage = Güterangebot) unterschieden werden können. Identitätsgleichungen und Gleichgewichtsbedingungen unterscheiden sich von den stochastischen Gleichungen dadurch, dass die numerischen Werte der Parameter bereits bekannt sind, d.h. nicht geschätzt werden müssen, und dass sie keine stochastische Störvariable enthalten.

Das Gleichungssystem (6) lässt sich in Summenform kürzer schreiben als

$$\sum_{i=1}^{G}\beta_{gi}y_{it}+\sum_{j=1}^{K}\gamma_{gj}x_{jt}=u_{gt}, \quad g=1,2,...,G, \quad t=1,2,...,T \quad (6')$$

Die kompakteste Darstellung ergibt sich bei Verwendung von Vektoren und Matrizen:

$$BY_t+\Gamma X_t=U_t, \quad (6'')$$

mit

$$Y_t = \begin{bmatrix} y_{1t} \\ y_{2t} \\ \vdots \\ y_{Gt} \end{bmatrix}_{(G\times 1)}, \quad X_t = \begin{bmatrix} x_{1t} \\ x_{2t} \\ \vdots \\ x_{Kt} \end{bmatrix}_{(K\times 1)}, \quad U_t = \begin{bmatrix} u_{1t} \\ u_{2t} \\ \vdots \\ u_{Gt} \end{bmatrix}_{(G\times 1)}$$

$$B = \begin{bmatrix} \beta_{11} & \beta_{12} & \dots & \beta_{1G} \\ \beta_{21} & \beta_{22} & \dots & \beta_{2G} \\ \vdots & \vdots & & \vdots \\ \beta_{G1} & \beta_{G2} & \dots & \beta_{GG} \end{bmatrix}_{(G\times G)}, \quad \Gamma = \begin{bmatrix} \alpha_{11} & \alpha_{12} & \dots & \alpha_{1K} \\ \alpha_{21} & \alpha_{22} & \dots & \alpha_{2K} \\ \vdots & \vdots & & \vdots \\ \alpha_{G1} & \alpha_{G2} & \dots & \alpha_{GK} \end{bmatrix}_{(G\times K)}$$

Für die Störglieder der i-ten Strukturgleichung, $i = 1,2,...,G$, wird angenommen, dass sie einen Mittelwert von Null aufweisen und nicht autokorreliert sind.

$$E(u_{it}) = 0, \quad t = 1,2,...,T$$

$$E(u_{it}u_{is}) = 0, \quad \textit{für} \quad t \neq s$$

$$= \sigma_{ii}^2, \quad \textit{für} \quad t = s.$$

Weiterhin wird für die Varianz-Kovarianz-Matrix der stochastischen Stöglieder des Modells unterstellt, dass

$$E(u_{it}u_{js}) = 0, \quad \textit{für} \quad t \neq s \quad \textit{und} \quad i \neq j,$$

$$= \sigma_{ij} \quad \textit{für} \quad t = s \quad \textit{und} \quad i \neq j$$

ist.

Die äquivalenten Darstellungen (6), (6´) und (6´´) nennt man Strukturform des ökonometrischen Modells. Das Modell ist vollständig, wenn die Anzahl der endogenen Variablen gleich der Anzahl der Gleichungen ist und die Gleichungen linear unabhängig sind, d.h. keine Gleichung stellt eine Linearkombination von anderen Gleichungen des Systems dar. Die endogenen Variablen lassen sich dann unter der Annahme $E(U_t) = \varnothing$ eindeutig bestimmen. Wenn das Modell mehr Gleichungen als endogene Variablen enthält, so existiert i.A. keine Lösung, während sich bei einer geringeren Anzahl von Gleichungen i.A. unendlich viele Lösungen ergeben.

Um eine eindeutige Parametrisierung zu erhalten, wird das ökonometrische Modell i.d.R. in der Form dargestellt, dass jeweils für eine endogene Variable in jeder Strukturgleichung ein Parameterwert von Eins gewählt wird, d.h., es wird die Normierung $\beta_{ii} = 1$ für i = 1, 2, ..., G durchgeführt. Diese Normierung erfolgt in ökonometrischen Modellen nicht willkürlich. Es existieren vielmehr theoretische Vorstellungen über die Strukturgleichungen (z.B. Konsum-, Investitions-, Geldnachfragefunktion), welche den entsprechenden zu erklärenden Variablen (Konsum, Investition, Geldnachfrage) einen Koeffizienten von eins zuordnen. Die Berücksichtigung eines Absolutgliedes erfolgt in der Weise, dass eine der exogenen Variablen über die gesamte Beobachtungsperiode auf den Wert Eins gesetzt wird, z.B. $x_{1t} = 1, \forall t$. Weiterhin ist zu beachten, dass nicht jede Gleichung alle endogenen und exogenen Variablen enthält, sondern dass a priori auf der Basis der ökonometrischen Theorie bestimmte Variablen ausgeschlossen werden, d.h. die Matrizen B und Γ enthalten Nullen, und dass u.U. nicht jede Gleichung stochastische Störglieder enthält, wie dieses z.B. bei Definitionsgleichungen und Gleichgewichtsbedingungen der Fall ist. In diesen Fällen sind die Parameterwerte bekannt und die stochastischen Störglieder gleich Null.

Die Position der Nullelemente in der Matrix B, der Koeffizientenmatrix der endogenen Variablen, zeigt an, welche endogenen Variablen aus den einzelnen Strukturgleichungen ausgeschlossen sind. Die Struktur der Nullrestriktionen in der Matrix B kann als ein Kriterium für die Unterscheidung einzelner Typen von Strukturmodellen verwendet werden, die bei der Schätzung und bei der Simulation der Modelle von Bedeutung ist.

(i) Die Matrix B ist diagonal, d.h.

$$B = \begin{bmatrix} \beta_{11} & 0 & \dots & 0 \\ 0 & \beta_{22} & \dots & 0 \\ \vdots & \vdots & & \vdots \\ 0 & 0 & \dots & \beta_{GG} \end{bmatrix}$$

bzw. B = I bei Normierung, wobei I die Einheitsmatrix bezeichnet.

Jede Strukturgleichung des Modells enthält nur eine endogene Variable. Es liegt kein simultanes (interdependentes) Modell vor. Die einzelnen Strukturgleichungen sind scheinbar unabhängig voneinander (seemingly unrelated). Zusammenhänge zwischen den einzelnen endogenen Variablen können sich jedoch über die Störglieder ergeben. So ist es z.B. denkbar, dass ein exogener Schock (z.B. Ölpreiserhöhung) mehrere endogene Variablen gleichzeitig beeinflusst. Dieses bedeutet, dass die Störglieder der einzelnen Strukturgleichungen miteinander korreliert sind. Die einzelnen Gleichungen des Modells können i.A. erwartungstreu und konsistent mit der gewöhnlichen Methode der Kleinsten Quadrate (OLS) geschätzt werden. Wenn die Störglieder untereinander korreliert sind, so ist diese Schätzung jedoch nicht mehr effizient.

(ii) Die Matrix B ist *blockdiagonal*, d.h.

$$B = \begin{bmatrix} B_1 & \varnothing & \dots & \varnothing \\ \varnothing & B_2 & \dots & \varnothing \\ \vdots & \vdots & & \vdots \\ \varnothing & \varnothing & \dots & B_M \end{bmatrix},$$

wobei $B_1, B_2, ..., B_M$ quadratische Matrizen darstellen und $\varnothing$ Nullmatrizen adäquater Dimension bezeichnen. Das Gesamtmodell zerfällt in M Blöcke, wobei jeder Block für sich genommen bezüglich der unverzögerten endogenen Variablen unabhängig von den anderen Blöcken ist. Wenn auch die Varianz-Kovarianz-Matrix des Modells in gleicher Weise wie B blockdiagonal ist, so kann jeder Block separat geschätzt werden. Zusammenhänge zwischen den Blöcken können sich jedoch über die verzögerten endogenen Variablen oder über die Struktur der stochastischen Restgrößen ergeben. Die Varianz-Kovarianz-Matrix ist in diesem Falle nicht mehr blockdiagonal. Die einzelnen Blöcke sind dann nur scheinbar unabhängig (seemingly unrelated) voneinander. Die Beziehung zwischen den Blöcken über verzögerte endogene Variablen spielt jedoch für die Frage der Stabilität des Modells bei der Simulation eine wichtige Rolle.

(iii) Die Matrix B ist *triangulär*, d.h., sie stellt eine obere oder untere Dreiecksmatrix dar.

$$B = \begin{bmatrix} \beta_{11} & 0 & \cdots & 0 \\ \beta_{21} & \beta_{22} & \cdots & 0 \\ \vdots & \vdots & & \vdots \\ \beta_{G1} & \beta_{G2} & \ldots & \beta_{GG} \end{bmatrix}.$$

Ein derartiges Modell wird *rekursiv* genannt. In der Regel gilt in ökonometrischen Modellen wiederum die Normierung $\beta_{ii} = 1$. Für die Lösung der g-ten endogenen Variable werden nur die ersten g Strukturgleichungen benötigt. Ein rekursives Modell beinhaltet eine eindeutige Kausalstruktur: y_1 ist nur durch vorherbestimmte Variablen und ein Störglied determiniert. y_2 wird durch y_1, vorherbestimmten Variablen und von einem Störglied bestimmt usw., d.h. y_i ist durch die endogenen Variablen y_1 bis y_{i-1}, vorherbestimmte Variablen und ein Störglied determiniert, wobei einzelne β_{ij} auch Null sein können. Die Variable y_i wird von allen stochastischen Störgliedern u_k mit $k \leq i$ beeinflusst, ist aber von allen stochastischen Störgliedern u_k mit $k > i$ unabhängig. Der sog. simultane Gleichungsfehler tritt demnach in rekursiven Modellen nicht auf, so dass die Parameter der einzelnen Strukturgleichungen mit Hilfe der Methode der Kleinsten Quadrate (OLS) konsistent geschätzt werden können. Wenn die vorherbestimmten Variablen rein exogene Variablen sind, so sind die Schätzwerte auch erwartungstreu.

Beispiel 1: Modell III

(7) $$C_t = \alpha_0 + \alpha_1 Y_{t-1} + u_{1t}$$

(8) $$I_t = \beta_0 + \beta_1 r_t + u_{2t}$$

(9) $$Y_t = C_t + I_t$$

Das Modell enthält drei endogene Variablen C_t, I_t und Y_t. Der Zinssatz r_t ist exogen. Die Koeffizientenmatix B lautet:

$$B = \begin{bmatrix} 1 & 0 & 0 \\ 0 & 1 & 0 \\ -1 & -1 & 1 \end{bmatrix}.$$

Modell III ist kein simultanes Modell. Es besteht keine gleichzeitige gegenseitige Abhängigkeit zwischen C_t und I_t. Wenn u_{1t} und u_{2t} unabhängig und nicht autokorreliert sind, können die Konsum- und Investitionsfunktion jeweils mit OLS konsistent und erwartungstreu geschätzt werden, da die Annahmen des klassischen Regressionsmodells erfüllt sind. Die Verhaltensgleichungen (7) und (8) sind scheinbar unabhängig voneinander. Wenn die Störglieder u_{1t} und u_{2t} nicht miteinander korreliert sind, so sind die OLS-Schätzungen auch effizient.

(iv) Die Matrix B ist *blocktriangulär*, d.h.

$$B = \begin{bmatrix} B_{11} & \varnothing & \dots & \varnothing \\ B_{21} & B_{22} & \dots & \varnothing \\ \vdots & \vdots & & \vdots \\ B_{M1} & B_{M2} & \dots & B_{MM} \end{bmatrix}.$$

Dieses Modell wird *block-rekursiv* genannt. Es hat die gleichen Charakteristika wie ein rekursives Modell, nur dass jetzt Blöcke von Strukturgleichungen an die Stelle von Einzelgleichungen treten.

(v) Die Matrix B ist weder diagonal noch triangulär (auch nicht in Blöcken). Es liegt dann ein allgemeines interdependentes Modell bzw. ein voll simultanes Gleichungssystem vor.

Diese Zusammenhänge sollen nun anhand eines einfachen ökonometrischen Modells verdeutlicht werden.

Beispiel 2: Modell IV

(10) $$Y_t = C_t + I_t + G_t$$

(11) $$C_t = \alpha_0 + \alpha_1 (Y_t - T_t) + u_{1t}$$

(12) $$I_t = \beta_0 + \beta_1 r_t + u_{2t}$$

mit:

Y = Sozialprodukt	G = Staatsausgaben	C = Konsum
r = Zinssatz	I = Investitionen	T = Steueraufkommen

Endogene Variablen: Y_t, C_t, I_t.

Die Darstellung dieses einfachen Festpreis-Modells einer geschlossenen Volkswirtschaft mit staatlicher Aktivität in Matrixform führt gemäß der obigen Reihenfolge der Gleichungen zu

$$\begin{bmatrix} 1 & -1 & -1 \\ -\alpha_1 & 1 & 0 \\ 0 & 0 & 1 \end{bmatrix} \begin{bmatrix} Y_t \\ C_t \\ I_t \end{bmatrix} + \begin{bmatrix} 0 & -1 & 0 & 0 \\ -\alpha_0 & 0 & \alpha_1 & 0 \\ -\beta_0 & 0 & 0 & -\beta_1 \end{bmatrix} \begin{bmatrix} 1 \\ G_t \\ T_t \\ r_t \end{bmatrix} = \begin{bmatrix} 0 \\ u_{1t} \\ u_{2t} \end{bmatrix}.$$

Dieses Modell ist zerlegbar in Blöcke, wenn die Reihenfolge der endogenen Variablen bzw. Strukturgleichungen in I_t, Y_t, C_t geändert wird. Für die B-Matrix erhält man dann

$$B = \left[\begin{array}{c|cc} 1 & 0 & 0 \\ \hline -1 & 1 & -1 \\ 0 & -\alpha_1 & 1 \end{array}\right] = \begin{bmatrix} B_{11} & \varnothing \\ B_{21} & B_{22} \end{bmatrix}$$

mit

$$B_{11} = (1),\ \varnothing = (0,0),\quad B_{21} = \begin{bmatrix} -1 \\ 0 \end{bmatrix},\quad B_{22} = \begin{bmatrix} 1 & -1 \\ -\alpha_1 & 1 \end{bmatrix}.$$

Das obige Modell ist somit block-rekursiv. Dieses bedeutet, dass die Höhe der Investitionen I_t infolge der Exogenitätsannahme bezüglich des Zinssatzes (r_t) nur durch Gleichung (12) – unabhängig von den beiden anderen Gleichungen des Modells – bestimmt werden kann, d.h., das Modell zerfällt in zwei Teilmodelle. Wenn I_t im ersten Block (B_{11}) bestimmt ist, so können im 2. Block (B_{22}) die endogenen Variablen Y_t und C_t bestimmt werden, wobei dieser für sich genommen ein voll simultanes (interdependentes) System beschreibt, da sich C_t und Y_t gegenseitig beeinflussen.

Beispiel 3:

Wenn nun in Modell IV als weitere Gleichung eine Gleichgewichtsbedingung für den Geldmarkt eingeführt wird, z.B.

(13) $$M_t = \gamma_0 + \gamma_1 Y_t + \gamma_2 r_t + u_{3t}, \quad \gamma_1 > 0, \gamma_2 < 0$$

wobei M die nominale Geldmenge bezeichnet, so ergibt sich ein weiterer Freiheitsgrad im Modell zur Bestimmung einer weiteren endogenen Variablen. Kandidaten hierfür sind M_t und r_t. Wenn angenommen wird, dass die Geldmenge von der Zentralbank autonom fixiert, d.h. exogen ist, so erklärt das Modell als weitere endogene Variable die Höhe des Zinssatzes.

Das Modell lautet dann in Matrixform:

$$\begin{bmatrix} 1 & -1 & -1 & 0 \\ -\alpha_1 & 1 & 0 & 0 \\ 0 & 0 & 1 & -\beta_1 \\ -\gamma_1 & 0 & 0 & -\gamma_2 \end{bmatrix} \begin{bmatrix} Y_t \\ C_t \\ I_t \\ r_t \end{bmatrix} + \begin{bmatrix} 0 & -1 & 0 & 0 \\ -\alpha_0 & 0 & \alpha_1 & 0 \\ -\beta_0 & 0 & 0 & 0 \\ -\gamma_0 & 0 & 0 & 1 \end{bmatrix} \begin{bmatrix} 1 \\ G_t \\ T_t \\ M_t \end{bmatrix} = \begin{bmatrix} 0 \\ u_{1t} \\ u_{2t} \\ u_{3t} \end{bmatrix}.$$

Die Analyse der Koeffizienten-Matrix der endogenen Variablen, d.h. der B-Matrix, zeigt, dass hier ein voll simultanes (interdependentes) System vorliegt. Alle endogenen Variablen beeinflussen sich gegenseitig. Es ist nicht möglich, eine endogene Variable unabhängig von den anderen endogenen Variablen zu bestimmen, d.h. es ist nicht möglich, das Modell in rekursive oder unabhängige Blöcke zu zerlegen.

Beispiel 4: (Schneeweiß 1978: 256ff.)
Das Modell enthält sechs endogene Variablen $y_i, i=1,...,6$, und drei vorherbestimmte Variablen $z_i, i=1,...,3$:

(14) $$y_1 + \beta_{12} y_2 + \alpha_{11} z_1 = u_{1t}$$

(15) $$\beta_{21} y_1 + y_2 + \alpha_{21} z_1 + \alpha_{22} z_2 = u_{2t}$$

(16) $$\beta_{32} y_2 + y_3 + \beta_{34} y_4 + \alpha_{33} z_3 = u_{3t}$$

(17) $$\beta_{43} y_3 + y_4 + \alpha_{42} z_2 + \alpha_{43} z_3 = u_{4t}$$

(18) $$\beta_{51} y_1 + y_5 + \alpha_{51} z_1 = u_{5t}$$

(19) $$\beta_{63} y_3 + \beta_{65} y_5 + y_6 + \alpha_{63} z_3 = u_{6t}$$

Die Matrix B der endogenen Variablen kann somit in 4 Blöcke zerlegt werden:

$$B = \left[\begin{array}{cc|cc|c|c} 1 & \beta_{12} & 0 & 0 & 0 & 0 \\ \beta_{21} & 1 & 0 & 0 & 0 & 0 \\ \hline 0 & \beta_{32} & 1 & \beta_{34} & 0 & 0 \\ 0 & 0 & \beta_{43} & 1 & 0 & 0 \\ \hline \beta_{51} & 0 & 0 & 0 & 1 & 0 \\ \hline 0 & 0 & \beta_{63} & 0 & \beta_{65} & 1 \end{array}\right] = \begin{bmatrix} B_{11} & 0 & 0 & 0 \\ B_{21} & B_{22} & 0 & 0 \\ B_{31} & 0 & B_{33} & 0 \\ 0 & B_{42} & B_{43} & B_{44} \end{bmatrix}.$$

Auch dieses Modell ist block-rekursiv, falls die Bedingungen für die Varianz-Kovarianz erfüllt sind. Zuerst werden im voll simultanen Block B_{11}, der durch die ersten beiden Strukturgleichungen gebildet wird, die endogenen Variablen y_1 und y_2 bestimmt. Dann werden im ebenfalls voll simultanen 2. Block unter Berücksichtigung der Lösung für y_2 aus dem 1. Block y_3 und y_4 determiniert. Im 3. Block wird y_5 unter Verwendung von y_1 aus dem 1. Block berechnet. Schließlich wird im 4. Block, der durch die Strukturgleichung (19) gebildet wird, unter Berücksichtigung der Lösung für y_3 aus dem 2. Block und der Lösung für y_5 aus dem 3. Block die Variable y_6 bestimmt.

3. Die reduzierte Form

Die *reduzierte Form* eines Mehrgleichungsmodells erhält man durch Auflösung der Strukturform nach den endogenen Variablen derart, dass sich diese nur noch als Funktion der vorherbestimmten Variablen, d.h. der rein exogenen und der zeitlich verzögerten endogenen Variablen schreiben lassen. Für das einfache Modell II

(4) $$C_t = \alpha + \beta Y_t + u_t$$

(5) $$Y_t = C_t + I_t$$

ergibt sich als reduzierte Form des Modells durch Einsetzen von (5) in (4)

(4´) $$C_t = \alpha + \beta (C_t + I_t) + u_t$$

$$C_t = [\alpha / (1-\beta)] + [\beta / (1-\beta)] I_t + [1/(1-\beta)] u_t$$

bzw. durch Einsetzen von (4) in (5)

(5´) $$Y_t = \alpha + \beta Y_t + I_t + u_t$$

$$Y_t = [\alpha / (1-\beta)] + [1/(1-\beta)] I_t + [1/(1-\beta)] u_t .$$

Auf der rechten Seite der Gleichungen (4´) und (5´) stehen nur noch vorherbestimmte Variablen und das stochastische Störglied.

Die reduzierte Form des obigen Modells lässt sich auch schreiben als

(4´´) $$C_t = \pi_{11} + \pi_{12} I_t + \varepsilon_t$$

(5´´) $$Y_t = \pi_{21} + \pi_{22} I_t + \varepsilon_t$$

mit

$$\pi_{11} = \alpha / (1-\beta), \pi_{12} = \beta / (1-\beta), \pi_{21} = \alpha / (1-\beta), \pi_{22} = 1/(1-\beta),$$

$$\varepsilon_t = [1/(1-\beta)] u_t .$$

Die Parameter der reduzierten Form sind i.a. nicht-lineare Funktionen der Strukturparameter und sind nicht unabhängig voneinander, d.h. es existieren zwischen den einzelnen Gleichungen der reduzierten Form Restriktionen bezüglich der Parameter.

Im obigen Beispiel ergeben sich z.B. die folgenden Restriktionen:

$$\pi_{11} = \pi_{21}, \pi_{22} - \pi_{12} = 1.$$

Außerdem ist ersichtlich, dass es in diesem Beispiel möglich ist, bei gegebenen Parametern der reduzierten Form auf die Strukturparameter zurück zuschließen. Es ist

$$\pi_{11} / \pi_{22} = \alpha \text{ und } \pi_{12} / \pi_{22} = \beta.$$

Dieser Rückschluss von den Parametern der reduzierten Form auf die Strukturparameter ist jedoch nicht immer möglich. Das noch zu behandelnde Identifikationsproblem beschäftigt sich mit der Frage, unter welchen Bedingungen diese Rückrechnung durchführbar ist.

Für das allgemeine Strukturmodell

$$(6'') \qquad BY_t + \Gamma X_t = U_t$$

ergibt sich die reduzierte Form durch Multiplikation der Inversen B^{-1} der Matrix B von links[2]:

$$B^{-1} BY_t = -B^{-1}\Gamma X_t + B^{-1} U_t$$

und wegen $B^{-1}B = I$ (I = Einheitsmatrix) ist

$$(6''') \qquad Y_t = -B^{-1}\Gamma X_t + B^{-1} U_t,$$

bzw.

$$(6'''') \qquad Y_t = \Pi X_t + V_t$$

mit

$$\Pi = \begin{bmatrix} \pi_{11} & \dots & \pi_{1K} \\ \dots & \dots & \dots \\ \pi_{G1} & \dots & \pi_{GK} \end{bmatrix} := -B^{-1}\Gamma \text{ und } V_t = \begin{bmatrix} v_1 \\ \dots \\ v_G \end{bmatrix} := B^{-1} U_t.$$

Die Koeffizienten (π_{ik}) der reduzierten Form können als Multiplikatoren im Sinne der ökonomischen Theorie interpretiert werden.

Gemäß Gl. (5'') erhält man beispielsweise den sog. Investitionsmultiplikator als

$$\frac{dY_t}{dI_t} = \pi_{22} = 1/(1-\beta).$$

Die reduzierte Form wird auch als Prognoseform des simultanen Modells bezeichnet, da bei gegebenen Werten für die Koeffizienten π_{ik} und gegebenen Werten der vorherbestimmten Variablen die endogenen Variablen berechnet werden können. Die Koeffizientenmatrix der endogenen Variablen ist eine GxG-Einheitsmatrix. Die Parameter π_{ik} können erwartungstreu und konsistent mit OLS geschätzt werden.

---

[2] Wegen der Annahme der Vollständigkeit der Strukturform existiert die Inverse von B.

Wenn man die reduzierte Form und die Strukturform eines simultanen Modells gegenüberstellt, so lässt sich feststellen: (i) Die Strukturform enthält i.a. mehr Informationen als die reduzierte Form, da die reduzierte Form immer aus der Strukturform berechnet werden kann, die Umkehrung jedoch nicht immer gilt. (ii) Darüber hinaus zeigt nur die Strukturform die Kausalstruktur der ökonomischen Zusammenhänge innerhalb des Modells. (iii) In der reduzierten Form beeinflussen alle vorherbestimmten Variablen jede endogene Variable, was bei der Strukturform nicht der Fall ist. Wenn in der Strukturform ein Parameter verändert wird, so bleiben i.a. die Parameter in den anderen Strukturgleichungen unverändert, während in der reduzierten Form sich alle Parameter verändern. Dies bedeutet, dass die Schätzung der reduzierten Form der sog. Lucas-Kritik (Lucas, 1976) unterliegt. Wenn eine Strukturgleichung um eine weitere erklärende Variable erweitert wird, so bleiben die anderen Strukturgleichungen im allgemeinen unverändert, während sich in der reduzierten Form u.U. alle Gleichungen verändern. (iv) Abgesehen von Identitätsgleichungen, technischen und institutionellen Gleichungen beschreiben Strukturgleichungen das Verhalten bestimmter Gruppen von Wirtschaftssubjekten (z.B. Konsumenten, Investoren). Die Gleichungen der reduzierten Form stellen demgegenüber keine Verhaltensgleichungen bestimmter Gruppen dar, sondern beschreiben das Ergebnis der Interaktion aller Gruppen, deren Verhalten einen Einfluss auf eine bestimmte Variable haben, d.h. sie stellen z.B. eine Mischung aus Angebots- und Nachfrageeinflüssen dar.

4. Die finale Form

Wenn unter den vorherbestimmten Variablen zeitlich verzögerte endogene und exogene Variablen vorkommen, so liegt ein *dynamisches ökonometrisches Modell* vor[3].

Wenn der Vektor der vorherbestimmten Variablen X in Gl. (6´´) in G verzögert endogene Variablen Y_{t-i} bis zur Ordnung P und K exogene Variablen Z_t und deren Verzögerungen bis zur Ordnung H aufgespaltet wird, d.h., wenn

$$X_t = (Y_{t-1},...,Y_{t-P}; Z_t,...,Z_{t-H})$$

ist, so ergibt sich als allgemeine Darstellung eines linearen dynamischen ökonometrischen Modells

$$(20) \qquad BY_t + \Gamma_1 Y_{t-1} + ... + \Gamma_P Y_{t-P} + \Gamma_0 Z_t + \Gamma_{P+1} Z_{t-1} + ... \Gamma_{P+H} Z_{t-H} = U_t$$

wobei Y_{t-j} einen (Gx1)-Vektor der um j-Perioden verzögerten endogenen Variablen und Z_{t-j} einen (Kx1)-Vektor der j-ten Verzögerung der exogenen Variable bezeichnet. Die Γ_i stellen Koeffizientenmatrizen entsprechender Dimension dar. Die reduzierte Form dieses Modells lautet:

$$(20´) \qquad Y_t = \Pi_1 Y_{t-1} + ... + \Pi_P Y_{t-P} + \Pi_0 Z_t + \Pi_{P+1} Z_{t-1} + ... + \Pi_{P+H} Z_{t-H} + V_t$$

---

3 Für die Analyse von dynamischen Modellen aufgrund von verteilten Wirkungsverzögerungen vgl. auch den Beitrag von Wolters in diesem Band.

mit

$$\Pi_i = -B^{-1}\Gamma_i \text{ und } V_t = B^{-1}U_t.$$

Es zeigt sich somit, dass die Koeffizienten der exogenen Variablen der reduzierten Form nicht mehr den Gesamtmultiplikator der Erhöhung einer exogenen Variable um eine Einheit angeben, sondern nur noch die unmittelbare Reaktion der endogenen Variable in der gleichen Periode. Man nennt diese Multiplikatoren deshalb auch *Anstoß-Multiplikator (impact-multiplier)*. Zur Berechnung des Gesamtmultiplikators muss nun die gesamte dynamische Struktur des Modells berücksichtigt werden.

Zur Verdeutlichung dieses Sachverhalts soll die durch Gl. (4) beschriebene Konsumfunktion um den verzögerten Wert des Einkommens als erklärende Variable erweitert werden. Es ergibt sich somit das Modell:

(4 *) $$C_t = \beta Y_t + \theta Y_{t-1} + u_t$$

(5) $$Y_t = C_t + I_t,$$

wobei zur Vereinfachung $\alpha = 0$ gesetzt wurde.

Die reduzierte Form lautet:

(4**) $$C_t = \pi_{12} Y_{t-1} + \pi_{11} I_t + v_{1t}$$

(5*) $$Y_t = \pi_{22} Y_{t-1} + \pi_{21} I_t + v_{2t}$$

mit

$$\pi_{11} = \beta / (1-\beta), \pi_{12} = \pi_{22} = \theta / (1-\beta), \pi_{21} = 1/(1-\beta)$$

$$v_{1t} = v_{2t} = u_t / (1-\beta).$$

Eine Erhöhung der Investitionsausgaben um eine Einheit führt zu einer Erhöhung des Einkommens in der gleichen Periode um π_{21}. Damit ist der Prozess jedoch noch nicht beendet, da sich in der 2. Periode infolge des erhöhten Einkommens in der ersten Periode das verzögerte Einkommen erhöht und sich damit eine weitere Erhöhung von Y ergibt usw. Die Existenz einer verzögerten endogenen Variable als erklärende Variable verursacht somit Probleme bei der Berechnung des Gesamtmultiplikators. Dieses Problem kann dadurch gelöst werden, indem Y_{t-1} durch Substitution eliminiert wird.

Gemäß Gl. (5*) ist

$$Y_{t-1} = \pi_{21} I_{t-1} + \pi_{22} Y_{t-2} + v_{2t-1}.$$

Einsetzen dieser Gleichung in (5*) führt zu

$$Y_t = \pi_{21} I_t + \pi_{22}(\pi_{21} I_{t-1} + \pi_{22} Y_{t-2} + v_{2t-1}) + v_{2t}$$

$$= \pi_{21} I_t + \pi_{21}\pi_{22} I_{t-1} + \pi_{22}^2 Y_{t-2} + \pi_{22} v_{2t-1} + v_{2t}.$$

Substitution für Y_{t-2} ergibt

$$Y_t = \pi_{21} I_t + \pi_{21}\pi_{22} I_{t-1} + \pi_{22}^2 \left(\pi_{21} I_{t-2} + \pi_{22} Y_{t-3} + v_{2t-2}\right) + v_{2t} + \pi_{22} v_{2t-1}$$

$$= \pi_{21} I_t + \pi_{21}\pi_{22} I_{t-1} + \pi_{21}\pi_{22}^2 I_{t-2} + \pi_{22}^3 Y_{t-3} + v_{2t} + \pi_{22} v_{2t-1} + \pi_{22}^2 v_{2t-2}.$$

Durch fortgesetzte Substitution gelangt man schließlich wegen $\lim_{n\to\infty} \pi_{22}^n = 0 \left(\textit{für} \left|\pi_{22}\right| < 1\right)$ zu:

(21) $$Y_t = \pi_{21} I_t + \pi_{21}\pi_{22} I_{t-1} + \pi_{21}\pi_{22}^2 I_{t-2} + \pi_{21}\pi_{22}^3 I_{t-3} + \ldots + v_{2t} + \pi_{22} v_{2t-1} + \pi_{22}^2 v_{2t-2} + \ldots$$

bzw.

(21´) $$Y_t = \pi_{21} \sum_{i=0}^{\infty} \pi_{22}^i I_{t-i} + \sum_{i=0}^{\infty} \pi_{22}^i v_{2t-i}.$$

Man nennt Gleichung (21) bzw. Gleichung (21´) die *finale Form* des Modells. Diese ist also dadurch gekennzeichnet, dass das Modell so transformiert wird, dass jede endogene Variable nur noch von den exogenen Variablen, den Störtermen und deren verzögerten Werten abhängt.

Eine einmalige Erhöhung der Investitionsausgaben in der Periode t um eine Einheit führt gemäß Gleichung (21) zu einer Einkommenserhöhung um π_{21} in der gleichen Periode. In der 2. Periode ergibt sich eine Einkommenserhöhung von $\pi_{21}\pi_{22}$, in der dritten Periode von $\pi_{21}\pi_{22}^2$ usw.

Der Koeffizient π_{21} gibt somit den Anstoß-Multiplikator einer Erhöhung der Investitionsausgaben an, die Koeffizienten $\left(\pi_{21}\pi_{22}^i\right)$ sind die sog. *Verzögerungs-Multiplikatoren* (delayed-multipliers) zur Verzögerung i.

Bei einer dauerhaften Erhöhung der Investitionsausgaben ergibt sich somit der Einkommenseffekt als Summe aus dem Anstoß-Multiplikator und den Verzögerungs-Multiplikatoren, d.h., der Gesamtmultiplikator lautet:

(22) $$\pi_{21} + \sum_{i=1}^{\infty} \pi_{21}\pi_{22}^i = \pi_{21} \sum_{i=0}^{\infty} \pi_{22}^i = \pi_{21} / \left(1 - \pi_{22}\right)$$

$$\text{wegen } \sum_{i=0}^{\infty} \pi_{22}^i = 1 / \left(1 - \pi_{22}\right) \text{für } \left|\pi_{22}\right| < 1.$$

Die Summierung der Verzögerungsmultiplikatoren bis zur Periode *n* ergibt somit die Wirkung einer dauerhaften Erhöhung der Investitionsausgaben – bzw. allgemeiner einer exogenen Variable – um eine Einheit nach n Perioden an. Wenn das Gleichungssystem linear in den Variablen ist, können die Multiplikatoren mit Hilfe der Koeffizienten der reduzierten Form berechnet und in der finalen Form direkt abgelesen werden. Die finale Form beschreibt demnach die dynamischen Eigenschaften eines dynamischen simultanen Strukturmodells (Hamilton 1994: 7ff.).

Zur Ermittlung der finalen Form des linearen dynamischen Modells wird (20´) in ein System von Differenzengleichungen 1. Ordnung transformiert (Chow 1983: 146ff.; Hamilton 1994: 7ff.):

$$(23)\quad \underbrace{\begin{bmatrix} Y_t \\ Y_{t-1} \\ \vdots \\ Y_{t-P+1} \\ Z_t \\ Z_{t-1} \\ \vdots \\ Z_{t-H+1} \end{bmatrix}}_{Y_t^*} = \underbrace{\begin{bmatrix} \Pi_1 & \Pi_2 & \dots & \Pi_{G-1} & \Pi_G & \Pi_{G+1} & \dots & \Pi_{G+H-1} & \Pi_{G+H} \\ I & 0 & & 0 & 0 & 0 & & 0 & 0 \\ \vdots & & & & & & & & \\ 0 & 0 & \dots & I & 0 & 0 & \dots & 0 & 0 \\ 0 & 0 & \dots & 0 & 0 & 0 & \dots & 0 & 0 \\ 0 & 0 & & 0 & 0 & I & \dots & 0 & 0 \\ & & & & & & & & \\ 0 & 0 & & 0 & 0 & 0 & & I & 0 \end{bmatrix}}_{\Pi_1^*} \underbrace{\begin{bmatrix} Y_{t-1} \\ Y_{t-2} \\ \vdots \\ Y_{t-P} \\ Z_{t-1} \\ Z_{t-2} \\ \vdots \\ Z_{t-H} \end{bmatrix}}_{Y_{t-1}^*} + \underbrace{\begin{bmatrix} \Pi_0 \\ 0 \\ \vdots \\ 0 \\ I \\ 0 \\ \vdots \\ 0 \end{bmatrix}}_{\Pi_0^*} Z_t + \underbrace{\begin{bmatrix} V_t \\ 0 \\ \vdots \\ 0 \\ 0 \\ 0 \\ \vdots \\ 0 \end{bmatrix}}_{V_t^*}$$

Es ergibt sich demnach in kompakter Schreibweise

$$(24)\qquad Y_t^* = \Pi_1^* Y_{t-1}^* + \Pi_0^* Z_t + V_t^* .$$

Die reduzierte Form eines linearen dynamischen Modells kann somit in ein System transformiert werden, das nur noch die verzögerten, neu definierten endogenen Variablen erster Ordnung und die exogenen Variablen zum Zeitpunkt t enthält. Die erste Gleichung des Systems (23) ist identisch mit (20´). Für die weiteren Gleichungen gilt

$$Y_{t-1} = Y_{t-1}, Y_{t-2} = Y_{t-2}, \dots, Y_{t-P+1}, = Y_{t-P+1},$$
$$Z_t = Z_t, Z_{t-1} = Z_{t-1}, \dots, Z_{t-H+1} = Z_{t-H+1}$$

Bei gegebenen Anfangsbedingungen Y_0^* erhält man als Lösung des Systems von Differenzengleichungen 1. Ordnung aus Gleichung (24)

$$Y_t^* = \Pi_0^* Z_t + V_t^* + \Pi_1^* \left(\Pi_0^* Z_{t-1} + V_{t-1}^* + \Pi_1^* Y_{t-2}^*\right)$$

und mit Hilfe fortgesetzter Substitution die *finale Form* des Modells (20) bzw. (24)

$$(25)\quad \begin{aligned} Y_t^* &= \Pi_0^* Z_t + \Pi_1^* \Pi_0^* Z_{t-1} + \Pi_1^{*2} \Pi_0^* Z_{t-2} + \dots + \Pi_1^{*t-1} \Pi_0^* Z_1 + V_t^* + \Pi_1^* V_{t-1}^* + \dots \\ &+ \Pi_1^{*t-1} V_1^* + \Pi_1^{*t} Y_0^* \end{aligned}$$

wobei angenommen wird, dass die Anfangswerte Y_0^* gegeben sind.

Mit Hilfe der finalen Form lässt sich somit auch die Stabilität des dynamischen Systems (20) ermitteln. Es muss gelten, dass Π_1^{*t} für t gegen unendlich gegen eine Null-Matrix strebt. Dies ist dann der Fall, wenn alle Eigenwerte von Π_1^* betragsmäßig kleiner als 1 sind. Matrix Π_1^* kann wie folgt in eine trianguläre Matrix unterteilt werden

$$\text{(26)} \qquad \Pi_1^* = \begin{bmatrix} A_{11} & A_{12} \\ 0 & A_{22} \end{bmatrix}, \quad \text{mit} \quad A_{11} = \begin{bmatrix} \Pi_1 & \Pi_2 & \ldots & \Pi_P \\ I & 0 & & 0 \\ \ldots & \ldots & \ldots & \ldots \\ 0 & \ldots & I & 0 \end{bmatrix}$$

Die Eigenwerte λ_i von Π_1^* erhält man durch Lösung der Gleichung $|\Pi_1^* - \lambda I| = 0$ bzw.

$$|A_{11} - \lambda I||A_{22} - \lambda I| = 0.$$

Da die Wurzeln von $|A_{22} - \lambda I| = 0$ wegen

$$|A_{22} - \lambda I| = \begin{vmatrix} -\lambda I & 0 & \ldots & 0 & 0 \\ I & -\lambda I & \ldots & 0 & 0 \\ \vdots & & & & \vdots \\ 0 & 0 & \ldots & I & -\lambda I \end{vmatrix} = |\lambda I|^r$$

gleich Null sind, sind die Eigenwerte von Π_1^* nur dann betragsmäßig kleiner als Eins, wenn die Eigenwerte von A_{11} betragsmäßig kleiner als eins sind.

Die dynamischen Multiplikatoren können aus der finalen Form (25) ermittelt werden. Die Anstoßmultiplikatoren (impact multipliers), welche den Effekt von Z_t auf Y_t messen, sind durch die Sub-Matrix Π_0 von Π_0^* gegeben. Die Verzögerungsmultiplikatoren (delayed multipliers) zur Verzögerung i, welche die Effekte von Z_{t-i} auf Y_t zeigen, werden durch die erste Zeile von $\Pi_1^{*\,i}\Pi_0^*$ beschrieben. Die Multiplikatorwirkung nach n Perioden ist gegeben durch die Summe der Verzögerungsmultiplikatoren $\sum_{j=0}^{n} \Pi_1^{*\,j}\Pi_0^*$ und der Gesamtmultiplikator durch $\sum_{j=0}^{\infty} \Pi_1^{*\,j}\Pi_0^*$. Diese Multiplikatoren existieren natürlich nur dann, wenn das System stabil ist, d.h. wenn die Wurzeln von Π_1^* betragsmäßig kleiner als eins sind.

Diese Überlegungen gelten nur für lineare dynamische Modelle. Ökonometrische Modelle enthalten jedoch häufig Nichtlinearitäten in den Variablen. In diesem Falle können die dynamischen Eigenschaften des Systems entweder mit Hilfe von Simulationen analysiert werden oder das Modell muss z.B. mit Hilfe einer Taylor-Reihen-Approximation linearisiert werden. Die dynamischen Eigenschaften des Modells lassen sich dann für das linearisierte System – wie beschrieben – analysieren.

5. Das Identifikationsproblem

Das Identifikationsproblem ist logisch dem Schätzproblem vorgelagert und beschäftigt sich mit der Frage, ob die Parameter eines Modells überhaupt geschätzt werden können und was bei ökonometrischen Untersuchungen von Strukturgleichungen überhaupt gemessen wird. Kann der Ökonometriker, der eine Nachfragefunktion für ein bestimmtes Gut (z.B. Kartoffeln) ermitteln möchte, sicher sein, überhaupt eine Nachfragefunktion zu schätzen, wenn er eine Regression mit der Menge als abhängige Variable und dem Preis als erklärende Variable durchführt? Das Problem wird deutlich, wenn man berücksichtigt, dass der am Markt beobachtete Preis und die beobachtete Menge i.a. Gleichgewichtswerte darstellen, die durch Interaktion von Angebot und Nachfrage zustandekommen, wie dieses in dem Standardmodell der Preistheorie (Modell I) zum Ausdruck kommt:

(1) $$x_t^d = \alpha_0 + \alpha_1 p_t + u_t, \quad \alpha_1 < 0$$ Nachfrage

(2) $$x_t^s = \beta_0 + \beta_1 p_t + v_t, \quad \beta_1 > 0$$ Angebot

(3) $$x_t^d = x_t^s = x_t$$ Gleichgewicht

Für die stochastischen Störglieder u_t und v_t, welche u.U. weitere Einflussfaktoren neben dem Preis umfassen können, wird angenommen, dass diese unabhängig und identisch verteilt sind mit Mittelwert Null, Varianz σ_u^2 bzw. σ_v^2 und $\text{cov}(u_t, v_t) = 0$, d.h. dass u_t und v_t nicht miteinander korreliert sind.

Beobachtet werden x_t und p_t, so dass unklar ist, ob der geschätzte Zusammenhang als eine Angebotsfunktion, eine Nachfragefunktion oder eine Mischung aus beiden interpretiert werden kann. Auch die mit Hilfe der ökonomischen Theorie abgeleiteten Restriktionen $\alpha_1 < 0, \beta_1 > 0$ helfen zu einer eindeutigen Identifikation der „wahren“ Nachfragefunktion nicht weiter, da der Preisparameter eine Mischung von Angebots- und Nachfrageeinflüssen repräsentieren kann, wie die folgende Ableitung des OLS-Schätzers für α_1 zeigt (Hamilton 1994: 233ff.): Im Gleichgewicht gilt unter der Annahme $\alpha_0 = \beta_0 = 0$.

$$\alpha_1 p_t + u_t = \beta_1 p_t + v_t$$

bzw.

(27) $$p_t = \frac{u_t - v_t}{\beta_1 - \alpha_1}.$$

Substitution von (27) in (1) führt unter Verwendung von (3) zu

(28) $$x_1 = \frac{\beta_1}{\beta_1 - \alpha_1} u_t - \frac{\alpha_1}{\beta_1 - \alpha_1} v_t.$$

Der OLS-Schätzer für α_1 gemäß Gl. (1) lautet

(29)
$$\hat{\alpha}_1 = \frac{\left(\frac{1}{T}\right)\sum_{t=1}^{T} p_t x_t}{\left(\frac{1}{T}\right)\sum_{t=1}^{T} p_t^2}$$

Substitution von (27) und (28) in (29) ergibt[4]

$$\frac{1}{T}\sum_{t=1}^{T} p_t x_t = \frac{1}{T}\sum_{t=1}^{T}\left[\frac{1}{\beta_1-\alpha_1}u_t - \frac{1}{\beta_1-\alpha_1}v_t\right]\left[\frac{\beta_1}{\beta_1-\alpha_1}u_t - \frac{\alpha_1}{\beta_1-\alpha_1}v_t\right]$$

$$= \frac{1}{T}\sum_{t=1}^{T}\left[\frac{\beta_1}{(\beta_1-\alpha_1)^2}u_t^2 + \frac{\alpha_1}{(\beta_1-\alpha_1)^2}v_t^2 - \frac{\alpha_1+\beta_1}{(\beta_1-\alpha_1)^2}u_t v_t\right]$$

$$\overset{P}{\rightarrow} \frac{\beta_1\sigma_u^2 + \alpha_1\sigma_v^2}{(\beta_1-\alpha_1)^2}$$

$$\frac{1}{T}\sum_{t=1}^{T} p_t^2 = \frac{1}{T}\sum_{t=1}^{T}\left[\frac{1}{\beta_1-\alpha_1}u_t - \frac{1}{\beta_1-\alpha_1}v_t\right]^2 \overset{P}{\rightarrow} \frac{\sigma_u^2+\sigma_v^2}{(\beta_1-\alpha_1)^2}.$$

Für $\hat{\alpha}_1$ ergibt sich somit

(30)
$$\hat{\alpha}_1 = \frac{\beta_1\sigma_u^2 + \alpha_1\sigma_v^2}{\sigma_u^2+\sigma_v^2}$$

Die OLS-Schätzung der Nachfragefunktion (1) führt demnach zu einem Parameter-Schätzwert $\hat{\alpha}_1$, der ein mit den Varianzen σ_u^2 und σ_v^2 gewogener Durchschnitt der Preisparameter aus der Nachfrage- und Angebotsfunktion darstellt. Ein konsistenter Schätzwert für den Nachfrageparameter α_1 ergibt sich dann, wenn das Störglied in der Nachfragefunktion sehr klein ist $\left(\sigma_u^2 \rightarrow 0\right)$ oder wenn das Störglied in der Angebotsfunktion sehr groß ist $\left(\sigma_v^2 \rightarrow \infty\right)$. Eine konsistente Schätzung der Angebotsfunktion ergibt sich andererseits für $\sigma_v^2 \rightarrow 0$ oder für $\sigma_u^2 \rightarrow \infty$.

Mit Hilfe der Abbildungen 1, 2 und 3 kann diese Problematik verdeutlicht werden. Die Punkte $\left(x_i, p_i\right)$ stellen Beobachtungen bezüglich Menge und Preis zum Zeitpunkt t dar. Sie ergeben sich als Schnittpunkte unterschiedlicher Nachfrage- und Angebotsfunktionen, deren Lage durch die Störglieder bestimmt ist. Mit Hilfe von OLS wird eine Kurve (meist eine Gerade) durch die Beobachtungspunkte $\left\{x_t, p_t\right\}_{t=1}^{T}$ gelegt, welche die Varianz der Abweichungen minimiert.

Wenn Störungen nur auf der Nachfrageseite auftreten z.B. durch Veränderungen des Einkommens und gleichzeitig keine Störungen auf der Angebotsseite erfolgen, dann liegen alle Beobachtungspunkte auf der Angebotsfunktion. Abbildung 2 zeigt

---

[4] „$\overset{P}{\rightarrow}$" bedeutet Konvergenz in Wahrscheinlichkeit.

Abbildung 1

Beobachtungen von Preis/Mengen-Kombinationen aufgrund von Störungen der Nachfrage- und Angebotsfunktion

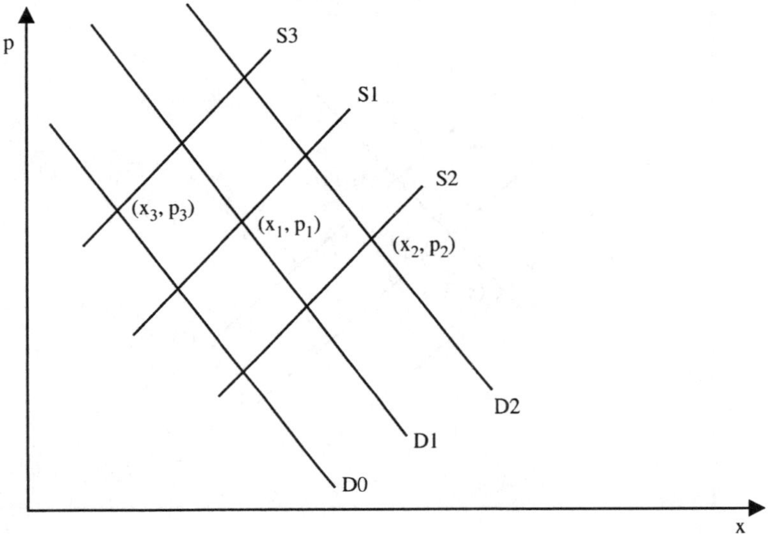

diesen Sachverhalt. Wenn dagegen die Störungen nur auf der Angebotsseite – z.B. infolge von Witterungseinflüssen – bei stabiler Nachfrage erfolgen, so liegen alle Beobachtungspunkte auf der Nachfragefunktion, wie dies durch Abbildung 3 verdeutlicht wird.

Diese Überlegungen verdeutlichen, dass eine negative oder positive Korrelation zwischen Menge und Preis nicht unbedingt als ein Indiz dafür interpretiert werden kann, dass eine Nachfrage – bzw. eine Angebotsfunktion geschätzt wurde. Um mit Hilfe von Marktdaten die Angebotsfunktion oder die Nachfragefunktion identifizieren zu können, müssen die Veränderungen der anderen Einflussfaktoren von Angebot und Nachfrage bekannt sein und berücksichtigt werden. Ein Modell, in dem alle Strukturgleichungen dieselben erklärenden Variablen enthalten, kann nicht sinnvoll geschätzt werden.

Die Nachfragefunktion (Angebotsfunktion) $x = f(p)$ ist nur dann genau identifiziert, wenn sie selbst eine stabile Funktion ist und die Angebotsfunktion (Nachfragefunktion) wegen anderen Einflussgrößen variiert. Die Identifikation einer Strukturgleichung hängt demnach von Variablen ab, die sie selbst nicht beeinflussen.

In dem Standardmodell sind weder die Parameter der Nachfragefunktion noch diejenigen der Angebotsfunktion identifizierbar, da durch Linearkombination beider Funktionen wiederum eine Funktion der gleichen Form wie die der Nachfrage- bzw. der Angebotsfunktion entsteht:

$$(\Phi_1 + \Phi_2)x_1 = \alpha_0\Phi_1 + \beta_0\Phi_2 + (\alpha_1\Phi_1 + \beta_1\Phi_2)p_t + \Phi_1 u_t + \Phi_2 v_t .$$

Abbildung 2

Beobachtungen von Preis/Mengen-Kombinationen wenn Störungen nur auf der Nachfrageseite erfolgen

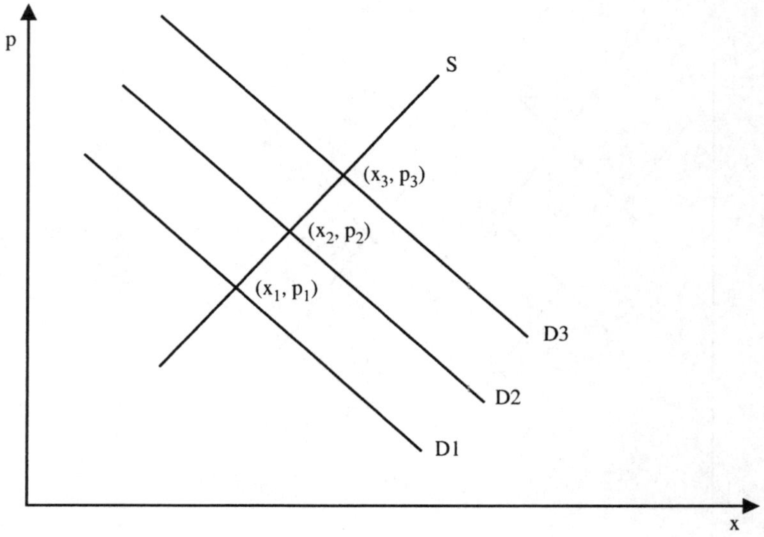

Dabei sind Φ_1 und Φ_2 beliebige Konstanten. Auch die zusätzliche Information, dass $\alpha_1 < 0$ und $\beta_1 > 0$ ist, löst das Identifikationsproblem nicht, da Φ_1 und Φ_2 beliebig wählbare Konstanten sind.

Wenn die Variation der Nachfragefunktion auf Veränderungen des Einkommens (y_t) zurückgeführt werden kann, d.h. Gl. (1) enthält y_t als zusätzliche erklärende Variable, so lautet die Nachfragefunktion

$$x_t^d = \alpha_0 + \alpha_1 p_t + \alpha_2 y_t + u_t, \qquad (1')$$

und wenn weiterhin angenommen wird, dass das Einkommen in der Zeit variiert (z.B. trendmäßig wächst) bei unveränderter Angebotsfunktion, so bekommt man eine Folge von Beobachtungspaaren (x_t, p_t), die auf der Angebotsfunktion liegen (Abbildung 2). Die Angebotsfunktion ist somit in diesem Modell identifiziert, nicht jedoch die Nachfragefunktion, da sich durch Linearkombination der Angebots- und Nachfragefunktion eine Funktion mit der gleichen Form wie die der Nachfragefunktion ergibt und sich somit von dieser nicht unterscheidet.

Wenn nur die Angebotsfunktion erweitert wird, z.B. durch die Variable w_t (z.B. Wetter), welche in der Zeit variiert, so liegen die Beobachtungspaare (x_t, p_t) auf der Nachfragefunktion (Abbildung 3). Diese ist somit identifizierbar, nicht jedoch die Angebotsfunktion. Die Identifizierbarkeit wird somit durch Variablen erzeugt, die sich nur in der anderen Funktion befinden.

Das Identifikationsproblem lässt sich auch anhand der reduzierten Form des Modells verdeutlichen. Danach ist die Strukturgleichung eines Modells dann genau

Abbildung 3

Beobachtungen von Preis/Mengen-Kombinationen, wenn Störungen nur auf der Angebotsseiteseite erfolgen

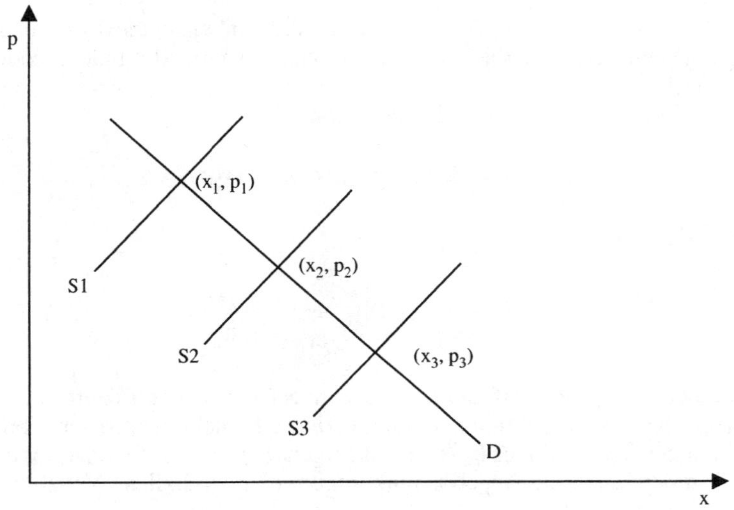

identifiziert, wenn sich die Strukturparameter in eindeutiger Weise aus der reduzierten Form des Modells berechnen lassen.

Für das modifizierte Modell (Modell I´)

(1´) $$x_t^d = \alpha_0 + \alpha_1 p_t + \alpha_2 y_t + u_t$$

(2) $$x_t^s = \beta_0 + \beta_1 p_t + v_t$$

(3) $$x_t^d = x_t^s = x_t$$

lautet die reduzierte Form bei Vernachlässigung von u_t und v_t

$$x_t = \pi_{11} + \pi_{12} y_t$$

$$p_t = \pi_{21} + \pi_{22} y_t .$$

Substitution dieser reduzierten Formen in die Nachfrage- bzw. Angebotsfunktion führt zu folgenden Gleichungen

$$\pi_{11} + \pi_{12} y_t = \alpha_0 + \alpha_1 \left(\pi_{21} + \pi_{22} y_t\right) + \alpha_2 y_t$$

$$\pi_{11} + \pi_{12} y_t = \beta_0 + \beta_1 \left(\pi_{21} + \pi_{22} y_t\right).$$

Durch Koeffizientenvergleich ergeben sich für die Nachfragefunktion die Bedingungen

$$\pi_{11} = \alpha_0 + \alpha_1 \pi_{21} \text{ und } \pi_{12} = \alpha_1 \pi_{22} + \alpha_2 .$$

Da nur zwei Gleichungen zur Bestimmung der drei Unbekannten α_0, α_1 und α_2 zur Verfügung stehen, können die Parameter der Nachfragefunktion nicht eindeutig ermittelt werden.

Für die Koeffizienten der Angebotsfunktion gilt

$$\pi_{11} = \beta_0 + \beta_1 \pi_{21} \text{ und } \pi_{12} = \beta_1 \pi_{22} .$$

Es ergibt sich somit

$$\beta_1 = \frac{\pi_{12}}{\pi_{22}} \text{und } \beta_0 = \pi_{11} - \frac{\pi_{12}\pi_{21}}{\pi_{22}} .$$

Die Parameter der Angebotsfunktion sind demnach genau identifiziert, während diejenigen der Nachfragefunktion unteridentifiziert d.h. nicht identifiziert sind.

Betrachten wir als weiteres Beispiel das folgende erweiterte Standardmodell (Modell I´´) in dem auch die Angebotsfunktion um eine zusätzliche Variable w_t (z.B. Wetter) erweitert wird:

(1´) $$x_t^d = \alpha_0 + \alpha_1 p_t + \alpha_2 y_t + u_t$$

(2´) $$x_t^s = \beta_0 + \beta_1 p_t + \beta_2 w_t + v_t$$

(3) $$x_t^d = x_t^s = x_t$$

Nach unseren bisherigen Überlegungen müssten sowohl die Parameter in der Angebotsfunktion als auch diejenigen in der Nachfragefunktion identifizierbar sein, da beide Funktionen jeweils eine Variable enthalten, die in der anderen Funktion nicht enthalten ist und sich somit durch Linearkombination keine mit der Nachfragefunktion oder der Angebotsfunktion beobachtungsäquivalente Funktion bilden lässt. Die reduzierte Form dieses Modells lautet bei Vernachlässigung der Störglieder:

(31) $$p_t = \pi_{11} + \pi_{12} y_t + \pi_{13} w_t$$

(32) $$x_t = \pi_{21} + \pi_{22} y_t + \pi_{23} w_t$$

Substitution von (31) und (32) in (1´) und (2´) führt unter Berücksichtigung von (3) zu

$$\pi_{21} + \pi_{22} y_t + \pi_{23} w_t = \alpha_0 + \alpha_1 \left(\pi_{11} + \pi_{12} y_t + \pi_{13} w_t \right) + \alpha_2 y_t$$

$$\pi_{21} + \pi_{22} y_t + \pi_{23} w_t = \beta_0 + \beta_1 \left(\pi_{11} + \pi_{12} y_t + \pi_{13} w_t \right) + \beta_2 w_t$$

Durch Koeffizientenvergleich ergeben sich folgende Gleichungen:

$$\pi_{21} = \alpha_0 + \alpha_1 \pi_{11}, \quad \pi_{21} = \beta_0 + \beta_1 \pi_{11}$$

$$\pi_{22} = \alpha_1 \pi_{12} + \alpha_2, \quad \pi_{22} = \beta_1 \pi_{12}$$

$$\pi_{23} = \alpha_1 \pi_{13}, \quad \pi_{23} = \beta_1 \pi_{13} + \beta_2.$$

Für die Strukturparameter erhält man demnach

$$\alpha_0 = \pi_{21} - \pi_{11}\pi_{23} / \pi_{13}, \quad \beta_0 = \pi_{21} - \pi_{11}\pi_{22} / \pi_{12},$$

$$\alpha_1 = \pi_{23} / \pi_{13}, \quad \beta_1 = \pi_{22} / \pi_{12},$$

$$\alpha_2 = \pi_{22} - \pi_{12}\pi_{23} / \pi_{13}, \quad \beta_2 = \pi_{23} - \pi_{22}\pi_{13} / \pi_{12}.$$

Alle Gleichungen des erweiterten Standardmodells sind somit *genau identifiziert.* Wenn $\alpha_2 = \beta_2 = 0$ ist, d.h., wenn das Standardmodell vorliegt, so ist keine Gleichung identifiziert. Alle Gleichungen sind in diesem Falle *unteridentifiziert.* Zu einem *überidentifizierten* Modell gelangt man, wenn die Nachfragefunktion und die Angebotsfunktion des erweiterten Standardmodells jeweils um weitere zusätzliche erklärende Variablen erweitert werden. In diesem Fall ist es möglich, Strukturparameter auf mehreren Wegen aus den Parametern der reduzierten Form zu berechnen.

Die Überprüfung der Identifizierbarkeit der Strukturgleichungen des Modells anhand der reduzierten Form ist bei größeren Modellen sehr mühsam. Es wurden deshalb Kriterien entwickelt, mit deren Hilfe die Identifizierbarkeit einfacher und schneller überprüft werden kann. In der Praxis hat sich das folgende einfache Abzählkriterium bewährt, das jedoch nur eine *notwendige Bedingung für Identifizierbarkeit* darstellt: *In einem interdependenten Modell mit G linearen Gleichungen ist eine Gleichung dann identifiziert, wenn in ihr mindestens G-1 Variablen des Modells ausgeschlossen sind. Die Gleichung ist genau identifiziert, wenn exakt G-1 Modellvariablen ausgeschlossen sind und überidentifiziert bei dem Ausschluss von mehr als G-1 Variablen.*

Beispielhaft sei das Abzählkriterium für das erweiterte Standardmodell (I´´) anhand der folgenden Tabelle demonstriert, wobei in der Kopfzeile alle Variablen des Modells stehen und die Tabellenwerte die diesen zugeordneten Koeffizienten bezeichnen. Das Absolutglied wird dabei als Koeffizient einer Dummy-Variable behandelt, die zu jedem Zeitpunkt den Wert 1 hat.

	x	1	p	y	w
Nachfrage:	1	α_0	α_1	α_2	0
Angebot:	1	β_0	β_1	0	β_2

Die Anzahl der ausgeschlossenen Variablen ergibt sich durch Abzählen der Nullen in jeder Gleichung. In beiden Gleichungen ist jeweils eine Variable ausgeschlossen. Die Gesamtzahl der Gleichungen ist G=2 und damit ist G-1=1. Beide Gleichungen sind demnach genau identifiziert, während im Standardmodell (I) mit x_t, 1 und p_t weder die Nachfrage- noch die Angebotsfunktion identifiziert ist. Bei Erweiterung des

Standardmodells um y in der Nachfragefunktion (Modell I´´) mit x_t, 1, p_t und y ist nur die Angebotsfunktion genau identifiziert.

Diese Vorgehensweise kann auch auf größere Modelle übertragen werden. Es muss jedoch noch einmal darauf hingewiesen werden, dass das Abzählkriterium nur eine notwendige und keine hinreichende Bedingung für die Identifizierbarkeit darstellt. Eine notwendige und hinreichende Bedingung ist durch das sog. Rang-Kriterium gegeben. Es würde hier jedoch zu weit führen, dieses im Detail abzuleiten und zu diskutieren. Stattdessen sei z.B. auf die Abhandlungen in Stewart/Wallis (1981), Chow (1983), Pindyck/Rubinfeld (2000), Pindyck (1997), Hamilton (1994) verwiesen.

Diese Überlegungen zur Identifikation zeigen, dass die Strukturparameter B und Γ des allgemeinen Modells nicht identifizierbar sind, wenn dem Modell a priori keine Restriktionen auferlegt werden. In diesem Falle gehen in jede Strukturgleichung alle endogenen und vorherbestimmten Variablen ein, d.h. alle Strukturgleichungen sind beobachtungsäquivalent. Wie gezeigt wurde kann Identifikation über die Einführung von Nullrestriktionen erreicht werden, d.h. bestimmte endogene und exogene Variablen werden aufgrund theoretischer Überlegungen aus den einzelnen Strukturgleichungen ausgeschlossen. Auch a priori-Restriktionen hinsichtlich der Größenordnung einzelner Parameter, zwischen Parametern in einer Strukturgleichung und zwischen unterschiedlichen Strukturgleichungen sowie hinsichtlich der Varianz-Kovarianz-Matrix der Störglieder können zur Identifikation führen[5].

Das Identifikationsproblem ist im Prinzip nur für kleinere Modelle bzw. Submodelle relevant. Große ökonometrische Modelle haben in der Regel eine so große Zahl von vorherbestimmten Variablen und damit auch Ausschlussrestriktionen, dass von einer Überidentifikation der Parameter ausgegangen werden kann.

6. Das Schätzproblem

Die bisherigen Ausführungen haben gezeigt, dass in interdependenten (simultanen) Modellen eine wesentliche Annahme des klassischen Regressionsmodells verletzt ist, nämlich diejenige der Unabhängigkeit der erklärenden Variablen von den Störgrößen. Die Folge ist, dass bei direkter Schätzung der Parameter mit Hilfe der Me-

---

[5] Sims (1980) hält die in ökonometrischen Strukturmodellen unterstellten Nullrestriktionen für „incredible". Er schlägt statt dessen die Schätzung und Analyse sog. Vektor-Autoregressiver (VAR)-Modelle vor, in denen jede Variable als endogen betrachtet wird und von den eigenen verzögerten Werten und den verzögerten Werten aller anderen Variablen abhängig ist. Auch VAR-Modelle kommen jedoch nicht ohne Annahmen aus. Diese betreffen die ad hoc-Auswahl der Anzahl der Variablen und die lag-Länge, da diese Modelle hinsichtlich der Freiheitsgrade schnell an ihre Grenze stoßen. Außerdem werden mittlerweile in sog. strukturellen VAR-Modellen auch wiederum Parameterrestriktionen eingeführt. Ob diese VAR-Modelle zu „besseren" Modellen führen als die Strukturmodelle kann bezweifelt werden. Ihre Beliebtheit in den letzten Jahren kann eher auf ihre Einfachheit zurückgeführt werden, während der Aufwand bei makroökonometrischen Strukturmodellen doch erheblich ist und bei größeren Modellen im Prinzip nur von Forscherteams geleistet werden kann. Für eine Kritik von VAR-Modellen vgl. z.B. Cooley/LeRoy (1985) und für einen Überblick Charemza/Deadman (1992). Hinsichtlich der Einordnung von VAR-Modellen und ökonometrischen Simultanmodellen vgl. z.B. auch Wolters (2002).

thode der Kleinsten Quadrate (OLS) die Schätzwerte i.d.R. verzerrt und inkonsistent sind. Man nennt diese Verzerrung auch Kleinste-Quadrate-Verzerrung oder simultaner Gleichungsfehler (simultaneous equation bias).

Zur Vermeidung der OLS-Verzerrung bei der Schätzung simultaner Modelle wurde eine Vielzahl von Schätzverfahren vorgeschlagen, die alle konsistente, jedoch nicht immer auch effiziente Schätzer liefern. Sie beziehen sich auf die Schätzung identifizierter, d.h. genau identifizierter und überidentifizierter Strukturgleichungen, weil bei Unteridentifikation die Strukturgleichungen nicht sinnvoll geschätzt werden können, da die daraus resultierenden Parameterschätzwerte nicht – z.B. als Nachfrage- und Angebotsparameter – interpretierbar sind. Die bei Unteridentifikation geschätzten Strukturgleichungen sollten deshalb nicht in der weiteren Analyse des Modells verwendet werden. Da bei genauer Identifikation die einzelnen Schätzverfahren in der Regel zu den gleichen Schätzwerten führen, bezieht sich das Problem der Wahl zwischen den einzelnen Schätzmethoden auf den Fall der Überidentifikation.

Bei der Schätzung simultaner Modelle werden Verfahren bei beschränkter und bei voller Information in Abhängigkeit davon unterschieden, ob nur eine einzelne Strukturgleichung isoliert von den anderen Strukturgleichungen ohne die Berücksichtigung aller verfügbaren Informationen über das gesamte System interdependenter Strukturgleichungen oder ob alle Strukturparameter gleichzeitig (simultan) unter Verwendung aller verfügbaren Modellinformationen (z.B. über Parameterrestriktionen oder über die Eigenschaften der Varianz-Kovarianz-Matrix der Störglieder) geschätzt werden.

Es sollen hier einige dieser Schätzverfahren nur kurz skizziert werden, ohne die Schätzer und deren Verteilungen explizit abzuleiten. Dazu muss auf die umfangreiche Literatur verwiesen werden. Das Hauptaugenmerk ist vielmehr auf die Eigenschaften der Schätzer und auf die Probleme gerichtet, die mit ihrer Schätzung verbunden sind. Computerprogramme dieser Schätzmethoden finden sich heute in allen gängigen ökonometrischen Software-Paketen.[6]

Die potentielle Existenz der OLS-Verzerrung bedeutet nicht, dass damit die Verwendung der Methode der Kleinsten Quadrate bei der Schätzung simultaner Modelle ohne Bedeutung ist. Zunächst einmal kann gezeigt werden, dass OLS dann konsistente Schätzungen für die Strukturparameter liefert, wenn das System rekursiv ist (Stuart, Wallis 1981: 266ff.). Darüber hinaus kann darauf hingewiesen werden, dass die OLS-Schätzer robuster bei einer Fehlspezifikation des Modells sind als die voll simultanen Schätzverfahren. Dieses trifft allerdings auch für die anderen Einzelgleichungverfahren zu, weshalb die Zweistufige Methode der Kleinsten Quadrate (TSLS) in der ökonometrischen Praxis – vor allem bei der Schätzung von Großmodellen – eine nicht zu unterschätzende Bedeutung erlangt hat. Da außerdem über die Eigenschaften der Schätzer in kleinen Stichproben wenig bekannt ist, ist a priori nicht klar, dass OLS den konsistenten Verfahren auf jeden Fall unterlegen ist, zumal wenn dabei berücksichtigt wird, dass bei einem langen Beobachtungszeitraum die Strukturbruch-Problematik relevant wird. Diese Überlegungen und die Einfachheit der Berechnung haben in vielen Fällen dazu geführt, dass in der ökonometrischen Praxis OLS auch bei großen simultanen Gleichungssystemen (z.B.

---

[6] Bei der Aussage über die Eigenschaften der unterschiedlichen Schätzverfahren wird selbstverständlich stillschweigend unterstellt, dass bei der Schätzung das „wahre" Modell zu Grunde liegt – eine Annahme, die für die empirische Anwendung eher selten zutrifft.

RWI-Modell) zumindest zur ersten Orientierung verwendet wird. Eine gewisse Vorsicht ist dabei jedoch angebracht.

6.1 Die Kleinste-Quadrate-Verzerrung

Im Folgenden soll nun die OLS-Verzerrung für das Keynes'sche Festpreismodell aufgezeigt werden, also für den Fall einer genau identifizierten Gleichung:

(4) $$C_t = \alpha + \beta Y_t + u_t$$

(5) $$Y_t = C_t + I_t.$$

Die reduzierte Form lautet:

(4´) $$C_t = \alpha/(1-\beta) + \beta/(1-\beta) I_t + 1/(1-\beta) u_t$$

(5´) $$Y_t = \alpha/(1-\beta) + 1/(1-\beta) I_t + 1/(1-\beta) u_t.$$

Aus Gl. (5´) ist ersichtlich, dass Y_t von u_t abhängig ist und bei direkter Kleinste-Quadrate-Schätzung von Gl. (4) somit eine wesentliche Annahme des klassischen Regressionsmodells, nämlich die asymptotische Unkorreliertheit der erklärenden Variablen mit den Residuen, verletzt ist. Der OLS-Schätzer für ß lautet:

$$\hat{\beta} = \left[\sum (C_t - \overline{C})(Y_t - \overline{Y})\right] / \sum (Y_t - \overline{Y})^2.$$

Gemäß Gl. (4) gilt in termini der Abweichungen von den Mittelwerten $\overline{C}, \overline{Y}$ und $\overline{u}$

$$C_t - \overline{C} = \beta(Y_t - \overline{Y}) + (u_t - \overline{u})$$

und demnach

$$\hat{\beta} = \beta + \sum (Y_t - \overline{Y})(u_t - \overline{u}) / \sum (Y_t - \overline{Y})^2.$$

Der zweite Term in dieser Gleichung gibt das Ausmaß der Verzerrung an. Da die Variablen Y_t und u_t positiv korreliert sind – eine Erhöhung von u führt gemäß (5´) zu einer Erhöhung von Y_t –, ist die OLS-Verzerrung positiv. Der OLS-Schätzer überschätzt somit die marginale Konsumneigung. Es kann gezeigt werden, dass dieses auch für sehr große Stichproben gilt, d.h., der OLS-Schätzer ist nicht nur verzerrt, sondern auch inkonsistent. Der asymptotische Fehler der marginalen Konsumneigung ß lautet bei der OLS-Schätzung:

$$\operatorname*{plim}_{T\to\infty}(\hat{\beta} - \beta) = \frac{(1-\beta)\sigma_u^2 / \sigma_I^2}{1 + \sigma_u^2 / \sigma_I^2},$$

wobei T den Stichprobenumfang bezeichnet. Es zeigt sich somit, dass das Ausmaß der Verzerrung von der Größe des Parameters ß selbst und von dem Verhältnis der Varianz der Störvariablen u_t und der Varianz der exogenen Variable I abhängt. Je kleiner dieses Verhältnis ist, desto geringer fällt die Verzerrung aus. Dies bedeutet, dass bei einer guten Anpassung des Modells an die Daten – d.h. bei sehr kleinem σ_u^2 – numerisch kaum Unterschiede zwischen OLS-geschätzten und mit konsistenten Verfahren geschätzten Parametern auftreten.

6.2 Schätzverfahren bei beschränkter Information

6.2.1 Die indirekte Methode der Kleinsten Quadrate (ILS)

Mit Hilfe der ILS-Methode lassen sich dann konsistente Parameterschätzwerte für eine Strukturgleichung berechnen, wenn diese genau identifiziert ist. Wie wir gesehen haben, hängt in der reduzierten Form jede endogene Variable des Systems nur noch von den vorherbestimmten Variablen und den Störgliedern des Modells ab, so dass das Problem der OLS-Verzerrung hier nicht auftritt und die Parameter der reduzierten Form konsistent geschätzt werden können. Dies legt die folgende Vorgehensweise in zwei Schritten nahe: Zuerst werden mit OLS die Parameter der reduzierten Form geschätzt. Da im Falle genauer Identifikation die Strukturparameter sich eindeutig aus den Parametern der reduzierten Form berechnen lassen, werden im zweiten Schritt die Parameterschätzwerte der reduzierten Form unter Beachtung der Parameterrestriktionen zur Berechnung der Schätzwerte der Strukturgleichung verwendet. Die Strukturparameter werden also nicht direkt geschätzt.

Betrachten wir hierzu als Beispiel wiederum die reduzierte Form des einfachen keynesianischen Festpreismodells (Modell II):

(4´´) $$C_t = \pi_{11} + \pi_{12} I_t + \varepsilon_t$$

(5´´) $$Y_t = \pi_{21} + \pi_{22} I_t + \varepsilon_t$$

mit $\pi_{11} = \pi_{21} = \alpha / (1-\beta), \pi_{12} = \beta / (1-\beta), \pi_{22} = 1/(1-\beta)$ und $\varepsilon_t = u_t / (1-\beta)$.

Mit Hilfe der OLS-Schätzungen der Parameter der reduzierten Form lassen sich dann Schätzwerte für die Strukturparameter berechnen:

$$\hat{\beta} = \hat{\pi}_{12} / \hat{\pi}_{22}, \hat{\alpha} = \hat{\pi}_{11}(1 - \hat{\pi}_{12} / \hat{\pi}_{22}),$$

Der Schätzwert für ß lässt sich auch noch auf eine zweite Art berechnen. Es ist $\hat{\pi}_{22} = 1/(1-\hat{\beta})$ und somit $\hat{\beta} = (\hat{\pi}_{22} - 1) / \hat{\pi}_{22}$. Damit diese beiden Schätzwerte identisch sind, ist es notwendig, dass $\hat{\pi}_{22} - \hat{\pi}_{12} = 1$ ist.

Mit Hilfe der Definition $m_{xy} = \sum (X_i - \overline{X})(Y_i - \overline{Y}) / T$ lassen sich die Schätzwerte der reduzierten Form auch in termini der Momente schreiben als:

$$\hat{\pi}_{12} = m_{CI} / m_{II} \text{ und } \hat{\pi}_{22} = m_{YI} / m_{II}.$$

Die beiden Schätzwerte für ß sind somit dann identisch, wenn

$$m_{YI} - m_{CI} = m_{II}$$

ist. Dieses ist in dem vorliegenden Modell der Fall, da gemäß der Identitätsgleichung $Y_t = C_t + I_t$ gilt:

$$(Y_t - \overline{Y}) - (C_t - \overline{C}) = (I_t - \overline{I}).$$

Multiplikation dieser Gleichung mit $(I_t - \overline{I})$ führt zu

$$m_{YI} - m_{CI} = m_{II}.$$

Das heißt, es ist gleichgültig auf welchem Weg wir den Schätzwert $\hat{\beta}$ berechnen. Dieses Ergebnis war zu erwarten, da wir früher festgestellt hatten, dass die Konsumfunktion genau identifiziert ist. ILS liefert somit nur dann eindeutige Parameterschätzwerte, wenn die Strukturgleichung genau identifiziert ist. Der ILS-Schätzer lässt sich wegen

$$\hat{\beta} = (\hat{\pi}_{22} - 1) / \hat{\pi}_{22}$$

unter Berücksichtigung von $\hat{\pi}_{22} = m_{YI} / m_{II}$ und $m_{YI} - m_{II} = m_{CI}$ auch als

(33) $$\hat{\beta} = m_{CI} / m_{YI}$$

schreiben.

6.2.2 Die Hilfsvariablen-Methode (IV)

Bei der Hilfsvariablen-Methode wird versucht, das Problem der Korrelation der endogenen Variablen als erklärende Variablen mit den Restgrößen dadurch zu umgehen, dass für diese endogenen Variablen sog. Hilfsvariablen verwendet werden, die mit den Restgrößen asymptotisch unkorreliert, aber mit der zu ersetzenden Variable korreliert sind. Die grundlegende Idee der Methode kann wiederum anhand des einfachen keynesianischen Festpreismodells gezeigt werden.

Die Konsumfunktion kann in termini der Abweichungen von den Mittelwerten geschrieben werden als

$$C_t - \overline{C} = \beta(Y_t - \overline{Y}) + (u_t - \overline{u}).$$

Den OLS-Schätzer erhält man, wenn diese Gleichung mit $(Y_t - \overline{Y})$ multipliziert und über t (t = 1,2,...,T) summiert wird:

$$\sum_{t=1}^{T}(C_t - \overline{C})(Y_t - \overline{Y}) = \beta\sum_{t=1}^{T}(Y_t - \overline{Y})^2 + \sum_{t=1}^{T}(u_t - \overline{u})(Y_t - \overline{Y})$$

bzw. in termini der Momente

$$m_{CY} = \beta m_{YY} + m_{uY}.$$

Außerdem setzt die OLS-Schätzung voraus, dass $m_{uY} = 0$ ist. Es ergibt sich dann die Normalgleichung

$$m_{CY} = \hat{\beta} m_{YY}$$

und damit als Schätzwert

$$\hat{\beta} = m_{CY} / m_{YY}.$$

Dieser ist jedoch wegen $m_{uY} \neq 0$ verzerrt und inkonsistent. Wenn nun Y_t durch eine Hilfsvariable ersetzt wird, die mit der Restgröße u_t unkorreliert ist, so ergeben sich konsistente Schätzungen für ß. Die einzige Variable in unserem Modell, die als Hilfsvariable in Frage kommt, ist die exogene Variable I_t, da diese annahmegemäß nicht mit u_t, aber wegen (5') mit Y_t korreliert ist. Die Variable I_t kann somit als Hilfsvariable für Y_t verwendet werden. Wir erhalten durch Multiplikation der Konsumfunktion (4) mit $(I_t - \bar{I})$ und Summation über t:

$$\sum (C_t - \bar{C})(I_t - \bar{I}) = \beta \sum (Y_t - \bar{Y})(I_t - \bar{I}) + \sum (u_t - \bar{u})(I_t - \bar{I})$$

bzw. in termini der Momente

$$m_{CI} = \beta m_{YI} + m_{uI}$$

und wegen $m_{uI} = 0$ den IV-Schätzer

$$\tilde{\beta} = m_{CI} / m_{YI}, \tag{34}$$

wobei wegen der Korrelation der Instrumentalvariable I_t mit Y_t gilt, dass $m_{YI} \neq 0$.

Ein Vergleich des IV-Schätzers (34) und des ILS-Schätzers (33) zeigt, dass beide Verfahren zu den gleichen Schätzwerten führen. Dieses Ergebnis gilt jedoch nur bei genauer Identifikation. Bei Überidentifikation ist das ILS-Verfahren nicht anwendbar.

Es kann gezeigt werden, dass der IV-Schätzer konsistent ist, da die Hilfsvariable annahmegemäß mit dem Störglied asymptotisch unkorreliert ist. Ob diese Annahme auch in der Praxis zutrifft, ist eine andere Frage. Der IV-Schätzer ist außerdem umso effizienter, je höher die Korrelation zwischen der Instrumentalvariable und der betreffenden endogenen Variable ist, für die sie als Hilfsvariable dient.

Als Hilfsvariable können nicht nur vorherbestimmte Variablen des Modells fungieren, sondern jede Variable, welche die obigen Eigenschaften aufweist. Wenn in einem Modell mehrere vorherbestimmte Variablen auftreten, was dann der Fall ist, wenn die Gleichung überidentifiziert ist. So stellt sich die Frage welche als Hilfsvariable ausgewählt werden soll. In der angewandten ökonometrischen Arbeit stellt sich natürlich generell das Problem, wie Hilfsvariablen mit den obigen Eigenschaften gefunden werden können. Ein derartiges Verfahren ist die sog. Zweistufige Methode der Kleinsten Quadrate, die das wohl am häufigsten verwendete Schätzverfahren für Gleichungen aus simultanen Modellen darstellt.

6.2.3 Die Zweistufige Methode der Kleinsten Quadrate (TSLS)

TSLS stellt ein Verfahren zur Schätzung von überidentifizierten Strukturgleichungen dar, das ebenfalls auf dem Ansatz mit Hilfsvariablen basiert. Es kann auch bei genauer Identifikation verwendet werden, wobei sich in diesem Falle die gleichen Schätzer wie bei der ILS-Methode ergeben. Die grundlegende Vorgehensweise besteht dabei darin, für die erklärenden endogenen Variablen jeweils deren reduzierte Form mit OLS zu schätzen und die entsprechenden endogenen Variablen durch ihre Schätzwerte aus der reduzierten Form zu ersetzen und dann die Parameter mit OLS zu schätzen.

Diese zweistufige Vorgehensweise soll wiederum anhand des einfachen keynesianischen Festpreismodells verdeutlicht werden. Wie wir festgestellt haben, führt eine Schätzung der Konsumfunktion mit der gewöhnlichen Methode der Kleinsten Quadrate zu verzerrten Schätzwerten der Parameter, da die erklärende endogene Variable Y_t mit dem Störglied u_t korreliert ist. In der *ersten Stufe* wird deshalb mit der gewöhnlichen Methode der Kleinsten Quadrate die reduzierte Form für das Einkommen (Y_t)

(5´´) $$Y_t = \pi_{12} + \pi_{22} I_t + \varepsilon_t$$

geschätzt, und mit Hilfe der daraus resultierenden unverzerrten Parameterschätzwerte $\hat{\pi}_{12}$ und $\hat{\pi}_{22}$ werden sodann Schätzwerte $\hat{Y}_t$ berechnet, d.h.

(35) $$\hat{Y}_t = \hat{\pi}_{12} + \hat{\pi}_{22} I_t.$$

Diese Schätzwerte $\hat{Y}_t$ werden dann in der *zweiten Stufe* an Stelle von Y_t verwendet, und es wird – wiederum mit OLS – das Regressionsmodell

(36) $$C_t = \alpha + \beta \hat{Y}_t + v_t$$

geschätzt. Diese Vorgehensweise wird für jede stochastische Strukturgleichung durchgeführt.

Es kann gezeigt werden, dass

(i) die Parameterschätzwerte ($\hat{\alpha}, \hat{\beta}$) für die unbekannten Parameter (α, β) zwar nicht erwartungstreu, jedoch konsistent sind. Dieses bedeutet, dass die TSLS-Schätzer in kleinen Stichproben verzerrt sind und mit wachsender Anzahl von Beobachtungen gegen die wahren Parameterwerte konvergieren.

(ii) die Verzerrung des TSLS-Schätzers in kleinen Stichproben das umgekehrte Vorzeichen der OLS-Schätzer aufweist, d.h. dass der TSLS-Schätzer z.B. die marginale Konsumneigung unterschätzt.

(iii) die Güte der TSLS-Schätzer gering ist, wenn der Erklärungswert (R^2) der reduzierten Form-Schätzung gering ist, da in diesem Falle die Korrelation der in der ersten Stufe berechneten Hilfsvariable mit der betreffenden erklärenden endogenen Variable, für die sie Hilfsvariable ist, gering ist.

(iv) der t-Test trennschärfer bei TSLS als bei Verwendung von OLS ist und dass somit bei Schätzung simultaner Gleichungssysteme TSLS auch aus diesem Grunde vorzuziehen ist.

6.3 Schätzverfahren bei voller Information

Bei den Schätzverfahren mit beschränkter Information wird jede Strukturgleichung des Systems isoliert von den anderen Strukturgleichungen geschätzt, d.h. diese stellen *Einzelgleichungsverfahren* dar, bei denen nicht alle Informationen über a priori-Restriktionen verwendet werden[7]. Diese Verfahren liefern zwar konsistente Schätzwerte für die unbekannten Strukturparameter des Modells. Da bei der Schätzung jedoch nicht alle Informationen verwendet werden, liegt die Überlegung nahe, dass die Verwendung weiterer Informationen zu effizienteren Schätzwerten führt.

In der Literatur sind Schätzverfahren bei voller Information (Dreistufige Methode der Kleinsten Quadrate (3SLS), Full Information Maximum Likelihood (FIML)) entwickelt worden, die alle Strukturparameter des Systems simultan unter Verwendung weiterer bzw. aller identifizierenden Informationen schätzen, z.B. dass die Störglieder einzelner Strukturgleichungen miteinander korreliert sind oder dass Parameterrestriktionen in den Strukturgleichungen oder zwischen denselben existieren. Es ist klar, dass diese voll simultanen Verfahren den Einzelgleichungsverfahren bezüglich ihrer asymptotischen Eigenschaften überlegen sind, falls die auferlegten Restriktionen zutreffen und das „wahre" Modell vorliegt.

Die *Dreistufige Methode der Kleinsten Quadrate (3SLS)* stellt eine Erweiterung von TSLS dar, in dem in einer dritten Stufe Informationen über die Kovarianzen der Störglieder in den einzelnen Strukturgleichungen verwendet werden, die mit Hilfe von TSLS ermittelt wurden.

Die Vorgehensweise bei 3SLS kann wie folgt skizziert werden:

Stufe 1: Schätzung der reduzierten Form der einzelnen als erklärende Variablen auftretenden endogenen Variablen zur Ermittlung der Schätzwerte $\hat{Y}_{it}$ für diese endogenen Variablen Y_i mit OLS.

Stufe 2: Schätzung der stochastischen Strukturgleichungen des Modells mit OLS unter Verwendung von $\hat{Y}_{it}$ an Stelle von Y_i und Ermittlung der Varianz- Kovarianz-Matrix $\hat{\Sigma}$ des Systems mit Hilfe der Residuen der geschätzten Strukturgleichungen.

Stufe 3: Verwendung von $\hat{\Sigma}$ zur Schätzung aller Strukturparameter des Systems mit der Verallgemeinerten Methode der Kleinsten Quadrate (GLS).

Ein weiteres Verfahren zur Schätzung simultaner Systeme ist die Maximum *Likelihood-Methode bei voller Information (FIML)*. Es beruht auf der gleichzeitigen Anwendung des Maximum-Likelihood-Prinzips auf alle stochastischen Gleichungen des Systems. Die Parameterschätzwerte für das identifizierte simultane Modell werden durch Maximierung der Likelihood-Funktion des Systems (6´´)

---

[7] Bezüglich der Diskussion weiterer Verfahren mit beschränkter Information muss hier auf die ökonometrische Lehrbuchliteratur verwiesen werden (z.B. Assenmacher 2000; Schneeweiß 1990; Dinardo, Johnston 1996; Judge et al. 1988).

$$L = -\frac{GT}{2}\log(2\pi) - \frac{T}{2}\log|\Sigma| + T\log|B| - \frac{1}{2}\sum_{t=1}^{T}(BY_t + \Gamma X_t)'\Sigma^{-1}(BY_t + \Gamma X_t)$$

bezüglich B, Γ und Σ bestimmt.

Als ein Nachteil dieses Verfahrens werden häufig die vergleichsweise hohen Kosten infolge des großen Rechenaufwandes angeführt, da die Maximierung der Likelihoodfunktion die Verwendung iterativer Methoden erfordert. FIML und 3SLS haben für normalverteilte Restgrößen die gleichen asymptotischen Eigenschaften, so dass aus Kostengründen häufig die Verwendung der einfacher zu berechnenden 3SLS empfohlen wird. Mit der zunehmenden Geschwindigkeit der elektronischen Rechner und der Möglichkeit, die Berechnungen sogar auf einem PC durchzuführen, reduziert sich dieser Nachteil jedoch immer mehr.

6.4 Probleme bei der praktischen Anwendung

Ein zentrales Problem bei der Schätzung mittlerer und großer Modelle mit Hilfe simultaner Schätzverfahren besteht häufig in dem Problem fehlender Freiheitsgrade. Dieses tritt dann auf, wenn die Anzahl der vorherbestimmten Variablen des Modells bzw. die Anzahl der zu schätzenden Parameter größer als die Anzahl der Beobachtungen ist. Infolge der Existenz verzögerter Werte der exogenen und endogenen Variablen ist es möglich, dass die Anzahl der Variablen, die für die Schätzung der ersten Stufe herangezogen werden müssten, die Anzahl der Beobachtungen übersteigt. Dieses bedeutet, dass in diesen Fällen die Verfahren mit voller Information nicht zur Parameterschätzung herangezogen werden können und auch TSLS nicht in unmodifizierter Form anwendbar ist, da die Parameterschätzung in der ersten Stufe nicht durchführbar ist. Es ist deshalb vorgeschlagen worden, vorherbestimmte Variablen, deren Einfluss als unbedeutend bewertet wird, in der ersten Stufe aus der Liste der Regressoren zu eliminieren, so dass in der ersten Stufe die Schätzung einer derart modifizierten reduzierten Form durchgeführt werden kann[8]. Eine andere Möglichkeit der Berechnung von Schätzwerten für die endogenen Variablen in der ersten Stufe ist durch die Hauptkomponenten-Methode (principal components) gegeben, wobei die vorherbestimmten Variablen entsprechend ihres Beitrags zur Erklärung der Varianz bei der Berechnung der sog. Hauptkomponenten gewichtet werden. In der Regel genügt eine geringe Anzahl von Hauptkomponenten, um einen relativ großen Anteil der Varianz zu erklären, so dass mit Hilfe der Hauptkomponenten die Schätzungen in der ersten Stufe durchgeführt werden können. Für eine weitere Diskussion und die entsprechende Literatur wird auf Challen/Hagger (1983, Ch. 6) verwiesen.

Ein weiteres für die ökonometrische Praxis relevantes Problem besteht darin, dass bei FIML und 3SLS infolge der simultanen Schätzung aller Parameter eine Fehlspezifikation einer Gleichung des Modells einen Einfluss auf alle Parameterschätzwerte des Systems hat bzw. haben kann, d.h. auch auf diejenigen in anderen Strukturgleichungen. Bei Einzelgleichungsverfahren wie z.B. TSLS ist dieses nicht der Fall. Der Ökonometriker ist in der Praxis häufig an vergleichsweise robusten Schätzverfahren

---

[8] Für eine Diskussion dieser Problematik und eine mögliche Vorgehensweise vgl. Fisher (1965) und Mitchell/Fischer (1970).

interessiert, da die Gefahr einer Fehlspezifikation z.B. der Funktionsform, der erklärenden Variablen, des Störgliedprozesses oder der Annahme der Konstanz der Strukturparameter sehr groß ist. Bei einer Schätzung mit TSLS werden dagegen bei Fehlspezifikation einer Strukturgleichung des Modells im wesentlichen nur die Parameterschätzungen der betreffenden Gleichung tangiert und nicht auch diejenigen in anderen Strukturgleichungen.

Ein weiteres Problem bei der Schätzung von Mehrgleichungssystemen ist die Behandlung von Nichtlinearitäten. Diese können in den Parametern und in den Variablen auftreten. Von den bisher genannten Schätzverfahren kann nur FIML alle Formen von Nichtlinearitäten behandeln. Mit OLS, TSLS und 3SLS können nur Nichtlinearitäten in den Variablen durch geeignete Definition von neuen Variablen behandelt werden. Die dabei praktizierte Vorgehensweise kann an dem folgenden Beispiel erläutert werden.

Gegeben sei die Strukturgleichung

$$y_{1t} = \alpha_t + \alpha_1 y_{2t} x_{1t} + \alpha_2 x_{2t} / x_{3t} + u_{1t}$$

wobei y_{it} endogene und x_i vorherbestimmte Variablen bezeichnen. Mit Hilfe der Neudefinition von Variablen, nämlich:

$$y_{3t} = y_{2t} x_{1t} \text{ und } x_{4t} = x_{2t} / x_{3t}$$

erhält man als neue Gleichung:

$$y_{1t} = \alpha_0 + \alpha_1 y_{3t} + \alpha_2 x_{4t} + u_{1t},$$

die mit OLS geschätzt werden kann. Schätzungen mit TSLS und 3SLS können dann durchgeführt werden, indem y_{3t} als endogene und x_{4t} als vorherbestimme Variable behandelt wird (für eine weitere Diskussion vgl. Challen/Hagger 1983, Ch. 6).

Weitere Probleme treten in simultanen Modellen auf, wenn die Restgrößen in einzelnen Strukturgleichungen autokorreliert sind. Wenn darüber hinaus auch noch verzögerte endogene Variablen als Regressoren auftreten, so verlieren auch die Verfahren mit voller Information (3SLS, FIML) ihre günstigen asymptotischen Eigenschaften. Eine Möglichkeit, dieses Problem zu behandeln, besteht darin, es zu ignorieren. Dieses wird in der Praxis häufig getan, obwohl diese Vorgehensweise sicherlich nicht unproblematisch ist. Dabei stellt sich natürlich die Frage, ob es vorteilhaft ist, das Simultanitätsproblem zu ignorieren und die Autokorrelation zu eliminieren oder umgekehrt der Simultanität Rechnung zu tragen, ohne eine bestehende Autokorrelation zu beachten.[9] Eine häufig praktizierte Vorgehensweise besteht darin, auf ein Einzelgleichungsverfahren (z.B. TSLS) überzugehen und die Autokorrelation mit den üblichen Verfahren (z.B. Cochrane-Orcutt-Methode) zu bereinigen.

Die bisher diskutierten Probleme bei der Schätzung simultaner Gleichungssysteme zeigen deutlich, dass es kein Verfahren mit idealen Eigenschaften für alle Problemfälle gibt. Die Frage nach dem geeignetsten Schätzverfahren muss als offen

---

[9] Vgl. zu dieser Problematik insbesondere Hendry (1974). Zur Spezifikation entsprechender dynamischer Modelle vgl. den Beitrag von Wolters in diesem Band.

bezeichnet werden. Dies dürfte auch der Grund dafür sein, dass viele gesamtwirtschaftlichen Modelle auch heute noch mit OLS geschätzt werden, obwohl OLS von den asymptotischen Eigenschaften her gesehen den simultanen Schätzverfahren unterlegen ist. Auch TSLS ist ein in der ökonometrischen Praxis häufig verwendetes Schätzverfahren. Neben der Einfachheit seiner Anwendung spielen hierbei auch die Ergebnisse von Monte-Carlo-Studien eine Rolle.

7. Simulation simultaner ökonometrischer Modelle

Nachdem das ökonomische Modell spezifiziert und geschätzt ist, stellen sich dem Benutzer dieses Modells eine Reihe von Fragen, die mit der Bewertung der Güte des Modells und dessen Eigenschaften zusammenhängen. Bei der Schätzung der einzelnen Strukturgleichungen wurde zwar darauf geachtet, dass die Schätzungen akzeptable ökonomische und statistische Eigenschaften aufweisen, so z.B. dass die geschätzten Parameter das theoretisch erwartete Vorzeichen haben und mit einer als angemessen angesehenen Irrtumswahrscheinlichkeit statistisch signifikant von Null ver- schieden sind, oder dass der Erklärungswert der Schätzgleichungen relativ hoch ist. Die Auswahl der einzelnen Schätzgleichungen anhand statistischer Prüfgrößen impliziert jedoch nicht unbedingt, dass auch das Gesamtsystem unter Beachtung der Interdependenzen zwischen den einzelnen Gleichungen akzeptable Eigenschaften aufweist.

Bezüglich der Bewertung des Gesamtmodells stellen sich u.a. vor allem folgende Fragen, die entscheidend dafür sind, ob das geschätzte Modell in der vorliegenden Form akzeptiert wird, ob Teile neu spezifiziert und geschätzt werden sollen oder ob u.U. ein anderes Schätzverfahren verwendet werden sollte:

(i) Wie gut erklärt das geschätzte Modell insgesamt unter Beachtung der Dynamik und der simultanen Zusammenhänge des Systems die historischen Beobachtungen? In diesem Zusammenhang stellen sich auch Fragen bezüglich der Stabilität des Modells und der Fähigkeit, konjunkturelle Wendepunkte zu erklären.

(ii) Ist das Modell geeignet, künftige Entwicklungen zu prognostizieren?

(iii) Welche Wirkungen bezüglich Größenordnung und Richtung haben wirtschaftspolitische Maßnahmen oder Verhaltensänderungen von Wirtschaftssubjekten (z.B. Konsumenten, Investoren)?

Zur Beantwortung derartiger Fragen ist die Lösung des Gesamtmodells notwendig. Die analytische Darstellung der Eigenschaften der Lösung eines interdependenten, dynamischen stochastischen Modells stößt z.T. auf erhebliche mathematische Schwierigkeiten. Dieses ist insbesondere dann der Fall, wenn das Modell nicht-lineare Beziehungen in den Variablen enthält. Da ökonomische Modelle im allgemeinen nicht linear sind, ist es meist unumgänglich die Eigenschaften des geschätzten Modells mit Hilfe von Computersimulationen numerisch zu analysieren.

Es existieren eine Reihe von unterschiedlichen Verfahren, um den Lösungspfad für die endogenen Variablen eines Modells zu berechnen. Eine sehr einfache Methode ist das sog. Gauss-Seidel-Verfahren, das bei der Simulation von großen ökonometrischen Modellen sehr häufig verwendet wird und sich in der Praxis hervorragend bewährt hat. Der Lösungsweg beim Gauss-Seidel-Verfahren soll im folgenden kurz skizziert werden. Angenommen, es liege ein geschätztes Modell mit G endogenen

Variablen y_{it} und K exogenen Variablen z_{jt} vor. Eine typische Gleichung des Modells kann in impliziter Form allgemein geschrieben werden als:

$$f_i\left(y_{1t},...,y_{GT},y_{1,t-1},...,y_{G,t-P},z_{1t},...,z_{K,t},z_{1,t-1},...z_{K,t-H},\hat{\alpha}_1,...,\hat{\alpha}_k\right)=e_{it},$$

$$i=1,2,...,G;t=1,2,...,T,$$

wobei die $\hat{\alpha}_i$ Parameterschätzwerte und die e_{it} die Restgrößen der i-ten Gleichung bezeichnen.

Zur Anwendung der Gauss-Seidel-Methode muss das Modell in expliziter Form geschrieben werden, d.h. das Modell muss in der Form

$$y_{it}=g_i\left(y_{1t},...,y_{G,t},y_{1,t-1},...,y_{G,t-P},z_{1t},...,z_{K,t},z_{1,t-1},...z_{K,t-H},\alpha_1,...,\alpha_k\right)+u_{it}$$

dargestellt werden können, was in ökonometrischen Modellen meist der Fall sein dürfte. Definitionsgleichungen können durch Substitution eliminiert werden. Die Variable y_{it} kann dabei auch auf der rechten Seite der i-ten Gleichung stehen.

Dieses System von Gleichungen kann nun iterativ nach der Vorschrift:

$$y_{it}^{(r)}=g_i\left(y_{1t}^{(r)},...,y_{i-1,t}^{(r)},y_{it}^{(r-1)},y_{i+1,t}^{(r-1)},...,y_{Gt}^{(r-1)},y_{1,t-1},...,y_{n,t-P},z_{it},...,z_{K,t-H},\hat{\alpha}_1,...,\hat{\alpha}_k\right)+$$

$$u_{it},\quad i=1,2,...,G;\quad t=1,2,...,T$$

unter Verwendung einer Stoppregel wie z.B.

$$\left|\left(y_{it}^{(r)}-y_{it}^{(r-1)}\right)/\,y_{it}^{(r-1)}\right|<\varepsilon$$

gelöst werden, wobei r den Iterationsschritt bezeichnet und ε den (gewählten) zulässigen relativen Approximationsfehler vergibt. Bei Durchführung einer deterministischen Simulation werden die Restgrößen auf Null gesetzt. Bei einer stochastischen Simulation werden stochastische Restgrößen mit Hilfe eines Zufallszahlengenerators erzeugt. In der 1. Iteration wird zunächst für die endogenen Variablen ein Startwert $y_{it}^{(0)}$ vorgeben und mit Hilfe der bekannten Werte für die verzögerten endogenen Variablen $y_{i,t-k}$, die exogenen Variablen $z_{j,t-h}$, die Parameterschätzwerte $\hat{\alpha}_j$ sowie bei einer stochastischen Simulation die Störglieder $u_{i,t}$ ein Lösungswert $y_{it}^{(1)}$ berechnet. Als Startwert $y_{it}^{(0)}$ wird häufig ein beobachteter Wert für y_{it} verwendet. Da bei der Lösung für y_{it} in jeder Iteration bereits die Lösungen $y_{1t}^{(r)},...,y_{i-1,t}^{(r)}$ bekannt sind, werden zur Beschleunigung der Konvergenz nicht die Startwerte $y_{1t}^{(0)},...,y_{i-1,t}^{(0)}$ bzw. die Lösungen aus der (r-1)-ten Iteration verwendet, sondern gleich deren bereits berechneten Lösungen. Die Werte für die verzögerten endogenen Variablen, die exogenen Variablen, die Parameterschätzwerte und die Störglieder bleiben während des Iterationszyklus unverändert. Nach jeder Iteration wird gemäß der Stoppregel überprüft, ob alle relativen Veränderungen der Lösungswerte in der r-ten Iteration gegenüber denjenigen der (r-1)-ten Iteration eine beliebig vorgegebene Schranke (z.B. 0,001) unterschreitet. Ist dieses der Fall, so wird die Lösung für den Zeitpunkt t beendet und die Lösung für den nachfolgenden Zeitpunkt bzw. Periode t+1 in analoger Weise durchgeführt.

Es ist möglich, dass das System nicht gegen eine feste Lösung konvergiert. In diesem Fall führt u.U. eine Umordnung der Gleichungen oder eine Normalisierung derart, dass y_{it} nur noch auf der linken Seite der Gleichung steht, zur Konvergenz.

Es können unterschiedliche Arten der Simulation unterschieden werden:

(i) Statische und dynamische Simulation:
Wenn bei der Simulation für die verzögerten endogenen Variablen jeweils deren tatsächlich beobachteten Werte verwendet werden, so spricht man von einer statischen oder einperiodischen Simulation. Eine dynamische oder mehrperiodische Simulation liegt dagegen vor, wenn die verzögerten Werte der in der Simulation bereits berechneten endogenen Variablen benutzt werden.

(ii) Deterministische und stochastische Simulation:
Wenn alle additiven (multiplikativen) Störterme gleich Null (Eins) gesetzt werden, so liegt eine deterministische Simulation vor. Bei einer stochastischen Simulation werden explizit stochastische Störterme in den einzelnen Gleichungen berücksichtigt. Die Störterme werden auf dem Computer mit Hilfe sog. Pseudo-Zufallszahlen-Generatoren erzeugt, wobei die Eigenschaften der geschätzten Varianz-Kovarianz-Matrix des Modells zugrunde gelegt wird. Diese Zufallszahlen werden für jede Periode t neu generiert, bleiben jedoch in jedem Iterationszyklus in t konstant. Die Simulationsläufe werden N-mal wiederholt, wobei jeweils unterschiedliche Zufallszahlen verwendet werden[10]. Ein Vergleich der Mittelwerte mit den deterministischen Lösungen gibt einen Hinweis auf den Grad der Nichtlinearität des Modells. Bei linearen Modellen sollten sich nur geringfügige Unterschiede ergeben (Klein 1983). Aus den bisher gewonnen Erfahrungen mit stochastischen Simulationen kann der Schluss gezogen werden, dass sich – auch bei nicht-linearen Modellen – die Mittelwerte derselben nicht sehr stark von den Ergebnissen einer deterministischen Simulation unterscheiden (Fair 1984: 256).[11]

8. Kriterien zur Beurteilung der Güte ökonometrischer Modelle

Bevor ein geschätztes ökonometrisches Modell zum praktischen Einsatz (z.B. Erstellung von Prognosen) gelangt, sollte es eine Reihe von Simulationsstudien durchlaufen haben, welche Auskunft über seine Eigenschaften und seinen Erklärungswert geben. Bewertungsmaßstab bildet dabei immer die historische Entwicklung der endogenen Variablen. Es handelt sich deshalb um eine ex post-Analyse. Dabei können sich die Simulationen sowohl auf den Beobachtungszeitraum selbst beziehen und stellen insofern Interpolationen oder ex post-Prognosen dar. Sie können aber auch für eine Beobachtungsperiode außerhalb des Beobachtungszeitraums durchgeführt werden und stellen dann Extrapolationen oder pseudo-ex ante-Prognosen dar. Im Gegensatz hierzu stehen reine ex ante-Prognosen, welche keine Informationen aus der historischen Entwicklung innerhalb der Prognoseperiode in der Simulation benutzen. Mit diesen wollen wir uns in diesem Abschnitt nicht beschäftigen.

---

10 Auch die Koeffizienten können in der Simulation als stochastische Größen behandelt werden. Für die Vorgehensweise bei der stochastischen Simulation vgl. z.B. McCarthy (1972), Fair (1984: 252ff.).

11 Für eine weitere Darstellung der Simulation ökonometrischer Modelle vgl. den Beitrag von Heilemann/Renn in diesem Band.

8.1 Analyse der Simulationsfehler

Bevor ein geschätztes Modell z.B. zur Erstellung von Prognosen eingesetzt wird, sollten die Eigenschaften des Modells mit Hilfe sowohl der statischen als auch der dynamischen Simulation überprüft werden, da dadurch auch Hinweise auf eine u.U. notwendige Neuspezifikation einzelner Gleichungen oder des gesamten Modells gewonnen werden können. Auch wenn die geschätzten Gleichungen eine gute statistische Anpassung (hohes R^2, geringe Standardfehler usw.) aufweisen, so ist es dennoch möglich, dass sich bei der Simulation des Gesamtmodells relativ große Fehler insgesamt oder bei einzelnen Variablen ergeben. In diesem Fall muss nach den Ursachen (z.B. Fehlspezifikation des Modells hinsichtlich der Variablen, der Dynamik und der Funktionsform oder Verwendung eines ungeeigneten Schätzverfahrens) gesucht und es müssen geeignete Revisionen des Modells durchgeführt werden.

Ein Vergleich der Fehler der statischen Simulation mit den Restgrößen aus den Schätzgleichungen liefert einen ersten Hinweis auf einen evtl. vorhandenen Fehler. Bei linearen Modellen müssen diese identisch sein. Die Restgrößen der Schätzgleichungen können mit Hilfe des Simulationsmodells berechnet werden, indem auf der rechten Seite jeder Gleichung nur die beobachteten Werte (auch die der endogenen Variablen) verwendet werden. Die derart berechneten Schätzfehler können auch einen Hinweis darauf liefern, ob bei der Codierung des Simulationsmodells Übertragungsfehler gemacht wurden. Ein derartiger „Probelauf" sollte demnach am Anfang jeder Simulationsstudie stehen. Auch wenn die statische Simulation befriedigende Ergebnisse liefert, so ist es doch möglich, dass sich in der dynamischen Simulation erhebliche Abweichungen von dem historischen Zeitpfad einzelner Variablen ergeben. Dabei können sich die Fehler derart kumulieren, dass die dynamisch simulierten Werte von den beobachteten Werten immer weiter divergieren bzw. dass sich Schwankungen im Zeitverlauf vergrößern oder, dass ab einem bestimmten Zeitpunkt das Modell die historische Entwicklung nicht mehr erklären kann. In diesen Fällen ist eine Überprüfung der Spezifikation einzelner Gleichungen des Modells, bei denen große Fehler auftreten, angezeigt.

Gemäß diesen Ausführungen kann der Fehler einer dynamischen Simulation wie folgt zerlegt werden:

$$y_{it} - y_{it}^C = (y_{it} - \hat{y}_{it}) + (\hat{y}_{it} - y_{it}^s) + (y_{it}^s - y_{it}^C)$$

Schätz-Fehler	Simultanitäts-Fehler	dynamischer Fehler

Hierbei bedeuten:

Y_{it} = beobachteter Wert der i-ten endogenen Variable in t;
$\hat{Y}_{it}$ = geschätzter Wert in t gemäß der i-ten Strukturgleichung;
Y_{it}^s = Lösungswert in t bei Durchführung einer statischen Simulation;
Y_{it}^C = Lösungswert in t bei Durchführung einer dynamischen Simulation (= Kontroll-Lösung).

Mit Hilfe dieser Fehlerzerlegung ist es möglich, die Ursachen relativ großer Simulationsfehler zu analysieren. Wenn die Schätzfehler dominieren, so ist eine Neuspezifikation der betreffenden Strukturgleichung angezeigt, wobei besonders die

Spezifikation bezüglich der endogenen und exogenen Variablen zu beachten ist. Dominieren die dynamischen Fehler, so sollte die Spezifikation der lag-Struktur der betreffenden endogenen Variable innerhalb des Modells und der verzögerten endogenen Variablen innerhalb der betreffenden Strukturgleichung untersucht werden. Die Bewertung und Eliminierung eines großen Simultanitätsfehler ist sehr schwierig, weil dieser aus dem Modell in seiner Gesamtheit resultiert und damit das System insgesamt tangiert, ohne einen Hinweis auf mögliche Ursachen zu liefern. Es ist klar, dass die obige Fehlerzerlegung auch auf Simulationen außerhalb der Beobachtungsperiode übertragen werden kann, wobei nun die „Schätzfehler" die Prognosefehler der Einzelgleichungen ohne Berücksichtigung des Modellzusammenhangs darstellen.

Ein weiteres Kriterium zur Beurteilung der Güte eines (nicht-linearen) Modells ist die Sensitivitätsanalyse hinsichtlich kleiner Veränderungen der Anfangsperiode der Simulation, der exogenen Variablen einschließlich des Absolutglieds und von einzelnen Koeffizienten. Kleine Veränderungen sollten dabei nicht zu drastischen Veränderungen der Simulationsergebnisse führen.

8.2 Maßzahlen zur Beurteilung der Anpassungsgüte

Zur Beschreibung der Anpassungsgüte (tracking performance) eines Modells sind unterschiedliche Maßzahlen mit jeweils unterschiedlichem Erklärungswert und spezifischen Vor- und Nachteilen entwickelt worden. Dies ist der Grund dafür, dass in Simulationsstudien in der Regel mehrere Maßzahlen berechnet werden.

Die gebräuchlichsten Maßzahlen für die Anpassungsgüte sind:

(i) Wurzel des mittleren quadratischen Fehlers (root-mean square-error)

$$RMSE_i = \sqrt{1/T\Sigma\left(y_{it} - y_{it}^C\right)^2}$$

wobei y_{it}^C die Kontroll-Lösung und y_{it} den beobachteten Wert der i-ten endogenen Variable bezeichnet.

Ein Nachteil von RMSE besteht darin, dass diese Maßzahl vom Niveau der analysierten Variable abhängig und somit ein aussagekräftiger Vergleich zwischen Variablen mit unterschiedlichen Niveaus nicht möglich ist. Es wird deshalb meist die folgende Relativgröße berechnet:

(ii) Wurzel des mittleren quadratischen prozentualen Fehlers (root-mean-square-percentage-error)

$$RMSPE_i = \sqrt{\frac{1}{T}\sum\frac{y_{it} - y_{it}^C}{y_{it}}} \cdot 100.$$

Diese Maßzahl ist dimensionslos und deshalb leichter zu interpretieren. Sie hat jedoch den Nachteil, dass sie bei kleinen Werten von y_{it} und bei häufigem Vorzeichenwechsel von y_{it} zu Fehlinterpretationen führen kann.

(iii) Mittlerer absoluter Fehler (mean absolute error)

$$MAE_i = \frac{1}{T} \sum_{t=1}^{T} \left| y_{it} - y_{it}^C \right|$$

(iv) Mittlerer absoluter prozentualer Fehler (mean absolute percentage error)

$$MAPE_i = \Sigma_{t=1}^{T} \left| \left(Y_{it} - Y_{it}^C \right) / Y_{it} \right| / T * 100.$$

Die Maßzahlen (i) bis- (iv) weisen bei perfekter Anpassung einen Wert von Null auf. Die ex post-Prognosegüte des Modells ist deshalb um so besser je kleiner diese sind. Es gibt allerdings keinen Maßstab dafür wie „nahe Null" akzeptabel ist. Dieses hängt von den Anforderungen des Benutzers ab. Als ein interessanter Maßstab können u.U. die Ergebnisse aus einer Schätzung eines univariaten Zeitreihen-Modells (ARIMA-Modell) herangezogen werden.

Eine weitere nützliche und häufig verwendete Maßzahl zur Analyse der Simulationsfehler und der Güte von ex post-Prognosen ist der Theil'sche Ungleichkoeffizient.

(vi) Theil'scher Ungleichheitskoeffizient

$$U_i = \frac{\sqrt{(1/T)\Sigma\left(y_{it} - y_{it}^C\right)^2}}{\sqrt{(1/T)\Sigma\left(y_{it}^C\right)^2} + \sqrt{(1/T)\Sigma y_{it}^2}}$$

Im Zähler steht der mittlere quadratische Fehler *($RMSE_i$)*, der so normiert wurde, dass U_i zwischen 0 und 1 liegt. Bei perfekter Übereinstimmung der simulierten und tatsächlichen Werte – d.h. es ist $y_{it}^C = y_{it}$ – ist $U = 0$. Für $U = 1$ ergibt sich die schlechteste Anpassung bzw. ex post-Prognose. Diese ergibt sich dann, wenn entweder alle simulierten oder tatsächlichen Werte gleich 0 sind oder wenn $y_{it}^C = -y_{it}$ ist.

Gemäß der folgenden Zerlegung des mittleren quadratischen Fehlers *(MSE_i)* in

$$\frac{1}{T}\Sigma\left(y_{it} - y_{it}^C\right)^2 = \left(\bar{y}_i^C - \bar{y}_i\right)^2 + (\sigma_c - \sigma)^2 + 2(1-\rho)\sigma_c\sigma,$$

wobei $\bar{y}_i^C, \bar{y}_i, \sigma_c$ und σ die Mittelwerte und Standardabweichungen von y_i^C und y_i bedeuten und ρ deren Korrelationskoeffizient bezeichnet, ergeben sich folgende Anteile, die für eine Analyse der Simulationsfehler sehr nützlich sein können:

$$U_i^M = \frac{\left(\bar{y}_i^C - \bar{y}_i\right)^2}{(1/T)\Sigma\left(y_{it}^C - y_{it}\right)^2}$$

$$U_i^V = \frac{(\sigma_c - \sigma)^2}{(1/T)\Sigma\left(y_{it}^C - y_{it}\right)^2}$$

$$U_i^K = \frac{2(1-\rho)\sigma_c\sigma}{(1/T)\Sigma\left(y_{it}^C - y_{it}\right)^2}$$

Die Maßzahlen U_i^M, U_i^V und U_i^K geben die Anteile des Bias, der Varianz und der Kovarianz an den Simulationsfehlern an. Es gilt $U_i^M + U_i^V + U_i^K = 1$.. Der Bias-Anteil U_i^M zeigt einen systematischen Fehler an. Ein relativ großer Wert (>0.1 oder 0.2) signalisiert die Notwendigkeit einer Revision des Modells. Ein relativ großer Wert des Varianz-Anteils U_i^V bedeutet, dass die simulierten und tatsächlichen Werte eine unterschiedliche Variabilität (Volatilität) aufweisen. Auch in diesem Fall ist eine Revision des Modells angezeigt. Der Kovarianz-Anteil U_i^K stellt die Residualgröße dar und beschreibt die Korrelation zwischen simulierten und tatsächlichen Werten einer Variablen. Im Idealfall ist $U_i^M = U_i^V = 0$ und $U_i^K = 1$..

8.3 Graphische Analyse der Anpassungsgüte

Eine visuelle Feststellung der Anpassungsgüte ermöglicht das sog. Prognose-Realisations-Diagramm (Abbildung 4). Dabei werden die (relativen) Veränderungen der beobachteten Werte und die (relativen) Veränderungen der simulierten (prognostizierten) Werte in einem Streudiagramm gegenübergestellt.

Punkte auf der 45 °-Linie repräsentieren eine perfekte Übereinstimmung der tatsächlichen und der simulierten Werte einer Variable sowie der Veränderung derselben. In allen anderen Fällen gilt $\hat{y}_{it} \neq y_{it}$ und $\Delta\hat{y}_{it} \neq \Delta y_{it}$. Der Operator Δ kann auch für die relativen Veränderungen stehen. Überschätzungen der tatsächlichen Werte $(\hat{y}_{it} > y_{it})$ und damit auch der tatsächlichen Veränderungen $(\Delta\hat{y}_{it} > \Delta y_{it})$ liegen im 1. Quadranten oberhalb der 45 °-Linie, Unterschätzungen entsprechend unterhalb der 45 °-Linie im 3. Quadranten.

Abbildung 4

Das Prognose-Realisations-Diagramm

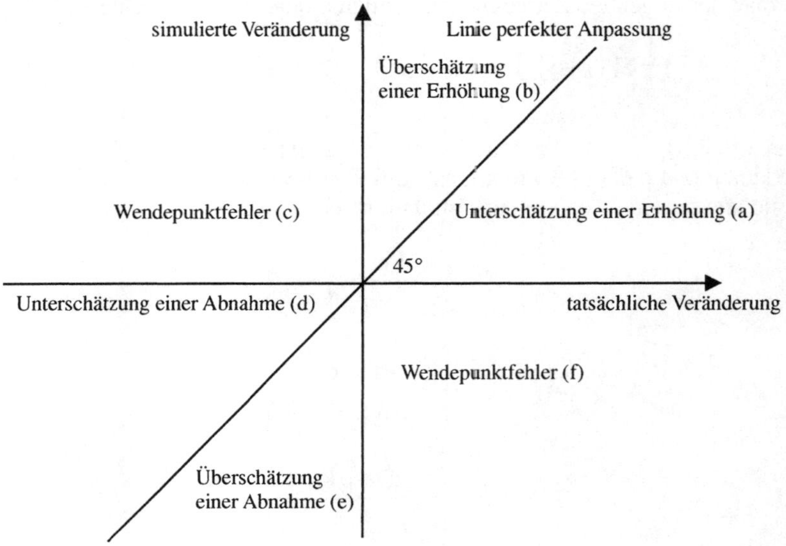

In den Feldern (a), (b), (d) und (e) wird die Richtung (gleiches Vorzeichen) der Veränderungen richtig geschätzt, wobei in den Gebieten (a) und (d) Unterschätzungen und in den Gebieten (b) und (e) Überschätzungen ausgewiesen werden. In den Gebieten (c) und (f) liegen Wendepunktfehler, d.h. alle Fälle in denen die Richtung der Veränderung falsch prognostiziert wird. Häufig wird der prozentuale Anteil der einzelnen Fehlerarten berechnet, so z.B. der Anteil der Überschätzungen an der Gesamtzahl der Simulationsperioden oder der Anteil der Wendepunktfehler. Der Nachteil dieser Maßzahlen besteht darin, dass Informationen über die Größenordnung der Fehler verloren gehen.

9. Multiplikatoranalyse und Politiksimulation

Die Multiplikatoranalyse liefert wichtige Informationen über das Reaktionsverhalten des Systems bei Veränderungen von exogenen Variablen oder von Parametern des Modells. Die Kenntnis der Größenordnung von Multiplikatoren ist für die Durchführung wirtschaftspolitischer Maßnahmen relevant.

Bei Vorliegen linearer Modelle können die Multiplikatoren aus der reduzierten bzw. finalen Form direkt berechnet werden. Dieses ist im allgemeinen bei nichtlinearen Modellen nicht möglich. Auch bei großen Modellen scheidet die direkte Berechnung der Multiplikatorformeln praktisch aus. In diesen Fällen bietet sich die Computer-Simulation an. Dabei werden jeweils zwei Simulationsläufe über die gleiche Simulationsperiode durchgeführt: (i) die sog. Kontroll-Lösung $\left(y_t^c\right)$ und (ii) die gestörte Lösung $\left(y_t^s\right)$. Sodann wird die Differenz $\left(y_t^c - y_t^s\right)$ analysiert.

Die Kontrolllösung besteht in der Lösung des dynamischen ökonometrischen Modells (20) mit Hilfe einer dynamischen Simulation für gegebene Anfangsbedingungen für die verzögerten endogenen Variablen und gegebenem Zeitpfad der exogenen Variablen. In der Beobachtungsperiode bieten sich dabei natürlich die beobachteten Werte an und für Simulationen außerhalb derselben müssen prognostizierte Werte der exogenen Variablen verwendet werden.

Die gestörte Lösung erhält man, indem man den gesamten Simulationslauf mit den gleichen Anfangsbedingungen wiederholt, wobei eine (oder mehrere) exogene Variable z_{it} verändert wird zu $z_{it} + \delta$ und die anderen exogenen Variablen ihre Werte beibehalten. Die Störung kann dabei über eine längere Periode, z.B. die gesamte Simulationsperiode aufrechterhalten werden oder auch nur in einer Periode $t = t_0$ erfolgen.

Der dynamische Multiplikator in t lautet dann im Falle einer dauerhaften Störung

$$\left(y_{it}^s - y_{it}^c\right) / \delta$$

Bei einmaliger Störung ergeben sich die dynamischen Multiplikatoren als Differenz zwischen gestörter Lösung und der Kontroll-Lösung, wobei bei Vorliegen eines stabilen Systems die gestörte Lösung gegen die Kontroll-Lösung konvergieren sollte. Bei diesem Anpassungsprozeß kann der Pfad der gestörten Lösung um denjenigen der Kontroll-Lösung schwanken. Die summierten Differenzen zwischen beiden Lösungen konvergieren gegen einen konstanten Wert, den langfristigen Multiplikator. Bei linearen Modellen ergibt sich der gleiche langfristige Multiplikator, wie bei einer dauerhaften Störung. In nicht-linearen Modellen können sich in Abhängigkeit von dem Grad der Nichtlinearität auch größere Unterschiede ergeben. Die beiden Fälle können graphisch wie in den Abbildungen 5 und 6 veranschaulicht werden.

Abbildung 5

Dauerhafte Störung

Kontroll-Lösung und gestörte Lösung

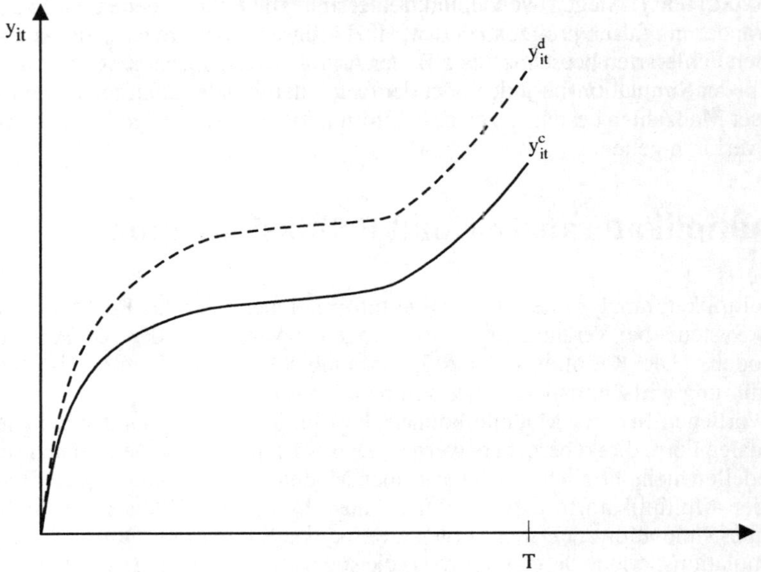

Abbildung 6

Einmalige Störung

Kontroll-Lösung und gestörte Lösung

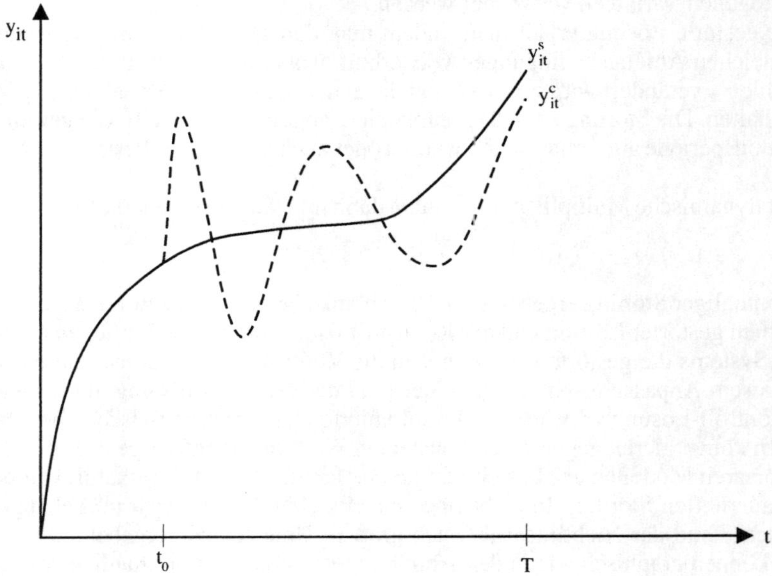

Da das geschätzte Modell eine Approximation der Realität darstellen soll, sollten alternative Simulationsszenarien sich hinsichtlich der Größenordnung der Datenänderungen nicht zu weit von der Realität entfernen, da sonst die Gefahr existiert, dass das Modell völlig unrealistische Werte wie z.B. negative Nominalzinssätze oder eine negative Arbeitslosenquote simuliert. Dieses ist bei der Wahl der Größenordnung der Störung unbedingt zu beachten. Diese darf auch nicht zu klein sein, da sonst Rundungsfehler die Ergebnisse zu stark beeinflussen können.

Die Störungen müssen nicht konstant sein, sondern können auch variieren, d.h. die exogene Variable nimmt die Werte

$$z_{jt_1} + \delta_1, z_{jt_2} + \delta_2, z_{jt_3} + \delta_3, \ldots \quad \text{mit } t_1 < t_2 < t_3$$

an. Dies könnte z.B. der Fall sein, wenn eine wirtschaftspolitische Maßnahme zeitlich verteilt ist. Für eine Analyse der Wirkungen bietet sich bei variablen Störungen natürlich die graphische Darstellung an.

Die Multiplikatoranalyse mit Hilfe der Computersimulation kann auch auf Veränderungen von Parametern des Modells, z.B. Steuersätze angewendet werden. Allerdings ist dabei bei der Berechnung von Multiplikatoren aus der Differenz zwischen gestörter Lösung und Kontroll-Lösung zu beachten, dass sich die endogene Variable, deren Parameter variiert wird, selbst verändert. Bei einer Variation des Steuersatzes τ verändert sich z.B. auch die Bemessungsgrundlage der Steuer *(B)* infolge der Steuerwirkungen. In diesem Falle muss der Steuermultiplikator berechnet werden als

$$\left(y_{it}^s - y_{it}^c\right) / (\tau_1 - \tau_0) B_t^c,$$

wobei B_t^c die Kontroll-Lösung der Steuerbemessungsgrundlage und τ_1 den erhöhten Steuersatz bezeichnet.

Mit Hilfe der Störungen des Modells können unterschiedliche wirtschaftspolitische Szenarien simuliert werden. So können z.B. die Wirkungen geld- und fiskalpolitischer Maßnahmen isoliert oder als policy-mix analysiert werden. Die Größenordnung der Multiplikatoren und das dynamische Anpassungsverhalten können darüber hinaus wertvolle Aufschlüsse über die Plausibilität der Wirkungen des Modells insgesamt liefern. So dürfte z.B. ein negativer Anstoßmultiplikator bei einer Erhöhung der realen Staatsausgaben Anlass geben, die Spezifikation des Modells zu überprüfen.

Abschließend soll hier noch auf die sog. Lucas-Kritik hingewiesen werden. Lucas (1976) argumentiert, dass Multiplikatoranalysen und Politiksimulationen bei der Annahme einer konstanten Parameterstruktur nicht sinnvoll sind, da das Verhalten der Wirtschaftssubjekte wesentlich von Erwartungen abhängt, die sich infolge wirtschaftspolitischer Maßnahmen in Abhängigkeit von deren Größenordnung verändern und somit auch die Struktur des geschätzten Modells beeinflussen. Obwohl die Berechtigung der Lucas-Kritik auf der theoretischen Ebene allgemein akzeptiert wird, so hat sie doch in der Praxis bei der Simulation alternativer Szenarien wenig Beachtung gefunden. Dies dürfte vor allen Dingen daran liegen, dass keine Kenntnisse über die quantitative Bedeutung des Lucas-Arguments existieren und somit auch seine Bedeutung nicht abgeschätzt werden kann. Die Lucas-Kritik gilt insbesondere bei einer Politikanalyse auf der Grundlage der reduzierten Form. Bei Strukturmodellen kann das Politikverhalten u.U. auch modelliert werden, z.B. in Form einer Reaktionsfunktion der wirtschaftspolitischen Entscheidungsträger. Dadurch wird das Lucas-Argument in seiner Bedeutung abgeschwächt, bleibt jedoch hinsichtlich der Erwartungen erhalten, wenn die Erwartungen exogen modelliert werden.

Literaturverzeichnis

Assenmacher, W. (2002): Einführung in die Ökonometrie. Oldenbourg, München

Challen, D.W., Hagger, A.J. (1983): Macroeconometric Systems. Construction, Validation and Applications. St. Martin's Press, New York

Charemza, W.W., Deadman, D.D. (1992): New Directions in Econometric Practice. Edward Elgar, Aldershot

Chow, G.C. (1983): Econometrics. McGraw Hill, New York et al.

Cooley, T., LeRoy, S. (1985): Atheoretical Macroeconomics: a Critique. Journal of Monetary Economics 16, 283–308

Dinardo, J., Johnston, J. (1996): Econometric Methods. McGraw Hill, New York et al.

Fair, R.C. (1984): Specification, Estimation and Analysis of Macroeconometric Models. Harvard University Press, Cambridge, MA

Fisher, F.M. (1965): The Choice of Instrumental Variables in the Estimation of Economy-Wide Econometric Models. International Economic Review 6, 245–273

Hamilton, J.D. (1994): Time Series Analysis. Princeton University Press, Princeton

Hendry, D.F. (1974): Stochastic Specification in an Aggregate Demand Model of the United Kingdom. Econometrica 42, 559–578

Intriligator, M.D., Bodkin, R.G., Hsiao, C. (1996): Econometric Models, Techniques, and Applications. Prentice Hall, Upper Saddle River

Judge, G.G., Hill, R.C., Griffiths, W.E., Lütkepohl, H., Lee, T.-C. (1988): Introduction to the Theory and Practice of Econometrics, 2nd edition. John Wiley & Sons, New York

Klein, L.R. (1983): Lectures in Econometrics. North Holland, Amsterdam et al.

Klein, L.R., Young, R.M. (1980): An Introduction to Econometric Forecasting and Forecasting Models. Lexington Books, Lexington

Lucas, R.E. (1976): Econometric Policy Evaluation – a Critique. In: Brunner,K., Meltzer, A.H. (Eds.): The Phillips Curve and Labor Markets. Carnegie-Rochester Conferences on Public Policy, supplement to Journal of Monetary Economics 1: 19–46

McCarthy, M.D. (1972): Some Notes on the Generation of Pseudo-structural Errors for Use in Stochastic Simulation Studies. In: Hickman, B.G. (Ed.), Econometric Models of Cyclical Behavior. Columbia University Press, New York, 185–191

Mitchell B.M., Fisher, F.M. (1970): The Choice of Instrumental Variables in the Estimation of Economy-Wide Econometric Models: Some Further Thoughts. International Economic Review 11, 226–234

Pindyck, R.S., Rubinfeld, D.L. (2000): Econometric Models and Econometric Forecasts. McGraw Hill, New York et al.

Pindyck, R.S. (1990): Econometric Models and Econometric Forecasts. McGraw Hill, New York et al.

Schneeweiß, H. (1990): Ökonometrie. Physica, Würzburg et al.

Sims, C.A. (1980): Macroeconomics and Reality. Econometrica 48, 1–48

Stewart, M.B., Wallis, K.F. (1981): Introductory Econometrics, 2nd edition. Blackwell, Oxford

Wolters, J. (2002): Neuere Entwicklungen in der ökonometrischen Analyse aggregierter Zeitreihen. Sonderforschungsbereich 373, Discussion Paper 83. Humboldt-Universität zu Berlin

Das RWI-Konjunkturmodell – Ein Überblick

Ullrich Heilemann[1]

Das RWI-Konjunkturmodell ist ein ökonometrisches Modell zur Analyse und Prognose der gesamtwirtschaftlichen Entwicklung sowie zur Beurteilung wirtschaftspolitischer Maßnahmen. Es befindet sich seit mehr als 25 Jahren in der Anwendung und zählt mit dem Vierteljahresmodell der Deutschen Bundesbank zu den ältesten „aktiven" gesamtwirtschaftlichen Modellen für die Bundesrepublik.[2] Es stellt den Prototyp eines makroökonometrischen Modells mittlerer Größenordnung dar und an ihm lassen sich die wichtigsten Probleme ihres Baus, ihrer Struktur und Anwendung illustrieren. Die vorliegende Darstellung gibt einen Überblick über Erklärungsrahmen, theoretische und empirische Fundierung, Modellpraxis, Prognosegenauigkeit und Perspektiven des Modells.

Weder der ökonometrische Modellbau im Allgemeinen noch der eines einzelnen Modells entwickeln sich gradlinig. Sie spiegeln jeweils die Erfahrungen mit ihm, die wechselnden Problemstellungen, den Stand der ökonomischen Theorie, der technischen Möglichkeiten, der verfügbaren Ressourcen, aber auch die spezifischen kognitiven Interessen und wirtschaftspolitischen Vorurteile der Autoren wider. Ein angemessenes Verständnis des gegenwärtigen Standes des RWI-Konjunkturmodells erfordert daher auch den Blick zurück auf seine Entwicklung und die mit ihm gemachten Erfahrungen. Die folgenden Ausführungen stützen sich dabei weitgehend auf eine frühere Darstellung (Heilemann 1998), wobei die empirischen Ergebnisse aktualisiert und die zwischenzeitlich gemachten Erfahrungen und Entwicklungen berücksichtigt wurden. Die Ausführungen beschränken sich auf das Wesentliche, Hinweise auf Arbeiten zum ökonometrischen Modellbau allgemein, methodische und wirtschaftspolitische Arbeiten mit dem Modell sowie der Kreis bisheriger Nutzer des Modells sind einer Dokumentation des Modells zu entnehmen, die auf Anfrage zur Verfügung steht.[3]

Auf die Auseinandersetzung mit Vorgängern und Vorgeschichte des RWI-Konjunkturmodells wird daher ebenso verzichtet wie auf seine detaillierte Vorstellung. Ziel des Modells war und ist die Unterstützung der „Gemeinschaftsdiagnose" der großen wirtschaftswissenschaftlichen Forschungsinstitute (GD) (vgl. Arbeitsgemeinschaft deutscher wirtschaftswissenschaftlicher Forschungsinstitute 2000: 36ff.) bzw. der Institutsarbeit bei der Prognose der gesamtwirtschaftlichen Entwicklung und bei der Wirkungsschätzung wirtschaftspolitischer Maßnahmen. Erklä-

---

[1] Rheinisch-Westfälisches Institut für Wirtschaftsforschung, Hohenzollernstr. 1-3, D-45128 Essen und Gerhard-Mercator-Universität Duisburg, Lotharstraße 65, D-47048 Duisburg.

[2] Vgl. dazu auch Krelle (1974), Menges et al., Lüdeke et al. (1975) sowie die beiden Konferenzbände von Langer et al. (1984) sowie Gahlen/Sailer in Heilemann (1985) sowie die Beiträge von Juhnke, Lüdeke, Dieckmann/Westphal, Franz/Göggelmann/Winker in Heilemann, Wolters (Hrsg. 1998). Einen umfassenden Überblick gibt die Dokumentation von Uebe (2001).

[3] Auf Anfrage steht für Lehr- und Forschungszwecke auch das Modell selbst einschließlich Daten in elektronischer Form kostenlos zur Verfügung.

Übersicht 1

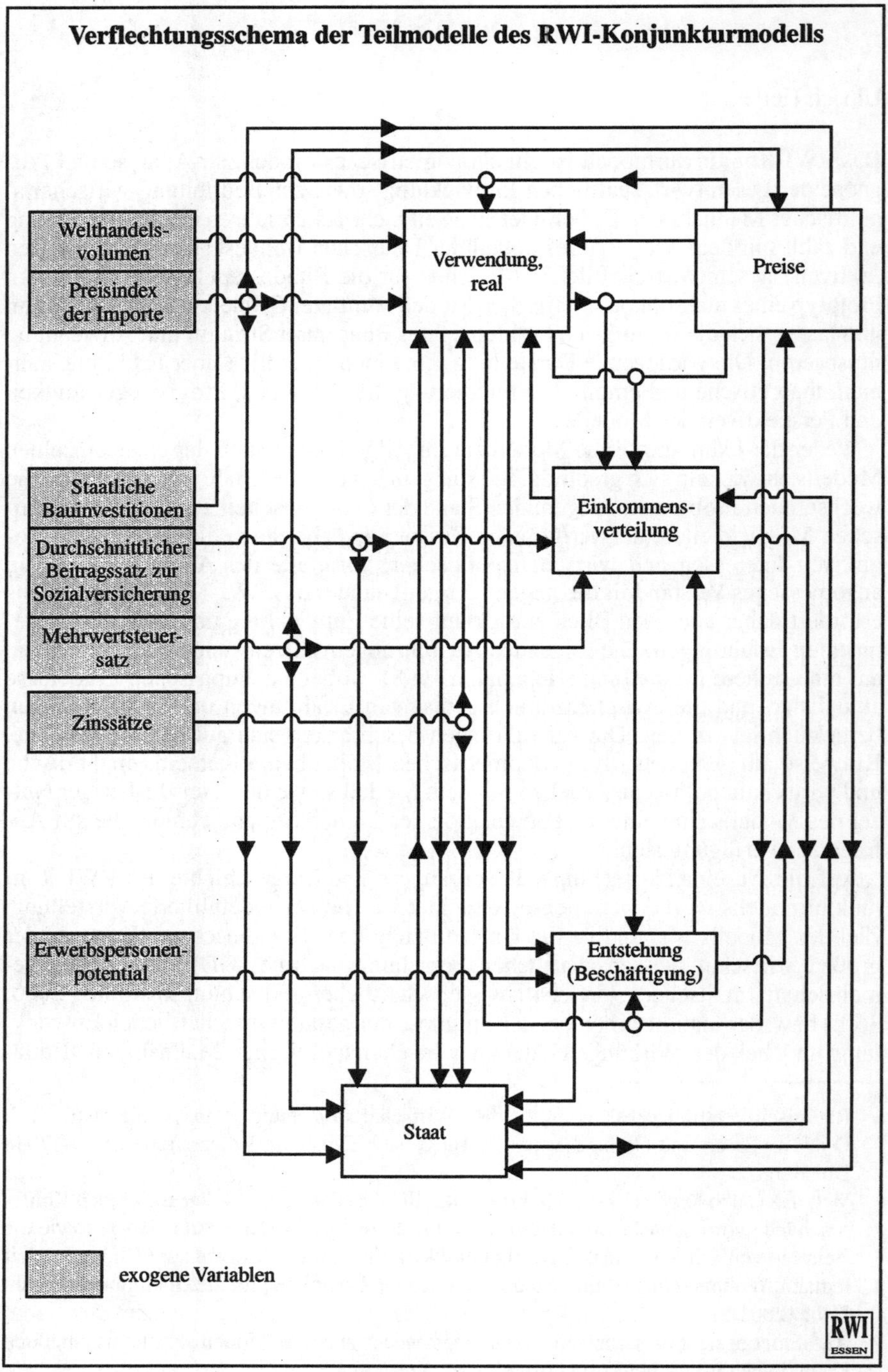
Verflechtungsschema der Teilmodelle des RWI-Konjunkturmodells
Welthandels-volumen
Preisindex der Importe
Verwendung, real
Preise
Staatliche Bauinvestitionen
Durchschnittlicher Beitragssatz zur Sozialversicherung
Mehrwertsteuer-satz
Zinssätze
Einkommens-verteilung
Erwerbspersonen-potential
Entstehung (Beschäftigung)
Staat
exogene Variablen
RWI ESSEN

rungsgegenstand ist entsprechend die *kurzfristige* gesamtwirtschaftliche Entwicklung – also nicht die Konjunktur im Sinne der Abweichung vom Trend! – wie sie z.B. im Prognosetableau der GD abgebildet wird. Zu diesem Zweck werden die Nachfrage (8 Verhaltensgleichungen, 24 Definitionsgleichungen), die Preise (8, 12), die Verteilung (6, 13), die Entstehung (5, 27) und die Staatsaktivität (14, 20) erklärt (vgl. auch Übersicht 1). Auf die wichtigsten theoretischen Grundlagen dieser Erklärungen wird weiter unten eingegangen. Der Prognosehorizont beträgt üblicherweise bis zu acht, der Simulationszeitraum bis zu zwölf Quartale; mit Blick auf die *post-termination*-Effekte (s.u.) wurde ebenso wie für Stabilitätsanalysen dieser Zeitraum gelegentlich verlängert. Empirische Basis bildet die Vierteljährliche Volkswirtschaftliche Gesamtrechnung (VGR) des Statistischen Bundesamtes, ergänzt durch Daten der Zins-, Tariflohn-, Arbeitslosigkeits- und Welthandelsentwicklung. Schätzverfahren ist die einfache Methode der Kleinsten Quadrate (KQ). Lösungstechnisch gesehen besteht das schwach nicht-lineare Modell aus zwei rekursiven und einem interdependenten Block, die Lösung des Gleichungssystems erfolgt mit dem *Gauss-Seidel*-Verfahren. Kurz, das Modell ist vom *Keynes/Klein*-Typ und ein typisches Kurzfrist-Modell mittlerer Größenordnung der zweiten Generation (vgl. zu dieser Einteilung z.B. Eckstein 1983: 28ff.; Bodkin et al. 1991: 88ff.; Heilemann 2002). Auf ausgewählte Modellreaktionen wird im Einzelnen ebenfalls unten eingegangen. Die *ex ante*-Prognosegüte des Modells entspricht weitgehend der anderer makroökonometrischer Modelle (soweit bekannt) bzw. prominenter Prognosen für die Bundesrepublik, wie Vergleiche mit den Wachstums- und Inflationsprognosen von GD, Sachverständigenrat zur Begutachtung der gesamtwirtschaftlichen Entwicklung (SVR), OECD, Jahreswirtschaftsbericht der Bundesregierung (und eines „naiven“ Modells) deutlich machen (s. unten Tabelle 5). – Der zur Aktualisierung und Pflege sowie zur Erweiterung des Modells erforderliche Personalaufwand bewegt sich gegenwärtig zwischen 6 und 12 Personen-Monaten p.a.

Die weiteren Ausführungen beschäftigen sich zunächst mit dem Erklärungsrahmen des Modells (Abschnitt 1) und wenden sich dann seiner theoretischen (Abschnitt 2) und empirischen Fundierung (Abschnitt 3) zu. Abschnitt 4 beschreibt die Praxis des Modells, Abschnitt 5 die Prognosegenauigkeit, und der letzte Abschnitt (6) beschäftigt sich mit der weiteren Entwicklung des Modells.

1. Der Erklärungsrahmen

Was ein Modell erklärt, sein Informationsgehalt oder Erklärungsrahmen, ergibt sich aus seiner Zielsetzung einerseits und den aus theoretischen Gründen ggf. darüber hinaus bestehenden Erfordernissen andererseits. Der Erklärungsrahmen des RWI-Konjunkturmodells ist durch die eingangs beschriebene Aufgabenstellung vorgegeben.

Das Modell enthält insgesamt zehn im engeren Sinne ökonomisch exogene Variablen und technische Beziehungen. Wichtige exogene Variablen sind – neben internationalen Entwicklungen (Welthandelsniveau, Preisindex der Importe) – wirtschaftspolitische Variablen und Parameter (Öffentliche Bauinvestitionen, Durchschnittlicher Beitragssatz zur Sozialversicherung, Kurzfristiger Zinssatz) und der Langfristige Zinssatz.

Theorieimmanente Anforderungen haben den Erklärungsrahmen nur im Fall der Erklärung der Abschreibungen (Kapitalbestände), der Lohnentwicklung und bei

Teilaggregaten der staatlichen Ausgaben und Einnahmen bestimmt. Eine Reihe von Erweiterungen, z.B. um die definitorische Bestimmung der Konsum-, Investitionsquote erfolgte aus analytischen Gründen. Angesichts der großen Bedeutung des Tariflohns für die effektive Lohnentwicklung der Bundesrepublik wurde eine zweistufige Vorgehensweise gewählt, die zunächst den Tarif- und darauf aufbauend den Effektivlohn erklärt („Aufstockungshypothese"). Neben theoretischen und empirischen Vorzügen hatte dies natürlich auch den einer Erweiterung der wirtschaftspolitischen Simulationsmöglichkeiten des Modells.

Größeren Einfluss auf den Erklärungsrahmen übten handlungsorientierte Erfordernisse aus: In der ersten Hälfte der siebziger Jahre in Gestalt der monetaristischen Herausforderung, später traten die Fiskal- und Arbeitsmarktprobleme hinzu, seit den achtziger Jahren die wachsende internationale Verflechtung der deutschen Volkswirtschaft und die zunehmende Mittelfristorientierung der Wirtschaftspolitik.

Der monetaristischen Herausforderung bzw. dem Übergang zum Konzept der Geldmengensteuerung durch die *Deutsche Bundesbank* 1974 wurde zunächst durch die Berücksichtigung von Geldmengenaggregaten in einer Reihe von Schätzgleichungen – insbesondere in den Preisgleichungen – Rechnung getragen, was aber nur im Falle des Preisindex des Privaten Verbrauchs – vorübergehend – erfolgreich war (M2) (Rau et al. 1977: 106ff.). Die Beziehungen erwiesen sich, auch bei Berücksichtigung anderer Geldmengenaggregate (M3), als wenig stabil – sowohl hinsichtlich der statistischen Absicherung als auch der implizierten Größe der Reaktionen. – Die spätere endogene Bestimmung der Zinssätze brachte übrigens gleichfalls keine befriedigenden Resultate, nicht zuletzt wegen der Prognoseprobleme zusätzlicher exogener Variablen (Geldmenge, US-Zinssätze), vor allem aber verglichen mit den Ergebnissen der bislang relativ guten exogenen Prognose sowohl der Zinssätze selbst als auch der Zinsstruktur[4]. Nach eingehender Prüfung wurde daher auf die Entwicklung eines monetären Teilmodells verzichtet. Um in Simulationen möglichen Zinsreaktionen Rechnung zu tragen, wird alternativ akkommodierende oder nicht-akkommodierende Geldpolitik der Deutschen Bundesbank unterstellt[5] – eine Praxis, die sich international, auch bei Modellen mit einem umfangreichen monetären Sektor, etabliert hat (z.B. Eckstein 1983: 169ff.).

Sehr umfangreiche Konsequenzen für den Informationsgehalt des Modells hatten dagegen die sich seit der ersten Ölkrise akzentuierenden Fiskal- und Arbeitsmarktprobleme; allerdings weniger für die Modellreaktionen, wie die unten wiedergegebenen Multiplikatorergebnisse zeigen. Zur Abschätzung der Entwicklung von Staatsdefizit und -schulden wurde die Erklärung der staatlichen Einnahmen- und Ausgabenseite vervollständigt. Dies erhöhte zwar die Zahl der Schätzgleichungen um elf (vgl. Heilemann 1979: 179ff.), doch lassen sich so die *Netto*wirkungen ein- und ausgabenpolitischer Maßnahmen für den Staatshaushalt abschätzen, was den wirtschaftspolitischen Informationsgehalt des Modells beträchtlich erhöhte (z.B. Heilemann, Hüttebräuker 1981: 221ff.; Fritzsche et al. 1984: 278ff.). Die fehlende Disaggregation des Staatssektors nach Ebenen (Bund, Länder, Gemeinden) und Bereichen (Gebietskörperschaften, Sozialversicherungssysteme) behindert freilich eine breite Akzeptanz dieser Ergebnisse durch die Wirtschaftspolitik. – Der wachsenden Bedeutung der Arbeitslosigkeit wurde durch eine Differenzierung ihrer Er-

---

4 Vgl. hierzu und dem Folgenden Heilemann/Thiemer (1989: 115ff.) sowie Tabelle 1.

5 Ob und wie dies im Rahmen der Europäischen Währungsunion (EWU) in dieser Weise weiterhin möglich ist, bleibt zu prüfen.

klärung Rechnung zu tragen versucht: Die direkte, einstufige Erklärung der Zahl der Arbeitslosen wurde Anfang der achtziger Jahre durch eine Erklärung der Zugänge in die und der Abgänge aus der Arbeitslosigkeit abgelöst (Hüttebräuker 1982: 199ff.). Die Verbesserung mindestens der partiellen Erklärungs- und Prognosegüte war beträchtlich.

Die wachsende internationale Verflechtung der Volkswirtschaften findet seit Anfang der achtziger Jahre – nicht zuletzt dank der gestiegenen rechentechnischen Möglichkeiten – auch im makroökonometrischen Modellbau zunehmende Beachtung und führte zur Entwicklung einer Reihe „internationaler" bzw. Mehrländer-Modelle (Bryant et al. 1988; Döhrn, Schira 1998). Auch für das RWI-Konjunkturmodell wurden Notwendigkeit und Möglichkeiten einer solchen Erweiterung untersucht. Die Prognosegenauigkeit seiner internationalen *inputs* – Welthandel und Importpreise – erwies sich allerdings als vergleichsweise gut[6], und bislang ist fraglich, ob insofern durch ein internationales Modell nennenswerte Verbesserungen zu erzielen sind; wirtschaftspolitische Maßnahmen des Auslands sind zwar mit einem ausschließlich nationalen Modell weniger elegant, genau und vollständig zu implementieren, aber keineswegs ausgeschlossen. Umgekehrt zeigen die Simulationsergebnisse internationaler Modelle, dass zwar von Deutschland durchaus beachtliche Wirkungen auf die europäischen Nachbarländer ausgehen – die Wirkungen auf die Vereinigten Staaten von Amerika indessen sind meist zu vernachlässigen[7], – diese interessieren im Rahmen des RWI-Konjunkturmodells allerdings wenig; die Rückwirkungen auf die deutsche Konjunktur sind in der Regel gering (vgl. auch Hickman 1990: 492)[8]. Schließlich ließen bislang auch der vergleichsweise hohe Aufwand der Erweiterung des außenwirtschaftlichen Sektors sowie theoretische und technische Gründe im Fall der Nutzung eines fremden (Teil-)Modells die Internationalisierung des Modells als weniger dringlich erscheinen (vgl. dazu S. 214).

Die – zunehmende – Mittelfristorientierung der Wirtschaftspolitik fand im Modell bislang noch keinen Niederschlag. Die Gründe dafür reichen von der nötigen, theoretisch wie empirisch keineswegs problemlosen Erweiterung des Modells um entsprechende Gleichgewichtsbeziehungen namentlich auf der Entstehungsseite, aber auch bei den Instrumenten (monetärer Sektor), bis zur erforderlichen Respezifizierung der Schätzgleichungen einschließlich Stützbereich mit Blick auf die zu verändernde Erklärungsstruktur (Angebotsseite) und den längeren Prognosehorizont (vgl. im Einzelnen z.B. Deleau et al. 1990). Mindestens ebenso wichtig ist, dass im RWI ein mittel- bis langfristig orientiertes Modell vorliegt und an einem *computable ge-*

---

[6] Die Vorgaben entsprechen den Annahmen der GD. Vergleicht man diese mit denen der OECD, die der internationalen Verflechtung bei ihren nationalen Prognosen besonders Rechnung trägt, so ergeben sich bei einem Horizont von sechs Quartalen (Herbst des Vorjahres) für den Zeitraum 1980 bis 1995 große Übereinstimmungen (Heilemann 1998: 66, Fußnote 12).

[7] Vgl. dazu z.B. Bryant et al. (1988: 36ff.) oder McKibbin, Sachs (1991). – Im internationalen Modell der Deutschen Bundesbank (2000) veränderten sich die Multiplikatoren gegenüber dem (isolierten) nationalen Modell um ca. 10 vH.

[8] Anders stellt sich die Situation dar, wenn ein originäres Interesse daran besteht, sich über die Konsequenzen wirtschaftspolitischer Maßnahmen in anderen Ländern ein Bild zu machen, was z.B. für die Deutsche Bundesbank ein wichtiges Motiv für die Entwicklung eines Mehrländermodells war, vgl. dazu Jahnke (1998).

neral equilibrium (CGE)-Modell gearbeitet wird. – Die simple Verlängerung des Prognosehorizontes bereitet rein technisch gesehen keine Probleme (s.u.).

2. Theoretische Fundierung

Der theoretischen Fundierung eines Modells kommt sowohl aus kognitiver als auch aus handlungsorientierter Perspektive eine große Bedeutung zu. Ersteres liegt in der Natur der Sache, einen kognitiven Beitrag leistet die Modellarbeit primär als Instrument der Hypothesenüberprüfung. Dass diese Überprüfung aus einer Reihe von Gründen aber auch wegen der zeitlichen und strukturellen Relativierung ihrer Ergebnisse nicht allzu streng sein kann, leuchtet unmittelbar ein (Summers 1991). Aus handlungsorientierter Perspektive ergibt sich die Bedeutung insofern, als die theoretische Fundierung die empirische zu stützen vermag[9]. Die Frage der theoretischen Fundierung stellt sich dabei sowohl auf Ebene der einzelnen Gleichungen als auch für das Modell insgesamt.

2.1 Die Schätzgleichungen

Die Erklärungsstruktur handlungsorientierter makroökonometrischer Modelle ist in der Regel eklektisch, d.h. die der einzelnen Ansätze stammen nicht aus einem einheitlichen Theoriegebäude; prominente Ausnahmen sind z.B. das Modell der *Federal Reserve Bank of St. Louis* (St. Louis-Modell) und das *Liverpool-Modell*, die diesen Vorzug allerdings bislang mit einem sehr reduzierten Informationsgehalt und geringer Modellstabilität bzw. geringer empirischer Leistungsfähigkeit bezahlen müssen[10]. Auf der Ebene der Einzelgleichungen ist dies Folge der Zielsetzung, eine möglichst vollständige Erklärung der Realität zu erreichen – es geht um mehr als „Hypothesen-Tests"(z.B. Mayer 1993: 129ff.). Übersicht 2 zeigt dies in nahezu allen Verhaltensgleichungen: Zwar lassen sich für sie Hypothesen benennen, aber fast ausnahmslos wurden diese plausibel „erweitert" oder modifiziert[11], keineswegs im strengen Sinne mikroökonomisch fundiert[12], wie umgekehrt bekanntlich aus unterschiedlichen theoretischen Konzeptionen sehr ähnliche Schätzansätze resultieren können[13]. Neoklassik, Monetarismus, Keynesianismus und ihre verschiedenen Spielarten oder der *public choice*-Ansatz z.B. bieten eben nicht für alle Bereiche des

---

9 Zu dem hinter dieser Wertung stehenden Konzept der „induktiven (relativen logischen Hypothesen-) Wahrscheinlichkeit" vgl. z.B. Wild (1974), ähnlich lässt sich auch mit *Friedmans* „positive economics" argumentieren.

10 Zur Entwicklung des St. Louis-Modells, der Kritik an ihm und seiner empirischen Leistungsfähigkeit vgl. Elliot (1985); zum Liverpool-Model: Minford et al. (1984) sowie vergleichend z.B. Wallis (1985); vgl. auch Heilemann (2002).

11 Prototyp derartiger Veränderungen sind die zahlreichen Erweiterungen der *Phillips*-Hypothese der Lohnbestimmung etwa um Produktivität, Gewerkschaftsmacht usw.

12 Zur Forderung nach „mikroökonomischen Fundierung" und ihrer Problematik vgl. kritisch z.B. Mayer (1993: 80ff.) oder auch Eckstein (1983: 31ff.).

13 Ein prominentes Beispiel ist vermutlich der Private Verbrauch und seine Erklärung mit Hilfe von *habit persistence-*, *permanent income*-Hypothese oder von *exponential smoothing*, vgl. dazu z.B. Wolters (1992).

Übersicht 2

	Die Verhaltensgleichungen des RWI-Konjunkturmodells und ihre erklärenden Variablen im Überblick		
	Zu erklärende Variable	Erklärte Variablen	Hypothese
	1. Nachfrage		
(1)	Privater Verbrauch, real	Verfügbares Einkommen, Zinssatz, Privater Verbrauch (t-1)	*Habit persistence*-Ansatz
(2)	Staatsverbrauch, real	s. Staatsteil	
(3)	Ausrüstungsinvestitionen, real	Private Inlandsnachfrage zzgl. Export, langfr. Realzinssatz, Lohnstückkosten	Neoklassisch modifizierter Akzelerator-Ansatz
(4)	Gewerbliche Bauinvestitionen, real	dto.	dto.
(5)	Wohnungsbauinvestitionen, real	Privates verfügbares Realeinkommen, langfr. Zinssatz, reale Wohnungsbauinvestitionen (t-1)	Konsumgut-Ansatz
(6)	Lagerveränderungen, real	Reales BSP (t, t-1)	Akzelerator-Ansatz
(7)	Exporte, real	Welthandel, reale Kapazitätsauslastung, terms of trade	Neoklassisch mod. Nachfrage-Ansatz / *Export-push*-Hypothese
(8)	Importe, real	Realer Privater Verbrauch; Vorratsveränderungen zzgl. Ausüstungsinvestitionen, Exporte, real	Nachfrage-Ansatz
	2. Preisindices		
(1)	Privater Verbrauch	Lohnstückkosten, Mehrwertsteuer, Preisindex der Importe, Preisindex des Privaten Verbrauchs (t-1)	Modifizierter *mark up*-Ansatz
(2)	Ausrüstungsinvestitionen	Preisindex der Einfuhr, Lohnstückkosten, Kapazitätsaustastung, Preisindex der Ausrüstungs-investitionen	dto.
(3)	Gewerbliche Bauinvestitionen	Lohnstückkosten, Kapazitätsauslastung der Bauwirtschaft, Preisindex der Gewerblichen Bauinvestitionen (t-1)	dto.
(4)	Wohnungsbauinvestitionen	Preisindex der Importe, Kapazitätsauslastung der Bauwirtschaft, Mehrwertsteuersatz, Preisindex der Wohnungsbauinvestitionen	dto.
(5)	Staatliche Bauinvestitionen	Lohnstückkosten, Kapazitätsauslastung der Bauwirtschaft, Mehrwertsteuersatz, Preisindex der staatlichen Bauinvestitionen (t-1)	dto.
(6)	Exporte	Lohnstückkosten, Kapazitätsauslastung, Preisindex der Exporte (t-1)	dto.

Übersicht 2: Fortsetzung

Die Verhaltensgleichungen des RWI-Konjunkturmodells und ihre erklärenden Variablen im Überblick

	Zu erklärende Variable	Erklärte Variablen	Hypothese
(7)	Staatsverbrauch	Tariflohnentwicklung, Preisindex des Privaten Verbrauchs, Anlageinvestitionen und Exporte	-
(8)	Vorratsveränderungen	Preisindex der Vorratsveränderungen (t bis t-4)	Zeitreihen-Ansatz
		3. Verteilung	
(1)	Tariflohn- und -gehaltsniveau auf Stundenbasis, Veränderung gegenüber dem Vorjahr	Preisindex des Privaten Verbrauchs, Veränderung gegenüber dem Vorjahr, Arbeitslose	Erweiterter *Phillips*-Ansatz
(2)	Bruttolohn- und -gehaltsumme, Veränderung gegenüber dem Vorjahr	Tariflohn- und -gehaltsniveau, Veränderung gegenüber dem Vorjahr, reales BSP	Aufstockungshypothese
(3)	Verteilte Gewinne	Nettolohn- und -gehaltsumme (t-1), Nettoeinkommen aus Unternehmertätigkeit und Vermögen, Verteilte Gewinne der Vorperiode	Heuristisch
(4)	Transfereinkommen der privaten Haushalte	Arbeitslose, Bruttolohn- und -gehaltsumme (t-1), Transfereinkommen der privaten Haushalte (t-1)	Institutionell
(5)	Abschreibungen insgesamt	Bruttobestand Ausrüstungsinvestitionen, Bruttobautenbestand	Technisch
(6)	Subventionen	Steuereinnahmen insgesamt, *terms of trade*	Institutionell/technisch
		4. Entstehung	
(1)	Zahl der abhängig Erwerbstätigen	Privater Verbrauch zzgl. Anlageinvestitionen zzgl. Exporte, jeweils real; Lohnstückkosten, Zahl der abhängig Erwerbstätigen (t-1)	Implizite Produktionsfunktion
(2)	Zahl der registrierten Arbeitslosen, Zugänge	Überschussreserve, Kapazitätsauslastung, Bruttolohnanteil	Heuristisch
(3)	dto., Arbeitslosenabgangsquote	Erwerbspersonenpotential, Kapazitätsauslastung, Arbeitslosenabgangsquote (t-1)	Heuristisch
(4)	Zahl der Selbständigen	Trend	Heuristisch
(5)	Kapazitätsauslastung	Reales BSP, Trend des realen BSP	„*Peak to peak*"-Methode
		5. Staat	
(1)	Direkte Steuern der Arbeitnehmer	Bruttolohn- u. -gehaltsumme (t-2)	Institutionelle Beziehung
(2)	Direkte Steuern der Bezieher von Einkommen aus Unternehmertätigkeit und Vermögen	Bruttoeinkommen aus Unternehmertätigkeit und Vermögen (t-2)	Institutionelle Beziehung

Übersicht 2: Fortsetzung

Die Verhaltensgleichungen des RWI-Konjunkturmodells und ihre erklärenden Variablen im Überblick			
	Zu erklärende Variable	Erklärte Variablen	Hypothese
(3)	Indirekte Steuern	Inländische Verwendung, Mehrwertsteuersatz	Institutionelle Beziehung
(4)	Sozialversicherungsbeiträge der Arbeitnehmer	Bruttolohn- u. -gehaltsumme	Institutionelle Beziehung
(5)	Sozialversicherungsbeiträge der Arbeitgeber	Bruttolohn- u. -gehaltsumme	Institutionelle Beziehung
(6)	Erwerbseinkünfte des Staates	BSP, langristiger Zinssatz	Heuristisch
(7)	Empfangene laufende Übertragungen des Staates	BSP, empfangene laufende Übertragungen (t-1)	Heuristisch
(8)	Empfangene Vermögensübertragungen des Staates	Empfangene Vermögensübertragungen (t-1)	Autoregressiver Ansatz
(9)	Staatsverbrauch, real	Reales BSP, realer Staatsverbrauch (t-1)	Inkrementalistische Komplementarität
(10)	Zinsausgaben des Staates	Zinsausgaben/Staatsschulden (t-1), Staatsschulden (t-5)	Quasi definitorisch
(11)	Geleistete laufende Übertragungen des Staates oder Subventionen	Bruttolohn- u. -gehaltsumme, geleistete laufende Übertragungen des Staates oder Subventionen (t-1)	Institutionell
(12)	Geleistete Vermögensübertragungen des Staates	Geleistete Vermögensübertragungen des Staates (t-4)	Autoregressiver Ansatz
(13)	Abschreibungen des Staates	Bruttobautenbestand	Quasi definitorisch

Modells in gleicher Weise überzeugende Erklärungen an, wenn überhaupt. Im Fall der Bestimmung der Vorratsveränderungen oder der Zugänge in die und den Abgängen aus der Arbeitslosigkeit erwiesen sich ökonomisch fundierte Erklärungen bislang generell als wenig brauchbar (was angesichts der Erstellung der Daten nicht überrascht), so dass auf Zeitreihenansätze zurückgegriffen werden musste. Insgesamt stellten Zeitreihenansätze bisher freilich keine überzeugenden Alternativen zu den „ökonometrischen" Gleichungen bzw. zu dem Modell insgesamt dar[14] und aus naheliegenden Gründen auch nicht bei seiner Anwendung für Prognosen und Simulationen.

Im Zeitablauf wurde die theoretische Basis der einzelnen Ansätze kaum verändert. In den wenigen Ausnahmefällen, z.B. bei den Wohnungsbauinvestitionen, war bereits der ursprüngliche Erklärungsansatz z.T. heuristisch und erfuhr später wechselnde Modifikationen, z.B. mit Hinweis auf die Inflationsfurcht als Ursache für die Flucht in das „Betongold" (Wohnungsbauinvestitionen).

---

[14] Vgl. Heilemann/Neuhaus (1987). Mit Ausnahme der Erklärung der Zahl der Erwerbstätigen und der Nettoeinkommen aus Unternehmertätigkeit und Vermögen erwies sich das RWI-Konjunkturmodell in allen wichtigen Variablen nicht nur bei der *ex ante-* sondern bereits bei der *ex post-*Prognose dem ARIMA-Modell als überlegen.

Mit dem Vordringen der Theorie der rationalen Erwartungen (RE) fand der Prozess der Erwartungsbildung auch bei den Modellbauern zunehmende Beachtung. Hinweise auf vollständig rationale Erwartungen bzw. Paradigmenwechsel-bedingte Strukturbrüche konnten dabei im Rahmen der Arbeiten am RWI-Konjunkturmodell wie auch in anderen Arbeiten[15] kaum gefunden werden; die Untersuchung dieser Fragen auf der Grundlage einer Vorwärtslösung des Modells zur Generierung modellkonsistenter Erwartungen steht indessen noch aus. Die Erwartungen werden weiterhin als „adaptiv" formuliert, wobei dem Anpassungsparameter des *Koyck*-Modells besondere Beachtung geschenkt wird: Der Durchschnitts-lag[16] sollte nur in gut begründeten Fällen zwei Quartale überschreiten.

Freilich dürfen in diesem Zusammenhang die Schwierigkeiten der methodischen – und empirischen – „Verbesserung" eines über einen Zeitraum von mehr als 25 Jahren „getesteten" Modells nicht übersehen werden. Grundsätzlich neue Ansätze haben es sehr schwer, sich gegenüber umfänglich *ex post* und *ex ante* bewährten und modifizierten Ansätzen unmittelbar durchzusetzen.

Zusätzliche Probleme der theoretischen Fundierung der Ansätze stellten sich im Zusammenhang mit der Verwendung von Indikatoren wie Auftragseingängen in der Investitionsgleichung älterer Modellversionen oder des Konsumentenindex der Gesellschaft für Konsum-, Markt- und Absatzforschung (GfK) in der Konsumfunktion[17]. Unabhängig von ihrer empirischen Leistungsfähigkeit bereiten derartige „Omnibus-Variablen" in unserem Modellverständnis methodische Probleme bei der Integration in das übliche makroökonomische/VGR Bezugsgeflecht[18].

2.2 Das Modell insgesamt

Aufbau und Ergebnisse des Modells insgesamt sind Resultat eines *bottom up-approach*, d.h. die Reaktionen des Modells sind Ergebnis einer Vielzahl von Einzelreaktionen, ohne dass *a priori* sehr dezidierte Erwartungen an erstere vorhanden gewesen wären. Damit unterscheidet sich das Modell wesentlich von der *top down*- oder finalen Vorgehensweise, wie sie z.B. dem Liverpool-Modell zugrunde liegt.

Insgesamt folgt das Modell wie die Mehrzahl makroökonometrischer „Kurzfrist-Modelle" dem *Keynes/Klein-approach*, d.h. der Multiplikator-Akzelerator-Zusammenhang ist sehr ausgeprägt, und die Nachfrage bestimmt die Produktion – jedenfalls auf kurze Sicht (s.u.). Was die theoretische Position angeht, so spiegelte

---

15 Vgl. z.B. Eckstein (1983: 40ff.); Fair (1994: 65ff.); Intriligator et al. (1996: 579ff.) sowie Evans (2003: 13f.). Zu einer umfassenden Untersuchung und z.T. optimistischeren Einschätzung vgl. Bryant et al. (1993). Die geringe Bedeutung der RE im Rahmen des vorliegenden Modells spricht sowohl die generell niedrige Parametersensitivität der Modellergebnisse als auch die Feststellung, dass die wenigen einflussreichen Parameter kaum als politisch beeinflussbar anzusehen (s. unten S. 180).

16 Zur Berechnung der Anpassungsgeschwindigkeit und des *mean lag* im Koyck-Modell vgl. im Einzelnen Intriligator (1980: 180ff.) oder den Beitrag von Wolters in diesem Band.

17 Vgl. Heilemann/Wenke (1993: 226ff.) (GfK-Index), Barabas/Schäfer-Jäckel (1999) (Ifo-Geschäftsklima-Index, -beurteilung, -erwartung) sowie Heilemann/Münch (2001). Anders z.B. Naggl (1988).

18 Anders z.B. in den Vereinigten Staaten, wo dieser Aspekt offenbar weniger Kopfzerbrechen bereitet; vgl. Eckstein (1983: 96ff.), und früher Evans (1969: 461ff.).

das Modell von Anfang an eine Verbindung unterschiedlicher Positionen wieder, wie sie *Blinder* Anfang der neunziger Jahre mit dem Begriff des „*new/old macroeconomic consensus*" kennzeichnete (Blinder 1992; Heilemann 2002b).

Technisch gesehen besteht das Modell aus einem ersten rekursiven Block (15 Gleichungen), einem simultanen Block (52) und einem zweiten rekursiven Block (63), wobei der simultane Block vom Lohn-Beschäftigung-Einkommen-Zusammenhang geprägt wird. Die Lösung des Modells bzw. des simultanen Blocks erwies sich dabei stets als problemlos, die Endwerte der iterativen Gauss-Seidel Lösung wurden in der Regel nach 10 Schritten erreicht (Abbruchkriterium = 0,05 vH für die Unterschiede der Lösungswerte aller Variablen in zwei aufeinanderfolgenden Iterationsschritten).

3. Die empirische Fundierung

Der empirischen Fundierung des Modells wurde von Anbeginn an besondere Bedeutung beigemessen, nicht zuletzt deshalb, weil es sich bei den Konjunkturprognosen des RWI und bei der GD stets in Konkurrenz zu den traditionellen Verfahren der Kurzfristprognose befindet; die Vorstellung vom RWI-Konjunkturmodell als einem reinen Simulationsmodell, das sich *nicht* in der Prognose bewähren muss, war stets als unbefriedigend empfunden worden.

3.1 Die Schätzgleichungen

Die Hoffnung, stabile und gleichzeitig Prognose-effiziente Schätzgleichungen zu identifizieren, war seit Beginn der Modellarbeiten gering. Der Übergang der westdeutschen Wirtschaft während der Modellentwicklung aus der Vollbeschäftigungsphase in die Phase struktureller Wandlungen, wie ihn die erste Ölkrise markierte, tat ein übriges, solche Erwartungen zu dämpfen. Als Kompromiss zwischen den ökonometrischen Forderungen nach einem langen Stützbereich und damit sehr detaillierten Spezifikationsmöglichkeiten einerseits und nach aktuellen bzw. prognoseträchtigen Reaktionen andererseits wurde ein gleitender Stützbereich (*moving window*) von 40 Quartalen gewählt (z.B. Makridakis 1994). Dies sollte zum einen die Aktualität der Modellreaktionen gewährleisten; zum anderen entsprachen 40 Quartale bis in die siebziger Jahre etwa zwei Konjunkturzyklen, so dass dadurch auch einer konjunkturphasenbedingten Verzerrung der Schätzergebnisse vorgebeugt würde. Spätere Versuche mit anderen Stützbereichslängen (20, 30, 50, 60 Quartale) bestätigten diese Vorgehensweise insofern, als für einzelne Gleichungen die Ergebnisse zwar kürzere oder längere Stützbereiche als 40 Quartale nahelegten, die „Gewinne" für das Gesamtmodell bzw. die wichtigsten Variablen – wenn es sie überhaupt gab – aber vernachlässigbar gering waren (Barabas et al. 1994). Während sich insbesondere für den Nachfragebereich das 40-Quartals-Fenster als überlegen erwies, signalisierten die Ergebnisse für den Staatssektor – angesichts vielfältiger wirtschaftspolitischer Eingriffe und sonstiger Effekte nicht überraschend – für das 20-Quartals-Fenster die höhere Prognosestabilität. Die Frage des Stützbereichs wurde auch unter dem Blickpunkt „einflussreicher Beobachtungen" analysiert (Belsley et al. 1980). In der Tat konnten dabei solche Datenpunkte lokalisiert werden, ihr Einfluss war freilich nicht so bedeutsam, als dass sich etwa der Übergang zu robusteren Schätzverfahren oder die Ignorierung dieser „Ausreißer“ zwingend angeboten hätte (Heilemann 1986)[19].

Empirische Grundlage des Modells bildet die Vierteljährliche Volkswirtschaftliche Gesamtrechnung des Statistischen Bundesamtes. Die gesamtdeutsche Betrachtung (seit 1999 nach ESVG 1995) löste 1995 die westdeutsche Datenbasis ab[20]. Daneben wird auf Daten der Deutschen Bundesbank (Zinssätze), des Instituts für Arbeitsmarkt- und Berufsforschung (Arbeitsmarkt), der UNO/HWWA (Welthandel) sowie des Deutschen Wetterdienstes (Temperaturdaten – Bauindustrie! –) zurückgegriffen. Es handelt sich stets um Ursprungszahlen. Die Saisoneinflüsse werden mit Hilfe von Saisondummies (0/1-Variablen) – fast ausschließlich additiv – berücksichtigt. Zwar war die ursprüngliche Entscheidung für diese Vorgehensweise vor allem Ergebnis der Schwierigkeit der beteiligten Institute, sich auf ein Saisonbereinigungsverfahren zu einigen; da jedoch in der Regel Veränderungsraten gegenüber dem Vorjahr interessieren und die Modellergebnisse entsprechend transformiert werden, erscheinen die Unterschiede gegenüber der Verwendung saisonbereinigter Daten als hinnehmbar[21], von den Problemen der einzelnen Bereinigungsverfahren, insbesondere am aktuellen Rand, ganz abgesehen (Wolters 1996). Die unmittelbare Erklärung von Veränderungsraten oder Differenzen (*Centraal Plan-Bureau*-Ansatz) wurde nach mehreren Versuchen aufgegeben. Die Schätzergebnisse des Modells für die Stützbereiche 1988-III bis 1998-II (ESVG 1979) und 1990-I bis 1999-IV (ESVG 1995) sind im Anhang wiedergegeben. Ein detaillierter Nachweis der Entwicklung aller Parameter und Reaktionen der einzelnen Gleichungen und im Modellzusammenhang sowie der Erklärungsgüter für den Zeitraum 1960 bis 2000 ist in Vorbereitung.

Vom KQ-Verfahren als Schätzmethode wurde bislang nicht abgegangen. Vor- und Nachteile der Methode sind bekannt[22]; Versuche mit einem „reinen“ bzw. modifizierten zweistufigen Verfahren brachten keine Verbesserung der Erklärungsgüte (Rau et al. 1977: 115; ähnlich Evans 1969; Fair 1973; Klein 1969).

Die Selektion der einzelnen Spezifizierungen erfolgte auf der Grundlage der üblichen Testkriterien für Parameter und Anpassung, wobei bei letzterer die Güte der Acht-Quartalsprognosen innerhalb und außerhalb des Stützbereichs im Modellzusammenhang maßgeblich war.

Diese Ergebnisse und frühere Analysen der Stabilität z.B. der Tariflohn-, der Konsum-, Investitions- und Inflationserklärung machten deutlich, dass im Untersuchungszeitraum erhebliche Veränderungen zu beobachten waren[23]. Die *moving window*-Technik ist zwar eine sehr einfache, allerdings ökonomisch wenig fundierte Methode, dem vermuteten Wandel Rechnung zu tragen. Solange Theorien des ma-

---

[19] Zu dem Konzept vgl. Belsley et al. (1980: 6ff.).

[20] Vgl. dazu im Einzelnen Barabas (2001). Wie dort ausgeführt waren die Auswirkungen der neuen Datenbasis auf die Schätzergebnisse und die Reaktionseigenschaften des Modells bemerkenswert gering.

[21] Vgl. dazu ausführlich Heilemann/Barabas (1996), wo auch die Ergebnisse einer mit saisonbereinigten Daten geschätzten Modellversion ausgewiesen sind.

[22] Vgl. Krämer (1980) sowie die Verweise im Beitrag von Gaab in diesem Band.

[23] Zur Konsum-, Investitions- und Inflationserklärung vgl. z.B. Heilemann/Münch (1984), zur Tariflohnerklärung Heilemann (1988, 2000).

Abbildung 1

Staatsausgaben-Multiplikatoren[1] im RWI-Konjunkturmodell

Abweichungen von der jeweiligen Basislösung
in Mrd. DM

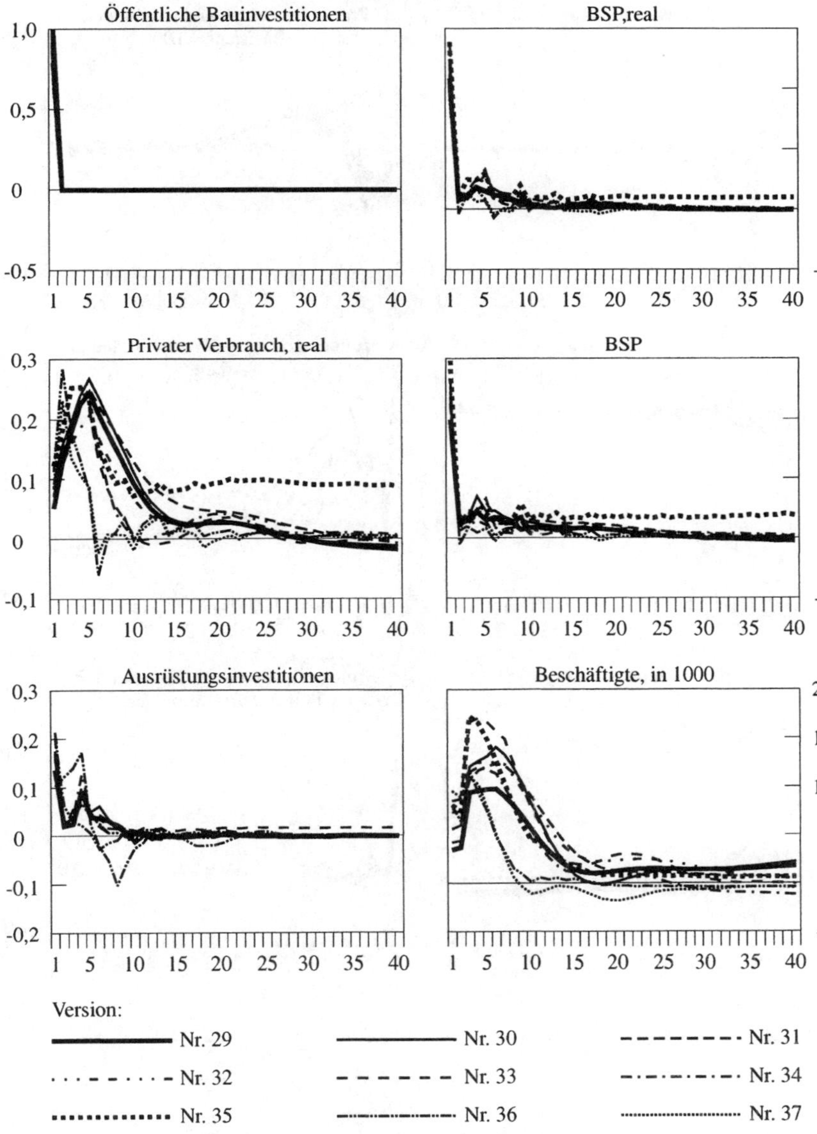

Eigene Berechnungen. – [1]Erhöhung der Öffentlichen Bauinvestitionen um 0,25 vH des Bruttoinlandsproduktes im ersten Quartal des jeweiligen Stützbereichs. Stützbereiche der Vierteljährlichen Modellrechnungen von 1979-I - 1988-IV (Nr. 29) bis 1983-I - 1992-IV (Nr. 37).

RWI ESSEN

Abbildung 1: Fortsetzung

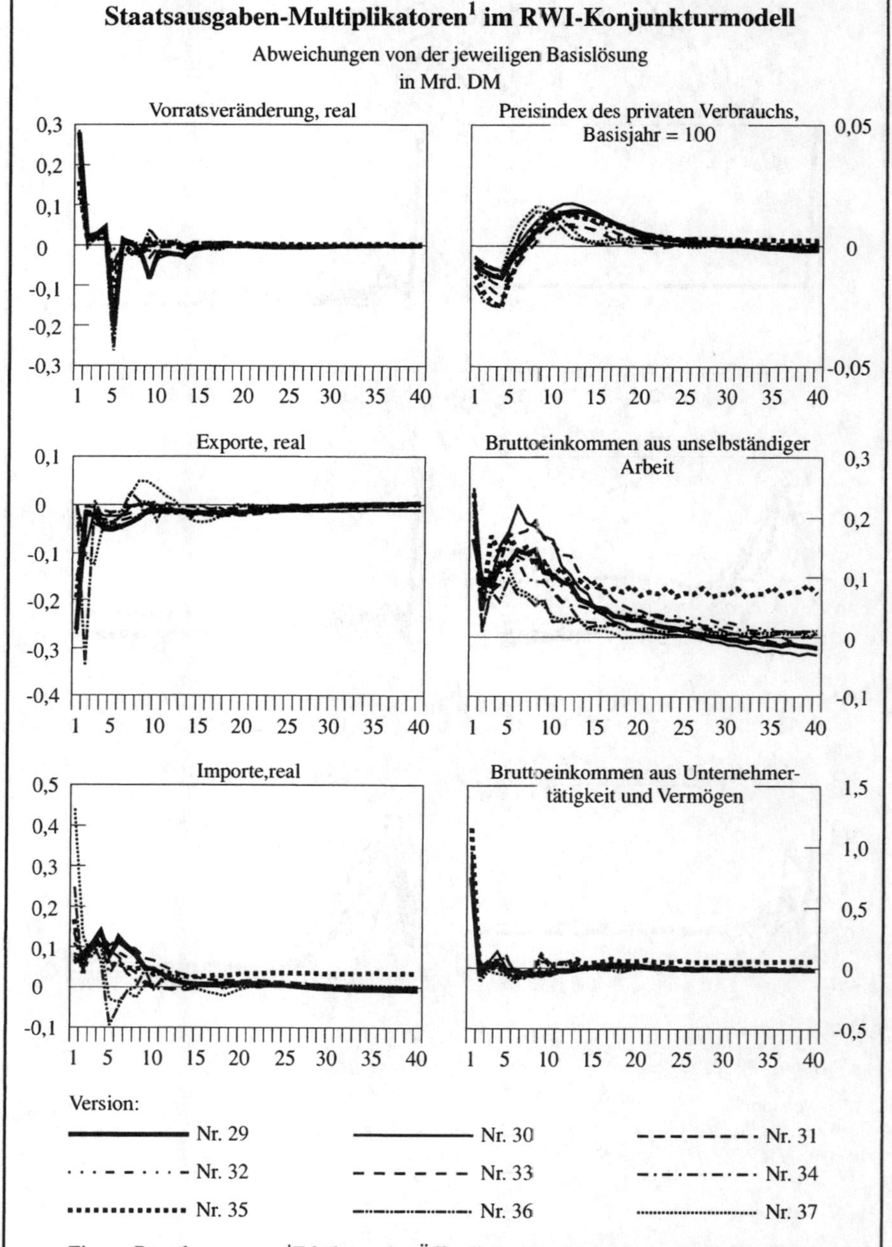

Eigene Berechnungen. – [1]Erhöhung der Öffentlichen Bauinvestitionen um 0,25 vH des Bruttoinlandsproduktes im ersten Quartal des jeweiligen Stützbereichs. Stützbereiche der vierteljährlichen Modellrechnungen von 1979-I - 1988-IV (Nr. 29) bis 1983-I - 1992-IV (Nr. 37).

kroökonomischen Reaktionswandels fehlen[24], bleiben nur heuristische Verfahren zur Bewältigung dieses Problems. Die bekannten Methoden der Strukturbruchanalyse (z.B. Pesaran et al. 1985; Hansen 1993, 2001) sind alle wenig kausal orientiert bzw. die Bruchpunkte bedürfen der ökonomischen Begründung.

3.2 Die Modellreaktionen insgesamt[25]

Gemessen an den üblichen Multiplikatoren (Staatsausgaben, Zinssenkung) oder allgemein den Reaktionen auf Instrumentvariationen ist das Modell gleichfalls als „stabil" zu bezeichnen (Abbildung 1 und 2)[26]. Zwar sind erwartungsgemäß z.B. bei den Reaktionen des Privaten Verbrauchs durchaus Veränderungen in der Intensität und vor allem im Zeitprofil zu beobachten, die Unterschiede bewegen sich aber überwiegend im statistischen Unschärfebereich. Was die Reaktionen insgesamt angeht, so stimmen sie weitgehend mit denen anderer Modelle mit vergleichbarer „Bedingtheit" überein[27].

Die Wirkungen der *Fiskalpolitik* ergeben sich über den Einnahmen-Ausgaben-Einkommens-Beschäftigungszusammenhang; die Multiplikatorwerte einer einmaligen Erhöhung der Öffentlichen Bauinvestitionen liegen in den einzelnen Rechnungen zwischen 1,3 und 2,0 im ersten, und 0 und 0,8 im zweiten Jahr. Im Drei-Jahres-Durchschnitt sind die Unterschiede geringer, wie sich bei Verlängerung des Analysezeitraums zeigt. Mit anderen Worten, im Zeitablauf ändern sich weniger die Reaktionen insgesamt als vielmehr ihr Zeitprofil. Die weniger plausiblen Ergebnisse der Modellrechnungen (Versionen 36 und 37) sind auf die abrupte Verschlechterung der statistischen Qualität der Investitionsfunktion im Zuge der deutschen Vereinigung zurückzuführen, wobei freilich die bescheidenen Größenordnungen der Reaktionsänderungen (Differenzen!) nicht aus dem Auge verloren werden sollten.

Die Wirkungen der *Geldpolitik* bzw. einer Zinsänderung laufen zunächst über den Privaten Verbrauch und – verzögert – über die Bau- und Ausrüstungsinvestitionen. Sie münden in den allgemeinen Kreislaufzusammenhang und rufen dann indirekte zusätzliche Effekte über die Investitionen und den Export (*export-push*-Hypothese) hervor. Die Bandbreite der Multiplikatorwirkungen ist im ersten Jahr deutlich größer als im Fall der Erhöhung der Öffentlichen Bauinvestitionen. Auch bezüglich der Hierarchie der Effekte in den einzelnen Modellversionen ergeben sich erwartungsgemäß deutliche Unterschiede zu den fiskalpolitischen Wirkungen.

Eine anschauliche Illustration wichtiger Wirkungsbeziehungen des Modells liefern die von ihm implizierten Preis-Wachstumsbeziehungen. Abbildung 3 zeigt, dass sowohl im Falle der fiskal- als auch der geldpolitischen Impulse die Wachs-

---

[24] Von der Erklärung via struktureller Veränderungen abgesehen, was aber weitere Disaggregation und damit Verzicht auf Aggregationsgewinne bedeuten würde. Der dazu erforderlichen tieferen Disaggregation setzt zudem das Datenangebot sehr enge Grenzen.

[25] Zu Methodik und Ergebnissen vgl. auch den Beitrag von Heilemann, Renn (2002) in diesem Band.

[26] Zu entsprechenden Ergebnissen auf der Basis der ESVG 95 vgl. Barabas (2001).

[27] Vgl. dazu z.B. die Zusammenfassungen bei Martiensen (1984), Gahlen/Sailer (1985) sowie Jahnke (1998) und Dieckmann/Westphal (1998).

Abbildung 2

Zinsänderungs-Multiplikatoren[1] im RWI-Konjunkturmodell

Abweichungen von der jeweiligen Basislösung
in Mrd. DM

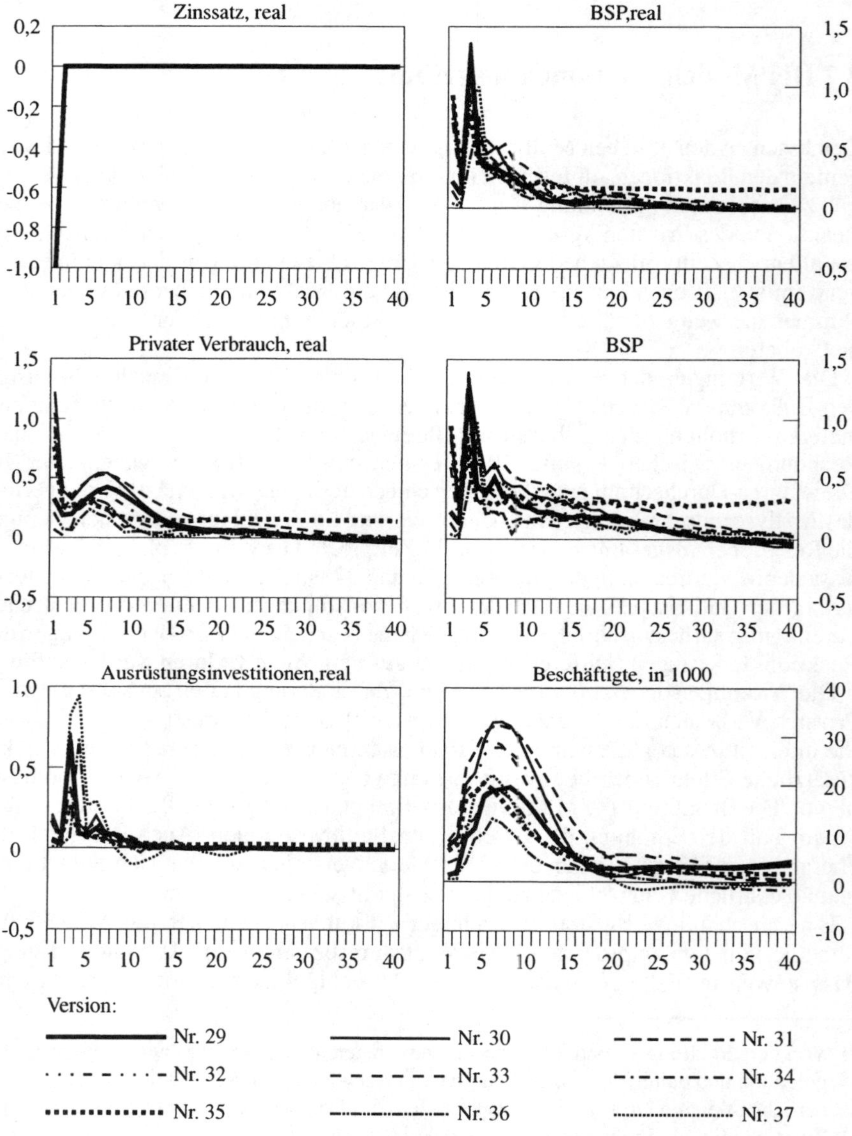

Eigene Berechnungen. – [1]Senkung des Kurz- und Langfristigen Zinssatzes um 1 vH-Punkt im ersten Quartal des jeweiligen Stützbereichs. Stützbereiche der vierteljährlichen Modellrechnungen von 1979-I - 1988-IV (Nr. 29) bis 1983-I - 1992-IV (Nr. 37).

RWI ESSEN

Abbildung 2: Fortsetzung

Zinsänderungs-Multiplikatoren[1] im RWI-Konjunkturmodell

Abweichungen von der jeweiligen Basislösung
in Mrd. DM

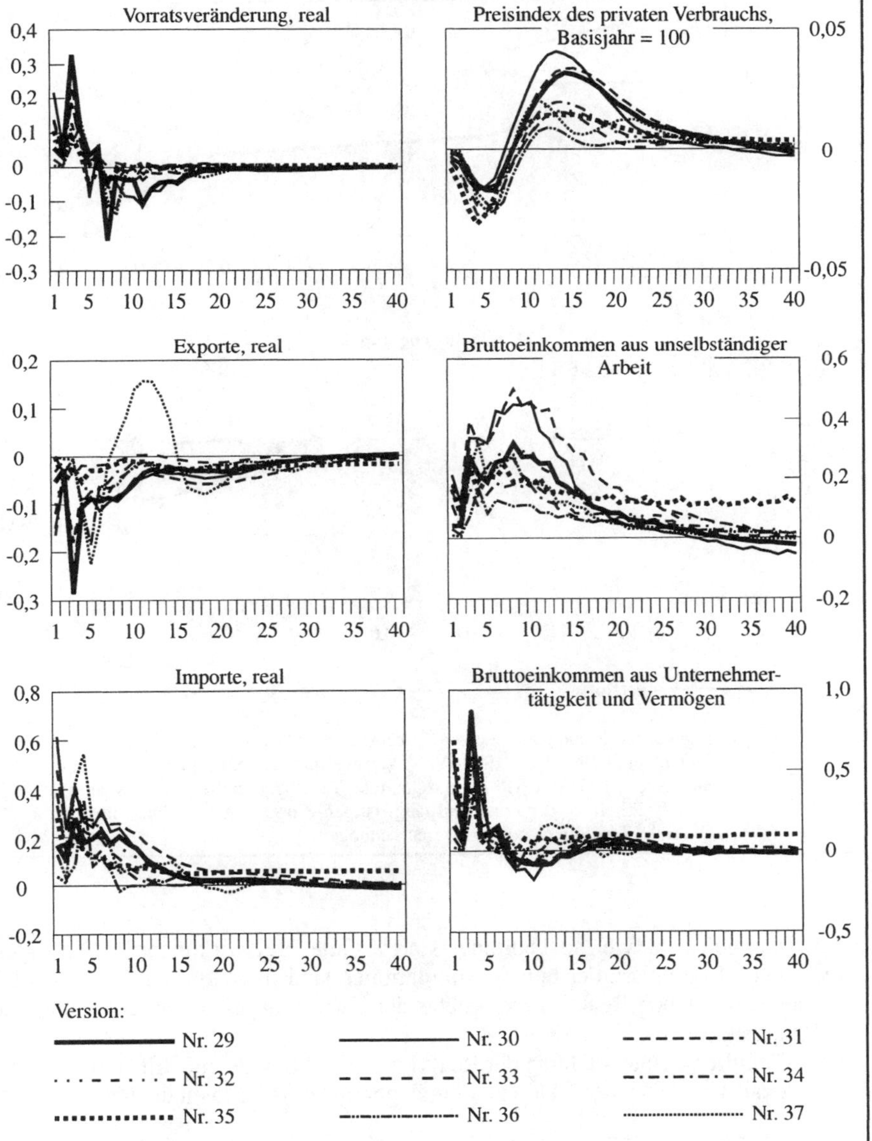

Eigene Berechnungen. – [1]Senkung des Kurz- und Langfristigen Zinssatzes um 1 vH-Punkt im ersten Quartal des jeweiligen Stützbereichs. Stützbereiche der vierteljährlichen Modellrechnungen von 1979-I - 1988-IV (Nr. 29) bis 1983-I - 1992-IV (Nr. 37).

RWI ESSEN

Abbildung 3

Preis- und BIP-Reaktionen im RWI-Konjunkturmodell

Abweichung vom Niveau der Basislösung in vH; 40-Quartals-Horizont

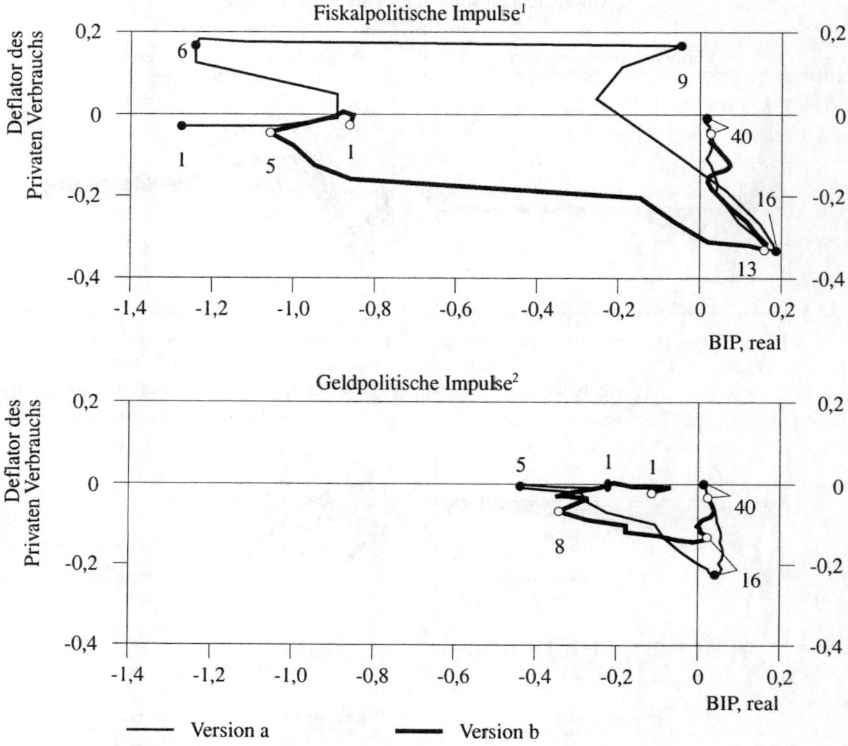

Eigene Berechnungen. Version a: Stützbereich 1978-I bis 1987-IV; Version b: Stützbereich 1990-I bis 1999-IV. – [1]Verringerung der Konsumausgaben des Staates um 1 vH des BIP über 8 Quartale. Tariflöhne und Realzinsen endogen. – [2]Erhöhung der kurz- und langfristigen Zinsen um 1 %-Punkt über 8 Quartale. Tariflöhne und Zinsen (real) endogen.

tumswirkungen sehr viel ausgeprägter sind als die Preiswirkungen[28]. Die unterschiedlichen Ergebnisse der beiden Simulationen sind in erster Linie das Resultat der unterschiedlichen Reaktionsparameter der Tariflohnfunktionen (Arbeitsmarkt- und Preisreaktionen).

Eine detaillierte Untersuchung der Reaktionen des Modells mit Hilfe der „strukturellen Sensitivitätsanalyse“[29] kam zu dem Ergebnis, dass der weitaus überwiegende

[28] Vgl. dazu auch z.B. die Ergebnisse des Modells der Deutschen Bundesbank (Deutsche Bundesbank 2000: 104f.).

[29] Dabei geht es um die Analyse der Größenordnung und des Zeitprofils einer systematischen Störung *aller* Modellparameter, vgl. Kuh et al. (1985).

Übersicht 3

Inzidenzmatrix des RWI-Konjunkturmodells, nach Teilmodellen geordnet, t = 0

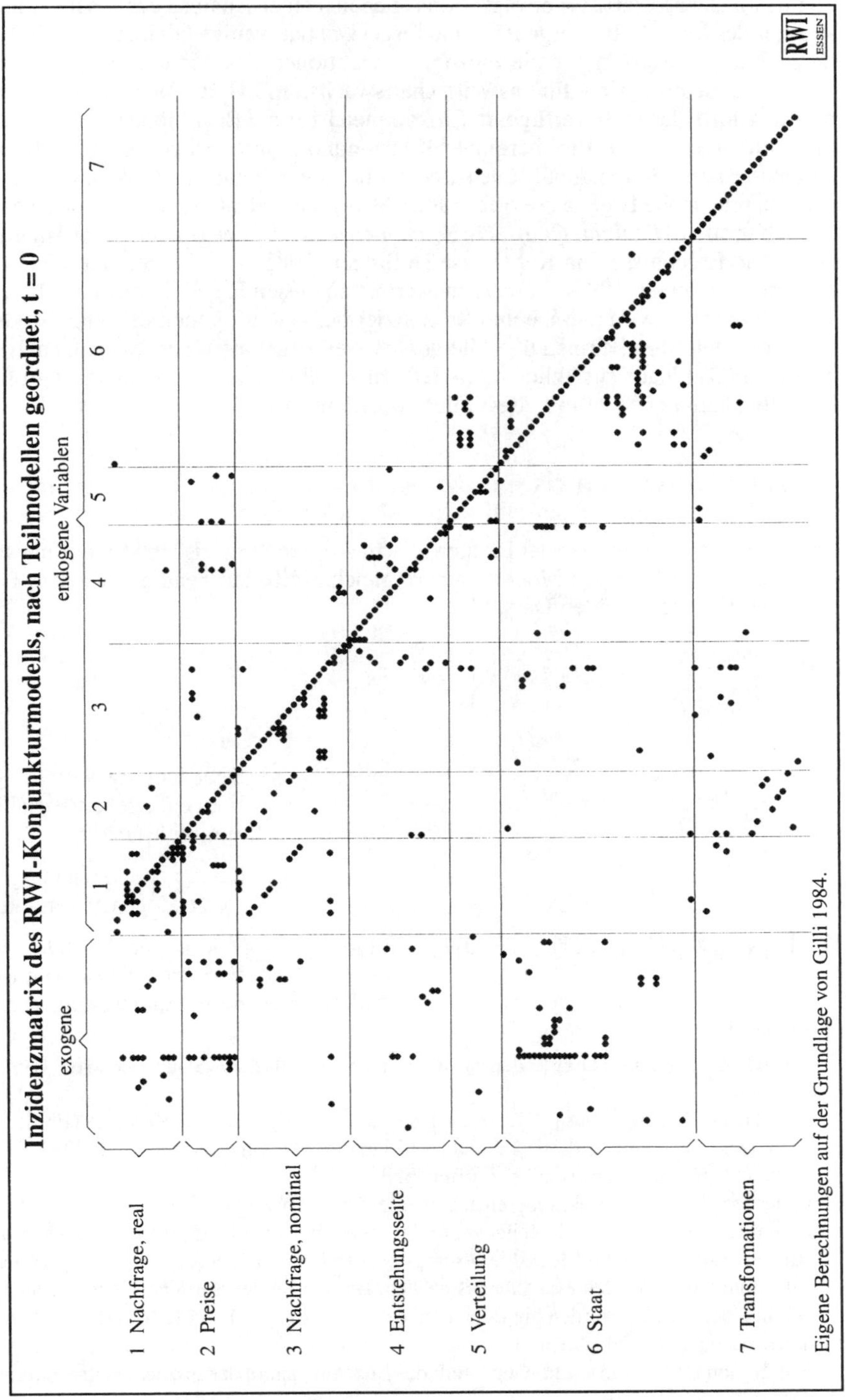

Eigene Berechnungen auf der Grundlage von Gilli 1984.

Teil davon sehr kurzfristig erfolgt – was auch aus einer Analyse der Verflechtungsstruktur des Modells hervorgeht[30] – und insgesamt nur wenige Gleichungen bzw. Parameter und Variablen für die einzelnen Reaktionen des Modells von hervorgehobener Bedeutung sind: für das Wirtschaftswachstum z.B. der Welthandel (via Exportfunktion), das reale verfügbare Einkommen bzw. die Bruttolöhne (via Konsumfunktion) usw., wobei die marginale Konsumquote ohne Frage der bedeutendste Parameter ist[31] (Heilemann, Münch 1992). Für weitere deutsche Makromodelle liegen entsprechende Ergebnisse offenbar nicht vor; zu dem ähnlich strukturierten und ähnlich großen *Michigan Quarterly Econometric Model* der *University of Michigan* lassen die Ergebnisse von Kuh/Neese/Hollinger (1985: 155ff.) viele Parallelen erkennen (Heilemann 1993). Bemerkenswert ist an diesen Ergebnissen auch, dass die vielfach beklagte Komplexität und Kompliziertheit makroökonometrischer Modelle mit derartigen Simulationen über die qualitativen Ergebnisse der Inzidenzanalyse[32] (Übersicht 3) hinaus zusätzlich relativiert wird: selbst in mittelgroßen (und großen) Modellen hängt eben keineswegs „alles von allem" ab[33].

4. Die Modellpraxis

Entgegen den Erwartungen der Pioniere des makroökonometrischen Modellbaus hat sich die Anwendung der Modelle als vergleichsweise aufwendig erwiesen. Geht man von der vereinfachten Darstellung aus:

$$Y_{it} = f_i\left(Y_t, X_t, \beta_i, e_{it}\right) \qquad i=1,\ldots,N \tag{1}$$

mit:

Y_{it}: Beobachtungswert der i-ten endogenen Variablen zum Zeitpunkt t;

f_i: funktionale Beziehung der i-ten endogenen Variablen;

$Y_t = \left(Y_{1t},\ldots,Y_{Nt},Y_{1t-1},\ldots,Y_{Nt-1},\ldots,Y_{1t-j},\ldots,Y_{Nt-j}\right)$: Vektor der N endogenen Variablen bis zur Verzögerung j zum Zeitpunkt t;

---

30 Von den ca. 750 *direct links* finden ca. 50 vH in der Periode t, 20 vH in $t-1$ und ca. 10 vH in $t-2$ statt.

31 Vgl. dazu frühzeitig Evans (1969: 69). Ob der für Evans sich daraus ergebenden Forderung nach *accurate estimates* dieser Parameter bislang im ökonometrischen Modellbau hinreichend entsprochen wurde, soll hier offen bleiben.

32 In der Inzidenz- oder Relationenmatrix werden die Variablenbeziehungen eines Modells zeilenhaft angeordnet wiedergegeben, so dass sich ein Bild aller direkten Variablenbeziehungen ergibt. Wird das Modell im lösungstechnischen Sinn geordnet, lassen sich dependente und interdependente Blöcke ausmachen. Bei substanzwissenschaftlicher Ordnung – wie in Übersicht 3 – werden die Beziehungen innerhalb der Modellteile und zwischen ihnen erkennbar.

33 Vgl. Simon (1981: 195). – Im Gegenteil: der Begehungsgrad der Inzidenzmatrix sinkt mit der Größe des Modells.

$X_t = (X_{1t}, \ldots, X_{Kt}, X_{1t-1}, \ldots, X_{Kt-1}, \ldots, X_{1t-k}, \ldots, X_{Kt-k})$: Vektor der K exogenen Variablen bis zur Verzögerung k zum Zeitpunkt t;

$\beta_i = (\beta_{i1}, \ldots, \beta_{in_i})$: Vektor der strukturellen Parameter der i-ten Gleichung;

e_{it}: Fehlerterme zum Zeitpunkt t,

so hat sich die Vorstellung, es reiche aus, in (1) die Werte der exogenen Variablen einzusetzen, das geschätzte Modell für zukünftige Perioden zu lösen, und eine akzeptable Prognose sei gefunden, schon bald als unzureichend erwiesen (vgl. dazu z.B. auch Klein, Young 1980: 75ff.). Die Erstellung der Prognose mit dem RWI-Konjunkturmodell ist vielmehr, wie bei allen handlungsorientierten makroökonometrischen Modellen, ein aufwendiger, sowohl rekursiver als auch interdependenter Prozess[34]:

Er beginnt mit der Veröffentlichung eines neuen Datensatzes (halbjährlich) und der Erstellung einer neuen Prognose mit dem alten Modell (alte Schätzung) unter Verwendung neuer Werte der exogenen Variablen und dem Vergleich dieser Ergebnisse mit der *alten* Prognose. Daran schließt sich die Neuschätzung des Gleichungssystems unter Verwendung des *neuen* Datensatzes und die Überprüfung der Reaktionen und Erklärungsgüte der neuen Schätzungen an. Größere Respezifizierungen erfolgen dabei in der Regel nur dann, wenn eine Gleichung dauerhaft deutliche „Verschlechterungen" erfährt. Unter Verwendung der *neuen* Werte der exogenen Variablen wird eine erste Prognose erstellt („Null-Prognose"). Sie wird mit der Prognose auf Basis der alten Modellversion mit alten und neuen exogenen Variablenwerten verglichen, woran sich eine umfangreiche Analyse der Prognoseergebnisse unter Berücksichtigung absehbarer wirtschaftspolitischer Maßnahmen und sonstiger Informationen anschließt. Dazu zählen z.B. steuerpolitische Vorhaben, die Gewinnabführung der Deutschen Bundesbank an den Bundeshaushalt oder Pilotabschlüsse im Tariflohnbereich, aber auch Monatswerte der exogenen und endogenen Variablenwerte und natürlich die Erklärungsgüte der einzelnen Schätzgleichungen. Dass diese Modifikationen stark erfahrungsgeprägt, also subjektiv sind und sich von Prognose zu Prognose nach Maßgabe neuer Informationen ändern können, liegt auf der Hand[35]. Mit diesen Informationen wird eine Reihe von weiteren Prognosen durchgeführt:

$$(2) \qquad \hat{Y}_{i,t+j} = f_i\left(\hat{Y}_{t+j}, \hat{X}_{t+j}, \hat{X}^{ö}_{t+j}, \hat{X}^{p}_{t+j}, \hat{\beta}_i\right) \qquad i = 1, \ldots, N$$

---

[34] Vgl. hierzu und dem Folgenden z.B. Heilemann (2002a), wo am Beispiel der Erarbeitung der Prognose für 1998 dieser Prozess ausführlich dargestellt ist.

[35] Zu einem Überblick über die zahlreichen finanz- und geldpolitischen Maßnahmen in dem hier betrachteten Zeitraum vgl. z.B. Heilemann et al. (1996: 134ff.). Allgemein dazu Armstrong/Collopy (1998).

Übersicht 4

Modifizierung der Ergebnisse des RWI-Konjunkturmodells

1995-III bis 1996-IV; in Mrd. DM

	1995[1]	1996	1995		1996			
			3. Vj.	4. Vj.	1. Vj.	2. Vj.	3. Vj.	4. Vj.
Gewinnabführung der Deutschen Bundesbank								
Erwerbseinkünfte des Staates	x	8,5	-	-	-	8,5	-	-
Steuerliche Maßnahmen								
Direkte Steuern auf Einkommen aus unselbständiger Arbeit								
Solidarzuschlag (vH)	7,5	7,5	7,5	7,5	7,5	7,5	7,5	7,5
Vermögensteuer	x	1,0	0,3	0,3	0,3	0,3	0,3	0,3
Existenzminimum, Kinderfreibetrag, Kindergeld	-	-3,6	-	-	-0,9	-0,9	-0,9	-0,9
Laufende Übertragungen an private Haushalte								
Kindergeld	-	20,0	-	-	-5,0	-5,0	-5,0	-5,0
Indirekte Steuern								
Versicherungsteuer	x	2,4	0,6	0,6	0,6	0,6	0,6	0,6
Kohlepfennig	-	-6,0	-	-	-1,5	-1,5	-1,5	-1,5
Preisindex des privaten Verbrauchs (vH)								
Versicherungsteuer	x	0,1	0,1	0,1	0,1	0,1	0,1	0,1
Kohlepfennig	-	-0,2	-	-	-0,2	-0,2	-0,2	-0,2
Sozialpolitische Maßnahmen								
Staatsverbrauch								
Pflegeversicherung	x	10,0	1,3	1,3	1,3	1,3	3,7	3,7
Laufende Übertragungen an private Haushalte								
Erziehungsgeld	x	1,0	0,3	0,3	0,3	0,3	0,3	0,3
Pflegeversicherung	x	7,0	1,3	1,3	1,7	1,7	1,8	1,8
Arbeitslosen- und Sozialhilfe	-	-2,0	-	-	-0,5	-0,5	-0,5	-0,5
Altlastenregelung der ostdeutschen Wirtschaft								
Subventionen	x	2,0	0,5	0,5	0,5	0,5	0,5	0,5
Vermögensübertragungen des Staates	x	2,0	0,5	0,5	0,5	0,5	0,5	0,5
Vermögensübertragungen des Staates	x	-	31,0	-	-	-	-	-
Umbuchung in der Rentenfinanzierung								
Laufende Übertragungen des Staates								
Rentenbeiträge für Empfänger soz. Leistungen	x	6,0	1,5	1,5	1,5	1,5	1,5	1,5
Sozialversicherungseinnahmen des Staates								
Rentenbeiträge für Empfänger soz.Leistungen	x	6,0	1,5	1,5	1,5	1,5	1,5	1,5
Sonstige Änderungen								
Preisindex des Privaten Verbrauchs (vH)	x	0,8	0,4	0,4	0,6	0,6	1,0	1,0
Tariflöhne je Stunde (vH-Punkte)	x	-0,5	-	-	-0,5	-0,5	-0,5	-0,5
Staatsverbrauch, real	x	-7,0	-0,9	-0,9	-1,8	-1,8	-1,8	-1,8
Vorratsveränderung, real	x	-4,0	-	-	-1,0	-1,0	-1,0	-1,0

Nach Angaben in RWI (1995: 2). – Die modifizierten Variablen sind kursiv geschrieben. – [1]x: Angabe eines Jahreswertes nicht sinnvoll.

mit:

$\hat{X}^{ö}_{t+j}$: Vektor der Hinzufügungen zum absoluten Glied aufgrund *ökonomischer* a priori-Informationen (wirtschaftspolitische Maßnahmen, Daten);

$\hat{X}^{p}_{t+j}$: Vektor der Hinzufügungen zum absoluten Glied aus *Plausibilitätsgründen.*

Nach einem längeren Abstimmungsprozess unter Berücksichtigung der Ergebnisse anderer Prognosen, der bisherigen Erfahrungen mit dem Modell, der Revisionspraxis des Statistischen Bundesamtes usw. wird dann die endgültige Prognose erstellt. Umfang, Zeitprofil und Form dieser Modifikationen der Modellergebnisse werden ausgewiesen und begründet (z.B. RWI 1990). Im Frühjahr eines jeden Jahres wird die Herbstprognose des vorvergangenen Jahres für das abgelaufene Jahr unter Verwendung der beobachteten Werte für die exogenen Variablen wiederholt und veröffentlicht (RWI 1990).

Mit Ausnahme der Veröffentlichung der Überprüfung hat sich an dieser Praxis seit Beginn der achtziger Jahre wenig geändert. Die Entwicklung der technischen Möglichkeiten hat die Prognoseerstellung im Prinzip zwar wesentlich beschleunigt, die Effizienzgewinne wurden aber weniger zur Verkürzung, sondern zur besseren theoretischen und empirischen Absicherung der Prognose genutzt. Nach wie vor beansprucht der gesamte Prozess einen Zeitraum von ca. vier Wochen bzw. einen Personen-Monat.

Die Mehrzahl der *add*-Faktoren hat ihre Ursache in wirtschaftspolitischen Maßnahmen (Übersicht 4), wobei Zahl und Umfang dieser Art von adds seit Anfang der achtziger Jahre deutlich zugenommen hat (Heilemann et al. 1999: 126ff.); Korrekturen der Modellergebnisse aufgrund unplausibler Einzelergebnisse sind selten und im Modellzusammenhang bzw. mit Blick auf die wichtigsten Zielvariablen von untergeordneter Bedeutung[36], insbesondere wenn man vom Finanzierungssektor des Staates absieht. Die rein datentechnische Aktualisierung der Modellergebnisse, z.B. via *bridge equations* oder Indikatormodellen zur Erklärung der VGR (im Einzelen z.B. Klein, Park 1993) spielt noch eine untergeordnete Rolle.

Auch bezüglich der Simulation alternativer Entwicklungen – insbesondere von wirtschaftspolitischen Maßnahmen – erwies sich das RWI-Konjunkturmodell nicht als so problemlos wie zunächst erwartet. Namentlich die Implementation alternativer steuerpolitischer Maßnahmen bereitete Probleme, da nicht alle einnahmenpolitischen „Hebel" (*lever*) in allen Modellteilen adäquat abgebildet sind bzw. werden können, etwa wegen zu geringer Variation der Instrumente (z.B. des Mehrwertsteuersatzes) im (jeweiligen) Stützbereich[37]. Der Hinweis auf den Mehrwertsteuersatz soll hier genügen, zu anderen Beispielen vgl. z.B. Übersicht 4. Ein spezifisches Handikap des RWI-Konjunkturmodells, genauer: des *moving window*, stellt gelegentlich auch der Simulationshorizont dar, da – wie eingangs erwähnt – in der Wirtschaftspolitik die konjunkturelle Perspektive zunehmend von einer mittelfristigen abgelöst wurde. Das Problem des „zu kurzen" Analysehorizonts ergibt sich dabei keineswegs aus einer fehlenden Stabilität des Modells – von theoretischen Überlegungen bei der Formulierung der einzelnen Gleichungen abgesehen[38] –, sondern vor allem wegen der „Staatseinnahmen": Das deutsche Einnahmensystem weist eine Elastizität von größer als Eins auf, was in mehr oder weniger gleichen Abständen durch Steuersenkungen kompensiert wird, im Modell aber ohne entsprechende Annahmen zu beträchtlichen Einnahmenüberschüssen und damit zu kontraktiven Effekten führt. Darüber hinaus ist der Analysehorizont auch wegen der *post-termination*-Effekte oft zu kurz: wegen zahlreicher *lags* ergeben sich spürbare Wirkungen von „Impulsen" (z.B. „zurückhaltender Lohnpolitik") oft erst nach zwei oder drei Jahren, d.h. außerhalb des Untersuchungszeitraums.

---

[36] Vgl. die Analysen der Aufschwungprognose 1983 (Heilemann 1985) und des Börsenkrachs 1987 (Heilemann 1990.)

[37] Was ein Argument für einen längeren Stützbereich des Staatsteils wäre!

[38] Z.B. im Zusammenhang mit Parameterrestriktionen bei der Konsumfunktion (marginale und langfristige Konsumquote), vgl. dazu z.B. Evans (1969: 48ff.).

Insgesamt wurde mit dem Modell ein breites Spektrum an Alternativen und Maßnahmenbündeln simuliert. In der Regel wurde dabei vergleichsweise konventionell und isoliert vorgegangen; aufgrund der nur schwachen Nicht-Linearität des Modells[39] sind die Einzelreaktionen praktisch linear und symmetrisch, so dass sich die Gesamteffekte als Addition der Einzeleffekte darstellen lassen. *Optimal control*-Simulationen (*reference point approach*) haben sich dabei als sehr aufwendig (Bewertung der Instrumenteneinsätze) und sensibel (Restriktionen bezüglich der Häufigkeit von Instrumentvariationen) und angesichts des Erkenntnisgewinns der traditionellen isolierten, schrittweisen Vorgehensweise bislang jedenfalls als unterlegen erwiesen (Heilemann, Barabas 1999b). Auf stochastische Simulationen wurde bislang verzichtet, wobei der zu erwartende Informationsgewinn freilich nicht zu hoch veranschlagt werden sollte[40].

5. Die Prognosegenauigkeit

Der Prognosegenauigkeit kommt beim RWI-Konjunkturmodell, wie erwähnt, eine hervorgehobene Bedeutung zu. Ihre Analyse nimmt daher in der Modellarbeit einen entsprechend breiten Raum ein. Ökonometrische Modelle bieten hier bekanntlich insofern besondere Möglichkeiten, als sie die Diskriminierung zwischen den Fehlern der Prognose der Antezedenzbedingungen bzw. Annahmen einerseits und den Fehlern der (einzelnen) Hypothesen andererseits erlauben.

Für das RWI-Konjunkturmodell liegen seit 1981 die in den „Vierteljährlichen Prognosen mit dem RWI-Konjunkturmodell" enthaltenen 54 Jahresprognosen (Frühjahr/Herbst des Vorjahrs/des jeweiligen Jahres) in elektronischer gespeicherter Form vor[41].

Tabelle 1 gibt einen Überblick über die Genauigkeit der Annahmen bezüglich der exogenen Variablen in diesem Zeitraum. Die Werte wurden in der Regel von der Modellprognose im Rahmen der GD übernommen und allenfalls geringfügig aktualisiert. Die Ergebnisse belegen zunächst die bekannte Erfahrung, dass die Treffsicherheit dieser Vorgaben mit der Verkürzung des Prognosehorizontes deutlich und kontinuierlich zunimmt. Vergleichsweise zutreffend sind die Annahmen bezüglich des Durchschnittssatzes der Tarife zur Sozialversicherung – was in der Natur der Sache liegt – und auch bezüglich des kurz- und des langfristigen Zinssatzes – jedenfalls im makroökonomischen Kontext. Weniger überzeugend[42] sind die entsprechenden Ergebnisse für den Welthandel und die Importpreise, aber auch für die

---

[39] Ein Vergleich der Reaktionen der nicht-linearen und einer linearisierten Version des Modells zeigte keine nennenswerten Unterschiede (vgl. auch Kuh/Neese/Hollinger 1985: 15ff. und 284ff.).

[40] Vgl. z.B. Fair (1994: 216). Vgl. zur Technik auch den Beitrag Heilemann/Renn in diesem Band.

[41] Zu einer ausführlichen Analyse der Prognosegenauigkeit und Treffsicherheit vgl. Heilemann (2003, 2004).

[42] Die Prognosegenauigkeit ist dabei nur bedingt der geeignete Maßstab für derartige Urteile, da ja die Treffsicherheit der Annahmen bezüglich der exogenen Variablen nur mit Blick auf deren Wirkungen innerhalb des Modells bewertet wird; vgl. z.B. Heilemann (1985).

Tabelle 1

Annahmegenauigkeit[1] der exogenen Variablen[2]

1981 bis 1999

		1981	1982	1983	1984	1985	1986	1987	1988	1989	1990	1991	1992	1993	1994	1995	1996	1997	1998	1999	Durchschn.[3]	Standardabw.
Öffentliche Bauinvestitionen	a	-	-5,4	-4,0	-1,6	-4,0	-4,6	4,0	-5,4	-4,0	-3,5	-2,3	-5,6	3,2	4,2	3,8	10,7	10,1	3,6	-2,3	4,6	5,1
	b	-	-2,5	0,2	-1,0	-3,3	-1,3	4,1	-7,0	-4,5	-4,7	-1,5	-4,8	4,0	2,7	4,4	8,7	8,7	6,2	1,1	3,9	4,6
	c	1,3	1,6	1,6	1,7	1,8	0,1	3,0	-5,8	-1,1	0,5	-3,5	-4,7	2,8	-0,1	3,3	6,7	8,7	3,3	1,2	2,8	3,4
	d	1,0	0,1	0,7	1,0	-0,2	0,3	-0,3	1,8	2,5	2,5	-2,0	-1,4	2,0	-0,6	0,4	1,1	6,8	2,5	-0,8	1,5	1,9
Tarife zur Sozialversicherung	a	-	-0,2	-0,4	0,1	-0,2	-0,2	-0,2	-0,1	-0,2	0,0	-0,7	-0,2	-0,1	0,0	0,2	-0,5	-0,3	0,2	0,1	0,2	0,2
in vH	b	-	0,0	0,0	0,1	0,1	-0,2	0,0	-0,1	-0,1	-0,1	-0,7	-0,3	0,1	0,0	-0,1	0,0	-0,1	0,3	0,3	0,1	0,2
	c	0,1	0,2	-0,1	0,1	0,1	-0,1	0,0	0,1	-0,1	-0,1	0,0	-0,1	0,1	0,0	-0,1	0,1	0,1	0,0	0,0	0,1	0,1
	d	0,0	0,0	0,0	0,0	0,1	-0,1	-0,1	0,0	-0,1	-0,1	0,0	-0,1	0,1	0,0	0,0	0,1	0,1	0,1	0,0	0,1	0,1
Weltexporte	a	-	0,2	-2,4	0,2	0,1	-0,2	-0,3	-4,8	-4,5	0,0	1,2	0,5	5,6	-3,7	-1,9	1,0	-2,3	3,6	2,1	1,9	2,6
(Welthandelsvolumen)	b	-	0,2	-1,0	0,6	-0,5	-0,1	0,0	-4,4	-3,2	0,4	0,9	0,5	2,2	-4,5	-1,0	1,0	-2,2	4,2	-0,2	1,5	2,1
	c	-0,4	0,6	-0,2	-0,1	0,3	0,0	-0,8	-3,5	-0,9	1,3	-0,1	1,3	1,2	-3,9	0,9	-0,2	-2,8	3,3	-2,0	1,3	1,7
	d	-0,4	0,4	-0,1	0,0	-0,1	0,2	-0,6	-0,3	0,1	0,9	-0,8	0,0	0,2	-1,8	0,8	0,3	-1,7	1,0	-0,8	0,6	0,7
Preisindex der Importe	a	-	0,9	-0,5	-0,3	0,6	12,4	6,7	2,5	-2,2	3,7	0,1	3,9	4,2	3,0	2,3	2,2	-0,9	3,7	3,0	3,0	3,2
	b	-	0,5	0,3	0,0	-0,1	10,3	4,8	-0,1	-2,2	3,8	3,5	3,6	2,5	2,0	1,8	0,9	-1,6	3,8	1,4	2,4	2,8
	c	-0,4	0,2	0,2	-0,3	0,3	3,1	1,5	-0,1	-1,1	0,5	0,3	2,1	0,8	1,7	-0,7	0,0	-1,3	2,5	0,6	0,9	1,2
	d	-0,1	-0,1	0,0	0,0	0,1	0,4	-0,2	-0,6	0,6	1,6	0,6	1,0	0,3	0,3	-0,5	-0,4	0,4	0,7	0,6	0,4	0,5
Kurzfristiger Zinssatz,	a	-	-4,6	-0,7	-1,5	-0,4	0,7	0,4	0,2	-3,4	-1,9	-0,4	-0,9	-0,1	-0,3	-0,3	1,2	0,8	0,2	1,0	1,1	1,5
in vH	b	-	-2,0	-0,4	-1,4	0,0	-0,3	0,5	-0,3	-1,6	-0,3	-0,4	-0,7	-0,2	-0,4	0,5	0,8	0,0	0,2	0,5	0,6	0,7
	c	-2,6	-0,7	-1,0	-0,5	0,5	-0,2	-0,1	-0,7	-0,5	0,0	-0,1	-0,3	-0,3	-0,6	0,1	-0,2	-0,1	0,1	-0,3	0,5	0,6
	d	-0,1	0,0	-0,1	0,0	0,0	-0,1	0,0	0,0	0,0	0,0	-0,2	-0,1	-0,1	0,0	0,0	-0,1	0,0	0,0	0,0	0,0	0,1
Langfristiger Zinssatz,	a	-	-1,9	-0,9	-1,1	-0,3	0,6	0,3	0,4	-0,5	-1,6	0,3	0,2	1,4	-0,4	-0,8	1,3	1,2	1,7	0,9	0,9	1,0
in vH	b	-	-0,8	-0,6	-0,9	0,1	-0,1	0,4	0,0	-0,7	-1,5	0,6	0,3	1,1	-0,9	0,7	0,7	0,7	1,2	-0,3	0,6	0,8
	c	-1,4	-0,3	-0,9	-0,1	-0,2	-0,2	-0,1	0,1	-0,1	0,0	-0,1	0,0	0,2	-0,9	0,4	0,3	0,3	0,4	-0,6	0,3	0,5
	d	-0,1	0,0	0,0	0,1	-0,1	0,0	0,0	0,0	-0,1	0,1	0,0	0,1	0,1	0,0	0,1	0,1	0,0	0,0	-0,2	0,1	0,1

Eigene Berechnungen. Es bedeuten a: Frühjahrsprognose des (Prognose-) Vorjahres; b: Herbstprognose des Vorjahres; c: Frühjahrsprognose des jeweiligen Jahres, d: Herbstprognose des jeweiligen Jahres. – [1]Prognostizierte abzüglich beobachtete Veränderungsraten in vH-Punkten bzw. Differenzen in der ausgewiesenen Dimension. – [2]Bis 1994 alter Gebietsstand. – [3]Durchschnitt der Abweichungen der Absolutbeträge.

Tabelle 2

Prognosegenauigkeit[1] der endogenen Variablen mit geschätzten Werten für die exogenen Variablen[2]

1981 bis 1999; Veränderung gegenüber dem Vorjahr in vH

		1981	1982	1983	1984	1985	1986	1987	1988	1989	1990	1991	1992	1993	1994	1995	1996	1997	1998	1999	Durchschn.[3]	Standardabw.
Erwerbstätige,	a	-	-176	584	201	-222	-144	365	165	-1399	-1743	-414	24	670	298	-212	1047	1117	678	-1913	632	843
in 1000	b	-	-112	161	-63	-83	35	321	1	-1388	-1572	-84	195	555	217	103	828	962	114	-1854	480	740
	c	-227	167	145	-87	-201	-21	64	-31	-1235	-167	64	59	-40	-58	229	372	434	-7	-25	191	331
	d	-96	71	-47	-122	-43	8	-8	-23	-1204	-50	90	81	52	58	79	128	57	-26	30	120	279
Privater Verbrauch,	a	-	0,0	-0,2	0,0	0,9	1,0	2,2	-0,9	-0,9	-0,6	0,6	-0,8	1,0	0,0	-0,8	1,8	1,4	-0,7	-0,2	0,8	0,9
real	b	-	0,8	0,0	0,1	0,6	-0,2	2,4	0,7	0,2	-0,7	0,0	0,6	0,3	-1,9	-0,8	1,9	1,9	-0,6	0,5	0,8	1,0
	c	0,0	0,1	-0,1	-0,5	-0,5	0,3	1,7	0,1	0,4	-0,1	0,2	-0,2	-1,0	-1,4	-0,6	1,8	0,4	-0,3	-0,4	0,5	0,8
	d	-0,4	0,0	-0,1	-0,3	0,0	0,1	-0,3	0,0	-0,7	0,3	0,2	0,1	-0,9	-0,6	0,3	0,8	0,0	-0,5	-0,8	0,3	0,4
Anlageinvestitionen,	a	-	-1,9	-1,9	-0,2	0,3	-0,6	4,5	-5,3	-6,8	-6,5	-1,2	0,6	10,7	3,5	2,6	4,4	2,6	1,2	2,4	3,2	4,1
real	b	-	-1,4	1,6	0,1	0,4	0,1	4,5	-3,3	-4,1	-3,4	-1,9	0,8	8,8	0,6	3,3	3,7	4,4	4,3	4,0	2,8	3,3
	c	0,7	0,8	0,6	0,4	0,7	0,4	2,2	-3,5	-2,3	-1,3	-2,5	1,7	4,5	0,0	3,3	-2,0	5,0	2,8	0,6	1,9	2,2
	d	0,6	-0,2	0,2	-0,2	-0,2	0,2	-0,6	-0,5	-0,5	-1,3	-0,8	1,8	2,9	1,3	0,5	0,0	0,9	1,3	0,4	0,8	1,0
Exporte, real	a	-	3,3	-1,0	-0,1	1,0	-1,0	3,5	-1,2	-5,7	-4,5	-6,6	2,4	11,9	-3,8	2,7	0,5	-4,9	2,1	2,7	3,3	4,3
ab 1993c: Inlandskonzept	b	-	2,1	0,3	0,3	0,2	-0,6	1,5	-2,3	-5,7	-4,6	-4,1	1,2	9,5	-1,8	3,1	1,3	-3,4	3,0	0,6	2,5	3,4
	c	-1,5	0,2	0,3	0,0	0,3	0,1	-2,1	-2,2	-4,4	-1,2	-2,7	2,2	6,6	-3,7	3,6	-1,4	-3,5	2,0	-2,5	2,1	2,7
	d	-0,4	-0,1	0,1	0,2	0,1	-0,2	1,5	0,7	0,4	-2,1	0,5	-0,1	0,2	-0,6	0,7	-0,8	-1,3	1,8	-0,5	0,6	0,8
Bruttosozialprodukt,	a	-	0,2	-1,0	0,1	0,5	0,1	1,7	-2,3	-2,8	-1,4	0,8	1,1	4,7	0,0	0,8	1,6	0,0	-0,1	1,6	1,2	1,6
real	b	-	0,0	0,3	0,2	0,3	-0,2	0,9	-1,7	-1,8	-0,9	-0,1	1,3	3,7	-1,4	1,0	1,5	0,6	0,4	1,5	1,0	1,3
ab 1993c: BIP	c	0,0	0,3	0,1	-0,2	-0,2	0,0	0,1	-1,4	-0,9	-0,4	-0,3	0,9	1,2	-0,9	0,7	-0,1	0,2	0,0	0,2	0,4	0,6
	d	0,0	0,0	0,0	-0,2	0,0	0,0	-0,3	-0,5	-0,4	-0,2	0,3	0,7	0,0	0,0	0,4	0,3	-0,2	0,0	-0,1	0,2	0,3
Preisindex des	a	-	0,3	0,1	0,0	0,0	-0,1	1,1	0,0	-1,3	0,1	-0,5	0,1	1,1	-0,2	-0,3	-0,2	-0,2	0,0	0,3	0,3	0,5
privaten Verbrauchs	b	-	0,1	0,2	0,1	0,2	-0,2	0,4	0,2	-1,1	0,3	0,2	0,4	0,3	0,4	-0,5	-0,1	-0,3	0,4	-0,2	0,3	0,4
	c	-0,1	-0,1	0,1	0,0	0,0	0,1	0,3	-0,5	-0,2	-0,4	-0,2	0,3	0,2	0,0	-0,7	-0,5	-0,9	0,4	0,4	0,3	0,4
	d	0,0	0,0	0,0	-0,1	0,0	0,0	0,1	0,0	0,2	-0,3	0,1	0,2	0,1	0,1	-0,2	-0,2	0,0	0,1	0,2	0,1	0,1
Staatliches Defizit,	a	-	-14	-26	-21	-23	3	31	10	-43	33	38	4	15	-49	-	48	-26	-23	-16	25	28
Mrd. DM	b	-	-4	-38	-4	-10	8	21	-2	-29	36	8	-7	4	-27	244	62	-24	-17	5	31	61
	c	1	-13	-15	-3	-6	7	5	-4	-4	4	4	-20	-32	-33	263	-4	-11	-10	-52	26	63
	d	-4	-11	-3	-2	0	4	-4	-6	-5	-5	3	-9	-11	-15	19	2	-24	0	-17	8	9

Eigene Berechnungen. Es bedeuten a: Frühjahrsprognose des (Prognose-) Vorjahres; b: Herbstprognose des Vorjahres; c: Frühjahrsprognose des jeweiligen Jahres, d: Herbstprognose des jeweiligen Jahres. – [1]Prognostizierte abzüglich beobachtete Veränderungsraten in vH-Punkten bzw. Differenzen in der ausgewiesenen Dimension. – [2]Bis 1994 alter Gebietsstand. – [3]Durchschnitt der Abweichungen der Absolutbeträge.

Tabelle 3

Prognosegenauigkeit[1] der endogenen Variablen mit beobachteten Werten für die exogenen Variablen[2]

1981 bis 1999; Veränderung gegenüber dem Vorjahr in vH

		1981	1982	1983	1984	1985	1986	1987	1988	1989	1990	1991	1992	1993	1994	1995	1996	1997	1998	1999	Durchschn.[3]	Standardabw.
Erwerbstätige,	a	-	-201	89	185	-285	-477	325	454	-1217	-1611	-132	261	633	465	148	843	1226	671	-2406	646	879
in 1000	b	-	-382	62	100	-204	-197	229	173	-1362	-1598	257	445	559	372	126	728	975	-391	-2978	619	926
	c	-152	107	77	-81	-306	-14	94	-5	-1261	27	107	91	-17	106	216	375	445	-87	26	189	337
	d	-101	64	-30	-149	-61	8	-2	-23	-1230	33	124	97	59	83	76	118	23	-27	42	124	288
Privater Verbrauch,	a	-	0,3	-0,1	0,1	1,0	1,1	-0,9	2,2	-0,5	0,0	-0,1	0,9	2,0	0,2	0,7	0,9	1,7	-0,4	-0,4	0,8	0,9
real	b	-	0,5	0,0	0,1	0,6	-0,1	-0,6	1,6	-0,2	-0,2	0,2	2,3	0,8	-1,7	-0,4	1,7	1,7	-0,3	0,7	0,8	1,0
	c	-0,1	0,1	-0,1	-0,5	-0,5	0,3	1,8	0,4	2,1	0,3	0,2	0,3	-0,8	-0,8	-0,5	1,6	0,7	0,2	-0,5	0,6	0,8
	d	-0,4	0,0	-0,1	-0,3	0,0	0,1	-0,3	0,0	-0,2	0,4	0,3	0,3	-0,9	-0,6	0,3	0,5	0,3	-0,2	-0,9	0,3	0,4
Anlageinvestitionen,	a	-	-0,5	-0,5	0,1	0,8	0,5	-0,6	-2,2	-4,9	-4,8	2,1	2,5	9,7	5,9	2,3	-0,2	1,8	1,6	2,2	2,4	3,3
real	b	-	-0,5	1,8	0,0	1,1	1,1	-0,3	-0,1	-3,2	-2,3	1,9	3,2	8,6	3,3	1,3	-0,5	5,4	2,7	3,7	2,3	2,7
	c	0,6	0,2	0,3	0,2	0,2	0,5	3,4	-1,2	-2,2	-0,3	-0,5	2,7	4,8	2,9	2,3	-1,6	4,0	1,2	1,1	1,6	1,9
	d	0,0	-0,2	0,2	-0,4	-0,3	0,2	-0,2	-0,7	-1,6	0,1	0,4	2,2	2,8	3,1	0,3	-1,0	0,6	0,6	0,8	0,8	1,2
Exporte, real	a	-	3,0	1,0	-0,3	0,7	0,2	-0,1	1,1	-1,8	0,0	1,6	2,4	6,0	-2,5	2,5	0,1	-2,8	-2,5	-1,9	1,7	2,2
ab 1993c: Inlandskonzept	b	-	2,1	0,8	-0,3	0,6	1,1	0,7	1,6	-2,8	-0,5	2,9	1,1	5,9	0,9	2,7	0,7	-0,6	-2,2	-0,7	1,6	1,9
	c	-1,1	-0,3	0,2	0,2	-0,3	0,1	-0,4	0,8	-6,6	2,0	0,6	2,5	7,4	0,7	3,4	-1,1	-0,8	-0,4	1,1	1,6	2,6
	d	-0,4	-0,1	0,3	0,1	-0,2	-0,2	-0,7	-0,4	-2,6	1,7	3,0	0,1	0,8	1,0	0,3	-0,7	-0,4	1,5	0,8	0,8	1,1
Bruttosozialprodukt,	a	-	0,4	0,2	0,1	0,6	0,6	-0,1	-0,1	-1,2	0,5	0,9	1,9	3,4	0,7	1,2	0,2	0,2	-0,8	0,5	0,8	1,0
real	b	-	0,1	0,4	0,1	0,5	0,6	0,1	0,3	-0,9	0,7	0,6	2,0	3,0	-0,2	0,7	0,3	1,2	-0,9	1,2	0,8	0,9
ab 1993c: BIP	c	0,1	0,0	0,0	-0,2	-0,4	0,0	0,9	-0,1	-1,1	0,2	0,4	1,4	1,5	0,9	0,5	0,0	0,5	-0,6	-1,2	0,5	0,6
	d	0,0	0,0	0,1	-0,3	-0,2	0,0	0,0	-0,4	-1,4	0,0	0,9	1,1	0,1	0,5	0,3	0,0	-0,3	-0,1	-0,2	0,3	0,5
Preisindex des	a	-	0,2	0,3	0,1	-0,1	0,1	-0,1	-0,8	-1,4	-0,4	0,0	-0,6	-0,2	-1,3	-0,4	-0,1	-0,7	0,0	-0,2	0,4	0,5
privaten Verbrauchs	b	-	0,0	0,2	0,1	0,2	-0,1	0,1	0,0	-0,9	-0,2	0,0	-0,5	-0,6	0,1	-0,3	-0,5	-0,5	-0,2	-0,3	0,3	0,3
	c	-0,1	-0,1	-0,1	0,1	0,0	0,1	0,2	-0,6	-0,2	-0,4	-0,1	-0,1	0,1	0,3	-0,5	-0,6	-0,7	-0,1	0,5	0,2	0,3
	d	0,0	0,0	0,0	-0,1	0,0	0,0	0,1	0,0	0,1	-0,4	0,1	-0,1	0,1	0,1	-0,2	-0,2	-0,1	-0,1	0,0	0,1	0,1
Staatliches Defizit,	a	-	-17	-53	-21	-22	-10	36	15	-29	43	14	-21	30	6	-	55	-20	14	-34	26	29
Mrd. DM	b	-	-5	-38	3	-8	-10	20	4	-22	-5	18	-23	30	7	256	39	-26	-20	-6	30	62
	c	8	-19	-16	-2	-11	5	8	-2	0	7	-8	-9	-5	-9	273	-11	9	-9	0,3	24	64
	d	-4	-11	-1	2	-3	3	-4	-4	-7	7	-5	3	1	-3	15	-9	-15	0	0,2	6	7

Eigene Berechnungen. Es bedeuten a: Frühjahrsprognose des (Prognose-) Vorjahres; b: Herbstprognose des Vorjahres; c: Frühjahrsprognose des jeweiligen Jahres, d: Herbstprognose des jeweiligen Jahres. – [1]Prognostizierte abzüglich beobachtete Veränderungsraten in vH-Punkten bzw. Differenzen in der ausgewiesenen Dimension. – [2]Bis 1994 alter Gebietsstand. – [3]Durchschnitt der Abweichungen der Absolutbeträge.

Öffentlichen Bauinvestitionen[43]. Wie häufig bei Untersuchungen der Prognosegenauigkeit geben die Durchschnittswerte ein zu positives Bild: so zeigte sich etwa 1988, 1989 und 1992, dass die Welthandels-Annahmen in erheblichem Maße fehlerbehaftet waren oder in den Jahren 1982, 1989 bzw. 1984, 1990 und 1993 die für die Kurz- bzw. Langfristigen Zinsen. Auffällige Tendenzen der Prognosegenauigkeit der exogenen Variablen sind nicht ohne weiteres auszumachen.

Erheblich mehr Schwierigkeiten bereitet – im Unterschied zu dem weit verbreiteten Eindruck und der rechentechnischen Einfachheit – die Beurteilung der Prognosegenauigkeit der endogenen Variablen. Die zu einer sachgerechten Beurteilung an sich erforderlichen Prognose-Nutzenfunktionen, die in Verbindung mit einer Kostenfunktion zu minimieren wären, liegen bekanntlich allenfalls für den „wahrheitssuchenden" Wissenschaftler, u.U. für Unternehmen (Stekler 1994), nicht aber für die Politik vor (z.B. Menges 1975). Hilfsweise könnte hier das Kriterium „richtige Politik" zum Maßstab genommen werden. Zwar ist auch dieser Maßstab je nach Politikträger, -bereich und -konzeption ambivalent. Man kann sich aber vermutlich darauf einigen, dass dies mindestens bedeutet, große „Wachstumseinbrüche", um nicht von Wendepunkten zu sprechen, möglichst frühzeitig zu erkennen. Damit käme der situativen Prognosegenauigkeit eine mindestens ebenso große Bedeutung zu wie der üblichen Durchschnittsbetrachtung.

Die folgenden Ausführungen beschränken sich auf die wichtigsten Aggregate des Entstehungs-, Verwendungs-, Verteilungs- und Staatsteils. Wie üblich geschieht dies isoliert, d.h. die Beurteilung der Prognosen der Zahl der Erwerbstätigen, des Privaten Verbrauchs usw. erfolgt ohne Berücksichtigung der Fehler der jeweils erklärenden Variablen und muss den Vorbehalt des *right for the wrong reason* gegen sich gelten lassen. Dem Charakter der Modellprognosen als „verbundenen Prognosen" wird die isolierte Beurteilung jedenfalls nicht gerecht. Auf entsprechende Korrekturmöglichkeiten wird unten eingegangen. Aus handlungsorientierter Perspektive dürften derartige Überlegungen freilich von nachgeordneter Bedeutung sein.

Wie Tabelle 2 deutlich macht, gilt auch für die Prognosen der endogenen Variablen, dass deren Genauigkeit mit der Verkürzung des Prognosehorizontes zunimmt, wobei das Ausmaß dieser Verbesserungen stark variiert. Im Wesentlichen entsprechen die Durchschnittswerte denen der GD (b, c, d) bzw. des SVR (b, d) (s. Tabelle 5 unten). Beim BSP ist dies in besonders ausgeprägter Weise der Fall, bei der Inflationsrate scheinen die Modellprognosen etwas besser zu sein. Was die situative Treffsicherheit betrifft, so wurde die Rezession 1982 zwar frühzeitig, die Wachstumsabschwächung 1992 bis 1994 aber erst sehr spät erkannt, ebenso das Anziehen des Wachstums gegen Ende der achtziger Jahre. Eine eindeutige Zuordnung dieser Fehler zu einzelnen Nachfrageaggregaten, von den erwähnten Besonderheiten einer verbundenen Prognose ganz abgesehen, fällt schwer, da sich die Fehlprognosen einzelner Gleichungen teilweise kompensieren. Das späte Erkennen z.B. der Rezession 1993 war das Ergebnis von beträchtlichen Fehlern der Prognose der Exporte einerseits und der Investitionen sowie des Privaten Verbrauchs andererseits.

Ökonometrische Modellprognosen sind – wie wissenschaftliche Prognosen generell – bedingte Aussagen, und sie sind auch stochastische Aussagen. Um der Bedingtheit bei der Analyse der Treffsicherheit Rechnung zu tragen, wurden deshalb alle in Tabelle 4 betrachteten Prognosen nach Korrektur der Fehler bei den exogenen Variablen wiederholt:

(3) $$\hat{Y}_{it+j} = f_i\left(\hat{Y}_{t+j}, X_{t+j}, \hat{X}^{ö}_{t+j}, \hat{X}^{p}_{t+j}, \hat{\beta}_i\right).$$

Tabelle 4

Janus-Koeffizienten der Prognosen mit dem RWI-Konjunkturmodell[1]

1989 bis 1999

		A	B
Erwerbstätige, in 1 000	a	9,7	9,2
	b	11,0	12,0
	c	6,1	4,9
	d	6,1	9,9
Privater Verbrauch, real, Mrd. DM	a	2,5	1,1
	b	2,3	1,7
	c	1,7	1,3
	d	1,8	1,6
Anlageinvestitionen, real, Mrd. DM	a	3,2	7,8
	b	2,5	13,4
	c	2,2	4,4
	d	1,7	8,1
Exporte, real, Mrd. DM	a	2,9	2,4
	b	2,0	4,0
	c	3,0	10,9
	d	3,0	5,1
Bruttosozialprodukt, real, Mrd. DM	a	2,4	2,5
	b	3,2	3,1
	c	1,9	1,5
	d	2,9	2,4
Preisindex des Privaten Verbrauchs, Index, 1991=100	a	2,2	1,5
	b	2,0	1,1
	c	1,2	1,3
	d	0,9	1,2
Staatsdefizit, Mrd. DM	a	3,0	4,1
	b	2,5	3,5
	c	2,0	2,9
	d	0,8	1,9

Eigene Berechnungen. Zur Berechnung des Janus-Koeffizienten vgl. Fußnote 44 im Text. Es bedeuten a: Frühjahrsprognose des (Prognose-) Vorjahres; b: Herbstprognose des Vorjahres; c: Frühjahrsprognose des jeweiligen Jahres; d: Herbstprognose des jeweiligen Jahres. – 1) Quotient aus den Prognosefehlern außerhalb der Stützbereiche bezogen auf die Fehler der *jeweils* letzten 8-Quartalsprognosen (A) bzw. *aller* vorangegangenen 8-Quartalsprognosen *innerhalb* der Stützbereiche (B). Den Berechnungen der Fehler liegen Veränderungsraten – als Jahreswerte – zugrunde; die Prognosen außerhalb des Stützbereichs wurden mit beobachteten Werten der exogenen Variablen erstellt.

Auf eine Korrektur der *add*-Faktoren (s.o.) wurde verzichtet; „beobachtete" Werte dazu liegen nicht vor, so dass entsprechende Korrekturen in jedem Fall sehr subjektiv geprägt wären. Die entsprechenden Ergebnisse sind in Tabelle 3 wiedergegeben. Wie nicht anders zu erwarten, sind die Ergebnisse meist besser als im Falle der Prognosen auf der Basis geschätzter Werte für die exogenen Variablen. Die Verbesserungen halten sich jedoch vor allem bei c und d in engen Grenzen, was mit der vergleichsweise hohen Genauigkeit der Schätzwerte der exogenen Variablen bei den Vier- (c) und den Zwei-Quartalsprognosen (d) zusammenhängt. Zum Teil, vor allem bei Teilaggregaten, sind sogar Verschlechterungen zu registrieren. In der Regel liegen diese Unterschiede jedoch nicht sehr weit außerhalb des Rahmens der aufgrund der Schätzfehler der Einzelgleichungen bzw. der Simulationsfehler des Modells zu erwartenden Unschärfen und sind nicht etwa Ergebnis eines final orientierten *fine tunings* des Modells[44]. Um diesen Aspekt weiter zu verdeutlichen, wurden die Durchschnittsfehler der ex ante-Prognosen, korrigiert um die Fehler der exogenen Variablen, den Durchschnittsfehlern der letzten 8-Quartalssimulation (A), bzw. einer dynamischen Simulation (B) über den gesamten Stützbereich gegenübergestellt[45]. Die dazu berechneten Werte für den Janus-Koeffizienten (Tabelle 4) geben ein sehr unterschiedliches Bild von der Güte der Prognosen für die einzelnen Variablen ab: Generell ist die ex ante-Genauigkeit, wie zu erwarten, deutlich geringer als in den beiden Stützbereichen, wobei die Werte immer mit der Verkürzung des Stützbereichs abnehmen. Überraschend ist auch, dass der auf der Basis des jeweils aktuellen Stützbereichs ermittelte Janus-Koeffizient (B) nur für den Privaten Verbrauch und dessen Preisindex deutlich bessere Ergebnisse als die Alternative A zeigt. Bei der Wertung der Ergebnisse sind allerdings neben dem niedrigen Fehlerniveau insgesamt (s.o.) die Prognoseprobleme angesichts der deutschen Einigung und der Umstellung der Statistik (ESVG 1995) auch die quadratische Fehlergewichtung des Janus-Koeffizienten zu berücksichtigen.

Insgesamt scheint die Prognoseleistung des RWI-Konjunkturmodells auch aus dieser Sicht wenig Anlass für fundamentale Kritik zu bieten, erweist sie sich doch der konkurrierender Prognostiker wie der GD oder dem SVR als durchaus ebenbürtig bzw. überlegen (Tabelle 5; vgl. auch Fildes, Stekler 2002). Mit Blick auf traditionelle wirtschaftspolitische Erfordernisse kann dies letztlich freilich kaum befriedigen, denn mit dem späten Erkennen der Abschwünge bleiben die Prognosen hinter den Erfordernissen einer antizyklischen Politik zurück.

6. Perspektiven

Die Erfahrungen mit dem RWI-Konjunkturmodell lassen neben einer Reihe von ermutigenden Zeichen auch etliche weiße Flecken erkennen – beide werden die weitere Arbeit an und mit dem Modell bestimmen. Hinzu kommt, dass empirische Arbeiten im Allgemeinen und die mit ökonometrischen Modellen im Besonderen ständig der Aktualisierung und Revision bedürfen. Dies gilt erst recht in Zeiten rapiden Wandels der empirischen Basis und bei einem Modell, das mit Blick auf seine

---

44 Vgl. dazu z.B. Brunner (1973), dessen mittlerweile „klassische" Kritik an makroökonometrischen Modelle bzw. ihrer Praxis bislang nicht nur wenig bewirkt hat, sondern sogar gänzlich in Vergessenheit geraten ist.

45 Der Janus-Koeffizient (J) errechnet sich als:

$$J^2 = \left(\frac{1}{m} \sum_{t=n+1}^{n+m} (P_t - A_t)^2 \right) \Bigg/ \left(\frac{1}{n} \sum_{t=1}^{n} (P_t - A_t)^2 \right), \quad J = \sqrt{J^2},$$

wobei P den prognostizierten, A den beobachteten Variablenwert, $t = 1, \ldots, n$ die Stützperiode und $t = n+1, \ldots, n+m$ die Prognoseperiode bezeichnen (Wold 1964). Werte $J > 1$ (<1) stehen für eine Verschlechterung (Verbesserung) der Prognosegenauigkeit außerhalb des Stützbereichs.

Tabelle 5

Treffsicherheit ausgewählter Wachstums- und Inflationsprognosen für Deutschland

1967 bis 1999

	Wachstum (reales BSP)						Inflation (BSP-Deflator)					
	GD	SVR	OECD	JWB	RWI-KM	Naiv[1]	GD	SVR	OECD	JWB	RWI-KM	Naiv[1]
	Mittlerer absoluter Fehler											
1967 - 1999	1,4	1,3	1,4	1,2	-	2,1	0,7	0,7	0,7	0,7	-	1,1
1970 - 1980	1,7	1,5	1,3	1,2	-	3,0	1,1	1,2	0,8	1,1	-	1,4
1980 - 1990	1,1	0,9	1,0	1,0	1,0	1,2	0,4	0,5	0,7	0,5	0,5	0,9
1990 - 1999	1,0	0,9	0,9	0,8	1,2	1,5	0,5	0,6	0,4	0,5	0,6	0,6
	Durchschnittliche Über- (+)/Unterschätzung (-)[2]											
1967 - 1999	0,1	0,1	0,1	-0,1	-	0,0	-0,1	-0,2	-0,2	-0,3	-	0,1
1970 - 1980	0,6	0,7	0,6	0,5	-	0,5	-0,6	-0,7	-0,4	-0,9	-	-0,1
1980 - 1990	-0,2	-0,1	0,0	-0,1	-0,4	0,0	0,0	-0,2	-0,2	-0,3	-0,3	0,0
1990 - 1999	0,5	0,3	0,3	0,4	0,9	0,3	0,1	0,3	0,3	0,1	-0,1	0,2

Eigene Berechnungen. - Es bedeuten: GD: Gemeinschaftsdiagnose (Herbstprognose des Vorjahres); SVR: Sachverständigenrat; OECD: Organisation for Economic Cooperation and Development (Herbstprognose des Vorjahres); JWB: Jahreswirtschaftsbericht; RWI-KM: RWI-Konjunkturmodell (Herbstprognose des Vorjahres); – [1]Naiv: Veränderungsrate des Vorjahres: Veränderungsrate des jeweiligen Jahres (Theil). – [2]Mittelwert der kumulierten Differenzen zwischen prognostizierten und beobachteten Werten.

empirische Fundierung, seinen theoretischen Eklektizismus und seine Prognoseorientierung – *truth vs. precision* (*Mayer*) – besonders schnell „altert".

Darüber hinaus werden die Perspektiven des RWI-Konjunkturmodells von den *künftigen* Anforderungen an den Informationsgehalt, den Defiziten der theoretischen und empirischen Fundierung und natürlich den weiteren theoretischen und methodischen Entwicklungen bestimmt. Als restriktiv erweist sich bei all dem gegenwärtig die neue VGR-Datenbasis (ESVG 1995), die noch auf längere Zeit nicht nur kurz ist, sondern auch die Homogenität der alten westdeutschen Datenbasis vermissen lassen wird (z.B. Barabas 2001); beides schränkt auch die Aussagekraft der Hypothesentests erheblich ein und steht auf absehbare Zeit einer grundsätzlichen Überarbeitung oder Neuformulierung des Modells entgegen. Ob die weitere Internationalisierung des Wirtschaftsgeschehens oder die Europäische Wirtschafts- und Währungsunion (EWWU) – namentlich im Bereich der Wirtschaftspolitik – diese Schwierigkeiten akzentuieren werden, ist offen (Jahnke 1998; Dieckmann, Westphal 1998).

Größere Veränderungen der Anforderungen an den Informationsgehalt des Modells zeichnen sich nicht ab; in Kooperation mit dem IAB wird gegenwärtig an einer Erweiterung und Vertiefung der Erklärung des Arbeitsmarkts gearbeitet. Die Schwierigkeiten einer adäquaten Integration des monetären Sektors dürften angesichts der weiteren Liberalisierung und Globalisierung der Finanzmärkte und damit einhergehend einer weiteren Lockerung bislang fixer und national bestimmter Entwicklungen und Politiken deutlich zunehmen (Bosworth 1993: 53ff.). Die EWWU wird diese Schwierigkeiten zusätzlich vergrößern (z.B. Kenen 1995: 59ff.), wobei sie für Deutschland wegen der Ankerrolle der D-Mark und der deutschen Zinsen eher gering ausfallen dürften (vgl. dazu und den Implikationen für Reaktionsänderungen Heilemann et al. 2003). Der unmittelbare Nutzen eines internationalen Modells wurde oben zwar stark relativiert, gleichwohl darf die Frage mit Blick auf die weitere europäische Integration nicht aus dem Auge verloren werden; einen naheliegenden Ansatzpunkt dafür bildet der Modellverbund *Project* LINK (Hickman 1991), in dem das RWI-Modell seit 1998 den Deutschland-Teil vertritt.

Allgemeine Aussagen zur Verbesserung der empirischen Fundierung des Modells lassen sich nur schwer machen – die Problemfälle (Wohnungsbau, Vorratsveränderungen) sind bekannt. Die Schwierigkeiten resultieren dabei zum einen aus den vielfältigen wirtschaftspolitischen Interventionen und der wenig tragfähigen statistischen Basis, zum anderen hält sich aber auch das Angebot der Theorie in engen Grenzen. Verbesserungen werden jedenfalls nicht leicht zu erzielen sein.

Eine Homogenisierung der theoretischen Basis erscheint – wie oben ausgeführt – weder möglich noch notwendig. Die Frage der adäquaten Modellierung der Erwartungsbildung verdient weitere Aufmerksamkeit, auch wenn gegenwärtig in Gestalt der „schwach rationalen" (*Eckstein*) (adaptiven) Erwartungen eine empirisch befriedigende Lösung gefunden zu sein scheint. Experimente mit der „Vorwärtslösung" des Modells zur Bestimmung von Erwartungswerten z.B. Für die Inflationsrate gehören dazu ebenso wie die Untersuchung von einfacheren Formen, etwa durch Spezifizierung von *lead*-Strukturen (z.B. Fair 1994: 88ff.). Zu untersuchen ist auch, ob die Erklärungsgüte durch weitere Disaggregation, z.B. im Falle der Exportgleichung durch Unterscheidung von Waren- und Dienstleistungsausfuhren, verbessert werden kann.

Zu denken gibt auch, dass das RWI-Konjunkturmodell, wie die Mehrzahl der makroökonometrischen Modelle und die gegenwärtige Kurzfristanalyse hierzulande generell, fast ausschließlich Stromgrößen-determiniert ist und „Bestände" – wenn man von entsprechenden Anpassungsprozessen[46] absieht – praktisch keine Rolle spielen. Hier besteht, z.B. im Bereich des Privaten Verbrauchs, Klärungsbedarf (Stichwort *wealth*-Effekt) (z.B. Hassler 2001). Angesichts seines großen Gewichts und der bescheidenen (ex ante-) Prognosegüte stellt der Private Verbrauch ohnehin einen wichtigen Ansatzpunkt für weitere Arbeiten dar – von der Disaggregierung nach Einkommensarten bis hin zu der Frage, ob nicht die Erklärung der Sparquote (Bosworth 1993: 62; Modigliani 1993) und die residuale Bestimmung des Privaten Verbrauchs ein erfolgversprechenderer Ansatz wäre.

Was die empirischen Perspektiven betrifft, so gibt die Prognosegenauigkeit des Modells, verglichen z.B. mit der von GD oder Sachverständigenrat, – wie erwähnt – wenig Anlass zu besonderer Kritik. Die in allen Fällen unbefriedigende Erklärung der Dynamik der Auf- und Abschwungprozesse bedarf gleichwohl der Verbesserung. Das bedeutet eine genauere Analyse der zyklischen Sensitivität und Dynamik des Modells, wobei gleichermaßen die relationalen wie die intra- und interzyklischen Reaktionen der einzelnen Variablen zu betrachten sind (vgl. dazu im Einzelnen z.B. Projektantrag B3 im Rahmen des SFB 475 (Universität Dortmund) 1996: 225ff.). Inwiefern zu diesem Zweck vom bisherigen primär ökonometrischen Charakter des Modells abgewichen und durch Verwendung vorauslaufender Indikatoren zu einem hybriden Modelltyp übergegangen werden muss, soll im Zusammenhang mit der Integration von vorauslaufenden Indikatoren im Produktions- und Investitionsbereich überprüft werden (Barabas, Schäfer-Jäckel 1999; Evans 2003: 470ff.); die bisherigen Ergebnisse im Bereich des Privaten Verbrauchs waren, wie erwähnt, nicht ermutigend. Eine hohe Priorität verdient mit Blick auf die Erfahrungen in den *Vereinigten Staaten* und angesichts der stark handlungsorientierten Ausrichtung des Modells die Integration von Monatsdaten, z.B. in Gestalt von *bridge equations* (z.B. Miller, Chin 1996). Schließlich ist weiterhin auch an die Untersuchung der Kointegrationsbeziehungen (Wolters 1998; Hansen 1998), des *encompassing approach*, aber auch an alternative Schätzverfahren und stochastische Simulationen zu denken. Die zur Verfügung stehenden Ressourcen setzen freilich für derartige Arbeiten enge Grenzen, und die Erwartungen sollten z.B. mit Blick auf die Prognosegenauigkeit auch nicht allzu hoch gespannt sein (Heilemann 2004). Ohne Frage bedarf vor allem aber die bisherige eher mechanistische Behandlung des Problems des makroökonomischen Reaktionenwandels der Überprüfung und Erklärung. In erster Linie ist dabei freilich die ökonomische Theorie gefordert.

---

46 Explizite Bestands-Anpassungs-Prozesse spielen in der gegenwärtigen Fassung des Modells keine Rolle.

Übersicht A1

Variablenliste RWI-Konjunkturmodell

Abkürzung	Bezeichnung	Quelle	Einheit
A0...	Variablen für Modifizierung der Simulationsergebnisse		
A1...	Variablen für Modifizierung der Simulationsergebnisse		
AB	Abschreibungen	DESTATIS	Mrd. DM
ACST	Vorleistungen, Arbeitnehmerentgelte und sonstige Produktionsabgaben (Staatsverbrauch als Ausgaben des Staates)	DESTATIS	Mrd. DM
ABST	Abschreibungen des Staates	DESTATIS	Mrd. DM
ALAG	Arbeitslosenabgänge während des Quartals	IAB	1000
ALAGQ	Arbeitslosenabgangsquote: ALAG/(ALEB(-1)+ALZG)	Def	vH
ALEB	Arbeitslosenendbestand am Quartalsende	IAB	1000
ALZG	Arbeitslosenzugänge während des Quartals	IAB	1000
ARZ	Tägliche Arbeitszeit	DIW	Stunden
ASCST	Vorleistungen, Arbeitnehmerentgelte und sonstige Produktionsabgaben abzüglich Verkäufe (Saldierter Staatsverbrauch als Ausgaben des Staates)	DESTATIS	Mrd. DM
AST	Ausgaben des Staates	DESTATIS	Mrd. DM
AT	Geleistete Arbeitstage	DIW	Tage
AV	Arbeitsvolumen	Def	Mill. Stunden
BAUS	Bestand Ausrüstungen	E.B.	Mrd. DM
BBAU	Bestand Bauten	E.B.	Mrd. DM
BIP	Bruttoinlandsprodukt	DESTATIS	Mrd. DM
BLA	Bruttolohnanteil	Def	vH
BLG	Bruttolohn- und -gehaltsumme	DESTATIS	Mrd. DM
BLGA	Bruttolohn- und -gehaltsumme je Beschäftigten	Def	DM
BLGAJW	Bruttolohn- und -gehaltsumme je Beschäftigten, Veränderung gegenüber dem Vorjahr	Def	vH
BSP	Bruttosozialprodukt	DESTATIS	Mrd. DM
BSP91	Bruttosozialprodukt, real	DESTATIS	Mrd. DM
BUBAGE	Bundesbankgewinn	BBK	Mrd. DM
BYA	Bruttoeinkommen aus unselbständiger Arbeit	DESTATIS	Mrd. DM
BYU	Bruttoeinkommen aus Unternehmertätigkeit und Vermögen	DESTATIS	Mrd. DM
BYUST	Erwerbseinkommen des Staates	DESTATIS	Mrd. DM
BYUSTOBG	Erwerbseinkommen des Staates ohne Bundesbankgewinn	Def	Mrd. DM
CP	Privater Verbrauch	DESTATIS	Mrd. DM
CP91	Privater Verbrauch, real	DESTATIS	Mrd. DM
CST	Staatsverbrauch	DESTATIS	Mrd. DM
D87Q2	Hilfsvariable, 1987-2 = 1, sonst 0		
D89F	Hilfsvariable, ab 1989-1 = 1, früher 0		
D9...	Hilfsvariablen, entspr. s.o.		

Übersicht A1: Fortsetzung

Variablenliste RWI-Konjunkturmodell

Abkürzung	Bezeichnung	Quelle	Einheit
DATUM	Datum		
DATE	Datum		
DD...	Hilfsvariablen zur Erfassung von nichtbeobachtbaren bzw. sonstigen Ereignissen		
DEF	Finanzierungssaldo des Staates	DESTATIS	Mrd. DM
DS	Saison-Dummy, im 1.Vj.=1, sonst 0		
DS1	Saison-Dummy, im 2.Vj.=1, sonst 0		
DS2	Saison-Dummy, im 3.Vj.=1, sonst 0		
DS3	Saison-Dummy, im 4.Vj.=1, sonst 0		
DW751_X	Witterungsvariable für das 1. Vj.	E.B.	°C
DW754_X	Witterungsvariable für das 4. Vj.	E.B.	°C
EPIAB	Erwerbspersonenpotential	IAB	1000
EW	Erwerbstätige	DESTATIS	1000
EWA	Abhängig Erwerbstätige (Beschäftigte)	DESTATIS	1000
EX	Exporte	DESTATIS	Mrd. DM
EX91	Exporte, real	DESTATIS	Mrd. DM
EXIM	Außenbeitrag	DESTATIS	Mrd. DM
GV	Verteilte Gewinne	DESTATIS	Mrd. DM
IAN	Anlageinvestitionen	DESTATIS	Mrd. DM
IAN91	Anlageinvestitionen, real	DESTATIS	Mrd. DM
IAU	Ausrüstungsinvestitionen	DESTATIS	Mrd. DM
IAUST	Öffentliche Ausrüstungsinvestitionen	DESTATIS	Mrd. DM
IB	Bauinvestitionen	DESTATIS	Mrd. DM
IBGE	Gewerbliche Bauinvestitionen	DESTATIS	Mrd. DM
IBST	Öffentliche Bauinvestitionen	DESTATIS	Mrd. DM
IBWO	Wohnungsbauinvestitionen	DESTATIS	Mrd. DM
ISO	Sonstige Investitionen	DESTATIS	Mrd. DM
IL	Vorratsveränderungen	DESTATIS	Mrd. DM
IM	Importe	DESTATIS	Mrd. DM
KAPAY	Kapazitätsauslastung	E.B.	Basiszeitraum = 100
KAPAZ	Kapazitätsauslastung	E.B.	Basiszeitraum = 100
LSTK	Lohnstückkosten	Def	
MWST	Mehrwertsteuersatz		vH
N	Endnachfrage: CP+IAN+EX	Def	Mrd. DM
NLG	Nettolohn- und -gehaltsumme	DESTATIS	Mrd. DM
NLG1	Nettolohn- und -gehaltsumme (ohne Kindergeld)	DESTATIS	Mrd. DM
NLGA	Pro-Kopfl NLG , Vorjahresvergleich	E.B.	vH
NYU	Nettoeinkommen aus Unternehmertätigkeit und Vermögen	DESTATIS	Mrd. DM
PBIP	Preisindex des BIP	Def	Basisjahr = 100
PCP	Preisindex des Privaten Verbrauchs	Def	Basisjahr = 100

Übersicht A1: Fortsetzung

Variablenliste RWI-Konjunkturmodell

Abkürzung	Bezeichnung	Quelle	Einheit
PCPJW	Preisindex des Privaten Verbrauchs, Veränderung gegenüber dem Vorjahr	Def	vH
PCST	Preisindex des Staatsverbrauchs	Def	Basisjahr = 100
PEX	Preisindex der Exporte	Def	Basisjahr = 100
PIAN	Preisindex der Anlageinvestitionen	Def	Basisjahr = 100
PIAU	Preisindex der Ausrüstungsinvestitionen	Def	Basisjahr = 100
PIAUST	Preisindex der öffentlichen Ausrüstungsinvestitionen	Def	Basisjahr = 100
PIB	Preisindex der Bauinvestitionen	Def	Basisjahr = 100
PIBGE	Preisindex der Gewerblichen Bauinvestitionen	Def	Basisjahr = 100
PIBST	Preisindex der Öffentlichen Bauinvestitionen	Def	Basisjahr = 100
PIBWO	Preisindex der Wohnungsbauinvestitionen	Def	Basisjahr = 100
PIL	Preisindex der Vorratsveränderung	Def	Basisjahr = 100
PIM	Preisindex der Importe	Def	Basisjahr = 100
PRODHGD	Stundenproduktivität (Gemeinschaftsdiagnose)	Def	DM
SCHUST	Öffentlicher Schuldbestand	BBK	Mrd. DM
SELB	Anzahl der Selbständigen	DESTATIS	1000
SUB	Subventionen	DESTATIS	Mrd. DM
SVAG	Sozialversicherungsbeiträge der Arbeitgeber	DESTATIS	Mrd. DM
SVAN	Sozialversicherungsbeiträge der Arbeitnehmer	DESTATIS	Mrd. DM
SVST	Sozialversicherungsbeiträge an den Staat	DESTATIS	Mrd. DM
T60I	Zeitindex		1960-I = 1
TAN	Direkte Steuern der Arbeitnehmer	DESTATIS	Mrd. DM
TDIR	Direkte Steuern	DESTATIS	Mrd. DM
TDIRS	Direkte Steuern auf Pensionen und sonstige, nicht zurechenbare Steuern	DESTATIS	Mrd. DM
TIND	Indirekte Steuern	DESTATIS	Mrd. DM
TINSG	Steuern insgesamt	DESTATIS	Mrd. DM
TLGH	Tariflohn- und -gehaltsniveau je Stunde	BBK	1991 = 100
TLGH2	Korrekturen in der Gleichung TLGHJW für die Periode 1990 bis 1992	E.B.	
TLGHJW	Veränderung gegenüber dem Vorjahr, TLGH	Def	vH
TSV	Durchschnittlicher Tarifsatz der Arbeitnehmer zur Sozialversicherung	E.B.	vH
TU	Direkte Steuern auf Einkommen aus Unternehmertätigkeit und Vermögen	DESTATIS	Mrd. DM
UEA	Überschussangebot	Def	1000
VERM	Kumuliertes Ersparnis, VERM=VERM(-1)+YPV-CP	E.B.	Mrd. DM
WAZ	Tarifliche Wochenarbeitszeit der Arbeiter	DESTATIS	1985 = 100
WEXIM	Welthandelsvolumen	UNO	1990 = 100
WEXIMJW	Welthandelsvolumen, Veränderung gegenüber dem Vorjahr	Def	vH
Y	Volkseinkommen	DESTATIS	Mrd. DM

Übersicht A1: Fortsetzung

Variablenliste RWI-Konjunkturmodell

Abkürzung	Bezeichnung	Quelle	Einheit
YEXIM	Saldo der Erwerbs- und Vermögenseinkommen mit dem Ausland	DESTATIS	Mrd. DM
YPV	Privates Verfügbares Einkommen	Def	Mrd. DM
YPV91	Privates Verfügbares Einkommen, real	Def	Mrd. DM
YST	Einnahmen des Staates	DESTATIS	Mrd. DM
YTRA	Saldierte Transfereinkommen der Privaten Haushalte	DESTATIS	Mrd. DM
YTRALES	Empfangene sonstige laufende Übertragungen des Staates	DESTATIS	Mrd. DM
YTRALG	Geleistete laufende Übertragungen des Staates	DESTATIS	Mrd. DM
YTRALGOS	Geleistete laufende Übertragungen des Staates ohne Subventionen	DESTATIS	Mrd. DM
YTRALGPH	Geleistete laufende Übertragungen des Staates an die privaten Haushalte	DESTATIS	Mrd. DM
YTRALGS	Sonstige geleistete laufende Übertragungen des Staates	DESTATIS	Mrd. DM
YTRALGU W	Geleistete laufende Übertragungen des Staates an die übrige Welt	DESTATIS	Mrd. DM
YTRAVE	Empfangene Vermögensübertragungen des Staates	DESTATIS	Mrd. DM
YTRAVG	Geleistete laufende Übertragungen des Staates	DESTATIS	Mrd. DM
ZAST	Zinsausgaben des Staates	DESTATIS	Mrd. DM
ZINSL	Langfristiger Zinssatz, Umlaufsrendite	BBK	vH
ZINSLRC	Realer Zinssatz, ZINSL-PCPJW	Def	vH
ZINSLRCB	Realer Zinssatz, ZINSL-(PBIPJW+PCPJW)/2	Def	vH

Quellen: Statistisches Bundesamt (DESTATIS); Deutsche Bundesbank (BBK); Deutsches Institut für Wirtschaftsforschung (DIW); Institut für Arbeitsmarkt- und Berufsforschung (IAB); Vereinte Nationen (UNO); Definitionen (Def); Eigene Berechnungen (E.B.).

Übersicht A2

Schätzergebnisse des RWI-Konjunkturmodells[1]

Gleichung 1: Arbeitslosenzugang je Quartal, in 1000

ALZG=C1+C2*UEA+C3*LSTK+C4*DIF(1,EWA)+C5*MAVG(11,D90Q1(-9))+ C6*MAVG(3,D89Q1(-3))+C7*D90Q3+C8*D95F(-4)+C9*DS+C10*DS1+C11*DS2

ALZG=C1+C2*UEA+C3*LSTK+C4*DIF(1,EWA)+C5*MAVG(11,D90Q1(-9))+C6*D91Q1+C7*D91F+C8*D97F(-6)+C9*DS+C10*DS1+C11*DS2

	C1	C2	C3	C4	C5	C6	C7	C8	C9	C10	C11	$\bar{R}^2$	DW	SEE%
a)	-215,895	0,181	1125,517	-0,372	-1197,416	540,397	3359,575	64,425	-47,836	-147,389	77,801	0,974	2,1	3,8
	(0,5)	(5,4)	(1,3)	(5,0)	(3,9)	(3,8)	(5,3)	(1,5)	(0,4)	(2,0)	(1,2)			
b)	-426,307	0,193	1702,112	-0,141	-1623,501	1239,913	-76,609	147,984	82,501	-109,720	119,125	0,962	2,22	4,0
	(0,6)	(4,4)	(1,1)	(2,0)	(5,9)	(1,9)	(1,0)	(4,5)	(0,5)	(0,9)	(1,1)			

Gleichung 2: Tägliche Arbeitszeit, in Stunden

ARZ =C1*WAZ+C2*LSTK/AT+C3*1/AT+C4*BIP91/MAVG(4,LAG(1,BIP91))/AT+C5*DS/AT+C6*DS1/AT+C7*DS2/AT+C8*MAVG(4,D90Q3)

ARZ =C1*WAZ+C2*(KAPAY-KAPAY(-4)/AT)+C3*1/AT+C4*DS/AT+C5*DS1/AT+C6*DS2/AT+C7*D91F+C8*D95F*DS3

	C1	C2	C3	C4	C5	C6	C7	C8	$\bar{R}^2$	DW	SEE%
a)	0,049	-17,016	54,740	38,857	16,909	5,639	-5,923	-0,884	0,929	1,80	0,8
	(9,5)	(0,9)	(0,8)	(1,0)	(4,9)	(1,8)	(2,8)	(4,6)			
b)	0,061	0,429	-2,304	3,366	-2,658	-20,440	-0,055	0,223	0,928	1,34	0,9
	(12,6)	(1,2)	(0,1)	(1,8)	(1,3)	(8,3)	(1,5)	(6,6)			

Gleichung 3: Abhängig Erwerbstätige, in 1000

EWA=C1+C2*BIP91+C3*BLA(-1)+C4*BLA(-1)*D95F+C5*EWA(-1)+C6*EWA(-4)*D93F+C7*T60I+C8*D90Q3+C9*D95F+C10*DS+C11*DS1+C12*DS2

EWA=C1+C2*BIP91+C3*BLA(-1)+C4*%(4,MAVG(4,ARZ))+C5*EWA(-1)+C6*T60I+C7*D91Q1+C8*D91F+C9*DS+C10*DS1+C11*DS2

	C1	C2	C3	C4	C5	C6	C7	C8	C9	C10	C11	C12	$\bar{R}^2$	DW	SEE%
a)	4209,277	10,145	-2411,349	-2093,461	0,875	0,007	-49,291	7729,953	1168,061	26,874	213,581	121,333	0,999	2,18	0,3
	(3,2)	(3,8)	(1,3)	(2,0)	(34,4)	(3,0)	(3,7)	(40,5)	(2,0)	(0,2)	(3,3)	(2,7)			
b)	11853,984	10,820	-3294,930	-35,027	0,571	-56,589	5423,968	2399,841	-87,027	175,712	136,135		0,998	1,59	0,3
	(3,7)	(4,6)	(1,2)	(1,6)	(8,6)	(5,9)	(9,2)	(4,1)	(0,5)	(1,9)	(2,5)				

Gleichung 4: Arbeitslosenabgang je Quartal, in 1000

ALAGQ=C1 +C2*%(4,EPIAB-EW)/1000+C3*DIF(4,KAPAZ)+C4*MAVG(4, ALAGQ(-1))+C5*MAVG(8,D90Q1(-4))+C6*D90Q3+C7*DS+C8*DS1+C9*DS2

ALAGQ=C1 +C2*%(4,EPIAB-EW)/1000+C3*DIF(4,LAG(1,KAPAY))+C4*MAVG(4,ALAGQ(-1))+C5*D91Q1+C6*D91Q1(-1)+C7*D91Q1(-2)+C8*D91Q1(-3)+C9*D91Q1(-4)+C10*D91F+C11*DS+C12*DS1 +C13*DS2

	C1	C2	C3	C4	C5	C6	C7	C8	C9	C10	C11	C12	C13	$\bar{R}^2$	DW	SEE%
a)	0,035	-0,869	0,002	0,821	0,126	-0,046	0,021	0,043	0,031					0,695	1,34	4,6
	(0,7)	(2,2)	(1,3)	(4,9)	(1,5)	(2,7)	(3,4)	(6,9)	(4,7)							
b)	0,210	-0,782	0,002	0,309	-0,125	0,042	0,066	0,078	0,051	-0,024	0,020	0,043	0,031	0,851	1,43	4,2
	(2,9)	(2,5)	(1,2)	(1,5)	(5,9)	(2,4)	(3,0)	(2,9)	(3,1)	(2,0)	(3,2)	(7,1)	(5,2)			

Gleichung 5: Selbständige, in 1000

SELB/1000=C1+C2*%(8,MAVG(8,BIP91))+C3*LOG(T60I)+C4*LOG(T60I)*LOG(T60I)+C5*LOG(T60I)*D90Q3F+C6*LOG(T60I)*LOG(T60I)*D90Q3F+C7*D90Q3F

SELB/1000=C1+C2*%(8,MAVG(8,LAG(6,BIP91)))+C3*LOG(T60I)+C4*LOG(T60I)*LOG(T60I)+C5*LOG(T60I)*D91F+C6*LOG(T60I)*LOG(T60I)*D91F+C7*D91F

	C1	C2	C3	C4	C5	C6	C7	$\bar{R}^2$	DW	SEE%
a)	110,115	0,001	-45,051	4,737	111,524	-11,336	-273,867	0,998	0,83	0,3
	(0,4)	(2,0)	(0,4)	(0,4)	(0,9)	(0,9)	(0,9)			
b)	-405,947	0,002	169,151	-17,490	-167,163	17,494	399,780	0,995	0,34	0,5
	(0,1)	(2,5)	(0,1)	(0,1)	(0,1)	(0,1)	(0,1)			

Übersicht A2: Fortsetzung

Schätzergebnisse des RWI-Konjunkturmodells[1]

Gleichung 6: Staatsverbrauch, real, in Mrd. DM

CST91-DDCST=C1+C2*MAVG(4,BIP91(-3))+C3*LAG(4,CST91-DDCST)+C4*MAVG(4,D90Q3)+C5*D90Q3F+C6*DS+C7*DS1+C8*DS2

CST91-DDCST=C1+C2*MAVG(4,BIP91(-4))+C3*LAG(1,CST91-DDCST)+C4*MAVG(4,D91Q1(-4))+C5*D91F+C6*D91Q1+C7*DS+C8*DS1+C9*DS2

	C1	C2	C3	C4	C5	C6	C7	C8	C9	$\bar{R}^2$	DW	SEE%
a)	31,602	0,068	0,445	37,200	9,230	-7,123	-5,847	-5,928		0,984	1,87	1,4
	(3,7)	(1,9)	(3,0)	(4,1)	(3,7)	(3,2)	(2,9)	(3,3)				
b)	55,074	0,049	0,405	-4,076	16,004	4,580	-11,988	-8,043	-7,601	0,975	2,16	1,3
	(4,9)	(2,4)	(2,4)	(0,8)	(3,9)	(0,9)	(6,7)	(7,6)	(7,3)			

Gleichung 7: Privater Verbrauch, real, in Mrd. DM

CP91=C1+C2*YPV91+C3*ZINSL+C4*CP91(-1)+C5*D90Q3+C6*D90Q3F+C7*DS+C8*DS1+C9*DS2

CP91=C1+C2*YPV91+C3*ZINSL+C4*LAG(1,YPV91-CP91)*DS3*D91F+C5*CP91(-1)+C6*D91Q1+C7*(D91Q1(-7)-D91Q1(-8))+C8*D91F+C9*D97F(-10)+C10*DS+C11*DS1+C12*DS2

	C1	C2	C3	C4	C5	C6	C7	C8	C9	C10	C11	C12	$\bar{R}^2$	DW	SEE%
a)	-1,288	0,776	-1,625	0,125	11,413	-0,829	-6,507	12,150	12,366				0,998	2,16	0,5
	(0,1)	(12,7)	(3,8)	(1,8)	(2,9)	(0,2)	(1,6)	(5,3)	(4,1)						
b)	-29,801	0,522	-1,750	0,245	0,525	38,148	8,458	-8,733	2,953	-33,180	5,955	0,636	0,995	1,55	0,6
	(0,5)	(4,6)	(1,9)	(2,5)	(5,8)	(5,4)	(3,1)	(1,0)	(1,1)	(5,1)	(1,0)	(0,1)			

Gleichung 8: Ausrüstungsinvestitionen, real, in Mrd. DM

IAU91=C1+C2*N91+C3*LSTK(-3)+C4*MAVG(2,ZINSLRCB(-2))+C5*MAVG(7,D90Q1(-4))+C6*D97F+C7*DS+C8*DS1+C9*DS2

IAU91=C1+C2*N91+C3*MAVG(2,LSTK(-3))+C4*MAVG(2,ZINSLRC(-2))+C5*D91F+C6*DS+C7*DS1+C8*DS2

	C1	C2	C3	C4	C5	C6	C7	C8	C9	$\bar{R}^2$	DW	SEE%
a)	33,438	0,149	-132,722	-0,803	56,479	-2,814	-6,198	-3,474	2,565	0,966	1,94	2,8
	(6,7)	(11,9)	(7,0)	(2,3)	(7,6)	(2,6)	(4,3)	(3,0)	(1,1)			
b)	102,548	0,112	-248,973	-0,715	6,859	-16,848	-11,883	-5,890		0,965	1,89	2,5
	(18,1)	(16,0)	(20,3)	(2,5)	(5,0)	(17,7)	(14,3)	(7,0)				

Gleichung 9: Gewerbliche Bauinvestitionen, real, in Mrd. DM

IBGE91=C1+C2*(N91-IBGE91)+C3*DW754_X+C4*ZINSLRCB(-2)+C5*(DW751_X-MAVG(3,DW751_X(-1)))+C6*MAVG(24,D90Q3)+C7*DS+C8*DS1+C9*DS2

IBGE91=C1+C2*N91+C3*DW754_X+C4*MAVG(2,ZINSLRC(-2))+C5*(DW751_X-MAVG(3,DW751_X(-1)))+C6*MAVG(24,D91Q1)+C7*MAVG(4,D95Q1(-4))+C8*D91F+C9*DS+C10*DS1+C11*DS2

	C1	C2	C3	C4	C5	C6	C7	C8	C9	C10	C11	C12	$\bar{R}^2$	DW	SEE%
a)	7,268	0,029	-0,002	-0,576	-0,010	104,331	0,789	1,989	2,871				0,935	1,82	3,6
	(3,2)	(10,9)	(0,3)	(3,9)	(2,9)	(11,9)	(0,6)	(1,8)	(2,6)						
b)	14,745	0,020	-0,003	-0,626	-0,005	126,964	-7,496	2,636	-0,556	2,902	3,075		0,874	0,96	4,4
	(1,4)	(1,5)	(0,3)	(2,3)	(0,9)	(3,7)	(1,8)	(0,8)	(0,2)	(1,5)	(1,6)				

Gleichung 10: Sonstige Investitionen, real, in Mrd. DM

ISO91=C1+C2*N91+C3*DS+C4*DS1+C5*DS2

	C1	C2	C3	C4	C5	$\bar{R}^2$	DW	SEE%
b)	-22,611	0,032	2,121	0,560	1,027	0,944	0,93	5,2
	(17,0)	(23,6)	(8,9)	(2,8)	(5,0)			

Übersicht A2: Fortsetzung

Schätzergebnisse des RWI-Konjunkturmodells[1]

Gleichung 11: Wohnungsbuinvestitionen, real, in Mrd. DM

IBWO91=C1+C2*DW754_X+C3*(DW751_X-MAVG(3,DW751_X(-1)))+C4*MAVG(2,LAG(2,ZINSLRCB))+C5*MAVG(4,YPV91(-10))+C6*MAVG(10,D90Q3)+C7*D90Q3F+C8*MAVG(8,D95Q1)+C9*DS+C10*DS1+C11*DS2

IBWO91=C1+C2*DW754_X+C3*(DW751_X-MAVG(3,DW751_X(-1)))+C4*MAVG(2,LAG(2,ZINSLRC))+C5*MAVG(4,YPV91(-10))+C6*D91F+C7*D97F(-4)+C8*DS+C9*DS1+C10*DS2

	C1	C2	C3	C4	C5	C6	C7	C8	C9	C10	C11	$\bar{R}^2$	DW	SEE%
a)	11,411	-0,022	-0,021	-0,871	0,080	15,959	6,407	20,576	-3,214	0,574	0,102	0,975	1,47	2,9
	(2,3)	(3,0)	(4,7)	(3,7)	(6,1)	(1,1)	(3,5)	(3,5)	(1,8)	(0,4)	(0,1)			
b)	2,244	-0,015	-0,022	-0,825	0,109	10,775	-4,061	-3,786	2,264	2,878		0,979	1,97	2,4
	(0,8)	(2,0)	(4,2)	(3,3)	(20,9)	(11,3)	(6,0)	(1,8)	(1,3)	(1,7)				

Gleichung 12: Lagerinvestitionen, real, in Mrd. DM

IL91=C1+C2*BIP91+C3*BIP91(-4)+C4*IL91(-4)+C5*D90Q3F+C6*DS+C7*DS1+C8*DS2

IL91-3.5*D97F(-4)-3.6*D97F(-8)=C1+C2*BIP91+C3*BIP91(-4)+C4*LAG(4,IL91-3.5*D97F(-4)-3.6*D97F(-8))+C5*D91F+C6*DS+C7*DS1+C8*DS2

	C1	C2	C3	C4	C5	C6	C7	C8	$\bar{R}^2$	DW	SEE%
a)	-118,723	0,236	-0,072	0,215	-23,248	38,434	20,365	31,504	0,931	1,67	110,0
	(5,5)	(4,5)	(2,3)	(1,2)	(4,7)	(4,8)	(4,5)	(4,6)			
b)	-56,250	0,107	-0,051	0,166	-16,527	40,531	18,787	33,004	0,943	2,05	190,0
	(2,4)	(2,3)	(2,0)	(1,1)	(2,8)	(5,5)	(4,9)	(5,5)			

Gleichung 13: Exporte, real, in Mrd. DM

LOG(EX91)=C1+C2*LOG(WEXIM)+C3*MAVG(2,PIM(-1)/PEX(-1))+C4*MAVG(2,KAPAY(-1))/1E2+C5*D90F(-8)+C6*D93F+C7*DS+C8*DS1+C9*DS2

LOG(EX91)=C1+C2*LOG(WEXIM)+C3*MAVG(2,PIM(-1)/PEX(-1))+C4*MAVG(2,KAPAY(-1))/1E2+C5*D90F(-8)+C6*MAVG(2,D90Q3)+ C7*D91F+C8*D93F+C9*D97F(-8)+C10*DS+C11*DS1+C12*DS2

	C1	C2	C3	C4	C5	C6	C7	C8	C9	C10	C11	C12	$\bar{R}^2$	DW	SEE%
a)	0,368	0,924	1,108	-0,518	-0,060	-0,075	0,027	-0,005	0,004				0,968	1,78	0,4
	(1,1)	(27,0)	(3,1)	(2,9)	(4,2)	(4,4)	(3,0)	(0,5)	(0,4)						
b)	-0,127	0,960	1,124	-0,202	-0,052	0,246	-0,002	-0,080	0,040	0,010	-0,011	-0,002	0,980	2,18	0,4
	(0,[illegible])	(30,0)	(2,6)	(0,5)	(3,3)	(5,5)	(0,1)	(3,9)	(2,5)	(1,0)	(1,2)	(0,3)			

Gleichung 14: Importe, real, in Mrd. DM

IM91=C1+C2*(CP91+IL91)+C3*(IAU91+EX91+IB91/2)+C4*MAVG(4,D90Q1(-12))+C5*D90Q3F+C6*D95F(-4)+C7*DS+C8*DS1+C9*DS2

IM91=C1+C2*(CP91+IL91)+C3*(IAU91+EX91+0.5*CST91+0.1*IB91)+C4*DS+C5*DS1+C6*DS2

	C1	C2	C3	C4	C5	C6	C7	C8	C9	$\bar{R}^2$	DW	SEE%
a)	-118,235	0,476	0,403	-15,471	-17,971	4,344	2,444	3,185	-0,094	0,992	1,32	1,3
	(10,4)	(11,0)	(9,3)	(2,5)	(5,5)	(2,8)	(1,3)	(2,7)	(0,1)			
b)	-249,131	0,531	0,494	7,625	9,966	3,832				0,996	1,35	0,8
	(19,0)	(11,8)	(19,0)	(5,3)	(10,4)	(2,4)						

Gleichung 15: Preisindex des Privaten Verbrauchs

PCP/DDPCP1=C1+C2*PIM+C3*MAVG(3,KAPAY)+C4*MAVG(4,LAG(1,LSTK))+C5*LAG(4,PCP/DDPCP1)

PCP/DDPCP1=C1+C2*(PIM*IM/(IM+BIP))+C3*MAVG(3,KAPAY)+C4*MAVG(4,LSTK(-1))+C5*LAG(4,PCP/DDPCP1)+C6*MAVG(4,D91Q1)+C7*D91Q1+C8*D91F

	C1	C2	C3	C4	C5	C6	C7	C8	$\bar{R}^2$	DW	SEE%
a)	-36,721	0,279	0,159	50,120	0,665				0,997	1,21	0,4
	(8,2)	(4,7)	(3,6)	(8,1)	(19,3)						
b)	-0,428	0,391	0,038	54,622	0,579	1,221	-1,209	1,215	0,998	1,73	0,3
	(0,0)	(5,4)	(0,4)	(5,6)	(15,5)	(0,9)	(3,4)	(3,1)			

Übersicht A2: Fortsetzung

Schätzergebnisse des RWI-Konjunkturmodells[1]

Gleichung 16: Preisindex des Staatsverbrauchs, Veränderung gegenüber dem Vorjahr in vH

PCSTJW=C1+C2*TLGHJW+C3*%(4,LAG(1,(IAN+EX)/(IAN91+EX91)))+C4*MAVG(4,D90Q1(-14))+C5*MAVG(3,D90Q3(-3))

PCSTJW=C1+C2*TLGHJW+C3*%(4,(IAN+EX)/(IAN91+EX91))+C4*MAVG(3,D91Q1(-1))

	C1	C2	C3	C4	C5	$\bar{R}^2$	DW	SEE%
a)	-0,917	0,431	0,830	-3,94	8,701	0,775	1,94	47,0
	(-2,2)	(4,6)	(3,0)	(-1,5)	(3,6)			
b)	0,133	0,408	0,230	9,69		0,728	2,10	43,0
	(0,4)	(4,7)	(0,8)	(4,6)				

Gleichung 17: Preisindex der öffentlichen Bauinvestitionen

PIBST=C1+C2*PIM+C4*MAVG(4,LSTK)+C5*IB91/MAVG(12,IB91)+C6*PIBST(-1)+C7*(D95Q1(-4)-0.7*D95Q1(-5))+C8*(D95Q1(-8)-0.7*D95Q1(-9))+C9*DS+C10*DS1+C11*DS2

PIBST=C1+C3*MAVG(3,KAPAY)+C4*MAVG(4,LSTK)+C5*IB91/MAVG(12,IB91)+C6*PIBST(-1)+C7*(D95Q1(-4)-0.7*D95Q1(-5))+C8*(D95Q1(-8)-0.7*D95Q1(-9))+C9*MAVG(4,D91Q1)+C10*D91F +C11*D91Q1+C12*DS +C13*DS1+C14*DS2

	C1	C2	C3	C4	C5	C6	C7	C8	C9	C10	C11	C12	C13	C14	$\bar{R}^2$	DW	SEE%
a)	-15,545	0,054		17,303	10,420	0,899	1,984	2,556	2,219	-0,163	-0,915				0,997	2,02	0,5
	(2,0)	(1,0)		(0,9)	(6,0)	(9,9)	(4,2)	(5,5)	(6,8)	(0,6)	(3,3)						
b)	-18,328		0,127	16,238	6,085	0,910	0,790	1,146	0,702	-0,736	-0,619	1,023	0,236	-0,444	0,995	1,70	0,4
	(0,9)		(0,9)	(0,7)	(2,8)	(13,8)	(2,2)	(3,3)	(0,3)	(0,6)	(1,1)	(2,8)	(1,0)	(1,7)			

Gleichung 18: Preisindex der Ausrüstungsinvestitionen

PIAU=C1+C2*PIM+C3*MAVG(2,KAPAY)+C4*MAVG(4,LSTK)+C5*MAVG(4,IAU91)/MAVG(12,LAG(4,IAU91))+C6*PIAU(-4)+C7*D93F(-6)

PIAU=C1+C2*MAVG(2,PIM)+C3*MAVG(4,LSTK)+C4*MAVG(4,IAU91)/MAVG(12,LAG(4,IAU91))+C5*PIAU(-4)+C6*MAVG(4,D91Q1)+C7*D93F(-6)

	C1	C2	C3	C4	C5	C6	C7	$\bar{R}^2$	DW	SEE%
a)	2,229	0,151	0,079	22,267	1,806	0,611	-1,071	0,991	1,70	0,3
	(0,6)	(3,9)	(1,3)	(3,8)	(2,1)	(6,6)	(6,5)			
b)	-5,965	0,227	20,906	1,666	0,716	-6,369	-1,109	0,986	1,31	0,3
	(1,0)	(5,3)	(5,0)	(3,3)	(13,1)	(7,5)	(5,2)			

Gleichung 19: Preisindex der gewerblichen Bauinvestitionen

PIBGE=C1+C2*MAVG(3,PIM(-1))+C3*MAVG(4,BYA*KAPAY/BIP91)+C4*MAVG(4,IB91)/MAVG(12,IB91)+C5*PIBGE(-4)

PIBGE=C1+C2*PIM+C3*MAVG(4,BYA*KAPAY/BIP91)+C4*MAVG(4,IB91)/MAVG(12,IB91)+C5*PIBGE(-1)+C6*MAVG(2,D91Q1)+C7*D91F+C8*DS+C9*DS1+C10*DS2

	C1	C2	C3	C4	C5	C6	C7	C8	C9	C10	$\bar{R}^2$	DW	SEE%
a)	-33,139	0,067	0,519	32,804	0,642						0,993	0,73	0,8
	(3,0)	(0,8)	(2,6)	(4,7)	(5,6)								
b)	-9,255	0,033	0,046	7,421	0,966	2,195	-0,954	0,265	0,587	0,105	0,995	1,96	0,4
	(1,2)	(0,8)	(0,3)	(4,0)	(13,7)	(2,2)	(1,4)	(1,5)	(3,4)	(0,6)			

Gleichung 20: Preisindex der sonstigen Investitionen

PISO=C1+C2*MAVG(3,LSTK(-1))+C3*PISO(-1)+C4*T60I+C5*D95Q1(-3)+C6*D97F

	C1	C2	C3	C4	C5	$\bar{R}^2$	DW	SEE%
b)	85,388	24,209	0,378	-0,255	-2,402	0,950	1,56	0,6
	(6,4)	(3,6)	(3,9)	(6,2)	(3,7)			

Übersicht A2: Fortsetzung

Schätzergebnisse des RWI-Konjunkturmodells[1]

Gleichung 21: Preisindex der Wohnungsbauinvestitionen

PIBWO=C1+ C2*MAVG(4,BYA)*KAPAY/BIP91+C3*IB91(-1)/MAVG(12,IB91(-1))+C4*KAPAY+C5*PIM+C6*PIBWO(-1)+C7*D93F+C8*(D95Q1(-4)-0.8*D95Q1(-5))+C9*(D95Q1(-8)-0.8*D95Q1(-9))+C10*DS+C11*DS1+C12*DS2

PIBWO=C1+C2*MAVG(4,BYA)*KAPAY/BIP91+C3*IB91(-1)/MAVG(12,IB91(-1))+C6*PIBWO(-4)+C7*MAVG(4,D91Q1)+C8*MAVG(3,D91Q1(-2))+C9*D91F+C10*DS+C11*DS1+C12*DS2

	C1	C2	C3	C4	C5	C6	C7	C8	C9	C10	C11	C12	$\bar{R}^2$	DW	SEE%
a)	-16,415	0,146	4,001	0,166	0,022	0,843	1,092	0,649	1,446	0,426	1,468	0,161	0,999	1,61	0,3
	(3,8)	(2,5)	(2,2)	(2,6)	(0,6)	(19,1)	(2,8)	(2,2)	(4,6)	(1,0)	(2,7)	(1,0)			
b)	-9,255	0,033	0,046			7,421	0,966	2,195	-0,954	0,265	0,587	0,105	0,995	1,96	0,4
	(1,2)	(0,8)	(0,3)			(4,0)	(13,7)	(2,2)	(1,4)	(1,5)	(3,4)	(0,6)			

Gleichung 22: Preisindex der Exporte

PEX=C1+C2*PIM+C3*MAVG(3,KAPAY)+C4*MAVG(4,LSTK(-1))+C5*%(4,MAVG(4,WEXIM(-1)))+C6*PEX(-1)+C7*DS+C8*DS1+C9*DS2

PEX=C1+C2*PIM+C3*MAVG(4,LSTK)+C4*MAVG(3,KAPAY)+C5*%(4,MAVG(4,WEXIM))+C6*PEX(-1)+C7*DS+C8*DS1+C9*DS2

	C1	C2	C3	C4	C5	C6	C7	C8	C9	$\bar{R}^2$	DW	SEE%
a)	5,758	0,206	0,011	12,386	0,090	0,656	-0,068	0,339	0,277	1,911	1,91	0,3
	(1,7)	(4,9)	(0,3)	(4,2)	(3,2)	(9,9)	(0,5)	(2,5)	(2,1)			
b)	-9,339	0,161	12,419	0,051	0,012	0,813	-0,187	0,222	0,183	0,988	1,11	0,3
	(1,0)	(4,7)	(3,5)	(0,7)	(0,6)	(21,8)	(1,5)	(1,8)	(1,5)			

Gleichung 23: Vorratsveränderungen, in Mrd. DM

IL=C1+C2*IL91+C3*IL(-1)+C4*IL(-2)+C5*IL(-3)+C6*IL(-4)+C7*DS+C8*DS1+C9*DS2

IL=C1+C2*IL91+C3*IL(-1)+C4*IL(-2)+C5*IL(-3)+C6*IL(-4)+C7*MAVG(4,D91Q1)+C8*D91F+C9*DS+C10*DS1+C11*DS2

	C1	C2	C3	C4	C5	C6	C7	C8	C9	C10	C11	$\bar{R}^2$	DW	SEE%
a)	5,607	1,137	-0,052	0,058	0,019	0,166	-11,846	-4,359	-9,820			0,996	2,33	27,0
	(4,0)	(26,5)	(1,3)	(1,5)	(0,5)	(4,0)	(4,5)	(2,4)	(4,2)					
b)	-5,656	0,844	-0,018	0,068	-0,039	0,082	1,563	4,176	2,153	3,860	0,052	0,996	1,66	58,0
	(2,7)	(16,1)	(0,3)	(1,2)	(0,7)	(1,6)	(0,5)	(5,7)	(0,6)	(1,6)	(0,0)			

Gleichung 24: Tariflohn- und gehaltsniveau, Veränderung gegenüber dem Vorjahr in vH

TLGHJW-TLGH2=C1*%(8,LAG(4,MAVG(2,PBIP)))+C2*%(4,MAVG(4,LAG(4,PRODHGD))+C3*MAVG(4,LAG(2,DIF(4,EWA/EPIAB))

TLGHJW-TLGH2=C1*%(8,LAG(4,MAVG(4,PCP)))+C2*%(4,MAVG(4,LAG(4,PRODHGD))+C3*MAVG(4,LAG(2,DIF(4,EWA/EPIAB))

	C1	C2	C3	$\bar{R}^2$	DW	SEE%
a)	0,625	0,316	111,257	-1,082	0,15	88,0
	(2,0)	(0,6)	(0,8)			
b)	0,690	0,193	164,334	-1,002	0,11	92,0
	(1,4)	(0,2)	(0,9)			

Gleichung 25: Bruttolohn- und Gehaltsumme je abhängig Erwerbstätigen, Veränderung gegenüber dem Vorjahr in vH

BLGAJW=C1+C2*TLGHJW+C3*%(4,ARZ)+C4*%(4,AT)+C5*MAVG(4,D90Q3)+C6*MAVG(2,D90Q3(-4))

BLGAJW=C1+C2*TLGHJW+C3*%(4,ARZ)+C4*%(4,AT)+C5*%(4,KAPAY(-2))+C6*MAVG(2,D91Q1(-4))+C7*D91Q1+C8*D91Q1(-1)+C9*D91Q1(-2)+C10*D91Q1(-3)+C11*D91F

	C1	C2	C3	C4	C5	C6	C7	C8	C9	C10	C11	$\bar{R}^2$	DW	SEE
a)	0,197	0,758	0,310	0,178	-51,604	14,918						0,959	2,11	38,0
	(0,5)	(11,1)	(1,9)	(1,5)	(15,8)	(9,0)								
b)	-0,326	0,792	0,172	0,122	0,360	4,860	-12,767	-12,986	-8,508	-9,394	0,015	0,975	2,50	26,0
	(0,7)	(19,8)	(1,3)	(1,8)	(4,3)	(3,4)	(14,8)	(14,9)	(11,7)	(14,0)	(0,0)			

Übersicht A2: Fortsetzung

Schätzergebnisse des RWI-Konjunkturmodells[1]

Gleichung 26: Subventionen, in Mrd. DM

SUB=C1+C2*TINSG(-1)+C3*MAVG(4,PIM*N91/N)+C4*MAVG(2,D90Q3)+C5*MAVG(4,D90Q1(-4))+C6*D95F*DS2(-1)+C7*D97F+C8*DS+C9*DS1+C10*DS2

SUB=C1+C3*MAVG(4,PIM*N91/N)+C4*MAVG(2,D91Q1)+C5*MAVG(4,D91Q1(-2))+C6*D90Q1(-19)+C7*D95F*DS2(-1)+C8*DS+C9*DS1+C10*DS2

	C1	C2	C3	C4	C5	C6	C7	C8	C9	C10	$\bar{R}^2$	DW	SEE%
a)	23,555	0,041	-0,124	15,274	11,334	6,068	-1,350	-7,653	-5,415	-5,147	0,930	1,99	7,6
	(1,7)	(2,0)	(1,2)	(8,1)	(3,9)	(6,8)	(2,3)	(9,1)	(8,6)	(8,6)			
b)	45,371		-0,259	2,992	10,408	4,077	4,307	-4,121	-4,260	-3,345	0,904	1,48	6,8
	(10,4)		(6,4)	(1,6)	(3,9)	(3,2)	(5,2)	(5,9)	(6,1)	(4,9)			

Gleichung 27: Abschreibungen, in Mrd. DM

AB=C1+C2*BAUS+C3*BBAU+C4*BBAU*D90Q3F(-12)+C5*D90Q3F+C6*D90Q3F(-12)

AB=C1+C2*BAUS+C3*BBAU+C4*BBAU*D90Q3F(-12) +C5*D91F+C6*D90Q3F(-12)

	C1	C2	C3	C4	C5	C6	$\bar{R}^2$	DW	SEE%
a)	8,088	0,003	0,007	-0,003	7,076	33,260	1,000	1,92	0,2
	(12,2)	(6,3)	(28,8)	(33,1)	(42,4)	(32,2)			
b)	-4,962	0,005	0,008	-0,004	18,523	39,277	1,000	0,95	0,2
	(4,5)	(8,1)	(27,1)	(24,0)	(67,8)	(24,2)			

Gleichung 28: Saldierte Einkommensübertragungen an die privaten Haushalte, in Mrd. DM

YTRA+DDYT_KG=C1+C2*DIF(4,MAVG(2,ALEB))+C3*MAVG(6,NLG1)+C4*LAG(4,(YTRA+DDYT_KG))+C5*MAVG(4,D90Q3)+C6*D90Q3F+C7*D95F+C8*D97F(-4)

YTRA=C1+C2*DIF(4,MAVG(2,ALEB))+C3*MAVG(6,NLGA)+C4*YTRA(-4)+C5*MAVG(4,D91Q1)+C6*D95F+C7*D95F(-4)+C8*D97F(-4)+C9*D91F+C10*D97F(-8)

	C1	C2	C3	C4	C5	C6	C7	C8	C9	C10	$\bar{R}^2$	DW	SEE%
a)	1,814	0,002	0,233	0,529	16,842	5,375	5,268	1,752			0,998	2,01	1,4
	(0,4)	(2,4)	(5,9)	(13,0)	(3,6)	(2,7)	(6,2)	(1,8)					
b)	-2,621	0,004	35,879	0,631	4,396	5,621	3,514	0,247	16,248	3,762	0,994	1,47	1,4
	(0,2)	(2,0)	(2,3)	(12,6)	(0,6)	(3,4)	(2,3)	(0,2)	(6,6)	(2,9)			

Gleichung 29: Verteilte Gewinne, in Mrd. DM

GV=C1+C2*PCP(-1)+C3*BLG(-1)+C4*MAVG(4,NYU(-1))+C5*GV(-4)+C6*MAVG(4,D90Q3)+C7*D90Q3F+C8*DS+C9*DS1+C10*DS2

GV=C1+C3*NLGA(-6)+C4*MAVG(4,NYU(-1))+C5*DIF(4,LAG(1,VERM*ZINSL/100))+C6*GV(-4)+C7*MAVG(2,D91Q1)+C8*MAVG(2,D91Q1(-2))+C9*D90Q1+C10*D90Q1(-1)+C11*D91F+C12*DS+C13*DS1 +C14*DS2

	C1	C2	C3	C4	C5	C6	C7	C8	C9	C10	C11	C12	C13	C14	$\bar{R}^2$	DW	SEE%
a)	-127,502	1,929	0,026	0,410	0,167	20,308	4,172	-3,938	-11,358	-26,426					0,990	1,44	2,4
	(3,9)	(3,5)	(0,3)	(4,5)	(1,1)	(1,2)	(0,6)	(1,0)	(3,1)	(4,9)							
b)	-77,670		65,192	0,746	0,065	0,372	1,375	-21,765	-8,514	-13,880	-0,831	17,939	13,232	-4,172	0,977	2,18	2,6
	(3,7)		(3,6)	(5,5)	(2,8)	(2,9)	(0,1)	(3,2)	(1,4)	(2,3)	(0,2)	(4,4)	(4,2)	(1,8)			

Gleichung 30: Indirekte Steuern, in Mrd. DM

TIND=C1+C3*(CP+CST+IBWO+IBST+IAUST)*MWST+C4*(CP+0.3*CST+IAN+IL)+C5*D89F+C6*D90Q3F+C7*D90F(-6)+C8*D93F(-4)+C9*D95F(-4)+C10*D97Q1(-3)+C11*DS+C12*DS1+C13*DS2

TIND=C1+C2*BIP91+C3*(CP+0.3*CST+IBWO+INST)*MWST+C5*D90F(-6)+C6*D93F(-4)+C7*D95F(-4)+C8*D97F(-8)+C9*DS+C10*DS1+C11*DS2+C12*D91F

	C1	C2	C3	C4	C5	C6	C7	C8	C9	C10	C11	C12	C13	$\bar{R}^2$	DW	SEE%
a)	32,493		0,005	0,013	3,819	4,573	5,377	4,845	-1,590	3,955	-5,571	-5,773	-5,825	0,997	1,55	1,1
	(7,6)		(7,4)	(0,9)	(4,0)	(3,3)	(5,7)	(6,1)	(2,5)	(3,3)	(7,5)	(9,4)	(8,3)			
b)	-21,453	0,094	0,005		3,594	2,821	-1,191	4,671	3,435	-1,376	-2,308	-14,564		0,968	1,92	2,8
	(0,7)	(1,9)	(3,8)		(1,5)	(1,5)	(0,7)	(2,3)	(1,4)	(0,9)	(1,7)	(2,6)				

Übersicht A2: Fortsetzung

Schätzergebnisse des RWI-Konjunkturmodells[1]

Gleichung 31: Sozialversicherungsbeiträge der Arbeitgeber, in Mrd. DM
SVAG=C1+C2*TSV*BLG/100+C3*MAVG(12,D90Q1)+C4*D93F(-4)+C5*DS+C6*DS1+C7*DS2
SVAG=C1+C2*TSV*BLG/100+C3*MAVG(4,D95Q1)+C4*D91F+C5*DS+C6*DS1+C7*DS2

	C1	C2	C3	C4	C5	C6	C7	$\bar{R}^2$	DW	SEE%
a)	11,383	1,053	18,451	2,459	-1,526	-0,610	-2,061	0,999	1,27	0,7
	(14,7)	(88,2)	(6,3)	(7,0)	(5,1)	(2,2)	(7,6)			
b)	9,967	1,102	5,439	-3,094	-0,361	0,454	-1,590	0,995	0,64	1,1
	(7,9)	(55,0)	(2,7)	(4,1)	(0,7)	(0,9)	(3,4)			

Gleichung 32: Sozialversicherungsbeiträge der Arbeitnehmer, in Mrd. DM
SVAN=C1+C2*TSV*BLG/100+C3*D93F(-4)+C4*DS+C5*DS1+C6*DS2
SVAN=C1+C2*TSV*BLG/100+C3*D91F+C4*D95F+C5*DS+C6*DS1+C7*DS2

	C1	C2	C3	C4	C5	C6	C7	$\bar{R}^2$	DW	SEE%
a)	-2,831	0,841	0,452	1,410	2,253	0,415		0,999	1,43	0,7
	(5,3)	(105,3)	(2,2)	(6,9)	(11,8)	(2,2)				
b)	-2,046	0,823	-1,369	0,130	1,613	2,497	0,231	0,998	1,15	0,8
	(1,8)	(43,5)	(2,9)	(0,4)	(4,4)	(7,9)	(0,8)			

Gleichung 33: Direkte Steuern der Arbeitnehmer, in Mrd. DM
LOG(TAN/DDTDIRSZ+DDYT_KG+DDYT_KG1)=C1+C2*LOG(BLG)+C3*D90F+C4*D90Q3F+C5*D95F(-4)+C6*DS+C7*DS1+C8*DS2
LOG(TAN/DDTDIRSZ)=C1+C2*LOG(BLG)+C3*D95F+C4*D91F+C5*D97F+C6*DS+C7*DS1+C8*DS2

	C1	C2	C3	C4	C5	C6	C7	C8	$\bar{R}^2$	DW	SEE%
a)	-5,887	1,755	-0,178	-0,143	0,004	0,014	0,064	-0,038	0,994	2,19	0,4
	(14,6)	(23,6)	(0,0)	(9,2)	(4,7)	(1,4)	(4,5)	(4,0)			
b)	-6,515	1,837	0,000	-0,236	0,034	0,026	0,068	-0,049	0,995	2,12	0,38
	(14,6)	(23,6)	(0,0)	(9,2)	(4,7)	(1,4)	(4,5)	(4,0)			

Gleichung 34: Direkte Steuern auf Einkommen aus Unternehmertätigkeit und Vermögen, in Mrd. DM
LOG(TU/DDTDIRSZ)=C1+C2*LOG(MAVG(2,BYU(-2)))+C3*D90F+C4*D90F(-18)+C5*D95F+C6*D95F(-8)+C7*D97F(-4)+C8*DS+C9*DS1+C10*DS2
LOG(TU/DDTDIRSZ)=C1+C2*LOG(MAVG(2,BYU(-2)))+C3*LOG(MAVG(2,BYU(-4)))+C4*MAVG(4,D91Q1)+C5*D91F+C6*D95F+C7*D97F+C8*D97F(-5)+C9*DS+C10*DS1+C11*DS2

	C1	C2	C3	C4	C5	C6	C7	C8	C9	C10	C11	$\bar{R}^2$	DW	SEE%
a)	-2,553	1,176	-0,204	-0,204	-0,265	-0,170	0,055	0,053	-0,053	0,032		0,753	1,96	3,0
	(1,9)	(4,3)	(2,6)	(2,9)	(3,4)	(2,9)	(0,6)	(1,2)	(1,1)	(0,7)				
b)	-2,952	0,765	0,449	0,218	0,101	-0,275	-0,111	0,196	0,035	0,042	0,052	0,879	1,66	1,5
	(1,6)	(3,2)	(1,7)	(1,3)	(1,3)	(6,5)	(3,0)	(4,5)	(1,4)	(1,1)	(1,4)			

Gleichung 35: Abschreibungen des Staates, in Mrd. DM
ABST=C1+C2*BBAU/1000+C3*BBAU/1000*D90Q3F(-12)+C4*D90Q3F+C5*D90Q3F(-12)
ABST=C1+C2*BBAU/1000+C3*D91F

	C1	C2	C3	C4	C5	$\bar{R}^2$	DW	SEE%
a)	0,524	0,511	-0,168	0,376	1,667	0,999	1,65	0,5
	(8,4)	(54,6)	(13,7)	(17,6)	(13,9)			
b)	-0,360	0,626	9,006			0,993	0,17	2,1
	(1,3)	(19,5)	(45,6)					

Übersicht A2: Fortsetzung

Schätzergebnisse des RWI-Konjunkturmodells[1]

Gleichung 36(1): Geleistete laufende Übertragungen des Staates ohne Subventionen, in Mrd. DM

YTRALGOS=C1+C2*DIF(4,MAVG(2,ALEB))+C3*MAVG(6,NLGA)+C4*YTRALGOS(-4)+C5*D90Q3+C6*D90Q3(-1)+C7*D91F+C8*D91Q1+C9*D91Q1(-1)+C10*D91Q1(-2)+C11*D91Q1(-3)+C12*D95F+C13*D95F(-4)+C14*D97F(-4)+C15*D97F(-8)

	C1	C2	C3	C4	C5	C6	C7	C8	C9	C10	C11	C12	C13	C14	C15	$\bar{R}^2$	DW	SEE%
b)	-19,837	0,001	56,485	0,673	15,632	26,070	14,482	-15,245	-11,836	-17,521	-24,074	6,796	4,175	-2,400	2,636	0,993	1,13	1,4
	(1,0)	(0,5)	(2,8)	(12,9)	(6,0)	(9,9)	(5,2)	(5,8)	(4,8)	(7,1)	(7,9)	(3,4)	(2,0)	(1,4)	(1,7)			

Gleichung 36(2): Laufende Übertragungen des Staates an die privaten Haushalte, in Mrd. DM

YTRALGPH+DDYT_KG=C1+C2*DIF(4,MAVG(2,ALEB))+C3*MAVG(6,NLG1)+C4*LAG(4,YTRALGPH+DDYT_KG)+C5*MAVG(4,D90Q3)+C6*D90Q3F+C7*D95F+C8*D97F+C9*D97F(-4)

	C1	C2	C3	C4	C5	C6	C7	C8	C9	$\bar{R}^2$	DW	SEE%
a)	-1,445	0,005	0,208	0,676	17,507	6,037	5,722	-2,804	2,139	0,999	2,21	0,9
	(0,3)	(3,8)	(4,1)	(16,1)	(3,3)	(2,6)	(5,3)	(2,6)	(1,8)			

Gleichung 36(3): Laufende Übertragungen des Staates an die übrige Welt und sonstige Unternehmen, in Mrd. DM

YTRALGUW-12*D90Q1(-4)=C1+C2*MAVG(6,BSP(-2))+C3*D90Q3F+C4*(D97Q1(-3)-D97Q1(-4))+C5*D97F(-4)+C6*DS+C7*DS1+C8*DS2

	C1	C2	C3	C4	C5	C6	C7	C8	$\bar{R}^2$	DW	SEE%
a)	7,734	0,010	1,023	-6,374	-3,156	-0,922	-2,821	-2,883	0,731	1,63	9,3
	(5,2)	(3,9)	(1,3)	(5,5)	(2,6)	(1,5)	(4,7)	(4,8)			

Gleichung 37: Geleistete Vermögensübertragungen des Staates, in Mrd. DM

YTRAVG-DDYTRAVG=C1+C2*BIP+C3*D90Q3F(-4)+C4*D90Q3F(-4)*DS(-3)+C5*D93F(-4)+C6*DS+C7*DS1+C8*DS2

YTRAVG-DDYTRAVG=C1+C2*BIP+C3*LAG(4,YTRAVG-DDYTRAVG)+C4*MAVG(4,D91Q1)+C5*D91F

	C1	C2	C3	C4	C5	C6	C7	C8	$\bar{R}^2$	DW	SEE%
a)	3,366	0,013	1,982	5,114	-3,449	-4,262	-4,085	-3,109	0,934	2,17	10,0
	(1,2)	(3,1)	(2,2)	(5,5)	(5,3)	(5,0)	(4,9)	(3,7)			
b)	-0,808	0,005	0,794	11,577	-0,941				0,646	2,00	20,0
	(0,2)	(0,7)	(7,0)	(1,9)	(0,4)						

Gleichung 38: Zinsausgaben des Staates, in Mrd. DM

ZAST=C1+C2*SCHUST(-3)+C3*MAVG(4,ZAST(-1))/SCHUST(-5)+C4*MAVG(4,ZINSL(-2))+C5*DS+C6*DS1+C7*DS2

ZAST=C1+C2*SCHUST(-3)+C3*MAVG(4,ZAST(-1))/SCHUST(-5)+C4*MAVG(4,ZINSL(-2))+C5*DS+C6*DS1+C7*DS2

	C1	C2	C3	C4	C5	C6	C7	$\bar{R}^2$	DW	SEE%
a)	-22,454	0,017	928,946	0,857	6,203	-2,605	1,741	0,918	1,77	9,2
	(4,5)	(16,9)	(3,3)	(2,0)	(5,9)	(2,5)	(1,7)			
b)	-19,249	0,015	940,613	0,691	4,911	-1,315	1,452	0,770	2,80	12,0
	(2,1)	(7,5)	(3,1)	(0,8)	(3,3)	(0,9)	(1,0)			

Gleichung 39: Direkte Steuern auf Pensionen und sonstige, nicht zurechenbare Steuern, in Mrd. DM

TDIRS=C1+C2*BLG+C3*D90Q3F(-8)+C4*D93F(-4)+C5*DS+C6*DS1+C7*DS2

	C1	C2	C3	C4	C5	C6	C7	$\bar{R}^2$	DW	SEE%
a)	1,193	0,009	-2,509	2,390	-0,250	0,279	-0,476	0,769	1,80	14,0
	(1,1)	(3,0)	(7,2)	(9,4)	(0,8)	(1,0)	(1,7)			

Übersicht A2: Fortsetzung

Schätzergebnisse des RWI-Konjunkturmodells[1]

Gleichung 40: Erwerbseinkommen des Staates ohne Bundesbankgewinn, in Mrd. DM
BYUSTOBG=C1+C2*BIP+C3*ZINSL(-3)+C4*BYUSTOBG(-4)+C5*D95F+C6*DS+C7*DS1+C8*DS2
BYUSTOBG=C1+C2*BIP+ C3*ZINSL(-3)+C4*BYUSTOBG(-4)+ C5*D95F+C6*D97F(-6)+C7*DS+C8*DS1+C9*DS2

	C1	C2	C3	C4	C5	C6	C7	C8	C9	$\bar{R}^2$	DW	SEE%
a)	-1,568	0,005	0,274	0,564	-0,732	-0,812	-0,207	0,029		0,869	2,04	8,1
	(1,6)	(2,4)	(3,0)	(5,0)	(1,9)	(2,6)	(0,7)	(0,1)				
b)	-0,075	0,003	0,191	0,360	-1,219	-0,211	1,014	0,186	2,363	0,739	2,45	15,0
	(0,0)	(1,0)	(1,0)	(2,1)	(2,2)	(0,4)	(1,9)	(0,4)	(3,4)			

Gleichung 41: Empfangene sonstige laufende Übertragungen des Staates, in Mrd. DM
YTRALES=C1+C2*BSP(-1)+C3*D93F(-4)*DS3+C4*DS+C5*DS1+C6*DS2
YTRALES=C1+C2*BSP(-1)+C3*YTRALES(-1)+C4*MAVG(2,D91Q1)+C5*D91F+C6*DS+C7*DS1+C8*DS2

	C1	C2	C3	C4	C5	C6	C7	C8	$\bar{R}^2$	DW	SEE%
a)	1,642	0,010	3,970	-1,416	-0,631	-0,410			0,869	1,54	9,3
	(2,0)	(8,5)	(7,0)	(3,2)	(1,5)	(1,0)					
b)	1,756	0,004	0,371	-2,170	-0,770	-1,068	-0,026	-0,291	0,664	1,69	8,1
	(1,8)	(2,5)	(2,9)	(2,2)	(1,4)	(4,1)	(0,1)	(1,2)			

Gleichung 42: Sonstige laufende Transfers, in Mrd. DM
YTRALGS =C1+C2*MAVG(4,BIP)+C3*YTRALGS(-4)+C4*MAVG(2,D91Q1)+C5*MAVG(2,D91Q1(-2))

	C1	C2	C3	C4	C5	$\bar{R}^2$	DW	SEE%
b)	-1,252	0,012	0,231	15,858	8,128	0,092	1,77	18,0
	(0,2)	(2,0)	(1,2)	(2,5)	(1,3)			

Gleichung 43: Empfangene Vermögensübertragungen des Staates, in Mrd. DM
YTRAVE=C1+C2*BSP(-1)+C3*D95Q1+C4*D97Q1(-2)+C5*DS+C6*DS1+C7*DS2
YTRAVE=C1+C2*BSP(-1)+C3*D95Q1+C4*D97Q1(-2)+C5*D97Q1(-6)+C6*DS+C7*DS1+C8*DS2

	C1	C2	C3	C4	C5	C6	C7	C8	$\bar{R}^2$	DW	SEE%
a)	-0,776	0,005	5,653	2,034	-0,468	-0,725	-0,384		0,934	1,93	12,0
	(2,2)	(11,4)	(15,9)	(5,6)	(3,0)	(4,8)	(2,5)				
b)	-2,330	0,007	2,484	0,946	0,771	-0,597	-0,349	-0,423	0,753	1,96	16,0
	(3,2)	(8,7)	(4,3)	(1,6)	(1,3)	(2,4)	(1,4)	(1,6)			

Gleichung 44: Vorleistungen, Arbeitnehmerentgelte und sonstige Produktionsausgaben (Staatsverbrauch als Ausgaben des Staates), in Mrd. DM
ACST =C1+C2*CST+C3*MAVG(2,D91Q1)+C4*MAVG(2,D91Q1(-2))+C5*D97F(-8)+C6*DS+C7*DS1+C8*DS2

	C1	C2	C3	C4	C5	C6	C7	C8	$\bar{R}^2$	DW	SEE%
b)	14,789	0,970	-4,066	-3,577	-0,368	-4,882	-4,372	-3,179	0,999	1,89	0,3
	(7,2)	(92,1)	(3,9)	(3,7)	(1,2)	(10,5)	(10,4)	(8,4)			

Gleichung 45: Vorleistungen, Arbeitnehmerentgelte und sonstige Produktionsausgaben abzüglich Verkäufe (Saldierter Staatsverbrauch als Ausgaben des Staates), in Mrd. DM
ASCST =C1+C2*CST+C3*MAVG(2,D91Q1)+C4*MAVG(2,D91Q1(-2))+C5*D97F(-8)+C6*DS+C7*DS1+C8*DS2

	C1	C2	C3	C4	C5	C6	C7	C8	$\bar{R}^2$	DW	SEE%
b)	-0,997	0,933	0,514	1,772	0,948	-3,139	-2,963	-2,885	1,000	0,95	0,3
	(0,6)	(114,2)	(0,6)	(2,4)	(3,9)	(8,7)	(9,1)	(9,8)			

Übersicht A2: Fortsetzung

Schätzergebnisse des RWI-Konjunkturmodells[1]

Gleichung 46: Sozialversicherungsbeiträge an den Staat, in Mrd. DM

SVST=C1+C2*BLG*TSV/100+C3*D93F(-4)+C4*DS+C5*DS1+C6*DS2

SVST=C1+C2*BLG*TSV/100+C3*D91F+C4*D95F+C5*DS+C6*DS1+C7*DS2

	C1	C2	C3	C4	C5	C6	C7	$\overline{R}^2$	DW	SEE%
a)	-9,159	2,254	6,223	7,018	6,778	2,324		0,998	1,11	1,1
	(4,3)	(70,3)	(7,7)	(8,6)	(8,9)	(3,1)				
b)	-15,677	2,360	-9,256	2,147	10,593	10,500	4,371	0,997	1,11	1,0
	(4,2)	(37,1)	(5,9)	(2,1)	(8,5)	(9,8)	(4,8)			

Eigene Berechnungen. [1]Es bedeuten: a) Schätzung mit dem letzten Datensatz nach ESVG 1979, Stützbereich 1988-III bis 1998-II (Modell Nr. 48); b) Schätzung mit dem aktuellen Datensatz nach ESVG 1995, Stützbereich 1990-I bis 1999-IV (Modell Nr. 51). Unter den Parametern stehen in Klammern die t-Statistiken. Weitere Statistiken und die verwendeten Funktionen:

$\overline{R}^2$: Korrigiertes Bestimmtheitsmaß; DW: Durbin-Watson Statistik; SEE%: Standardfehler der Schätzung, prozentual; Gleitender Durchschnitt:

$$\text{MAVG(a,VARIABLE)} = \frac{1}{a} * \sum_{i=0}^{a-1} \text{VARIABLE}_{t-i};$$

Veränderungsrate : %(a,VARIABLE) = $(\text{VARIABLE}_t / \text{VARIABLE}_{t-a} - 1)*100$; Differenz : DIF(a,VARIABLE) = $\text{VARIABLE}_t - \text{VARIABLE}_{t-a}$;
Verzögerung : LAG(a,VARIABLE) = VARIABLE(-a) = VARIABLE_{t-a}; Logarithmen : LOG, LOG10. - Die Variablen sind aus der im folgenden wiedergegebenen Liste zu ersehen.

Literaturverzeichnis

Arbeitsgemeinschaft deutscher wirtschaftswissenschaftlicher Forschungsinstitute (Hrsg.) (1996): Die Lage der Weltwirtschaft und der deutschen Wirtschaft im Herbst 1996. Beurteilung der Wirtschaftslage durch folgende Mitglieder der Arbeitsgemeinschaft deutscher wirtschaftswissenschaftlicher Forschungsinstitute e.V., Berlin: Deutsches Institut für Wirtschaftsforschung, Berlin (Institut für Konjunkturforschung), HWWA-Institut für Wirtschaftsforschung, Hamburg, ifo Institut für Wirtschaftsforschung, München, Institut für Weltwirtschaft an der Universität Kiel, Institut für Wirtschaftsforschung Halle, Rheinisch-Westfälisches Institut für Wirtschaftsforschung, Essen. Berlin

Arbeitsgemeinschaft deutscher wirtschaftswissenschaftlicher Forschungsinstitute (Hrsg.) (2000): Die Lage der Weltwirtschaft und der deutschen Wirtschaft im Herbst 2000. Berlin

Armstrong, J.-S., Collopy, F. (1998): Integration of Statistical Methods and Judgement for Time Series Forecasting: Principles from Empirical Research. In: Wright, G., Goodwin, P. (Eds.): Forecasting with Judgement. Wiley, Chichester, UK, 269–293

Barabas, G. (2001): Eine makroökonomische Interpretation der VGR-Revision 1994 – Befunde mit dem RWI-Konjunkturmodell. In: Pohl, R. (Ed.): Implikationen der Währungsunion für makroökonometrische Modelle. Schriften des Instituts für Wirtschaftsforschung Halle 8. Nomos, Baden-Baden, 97–112

Barabas, G., Heilemann, U., Münch, H.J. (1994): Forecasting Accuracy and the Length of the Sample Period – Selection Problems in a Macroeconometric Model Context. RWI-Papiere 34. RWI, Essen

Barabas, G., Schäfer-Jäckel, E. (1999): Complementing the Investment Function by Indicators – A First Appraisal. In: Oppenländer, K.H., Poser, G., Waller, S. (Eds.): Selected Papers submitted to the 23rd Ciret Conference in Helsinki. Ciret Studien 53. ifo, München, 27–45

Belsley, D., Kuh, E., Welsch, R. (1980): Regression Diagnostics. Identifying Data and Sources of Collinearity. Wiley, New York

Blinder, A.S. (1992): Comment: Déjà vu allover again. In: Belongia, M.T., Garfinkel, M.R. (Eds.): The Business Cycle: Theories and Evidence. Proceedings of the Sixteenth Annual Economic Policy Conference of the Federal Reserve Bank of St. Louis. Kluwer, Boston, 189–196

Bodkin, R.G., Klein, L.R., Marwah, K. (1991): A History of Macroeconometric Model-Building. Elgar: Aldershot

Bosworth, B. (1993): Saving and Investment in a Global Economy. Brookings, Washington, DC

Brunner, K. (1973): Bookreview „Economic models of cyclical behavior". Journal of Economic Literature 11, 926–933

Bryant, R.C., Henderson, D.W., Holtham, G., Hooper, P., Symanski, S.A. (Eds.) (1988): Empirical Macroeconomics for Interdependent Economies, vol. 2. Brookings, Washington, DC

Bryant, R.C., Hooper, P., Mann, C.L. (Eds.) (1993): Evaluating Policy Regimes – New Research in Empirical Macroeconomics. Brookings, Washington, DC

Bundesregierung (1967ff.): Jahreswirtschaftsbericht der Bundesregierung. Hegner (bis 1994), Bundesanzeiger-Verlag, Bonn bzw. Köln.

Deleau, M., Le Van, C., Malgrange, P. (1990): The Long Run of Macroeconomic Models. In: Champsur, P., et al. (Eds.), Essays in Honor of Edmond Malinvaud, vol. 2: Macroeconomics. MIT-Press, Cambridge, MA, 189–225

Deutsche Bundesbank (Ed.) (2000): Macro-Econometric Multi-country Model: MEMMOD. Deutsche Bundesbank, Frankfurt a.M.

Dieckmann, O., Westphal, U. (1998): Deutsche Einheit und europäische Integration im Spiegel eines makroökonometrischen Modells: Ein Bericht über das SYSIFO-Modell. In: Heilemann, U., Wolters, J. (Eds.): 95–113

Döhrn, R., Schira, J. (1998): Internationale Perspektive: Zur Leistungsfähigkeit von Mehrländer-Modellen. In. Heilemann, U., Wolters, J. (Eds.): 255–274

Eckstein, O. (1983): The DRI-Model of the US-Economy. McGraw-Hill, New York et al.

Elliot, D.A. (1985): The St. Louis Fed's Monetary Model. When it Came, how it Thrived 1970-1983. Garland, New York

Evans, M.K. (1969): Macroeconomic Activity – Theory, Forecasting, Control. Harper-Row, New York

Evans, M.K. (2003): Practical Business Forecasting. Blackwell, Oxford

Fair, R.C. (1973): A Comparison of Alternative Estimators of Macroeconomic Models. International Economic Review 14, 261–277

Fair, R.C. (1994): Testing Macroeconometric Models. Harvard University Press, Cambridge, MA

Fildes, R., Stekler, H. (2002): The State of Macroeconomic Forecasting. Macroeconomics 24, erscheint demnächst.

Fritzsche, B., Heilemann, U., von Loeffelholz, H.D. (1984): Was bringen die Pläne zur Steuerreform? Wirtschaftsdienst 64, 278–286

Gahlen, G., Sailer, M. (Eds.) (1985): Macroeconomic Modelling of the West German Economy. Edition Sigma, Berlin

Gilli, M. (1984): CAUSOR – A program for the analysis of recursive and interdependent causal structures. Université de Genève, Faculté des sciences économiques et sociales, cahiers du départment d'économetrie, 84.03. Université de Genève, Genf

Hansen, B.E. (2001): The new econometrics of structural change: dating breaks in U.S. Labor productivity. Journal of Economic Perspectives 15, 117–128

Hansen, G. (1993): Quantitative Wirtschaftsforschung. Vahlens Handbücher der Wirtschafts- und Sozialwissenschaften. Vahlen, München

Hansen, G. (1998): Strukturstabilität in Cointegrationsbeziehungen. In: Heilemann, U., Wolters, J. (Eds.), 193–214

Hassler, U (2001): Wealth and Consumption. A Multicointegrated Model for the Unified Germany. Jahrbücher für Nationalökonomie und Statistik 221, 32–44

Heilemann, U. (1979): Die Bestimmung der Einnahmen und Ausgaben des öffentlichen Sektors im RWI-Konjunkturmodell. RWI-Mitteilungen 30, 179–203

Heilemann, U. (1985): Zur Prognosepraxis ökonometrischer Modelle. Zeitschrift für Wirtschafts- und Sozialwissenschaften 105, 683–708

Heilemann, U. (1986): Zur Bestimmung „Einflussreicher Beobachtungen". Diskussionspapiere der Universität Essen Gesamthochschule 62. Universität Essen

Heilemann, U. (1988): Collective Bargaining and Macroeconomic Performance: The Case of West Germany. In: Motamen, H. (Ed.), Economic Modelling in the OECD Countries. Chapman and Hall, London, 491–506

Heilemann, U. (1990): Die Prognosen für 1988 im Rückblick: Der Börsenkrach vom 19. Oktober 1987 und seine gesamtwirtschaftlichen Folgen. Kredit und Kapital 23, 174–195

Heilemann, U. (1993): Möglichkeiten und Grenzen der strukturellen Sensitivitätsanalyse ökonometrischer Modelle. Jahrbücher für Nationalökonomie und Statistik 212, 33–57

Heilemann, U. (1998): Erfahrungen mit dem RWI-Konjunkturmodell. In: Heilemann, U., Wolters, J. (Eds.), 61–93

Heilemann, U. (2000): Arbeitmarkt und Löhne – Was haben wir gelernt? Zum Wandel der Tariflohndeterminanten in der Bundesrepublik 1952 bis 1997. In: Berg H. (Hrsg.), Arbeitsmarkt und Beschäftigung: Deutschland im internationalen Vergleich. Schriften des Vereins für Socialpolitik 272. Duncker & Humblot, Berlin, 9–38

Heilemann, U. (2002): Increasing the transparancy of macroeconometric forecasts: a report from the trenches. International Journal of Forecasting 18, 85–105

Heilemann, U. (2003): A Bridge Too Far? 20 Years of ex ante Forecasts with the RWI Business Cycle Model. Essen, mimeo

Heilemann, U. (2004): Besser geht's nicht? Genauigkeitsgrenzen von Konjunkturprognosen. Jahrbücher für Nationalökonomie und Statistik 24, erscheint demnächst

Heilemann, U., Barabas, G. (1996): Saisonbereinigung und makroökonometrische Modelle: Befunde mit dem RWI-Konjunkturmodell. Ifo-Studien 42, 403–437

Heilemann, U., Barabas, G. (1999): Zur Finanzierung der deutschen Einheit – Eine optimal control-Analyse mit dem RWI-Konjunkturmodell. Zeitschrift für Wirtschafts- und Sozialwissenschaften 119, 373–398

Heilemann, U., Barabas, G., Nehls, H. (2003): Parameters or Policies? – European Integration in a Short-term Model Context. Paper presented at the *Project* LINK-Euro-Meeting, Essen, November 17./18.2000. RWI, Essen

Heilemann, U., Gebhardt, H., von Loeffelholz, H.D. (2003): Wirtschaftspolitische Chronik der Bunderepublik 1949 bis 2002. 2. Auflage, Lucius & Lucius, Stuttgart

Heilemann, U., Hüttebräuker, H.A. (1981): „Operation '82" und „Beschäftigungsinitiative" – eine ökonometrische Analyse ihrer gesamtwirtschaftlichen Auswirkungen in den Jahren 1982 und 1983. RWI-Mitteilungen 32, 221–244

Heilemann, U., Münch, H.J. (1984): The Great Recession: a Crisis in Parameters? In: Thoft-Christensen, P. (Ed.): System Modelling and Optimization – Proceedings of the 11th IFIP Conference Copenhagen, Denmark, July 25-29, 1983. Lecture Notes in Control and Information Sciences 59. Springer, Berlin, 71–82

Heilemann, U. and H.J. Münch (1992), Understanding Macroeconometric Models. Structural Sensitivity Matrix of a Medium Sized Model. *Computer Science in Economics and Management* 5: 247–270

Heilemann, U., Münch, H.J. (2001): Ifo Data and the German Business Cycle – Results of Multivariate Discriminant Analysis 1961–1997. Ifo-Studien 47, 41–63

Heilemann, U., Neuhaus, R. (1987): ARIMA-Modelle: eine Alternative zu ökonometrischen Konjunkturmodellen? – Eine empirische Untersuchung für das Jahr 1983. Jahrbücher für Nationalökonomie und Statistik 203, 167–187

Heilemann, U., Thiemer, A. (1989): Theorie und Empirie monetärer Teilmodelle – Überlegungen zu einer Erweiterung des RWI-Konjunkturmodells. RWI-Mitteilungen 40: 115–147

Heilemann, U., Wenke, M. (1993), Attitudes and Consumption in a FRG Macroeconometric Model Context. Konjunkturpolitik 39, 226-250

Heilemann, U., Wolters, J. (Eds.) (1998): Gesamtwirtschaftliche Modelle in der Bundesrepublik Deutschland: Erfahrungen und Perspektiven. Schriftenreihe des RWI 61. Duncker & Humblot, Berlin

Hickman, B.G. (1991): Project LINK and multi-country modelling. In: Bodkin, R.G., Klein, L.R., Marwah, K. (Eds.), 482–506

Hüttebräuker, H.-A. (1982): Stand und Bewegung der registrierten Arbeitslosigkeit – Eine ökonometrische Analyse im Rahmen des RWI-Konjunkturmodells. RWI-Mitteilungen 33, 199–222

Intriligator, M.D. (1980): Econometric Models, Techniques, and Applications. North-Holland, Amsterdam

Intriligator, M.D., Bodkin, R.G., Hsiao, C. (1996): Econometric Models, Techniques, and Applications, 2nd edition. Prentice Hall, Upper Saddle River, NJ

Jahnke, W. (1998): Probleme und Perspektiven in der Verwendung des makro-ökonometrischen Modells der Deutschen Bundesbank. In: Heilemann, U., Wolters, J. (Eds.), 27–46

Kenen, P. (1995): Economic and Monetary Union in Europe – Moving beyond Maastricht. Cambridge University Press, Cambridge

Klein, L.R. (1969): Estimation of Interdependent Systems in Macroeconomics. Econometrica 37, 171–192

Klein, L.R., Young, R.M. (1980): An Introduction to Econometric Forecasting. Heath, Lexington, MA

Klein, L.R., Park, J.Y. (1993): Economic forecasting at high frequency intervals. Journal of Forecasting 12, 301–309

Krämer, W. (1980): Eine Rehabilitation der gewöhnlichen Kleinstquadrate-Methode als Schätzverfahren in der Ökonometrie. Schriften zur angewandten Ökonometrie 4. Haag und Herchen, Frankfurt a.M.

Krelle, W. (1974): Erfahrungen mit einem ökonometrischen Prognosemodell für die Bundesrepublik Deutschland. Mathematical System in Economics 21. Hain, Meisenheim am Glan

Kuh, E., Neese, J.W., Hollinger, P. (1985): Structural Sensitivity in Econometric Models. Wiley, New York

Langer, G., Martiensen, J., Quinke, A. (Eds.) (1984): Simulationsexperimente mit ökonometrischen Makromodellen. Berichte der Gesellschaft für Mathematik und Datenverarbeitung 146. Oldenbourg, München

Lüdeke, D., Hummel, W., Rüdel, T. (1989), Das Freiburger Modell. Springer, Berlin et al.

Makridakis, S. (1994): Forecasting accuracy and system complexity. INSEAD Working paper 94/06 TM. INSEAD, Paris

Martiensen, J. (1984): Simulationsexperimente mit makroökonometrischen Modellen für die Bundesrepublik Deutschland. In: Langer, H.G., Martiensen, J., Quinke, H. (Eds.), 9–75

Mayer, T. (1993): Truth vs. Precision. Edward Elgar, Aldershot

McKibbin, W.J., Sachs, J. (1991): Global Linkages – Macro-Economic Interdependence and Cooperation in the World Economy. Brookings, Washington, DC

Menges, G. (1975): The Scientist and the Policy Maker as Forecasters. Paper Presented at the 3rd World Congress of the Econometric Society. Toronto, mimeo

Menges, G., Heilig, B., Zwer, R. (1976): Das Heidelberger Modell – Ein erster Bericht über ein neues ökonometrisches Modell. Statistische Hefte 17, 194–204

Miller, P.H., Chin, D.M. (1996): Using Monthly Data to Improve Quarterly Model Forecasts. Federal Reserve Bank of Minneapolis Quarterly Review 20 (2), 16–33

Minford, P.L. et al. (1984): The Liverpool Macroeconomic Model of the United Kingdom. Economic Modelling 1, 24–62

Modigliani, F. (1993): Introduction. In: Heertje, A. (Ed.) (1993): World Savings. An International Survey. Blackwell, Oxford, 1–27

Naggl, W. (1988): Use of Anticipations Data in the Anticipations Model. In: Motamen, H. (Ed.), 162–182

OECD (Hrsg.) (1967ff.): Economic Outlook 1ff. OECD, Paris.

Pesaran, M.H., Smith, R.P., Yeo, J.S. (1985): Testing for Structural Stability and Predictive Failure: A Review. Manchester School of Economic Studies 53, 280–295

Universität Dortmund Fachbereich Statistik (Hrsg.) (1996): Projektantrag B3 im Rahmen des SFB 475, Komplexitätsreduktion in multivariaten Datenstrukturen. Universität Dortmund, 225–248

Rau, R., Heilemann, U., Münch, H.J. (1977): Struktur und Prognoseleistungen des RWI-Konjunkturmodells. RWI-Mitteilungen 38, 103–136

RWI – Rheinisch-Westfälisches Institut für Wirtschaftsforschung (Hrsg.) (1990): Vierteljährliche Prognose mit dem RWI-Konjunkturmodell, 1990-2 bis 1991-4. Nr. 31. Bearb.: Dr. T. Weiß. RWI, Essen

RWI – Rheinisch-Westfälisches Institut für Wirtschaftsforschung (Hrsg.) (1995): Vierteljährliche Prognose mit dem RWI-Konjunkturmodell, 1995-3 bis 1996-4. Nr. 42. Bearb.: G. Barabas und U. Taureg. RWI, Essen

Sachverständigenrat zur Begutachtung der gesamtwirtschaftlichen Entwicklung (1967ff.): Jahresgutachten 1967/68 ff. Kohlhammer (bis 1989), Metzler-Poeschel, Mainz bzw. Stuttgart

Simon, H. (1981): The Sciences of the Artificial, 2nd edition. MIT-Press, Cambridge, MA

Summers, L.H. (1991): The Scientific Illusion in Empirical Economics. Scandinavian Journal of Economics 93, 129–148

Uebe, G. (2001): Goetz Uebe's list of Macroeconomic Models. Internet: www.unibw-hamburg.de/WWEB/meth/uebe/modelle/titelseite.html vom 6.2.2001

Wallis, K.F. (1985). Models of the U.K. Economy. A Second Review by the ESRC Macroeconomic Modelling Bureau. Oxford University Press, Oxford

Wild. D. (1974): Grundlagen der Unternehmensplanung. rororo studium 26. Rowohlt, Reinbek bei Hamburg

Wold, H. (1964): The Janus Quotient: A Measure for the Accuracy of Prediction. In: Wold, H. (Ed.), Econometric Model Building. North-Holland, Amsterdam, 229–235

Wolters, J. (1996): Neuere Verfahren zur Saisonbereinigung: Eine Einführung. Ifo-Studien 42, 279–285

Wolters, J. (1992): Der Zusammenhang zwischen Konsum und Einkommen: Alternative ökonometrische Ansätze. RWI-Mitteilungen 43, 115–132

Wolters, J. (1998): Makroökonomische Modelle und Kointegration. In: Heilemann, U., Wolters, J. (Eds.), 181–191

Simulation mit makroökonometrischen Modellen

Ullrich Heilemann[1] und Sandra M. Renn[2]

1. Einleitung

Die Analyse der Determinanten ökonomischer Handlungen einerseits und deren Wirkungen andererseits zählen zu den zentralen Fragen der Ökonomie. Sie werden auf der Mikroebene ebenso wie auf der Makroebene gestellt und gleichermaßen mit Blick auf die Zukunft wie auf die Vergangenheit. Die Antworten fallen bekanntlich sehr unterschiedlich aus. Wegen der vielfältigen Interdependenzen ökonomischer Entscheidungen und Reaktionen überwiegen Partialanalysen, häufig unter sehr restriktiven Annahmen. Soweit es sich um empirische Arbeiten handelt, können ihre Ergebnisse meist nur sehr beschränkte zeitraum-örtliche Geltung beanspruchen.

Die Beschränkungen der Partialanalyse lassen sich zum Teil durch Ausweitung des Analyserahmens überwinden. Die Nachkriegszeit hat dabei vor allem im Bereich der Makroökonomie bzw. der makroökonometrischen Modelle erhebliche Fortschritte gebracht, wobei Modelle als Systeme von verbundenen Hypothesen über das Verhalten makroökonomischer Akteure zu verstehen sind. Zugenommen hat dabei nicht nur der Detaillierungsgrad und die Anzahl der erfassten Märkte/Bereiche und Instrumente im weitesten Sinne sondern auch der zeitliche Rahmen. Allerdings sind selbst Modelle mit 10 000 und mehr Gleichungen noch immer unvollkommene Abbilder der Realität – *a map is not a territory* – von der „Wirtschaft der Bundesrepublik in 15 Gleichungen" nicht zu reden. Fortschritte sind auch bezüglich des Geltungsanspruchs dieser Systeme erzielt worden: die Modelle gestatten die Identifizierung der empirischen Geltungsbedingungen und prinzipiell auch die Erklärung des Wandels ihrer Reaktionen.

Die ökonometrischen und technischen Probleme der Konstruktion derartiger Analysesysteme sind mittlerweile überwiegend als gelöst anzusehen. Dazu haben gleichermaßen Entwicklungen in der Ökonometrie, der Hard- und Software- Entwicklung aber auch des Angebotes an Ökonomen mit entsprechenden Spezialkenntnissen beigetragen. Entsprechendes gilt für die Handhabung dieser Systeme, insbesondere was die Analyse ihrer Reaktionen angeht. Die technisch-formale Handhabung bereitet mittlerweile kaum noch Schwierigkeiten. Anders sieht es mit der, ungeachtet aller Detaillierungen auch im Instrumentbereich, oft schwierigen Umsetzung wirtschaftspolitischer Maßnahmen in den jeweiligen Modellrahmen, aus. Besonders gilt dies freilich für die Bewertung der Ergebnisse aus theoretischer und aus empirischer Sicht. Die häufig zu beobachtende Verallgemeinerung und Ver-

---

[1] Gerhard-Mercator-Universität Duisburg, Lotharstraße 65, D-47048 Duisburg und Rheinisch-Westfälisches Institut für Wirtschaftsforschung, Hohenzollernstr. 1-3, D-45128 Essen

[2] Deutsche Hochschule für Verwaltungswissenschaften Speyer, Freiherr-vom-Stein-Str. 2, D-67346 Speyer.

absolutierung von Simulationsergebnissen, ist selten gerechtfertigt. Die Ergebnisse werden kaum mit alternativen Resultaten – auch nicht „back on the envelop"-Rechnungen – oder den Ergebnissen anderer Modelle verglichen. Selbst die Frage der Stabilität der Ergebnisse im Lichte früherer Ergebnisse mit dem gleichen Modell wird nicht gestellt, geschweige denn beantwortet. Kurz, Simulationsergebnisse werden oft als *black box*-Resultate präsentiert („Das *Modell* sagt ..."), was ihre Akzeptanz erschwert.

Diese Entwicklung muss überraschen. Zum einen waren ökonometrische Modelle angetreten, um ökonomische Prozesse transparent zu machen, die Ergebnisse einer intersubjektiven Analyse und Evaluation zugänglich zu machen. Zum anderen sind gerade heute die technischen und theoretisch-empirischen Voraussetzungen so günstig wie nie zuvor, um diesem Anspruch zu entsprechen. Das gilt übrigens auch für die „Konsumenten" der Ergebnisse. Gewiss, die üblichen Vorbehalte bei der Replikation empirischer Analysen gelten auch bei Verfügbarkeit über das verwendete Modell, aber sie lassen sich heute sehr viel besser überwinden als noch vor einigen Jahren, von nicht-formalen Analysen ganz abgesehen. Aber selbst wenn Transparenz heute preiswert ist, so hat sie eben doch ihren Preis.

Die Simulation hat sich seit den frühen siebziger Jahren (Harbordt 1974) – dem ersten Höhepunkt – zu einem Forschungs- und Arbeitsgebiet entwickelt, das heute nur noch schwer zu überblicken ist. Die folgenden Ausführungen beschränken sich auf makroökonometrische Modelle, vorzugsweise auf solche mittlerer Größenordnung wie etwa das RWI-Konjunkturmodell. Im Mittelpunkt stehen die Simulation und die Auswertung ihrer Ergebnisse. Die Darstellung soll jedoch auch darüber hinaus den an ökonometrischen Modellen und Modellergebnissen Interessierten Kriterien zur Beurteilung der Ergebnisse bzw. des zugrundeliegenden Modells geben.

Trotz langer Praxis der Simulation mit Hilfe makroökonometrischer Modelle ist die Literatur dazu sehr viel weniger ergiebig als an sich zu erwarten. Gute zusammenfassende Darstellungen sind die Arbeiten von Intriligator et al. (1996), Pindyck/Rubinfeld (1998) und Evans (2003) sowie die älteren Arbeiten von Klein (1983), Klein/Young (1980), Challen/Hagger (1989) sowie von Hujer/Cremer (1978).

Die im Folgenden angesprochenen Beispiele mit dem RWI-Konjunkturmodell decken die gegenwärtig wichtigsten Anwendungen der Simulationstechnik und illustrieren sie. Eine Bibliographie aller Arbeiten mit dem Modell ist von den Verfassern erhältlich.

Die Ergebnisse makroökonometrischer Modelle haben zwar – in der Lehrbuch-Literatur und auch im Fach kaum registriert – unser makroökonomisches Denken verändert, aber jedes Simulationsergebnis muss letztlich der ökonomischen Theorie oder mindestens einer Plausibilitätskontrolle standhalten. Nach wie vor gute Anhaltspunkte und Hinweise dazu liefern die Lehrbücher z.B. von Evans (1969) – noch immer! – oder von Gordon (2002). Die substanzwissenschaftliche Beurteilung der Simulationsergebnisse makroökonometrischer Modelle bereitet häufig Probleme. Die Ergebnisse entsprechen nicht ohne weiteres den Erwartungen, insbesondere wenn man am Anfang der Modellarbeit steht. Das sollte an sich nicht überraschen, denn es ist ja der Zweck der Modellsimulation, der oft hohen Komplexität makroökonomischer Fragestellung gerecht zu werden. Resultate, die zunächst überraschen, erweisen sich bei näherer Prüfung häufig als durchaus plausibel. In der Tat haben ja auch makroökonometrische Simulationsergebnisse unsere Kenntnisse über Stärke und Wirkungsfristen makroökonomischer Einflüsse wesentlich beeinflusst.

Leider ist bis heute die Kritik an makroökonometrischen Simulationsergebnissen und der Simulatio bzw. Modellpraxis recht schwach und wenig systematisch. Nach wie vor relevant **dazu** ist Brunner (1973), zur US-Praxis und zur Modellindustrie vgl. Smith (1994). Zur grundsätzlichen Kritik an den verwendeten makroökonometrischen Modellen und der Möglichkeit, mit ihnen wirtschaftspolitische Maßnahmen zu beurteilen, vgl. z.B. Lucas (1972) und Sims (1980), die aber nicht unbeantwortet blieb (vgl. z.B. die Verweise in Heilemann 2002).

2. Begriff und Zwecke der Methode der Simulationen

Mit „Simulation" wird im wissenschaftlichen Sprachgebrauch die „stellvertretende Nachbildung eines Prozesses oder einzelner seiner Aspekte durch einen anderen Prozess bezeichnet. Beide Prozesse laufen auf einem bestimmten System ab. Simuliertes und simulierendes System (der Simulator in der Kybernetik) können dabei auf gleichen oder unterschiedlichen Substraten realisiert sein" (Hartmann 1995). Es werden drei Arten unterschieden: Von einer *theoretischen* Simulation spricht man, wenn das System mathematisch simuliert wird. Grundlage ist in der Regel ein dynamisches Modell, das neben der Spezifikation der statistischen Eigenschaften des zu simulierenden Systems auch Annahmen über dessen Zeitentwicklung einschließt. Bei theoretischen Simulationen wird zwischen deterministischen und stochastischen Simulationen unterschieden. Bei letzteren wird der Einfluss des Zufalls explizit berücksichtigt, der u.a. aus der Unkenntnis der Randbedingungen resultiert. Ferner wird zwischen *kontinuierlichen* und *diskreten* Simulationen unterschieden Bei ersteren werden die zugrundeliegenden Raum-Zeit-Strukturen und die Menge der Sytemzustände als kontinuierlich angenommen, das entsprechende Modell ist dann als Differentialgleichungssystem formuliert. Ist das betreffende simulierende System ein *Computer*, spricht man von einer *Computer-Simulation.* Von einer *experimentellen* Simulation wird gesprochen, wenn ein (nicht notwendigerweise materialer) Prozess durch einen materialen Prozess nachgebildet wird, so z.B. im Fall von Labortests, die aber in den Wirtschaftswissenschaften bekanntlich eher selten sind.

Die Simulation soll allgemein eine Reihe von Aufgaben erfüllen, die von der Bestimmung der Zeitentwicklung von Systemen, über heuristische Funktionen, dem Ersetzen von realen Experimenten bis hin zur Unterstützung bei der Auswertung von Experimenten reichen.

In den Wirtschaftswissenschaften hat sich der Simulationsbegriff kurz und bündig im Sinne einer Technik zur Durchführung von Experimenten mit formalen Modellen durchgesetzt. Ein weithin bekanntes Beispiel aus dem akademischen Unterricht ist die Analyse der Wirkungen makroökonomischer Parameteränderungen im Rahmen des *Samuelson/Hicks*-Modells.

2.1 Zwecke von Simulationen in der makroökonomischen Analyse

Kognitive Zwecke der Simulation sind die empirische Überprüfung einer oder mehrerer unverbundener/verbundener ökonomisch komplexer/komplizierter Hypothesen. Beispiele sind sowohl vergleichsweise einfache Hypothesen wie z.B. der

Einfluss des Zinssatzes auf die Gesamtwirtschaft, als auch komplexere Hypothesen wie die der Stabilität des privaten Sektors (z.B. Eckstein 1978). In diesem Zusammenhang ist auch auf die Rolle der Simulation bei der Hypothesengewinnung über komplexe Zusammenhänge aus den Ergebnissen gesamtwirtschaftlicher Modelle, z.B. die Modifikation der *crowding out*-Hypothese hinzuweisen. Schließlich sind neben den substanzwissenschaftlichen auch methodische Interessen zu nennen, wie z.B. die Information über Eigenschaften eines Modells (Stabilität, Sensitivität, statistische/stochastische Eigenschaften usw.). Bislang gibt es freilich nur vergleichsweise wenige Hypothesen über das Verhalten von „Systemen".[3] Schließlich besteht die Möglichkeit mit Hilfe von Aussagen über den Einfluß der Randbedingungen (z.B. Kapazitätsauslastung) auf die Modellergebnisse zu gewinnen.

Aus handlungsorientierter Sicht hat die Simulation vor allem zwei Aufgaben oder Zwecke zu erfüllen: Erstens, die Herausrechnung des Einflusses einer oder mehrer Ausgangsbedingungen auf ein (bestimmtes) Modellergebnis; zweitens, die Bestimmung des Einflusses einer oder mehrerer exogener Variablen sowie eines oder mehrerer Parameter auf ein Modellergebnis. Neben diesen substanzwissenschaftlichen Zwecken gibt es freilich auch hier methodische, wie z.B. die Informationen über die Genauigkeit der Aussagen des verwendeten Systems, seine Stabilität oder methodische Einflüsse (Schätzverfahren) oder empirischer Bedingungen (Stützbereich, Daten) auf sein Verhalten.

In der Literatur wurde häufig zwischen Prognose- und Simulationsmodell unterschieden. Formal gesehen besteht zwischen Simulation und Prognose kein Unterschied – es geht in jedem Fall um die Modellaussagen, die von einer Veränderung eines oder mehrerer Modellelemente ausgehen. Im Fall der Prognose ist das in der Regel die Veränderung einer oder mehrerer exogener Variablen, wobei es freilich auch völlig endogenisierte Modelle gibt, z.B. vektorautoregressive Modelle. Unterschiede zwischen Prognose- und Simulationsmodell können bezüglich der „Symmetriehypothese" bestehen: Im Fall der Prognose wird implizit unterstellt, daß die in der Vergangenheit beobachteten Reaktionen und Beziehungen auch im Prognosezeitraum gelten. Für die Simulation muss dies nicht angenommen werden, da sich die Aussagen nicht notwendigerweise auf die Zukunft beziehen müssen. In einem weiteren Zusammenhang ist freilich anzunehmen, dass die nicht variierten Beziehungen weiterhin Geltung besitzen, was je nach Art und Umfang der „Störung" eine problematische Annahme sein kann.

Bezüglich der Konstruktion lässt sich ein „Prognosemodell" in der Weise definieren, dass bei der Spezifikation „gute" *ex ante*-Prognoseeigenschaften im Vordergrund stehen. Dies kann z.B. durch große Verzögerung bei den prädeterminierten Variablen, die Verwendung von Erklärenden, die ihrerseits gut erklärt werden usw., erreicht werden. Bei „Simulationsmodellen" wird dagegen wenig Wert auf die Prognosegenauigkeit gelegt, da – wie bei Simulationen üblich – nur die Unterschiede zwischen Basisprognose/-simulation und Alternativ-/Störlösung betrachtet werden; wichtiger erscheint die gute Absicherung der Parameter. In der Praxis gestalten sich diese Unterschiede meist weniger scharf. Reine Prognosemodelle müssen sich u.U. den Vorwurf der unzureichenden theoretischen Fundierung und der unzureichenden Abbildung der wirtschaftspolitischen Instrumente oder anderer Einflussfaktoren ge-

---

[3] Eine der wenigen ist Simons (1981) „empty world hypothesis", die auf die ungeachtet der formalen Interdependenz ökonometrischer Modelle auf deren in Analogie z.B. zu biologischen Systemen faktisch sehr beschränkte Sensitivität abstellt.

fallen lassen, mit der Folge, dass Prognosen mit ihnen z.B. wegen zu hoher Aggregation schwierig zu erstellen oder weniger überzeugend sind. Die in der Praxis zu beobachtende Vermischung der beiden Zwecke kommt einmal darin zum Ausdruck, dass der Umfang der makroökonometrischen Modelle ständig zunimmt, weil die Anforderungen an ihren Informationsgehalt ständig zunehmen, d.h. darin immer mehr exogene und endogene Variablen abgebildet werden (vgl. dazu die Ausführung zur Entwicklung des RWI-Konjunkturmodells in diesem Band). Daneben werden zunehmend separate Modelle für spezifische Fragestellung entwickelt (Jerome 2003), was aber dann die Frage nach der Konsistenz der Aussagen der unterschiedlichen Modelle aufwirft.

2.2 Zur Geschichte der makroökonometrischen Simulationen

In der Geschichte der gesamtwirtschaftlichen Modelle geht das Simulationsinteresse dem Prognoseinteresse voraus (Morgan 1992), was aber auch mit der generellen Bedeutung der makroökonomischen Prognosen vor dem zweiten Weltkrieg zu tun haben dürfte. Für analytische Zwecke ist aber in jedem Fall von der Überlegenheit des Modellansatzes auszugehen, was bei der Prognose nicht notwendig der Fall sein muss (McNees 1986). Wichtige Stufen in der Geschichte der Simulation mit makroökonometrischen Modellen waren nach Tinbergens Völkerbundstudie (zu den Konjunkturschwankungen der Vereinigten Staaten in der Zwischenkriegszeit Tinbergen 1939); die Untersuchung der dynamischen Eigenschaften des Klein-Goldberger-Modells, in dem gezeigt werden konnte, dass dieses Modell die Konjunktzurzyklen der Vereinigten Staaten nachzeichnen kann und Modelle diesen Typs exogene Konjunkturtheorien zugrunde liegen (Adelman, Adelman 1959); die Untersuchungen des Club of Rome zu den „Grenzen des Wachstums" (Meadows et al. 1972), die sich allerdings eines *system dynamics* Modells (Legasto jr. et al. 1980) bedienten. Simulationsstudien von Klein (1974) zu den Folgen der Ölkrisen sowie Ecksteins (1978) groß angelegte Untersuchung der „großen Rezession" 1973 bis 1976 in den Vereinigten Staaten.

3. Theoretische Fundierung ökonometrischer Modellsimulationen

Sind die Parameter des ökonometrischen Modells geschätzt, Werte für exogene und verzögert endogene Variablen gegeben, kann das Modell für einen Zeitpunkt t nach dem Vektor der endogenen Variablen y_t gelöst werden. Technisch gesehen bedeutet Simulation damit nichts anderes als die Lösung des Gleichungssystems nach den endogenen Variablen für einen Zeitpunkt t oder sukzessive Lösungen für einen Simulationszeitraum $t=1,2,\ldots,T$ (Klein 1983: 46). Die Ausdrücke „Simulation" und „Lösung" werden im Folgenden entsprechend synonym verwendet.

Die Lösung eines in den Parametern wie den endogenen Variablen linearen dynamischen Modells (vgl. den Beitrag von Gaab in diesem Band) ergibt sich, indem aus seiner Strukturform[4],

$$y_t \cdot \Gamma + y_{t-1} \cdot B_1 + x_t \cdot B_2 = u_t \quad (1)$$

mit:

Γ: Strukturelle Parameter der endogenen Variablen;

B_i: Strukturelle Parameter der verzögerten endogenen bzw. exogenen Variablen $n, i = 1,2$;

u_t: Fehlerterme;

sofern Γ^{-1} existiert, als Simulationslösung zum Zeitpunkt t die reduzierte Form

$$y_t \equiv y_{t-i} \cdot B_1 \cdot \Gamma^{-1} - x_1 \cdot B_2 \cdot \Gamma^{-1} - u_t \cdot \Gamma^{-1} \quad (2)$$

errechnet wird. Neuere makroökonometrische Modelle erweisen sich nur sehr selten als linear[5], weshalb die analytische Berechnung der reduzierten Form praktisch unmöglich ist. Aus ihrer Strukturform, die als

$$F(y_t, y_{t-1}, x_t; \beta) = u_t \quad (3)$$

mit:

F: $F = (F_1, F_2, ..., F_G)$ Vektor stochastischer Verhaltensgleichungen;

y_t: Vektor der endogenen Variablen;

y_{t-1}: Vektor der verzögerten endogenen Variablen;

x_t: Vektor der exogenen Variablen;

β: Parameter des Modells;

u_t: Fehlerterme.

gegeben ist, kann i.a. keine explizite Lösung für y_t gefunden werden. Zur Veranschaulichung kann sie in allgemeiner Form („Prognoseform") als

$$y_t = H(y_t, y_{t-1}, x_t; \beta; u_t) \quad (4)$$

dargestellt werden. Mit einem numerischen Verfahren wie z.B. dem weit verbreiteten *Gauss-Seidel*-Algorithmus kann in der Regel eine eindeutige und beliebig nahe

---

[4] Der Einfachheit halber wurden bei den endogenen Variablen nur Verzögerungen erster Ordnung berücksichtigt. Eine Erweiterung um höhere Verzögerungen ist ohne Beschränkung der Allgemeingültigkeit möglich. Das Gleiche gilt für die verzögerten exogenen Variablen.

[5] Nichtlinearität in den Parametern ist in ökonometrischen Modellen eher selten zu finden, es dominieren einfache Nichtlinearitäten in den Variablen wie z.B. die Ermittlung von nominalen Werten als Produkt aus realem Wert und Preisniveau.

approximative Lösung für die endogenen Variablen gefunden werden (vgl. hierzu die Beiträge von Gaab und von Heilemann in diesem Band).

Für die Durchführung von Simulationen sind eine Reihe technischer Fragen zu klären. Wichtig ist zunächst die Bestimmung der *Art* der Modelllösung, d.h. der Frage, ob es sich um eine deterministische oder um eine stochastische Lösung handeln soll. Danach ist der Simulationszeitraum festzulegen, insbesondere ob es sich um eine *ex post*- oder eine *ex ante*-Simulation handeln soll. Die Beantwortung dieser Fragen und entsprechend die Beurteilung der Simulationsergebnisse hängt sowohl von der Fragestellung als auch von technischen Voraussetzungen in Bezug auf das Modell, die Daten und die *software* ab.

3.1 Statische und dynamische Simulationen

Von *statischer* Simulationen oder Ein-Perioden-Lösungen spricht man, wenn im Simulationszeitraum für die verzögert endogenen Variablen – wie bei den exogenen Variablen – auf beobachtete Werte zurückgegriffen wird. Effekte, die in der Periode t ausgelöst werden, die sich über mehrere Perioden verteilen bzw. verzögert wirken, kommen damit nicht zum Tragen.

Anders im Fall der *dynamischen* Simulation. Hier wird nur in der ersten Periode des Simulationszeitraums auf beobachtete Werte für die verzögert endogenen Variablen und in den Folgeperioden auf die zuvor berechneten Werte zurückgegriffen. Bei *lags* höherer Ordnung werden entsprechend so lange beobachtete Werte verwendet, bis Modellwerte verfügbar sind. Die Periodenlänge der dynamischen Simulationen richtet sich nach dem Informationsinteresse. Als „voll-dynamisch" werden dynamische Simulationen über den gesamten Stützbereich oder Untersuchungszeitraum bezeichnet; als „teil-dynamisch" solche über Teilbereiche, z.B. über 6 Quartale (im Falle eines Kurzfrist-Modells). Sie können auch konsekutiv über den gesamten Untersuchungszeitraum durchgeführt werden und geben dann Hinweise auf das durchschnittliche teil-dynamische Verhalten des Modells.

Statische und dynamische Simulationen werden bisweilen alternativ für den gleichen Simulationszeitraum durchgeführt, um Hinweise auf den Grad der Dynamik, die Stabilität des Modells und seine Interdependenz zu erhalten (vgl. z.B. Challen, Hagger 1983: 167ff.).

3.2 Deterministische und stochastische Simulationen

Üblicherweise werden in der Simulationspraxis deterministische Simulationen durchgeführt, d.h. die additiven Störterme u_t werden entsprechend ihrem Erwartungswert gleich Null gesetzt. Die Modelllösung lautet hiermit

$$y_t = H(y_t, y_{t-1}, x_t; \beta; 0). \tag{5}$$

Wie bekannt (vgl. den Beitrag von Assenmacher in diesem Band), sind die endogenen Variablen selbst Zufallsvariablen. Howrey/Kelejian (1971) haben gezeigt, dass in nichtlinearen Modellen die Lösungen deterministischer Simulationen für die y_t nicht ihrem bedingten Erwartungswert entsprechen, weil eine nichtlineare Funktion von Erwartungswerten nicht dem Erwartungswert der nichtlinearen Funktion entspricht. Die daraus resultierende Verzerrung deterministischer Simulationen beeinflusst alle aus den Lösungswerten errechneten Kenngrößen wie Multiplikatoren, Elastizitäten usw. Das Ausmaß der Verzerrung lässt sich mit Hilfe stochastischer Simulationen quantifizieren, die auch Hinweise auf den Grad der Nichtlinearität des Modells geben.

Um einen konsistenten Schätzwert für den Erwartungswert der Modelllösung zu erhalten, werden im ersten Schritt mit Hilfe von Pseudo-Zufallszahlen, die entsprechend der Verteilung der u_t erzeugt wurden, Z Simulationsläufe durchgeführt und – je nach Fragestellung – für alle oder einige ausgewählte endogene Variablen alle Z Simulationslösungen gespeichert. Das arithmetische Mittel der Lösung einer endogenen Variable i zum Zeitpunkt t stellt dann eine Schätzung für den Erwartungswert der Modelllösung dar:

(6) $$\bar{y}_{it} = \frac{1}{Z}\sum_{z=1}^{Z} y_{itz}.$$

Die Standardabweichung dieser Schätzfunktion berechnet sich als

(7) $$\sigma_{it} = \sqrt{\frac{s_{it}^2}{Z}}$$

mit:

(8) $$s_{it}^2 = \frac{1}{Z-1}\sum_{z=1}^{Z}\left(y_{itz} - \bar{y}_{it}\right)^2.$$

Da σ_{it} für $Z \to \infty$ gegen Null konvergiert, minimiert sich der Mittelwertfehler stochastischer Simulationen über die Zahl der Wiederholungen und die sog. Monte-Carlo-Effizienz erhöht sich. Auf varianzminimierende Verfahren kann heute weitgehend verzichtet werden, denn die Rechenkapazität der Computer erlaubt ohne größeren Aufwand die erforderlich hohe Zahl an Wiederholungen (vgl.hierzu und dem Folgenden z.B. Fisher, Salmon 1986: 633f. und die dort angegebene Literatur).

Zu beachten ist indes, dass die Menge der Mittelwerte der endogenen Variablen zusammen meist nicht kohärent sind. Das heißt, sie erfüllen nicht notwendigerweise die Identitäten und Definitionsgleichungen des Gleichungssystems, auch wenn dies in jedem einzelnen der Z Simulationsläufe und den deterministischen Lösungen der Fall ist (Wallis 1995: 333).

Zur Gewinnung der Pseudo-Störglieder gibt es mehrere Möglichkeiten. Weitgehende Akzeptanz hat die von McCarthy (1972) vorgeschlagene Methode gefunden. Danach wird zuerst ein $1 \times T$ (mit T als Stützbereich der Modellschätzungen) Vektor standardnormalverteilter Zufallszahlen r generiert. Der wahre Vektor der pseudo-strukturellen Störterme S errechnet sich dann als

(9) $$S = \frac{r \cdot U}{\sqrt{T}},$$

mit U als $T \times G$-Matrix der wahren Störterme. Wenn das Modell mit einem konsistenten Verfahren geschätzt wurde, ist

(10)
$$\hat{S} = \frac{r \cdot \hat{U}}{\sqrt{T}}$$

ein konsistenter Schätzwert für S, seine Kovarianzmatrix

(11)
$$\hat{\Sigma} = \frac{1}{T} \cdot E(\hat{U}' \hat{U})$$

konvergiert für einen hinreichend langen Stützzeitraum gegen die wahre Kovarianzmatrix Σ. Folglich haben die so erzeugten Fehlerterme die gleiche Kovarianzstruktur wie das zugrunde liegende Modell und können aus den Schätzresiduen erzeugt werden. Zur Durchführung von Z stochastischen Simulationsläufen zum Zeitpunkt t des Simulationszeitraums sind demnach Z Vektoren von Pseudozufallszahlen und pseudo-strukturellen Fehlertermen zu generieren, mit denen anschließend das Modell ebenso oft gelöst wird. Zuvor stellt sich jedoch die Frage, wie diese Störglieder in den Gleichungen zu berücksichtigen sind. In linearen Gleichungen, in denen sie additiv enthalten sind, geschieht dies durch Addition. In nichtlinearen Gleichungen führt dies zu Problemen, wenn sie nicht einer Transformation unterworfen werden, die zur ursprünglichen stochastischen Spezifikation führt. Diese u.U. recht arbeitsaufwendige Prozedur wird nicht immer durchgeführt, sondern die Störglieder werden auch in nichtlinearen Verhaltensgleichungen wie add-Faktoren behandelt. Durch diese Vorgehensweise wird indessen die Verzerrung deterministischer Simulation unterschätzt.

Zur empirischen Relevanz dieses *bias* gibt es nur wenige Studien. Fair (1984: 257ff., 1994) findet in einer empirischen Untersuchung keine nennenswerten Unterschiede. Fisher/Salmon (1986) kritisieren an solchen Studien zum einen die Zeitpunktbezogenheit, da sich die Verzerrung über mehrere Perioden aufbaue. Ein weiterer Kritikpunkt bezieht sich auf die angesprochene mangelhafte Transparenz der Einfügung der Stöglieder. Sie nehmen an, dass die Pseudo-Stöglieder auch in nichtlinearen Gleichungen additiv berücksichtigt werden.

3.3 Zum Zeitbezug der Simulationen

Als *ex ante*-Simulation werden Modelllösungen bezeichnet, die auf vorgegebene (im Fall der exogenen Varaiblen) bzw. auf mit dem Modell errechnete Werte zurückgreifen, eine Ausnahme bilden die verzögerten Variablen (vgl. Abbildung 1). Ex ante-Simulationen für mehr als eine Periode sind stets dynamisch. Gelegentlich werden ex post- und ex ante-Prognosen miteinander verknüpft, um z.B. für Politik-Simulationen einen für erforderlich gehaltenen „langen" Untersuchungszeitraum zu gewinnen, was technisch gesehen keine Probleme bereitet.

Ex post-Simulationen dienen der Überprüfung der Erklärungs(ex post-) Güte des Modells und sollen damit Hinweise auf die Prognose (ex ante-) Güte des Modells geben. Ein Vergleich der Fehlermasse (Mittlerer absoluter Fehler, Root-mean-square error, Root-mean-square percentage error usw.; vgl. den Beitrag von Gaab in diesem

Abbildung 1

Der Zeitbezug von Simulationen

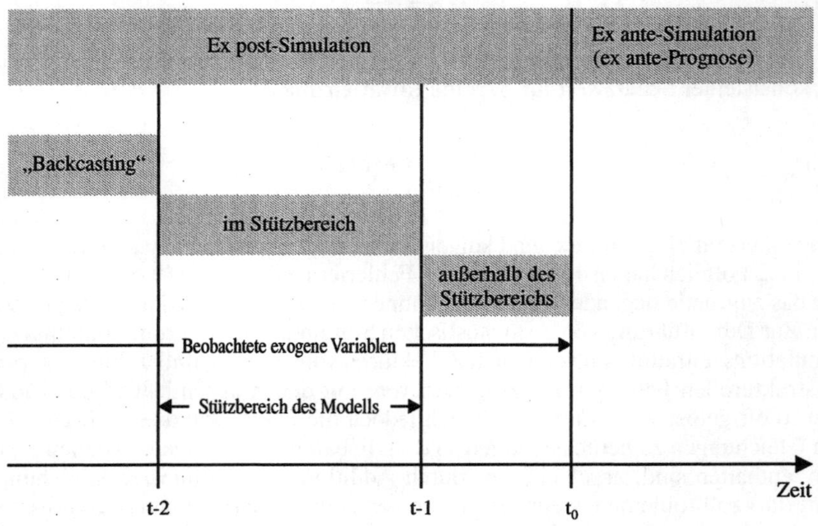

Eigene Darstellung.

Band) der statischen ex post-Prognosen mit denen der Schätzung geben Hinweise auf die Konsequenzen der Verknüpfung der Einzelgleichungen für die Erklärungsgüte dieser Variablen im Modellzusammenhang sowie der Definitionen („Modellfehler“). Vergleiche entsprechender Resultate der dynamischen mit denen der statischen Simulationen geben Auskunft über die dynamische Qualität des Modells und damit erste Hinweise auf die zu erwartende ex ante-Prognosegüte des Modells. Hinweise auf die „Prognosestabilität“ können durch dynamische ex post-Prognosen außerhalb des Stützbereichs gewonnen werden. *In praxi* wird ihr Informationsgehalt allerdings oft dadurch eingeschränkt, dass es sich um „künstliche" Verkürzungen des Stützbereichs handelt, da in den vorangegangenen Schätzungen und in Simulationen des Modells bereits der vollständige Datensatz verwendet wurde.

4. Zur Praxis der Simulation

Wie jede konkrete Anwendung gestaltet sich auch die Simulationspraxis makroökonometrischer Modelle je nach den mit ihnen verfolgten Erkentnisinteressen, dem oder den zur Verfügung stehenden Modell(en), den Durchführenden, den Adressaten der Untersuchung, den zur Verfügung stehenden Ressourcen usw. sehr unterschiedlich. Die diesbezügliche Bandbreite von Simulationsstudien ist daher sehr groß. Wichtig ist, dass das Vorgehen für Dritte möglichst transparent gemacht wird. Das betrifft insbesondere auch den Ausweis der Ergebnisse. Leider ist dies eher selten der Fall und lässt sich auch nur in wenigen Fällen mit den notwendigen Beschränkungen der Publikation rechtfertigen. Die folgenden Ausführungen beziehen sich auf Simulationen mit handlungsorientiertem Interesse, für methodisch oder kognitiv motivierte Untersuchungen gilt aber im Grunde das gleiche.

4.1 Substanzwissenschaftliche Problematisierung

Am Anfang einer substanzwissenschaftlichen oder handlungsorientierten Simulationsstudie stehen eine makroökonomische Fragestellung und ein (oder mehrere) makroökonometrische(s) Modell(e), das zu deren Beantwortung als geeignet erscheint. Die Fragestellung ist in der Regel noch sehr allgemein gehalten. Ehe an die konkrete Operationlisierung gegangen wird, ist es zweckmäßig, über die „Maßnahme“ theoriebasierte vorläufige Vermutungen über Art und Umfang der Wirkungen anzustellen. Meist lassen sich diese Vermutungen durch entsprechende frühere Untersuchungen mit dem gleichen oder anderen Modellen ergänzen. Dazu gehört auch, sich über den Einfluss der jeweils verwendeten Modelle einigermaßen Klarheit zu verschaffen.[6] Liegen für die eigene Untersuchung erste Ergebnisse vor, sind diese mit vorliegenden zu vergleichen und eventuelle Unterschiede zu klären. Der Modellansatz liefert hier sehr gute Möglichkeiten, denn die Impulse lassen sich vergleichbar machen, kritische Annahmen (z.B. „Realzins-Konstanz“) ebenso vergleichbar machen wie kritische Einzelgleichungen (z.B. durch „Einsetzen" im eigenen Modell).

4.2 Auswahl des Modells

In der Praxis erfahren Modelle im Zeitablauf aus einer Reihe von Gründen Veränderungen ihres Erklärungsrahmens, ihrer theoretischen und empirischen Fundierung, sie werden neu geschätzt usw. Meist existieren für spezifische Fragestellungen Varianten, so z.B. zur endogenen Berücksichtigung sonst exogener Entwicklungen; im Fall des RWI-Konjunkturmodells etwa die Zinsentwicklung oder die Tariflohnentwicklung. Gelegentlich erweisen sich Ergänzungen der stochastischen Gleichungen (z.B. zur Erklärung der Zinssätze), Neuspezifizierungen (Öl-Preise in der Preisgleichung) usw. als zweckmäßig oder der Ausweis der Modellergebnisse ist zu verändern (z.B. um die Lohnquote). Die Veränderungen können im Prinzip die bisherige empirische Validität des Modells beeinträchtigen, in praxi ist dies jedoch eher selten der Fall. Für eine sachgerechte Beurteilung der Modellergebnisse sollten freilich in jedem Fall Hinweise auf die Validität des verwendeten Aussagesystems gemacht werden (Ausweis der Werte der Prognosegütemaße für die wichtigsten Variablen, Multiplikatorergebnisse usw.).

Eine wichtige Entscheidung ist die, ob die Untersuchung innerhalb – welches? – oder außerhalb des Stützbereichs der Modellschätzung durchgeführt wird. Metho-

---

6 Die dazu vorliegende deutsche Literatur ist alt und spärlich z.B. Helberger (1975); Langer et al. (1984); Gahlen, Sailer (1985); neuer: Heilemann, Wolters (1998). Für die USA z.B. Klein (1991); Vergleiche internationaler Modelle sind z.B. in Bryant et al. (1988) zu finden.

disch sind beide Alternativen gleich zu bewerten, da es ja auf die Unterschiede zwischen Simulations- und Basislösung (s. Abschnitt 4.4) ankommt. Größere Schwie-r igkeiten bereitet die Auswahl des Simulations- bzw. Stützbereichs. Werden aktuelle Aussagen gesucht, so sollte dies auch für den Stützbereich des Modells gelten, entsprechend umgekehrt im Fall eher kliometrisch orientierter Studien. Das Problem sollte allerdings auch nicht überbewertet werden. Zumindest im Fall des RWI- Konjunkturmodells bewegen sich die Reaktionsänderungen in engen Bahnen (Abbildung 1 und 2 im Beitrag von Heilemann in diesem Band).

4.3 Operationalisierung des Problems

Im nächsten Schritt ist zu klären, welche Instrument- und Zielvariablen von der zu untersuchenden Fragestellung betroffen sind oder sein sollen. In Modellen keynesianischer Provinz können die Instrumentvariationen, z.B. Variation der Fiskalpolitik, oft ohne weiteres in Veränderungen der Vorgaben einer oder mehrerer exogener Variablen umgesetzt werden. Wenn das nicht unmittelbar möglich ist, besteht die Möglichkeit der Exogenisierung endogener Variablen, das Einfügen von add-Variablen, der Endogenisierung exogener Variablen oder dem Ersetzen von Gleichungen.

Bei der Exogenisierung einer Variablen wird die entsprechende (stochastische) Gleichung aus dem System entfernt. Stattdessen sind die Variablenwerte als Instrumentvariationen exogen vorzugeben. Damit gehen zwar noch Wirkungen von dieser Variable aus, Rückwirkungen anderer Variablen auf die exogenisierte Variable sind nun jedoch ausgeschlossen.

Letzeres wird vermieden, wenn den Störungen durch *add*-Variablen, d.h. durch entsprechende Veränderung des konstanten Glieds bzw. des Störterms Rechnung getragen wird. Theoretisch sind sie als objektive oder subjektive Einschätzungen über Faktoren, die nicht explizit im Modell erfasst sind, z.B. kurzfristige Steueränderungen wie die Einführung des Solidaritätszuschlags, zu verstehen (Intriligator et al. 1996: 490ff. sowie im Beitrag von Heilemann in diesem Band) Sie sind subjektive Modifikationen in dem Sinn, dass Außenstehende den Vorgang ihrer Entstehung nicht ohne weiteres nachvollziehen können (Fair 1984: 256). Seltener, weil die Wirkungen schwerer abzusehen sind, ist die Veränderung der Reaktionsparameter. Für spezifische Fragestellungen kann es erforderlich sein, bislang exogene Variablen durch eine Gleichung zu ersetzen. So wird z.B. häufig der (exogene) Zinssatz durch eine stochastische Reaktions- oder eine (definitorische) Politik-Reaktionsfunktion („nicht-akkomodierende Geldpolitik“) ersetzt. Desgleichen ist es für Verwendungszwecke hilfreich, Gleichungen zu ersetzen. Aus didaktischen Gründen werden gelegentlich Modellteile eliminiert, um so Dritten einen Überblick über das Modell zu verschaffen („*condensed version*“); wird damit simuliert, stellen sich dann natürlich Fragen nach der Qualität dieser Version.

Aus der Problemstellung ist schließlich die Frage zu beantworten, ob die Störung einmalig oder dauerhaft, z.B. die Importe konstant sein oder variieren sollen. Die letzte Frage vor dem ersten Simulationslauf ist schließlich, in welcher Höhe die Impulse oder Veränderungen zu veranschlagen sind. Bei Politiksimulationen liegen gelegentlich Angaben des Gesetzgebers über die Modalitäten der Maßnahme und die erwarteten Brutto- oder Nettokosten vor, zuweilen sind auch bereits Erfahrungen über die Wirkungen (z.B. Preiseffekte von Mehrwertsteuer-Erhöhung) vorhanden.

4.4 Basislösung und Störlösung

Um einen Bezugspunkt für die Wirkung der getroffenen Maßnahmen zu haben, wird zuerst eine Basislösung (Kontrolllösung) erzeugt, die bei ex post-Simulationen auch in der beobachteten Entwicklung bestehen kann. Über den Simulationszeitraum $(t=1,2,\ldots,T)$ ergibt sich dann für die endogenen Variablen:

$$\hat{y}_{i1}^{B}, \hat{y}_{i2}^{B}, \ldots, \hat{y}_{iT}^{B}, i=1,2,G.$$

Bei graphischer Darstellung der Simulationsergebnisse erweist es sich als zweckmäßig, die Basislösung durch Hinzufügen der Fehler der jeweiligen Schätzgleichungen an die beobachtete Entwicklung anzupassen (*track-solution*). – Anschließend wird mit den vorgenommenen Modifikationen die Störlösung berechnet:

$$\hat{y}_{i1}^{S}, \hat{y}_{i2}^{S}, \ldots, \hat{y}_{iT}^{S}, i=1,2,\ldots,G.$$

Wird ein Maßnahmenpaket analysiert, können auch sukzessive Simulationen der einzelnen Teile durchgeführt werden, was insbesondere bei gegensätzlich wirkenden Effekten aufschlussreich ist. Basis- und Störlösung können nun weiter numerisch und grafisch untersucht werden. Zur Beurteilung der Wirkungen der simulierten Vorgänge werden absolute und relative Abweichung errechnet. Für die absolute Abweichung gilt

(12) $$\Delta_t^{yi} = \hat{y}_{i,t}^{S} - \hat{y}_{i,t}^{B},$$

mit:

$\hat{y}_{i,t}^{S}$: Störlösung für eine endogene Variable $i\,(i=1,2,\ldots,G)$ zum Zeitpunkt t;
$\hat{y}_{i,t}^{B}$: Basislösung für eine endogene Variable $i\,(i=1,2,\ldots,G)$ zum Zeitpunkt t.

Die relative Abweichung lautet:

(13) $$RD_t^{y_i} = \frac{\Delta_t^{y_i}}{\hat{y}_{i,t}^{B}} \cdot 100.$$

Zusammenfassende Maßgrößen zur Beurteilung der Anpassung des Modells als Ganzem wie Root Mean Square Error, Theilscher Ungleichheitskoeffizient usw., können aus diesen Daten im Zuge der Modellvalidierung ebenfalls einfach berechnet werden.

Anschließend sollten die Ergebnisse mit den vorab gebildeten Erwartungen bezüglich der Wirkungen verglichen werden. Zeigen sich „überraschende" Reaktionen, ist nach den Ursachen zu fragen. Sie können in der Maßnahme selbst, ihrer Größenordnung, in der mangelnden Operationalisierung oder in der Spezifikation des verwendeten Modells begründet sein. Nach vorgenommenen Korrekturen sind die Simulationsläufe zu wiederholen. In der Regel umfasst dieser Prozess mehrere Runden (Heilemann 2002a).

5. Simulationen im engeren Sinne

Da der Simulationsbegriff weit gefasst ist und im Prinzip alle Lösungen des Gleichungssystems umfasst, sollen im folgenden nur die eigentlichen Simulationen angesprochen werden, d.h. Prognosen bleiben ausgeschlossen.

5.1 Instrumentvariation und Multiplikatoranalyse

Die Variation der exogenen Variablen ist die älteste und verbreiteste Form der Simulation. Sie beantwortet die Frage, welchen Einfluss eine Variation der Instrumente auf die Ziele (endogene Variablen) hat. Häufig geschieht dies durch Berechnung von Multiplikatoren. Sie sind als partielle Ableitung der endogenen Variablen in bezug auf eine exogene Variable definiert und bezeichnen somit Maßzahlen, welche die kumulative Veränderung einer Gesamtgröße nach einer initialen Veränderung einer exogenen Variablen angeben. Je nach dem Zeitbezug werden Multiplikatoren in Anstoß-, Interim- und kumulative Multiplikatoren unterschieden. Anstoßmultiplikatoren geben über die sofortige Wirkung einer Änderung der exogenen Variable auf eine endogene Variable Auskunft, Interim-Multiplikatoren über die Wirkung nach einer bestimmten Zahl von Perioden; kumulative oder Langfristmultiplikatoren über die gesamte durch die Störung verursachte Wirkung (vgl. dazu auch die entsprechenden Ausführungen in der makroökonomischen Lehrbuch-Literatur).

Liegt ein Modell in einer reduzierten Form vor, sind die Anstoß-Multiplatoren wie im Fall einer isolierten Schätzgleichung direkt ersichtlich; Interim- und kumulative Multiplikatoren lassen sich aus der finalen Form berechnen. In nichtlinearen Modellen müssen die Multiplikatoren via Simulation ermittelt werden. Allerdings kann sich auch hier die angesprochene Verzerrung deterministischer Simulationen als Problem erweisen. Daher wird im Anschluss kurz ein Verfahren zur Berechnung von Multiplikatoren aus stochastischen Simulationen skizziert.

Die Vorgehensweise zur Bestimmung von Multiplikatoren aus deterministischen Simulation ist wie folgt: (vgl. hierzu und dem Folgenden Klein 1983: 134ff.; Intriligator et al. 1996: 500ff.): mit einem gegebenen Satz exogener Variablen $x_{jt}(j=1,\dots,M)$ wird für jede Periode im Simulationszeitraum $(t=1,2,\dots,T)$ zunächst die Basislösung für die endogenen Variablen y_i erzeugt. Nach einer *konstanten* dauerhaften Störung einer exogenen Variable x_j im Simulationszeitraum um einen Wert Δx_j, also

$$\left(x_{j1}+\Delta x_j\right),\left(x_{j2}+\Delta x_j\right),\dots,\left(x_{jT}+\Delta x_j\right)$$

wird die Störlösung errechnet Der kumulative Interim-Multiplikator nach τ Perioden $(0 \leq \tau \leq T)$ bei einer *dauerhaften* exogenen Störung ergibt sich dann als

$$\left.\frac{\Delta y_i}{\Delta x_j}\right|_{\tau}=\frac{\hat{y}_{i,\tau}^{S}-\hat{y}_{i,\tau}^{B}}{\Delta x_j}. \tag{14}$$

Für $\tau = 1$ liegt der Fall des Anstoß-Multiplikators vor. Ob ein Langfrist-Multiplikator im Sinne eines Gleichgewichts existiert, hängt davon ab, ob die Differenz zwischen Basis- und Störlösung für wachsendes t gegen einen konstanten Wert konvergiert. Ist dies der Fall, stellt dieser Wert den Langfrist-Multiplikator dar.

Prinzipiell die gleiche Prozedur wird durchgeführt, wenn der Multiplikator einer *einmaligen* exogenen Störung errechnet werden soll, die (gestörten) Exogenen also Pfad

$$\left(x_{j1} + \Delta x_j\right), x_{j2}, \ldots, x_{jT}$$

folgen. Hier ergibt sich der kumulative Interim-Multiplikator aus den kumulierten Differenzen zwischen Stör- und Basislösung:

$$\left.\frac{\Delta y_i}{\Delta x_j}\right|_{\tau} = \frac{\sum_{t=1}^{\tau}\left(\hat{y}_{i,t}^{S} - \hat{y}_{i,t}^{B}\right)}{\Delta x_j}. \tag{15}$$

Da, wie weiter oben erwähnt, Multiplikatoren aus deterministischen Simulationen verzerrt sind, liefern stochastische Simulationen genauere Werte. Dazu wird mit einem gegebenen Satz von Pseudo-Störgliedern die Basislösung generiert, aus der nach (6) die Erwartungswerte geschätzt werden. Mit den gleichen Pseudo-Störgliedern wie in der Basislösung wird anschließend die exogen gestörte Störlösung generiert und ebenfalls deren Mittelwerte berechnet. Die Multiplikatoren ergeben sich dann aus den Mittelwerten der stochastischen Simulationen entsprechend (14) oder (15).

Elastizitäten geben an, um wieviel Prozent sich die endogene Variable ändert, wenn eine exogene um ein Prozent erhöht wird. Im Unterschied zu Multiplikatoren sind Elastizitäten dimensionslos und haben den Vorteil der Normierung und damit der Vergleichbarkeit der Größenordnungen von Änderungen unterschiedlich dimensionierter Variablen (z.B. Zinsen, BIP, Arbeitslose). Entsprechend dem Interim-Multiplikator errechnet sich die „Interim-Elastizität" als

$$\varepsilon_{y,x}^{\tau} = \frac{\hat{y}_{i,\tau}^{S} - \hat{y}_{i,\tau}^{B}}{\Delta x_j} \cdot \frac{x_{j,1}}{\hat{y}_{i,1}^{B}}. \tag{16}$$

Bei der Beurteilung der Simulationsergebnisse bzw. der Multiplikatoren und Elastizitäten für kürzere Zeiträume ist zu beachten, dass sich wegen der verzögerten Reaktionen der endogenen Variablen noch außerhalb des betrachteten Zeitraums Wirkungen ergeben. Diese *post-termination*-Effekte sollten beziffert, mindestens jedoch angesprochen werden.

5.2 Weitere Anwendungen

Auf eine Reihe weiterer Anwendungen sei nur kurz hingeweisen.

Die Analyse der strukturellen Sensitivität eines Modells: Hier werden die Wirkungen einer einprozentigen Erhöhungen aller Schätzparameter untersucht. Zur Methode an sich vgl. Kuh/Neese/Hollinger (1985), eine Anwendung mit dem RWI-Konjunkturmodell findet sich in Heilemann (1993) (vgl. auch den Beitrag von Heilemann in diesem Band.

Eine weitere Anwendung ist die Schätzung von IS-LM- oder AS/AD-Kurven eines makroökonomischen. Üblicherweise werden die ökonomischen Zusammenhänge zwischen Zinsen, Investitionen und Geldmenge einerseits sowie Preisen und gesamtwirtschaftlichem Angebot und Nachfrage andererseits in den Modellen nicht explizit in dieser Form modelliert. Auf der Grundlage der Simulationsergebnisse entsprechender Stärkungen lassen sich Steigungen dieser Kurven schätzen. Eine Darstellung der Vorgehensweise mit einigen Simulationsergebnissen liefern Green et al. (1991) und – etwas knapper – Intriligator et al. (1996: 495) sowie der Beitrag von Hickman in diesem Band, kritisch dazu Wallis (1993: 230).

Mit Hilfe von stochastischen Simulationen können Wahrscheinlichkeiten des Eintretens bestimmter ökonomischer Ereignisse (*event probability estimates*; Stock, Watson 1989; Fair 1993, 1994) berechnet werden. Ein solches Ereignis – z.B. eine Rezession – wird in Realisationen einer endogenen Variable operationalisiert, z.B. als Schrumpfung des realen BIP in zwei aufeinanderfolgenden Perioden. Aus stochastischen Simulationen mit *Z* Wiederholungen über jede der *T* Perioden errechnet sich dann die Wahrscheinlichkeit dieses Ereignisses als relative Häufigkeit seines Eintretens. Diese Schätzwerte sind nicht nur zur Prognose solcher Ereignisse geeignet, sie können auch zur Validierung des Modells genutzt werden. Dazu werden aus stochastischen ex post-Simulationen berechnete Wahrscheinlichkeiten mit ihren tatsächlichen Eintrittswahrscheinlichkeiten verglichen.

Eine gegenüber der Multiplikatoranalyse umgekehrte Vorgehensweise verfolgt der *optimal control*-Ansatz. Hier wird für ein oder mehrere vorgegebene wirtschaftspolitische Ziele nach einem zu definierenden optimalen Instrumentenmix zu seiner Erreichung gefragt (theoretisch dazu z.B. Fair 1984: 352ff.; Challen, Hagger 1983: 207ff.). Eine spezielle Anwendung auf die Frage der Finanzierung der deutschen Wiedervereinigung haben Heilemann/Barabas (1996) mit dem RWI-Konjunkturmodell durchgeführt, in der auch eine Reihe noch wenig geklärter Fragen der konkreten Anwendung (z.B. von Restriktionen bezüglich der Variationen der vierteljährlichen Instrumentvaration) angesprochen werden.

6. Zusammenfassung und Perspektiven

Technisch gesehen ist die Simulation eine einfache und mittlerweile leicht anzuwendende Methode. Die Rechenzeit stellt, verglichen mit den Anfängen der Simulationspraxis in den sechziger Jahren, kein Problem mehr dar. Engpässe liegen heutzutage eher im Bereich der Software. Benutzerfreundliche und kostengünstige Programme sind auch gegenwärtig noch Mangelware und machen die Modellsimulationen zu einer relativ aufwändigen Angelegenheit. Gleichwohl sind auf der anderen Seite die Anforderungen an die Durchführung, Erklärung und Begründung der Ergebnisse erheblich gestiegen.

Die Operationalisierung der ökonomischen oder methodischen Fragestellung erfordert in der Regel eine Fülle von Entscheidungen, die eine „objektive" Lösung der Simulationsaufgabe ausschließen und nicht in einem Schritt befriedigend zu erreichen sind. Nicht zuletzt aus diesem Grund sollten die Erwartungen an die Simulationsergebnisse realistisch sein: *A map is not a territory*!

Eine unmittelbare Validierung von Simulationsergebnissen ist ausgeschlossen, auch der Vergleich mit früheren Ergebnissen des gleichen Modells oder denen anderer Modelle ist meist nur bedingt hilfreich, sei es, weil die Umstände, Art oder Stärke der Impulse andere sind oder die Vergleichbarkeit der Modelle nicht mehr geblieben ist. Wichtig sind deshalb die Annahmen und Vorgehensweise, Besonderheiten und evtl. Modifizierung des Modells usw. möglichst transparent und nachvollziehbar zu machen: Gewährleistung der Transparenz!

Für die Zukunft ist zu erwarten, dass der Simulationsproduzent oder -konsument zunehmend über eine große Zahl von Simulationsergebnissen des gleichen oder anderer Modelle problemlos verfügen können. Die Modelle werden unterschiedliche theoretische und empirische Fundierung besitzen und unterschiedliche Erklärungsziele und -horizonte verfolgen. Gleichzeitig scheint sich aber auch ein *new consensus-model* (*Blinder*) herauszubilden, das neoklassische, keyenesianische und monetaristische Elemente und Reaktionsweisen aufweisen wird.

Literaturverzeichnis

Adams, G.F., Klein, L.R. (1991): Performance of Quarterly Econometric Models of the United States: A new Round of Model Comparisons. In: Klein, L.R. (Ed.), 18–68

Adelman, I. (1987): Simulation Models. In: Eatwell, J., Milgate, M., Newman, P. (Eds.), The New Palgrave: A Dictionary of Economics, Vol. 4, Q to Z. Macmillan, London, 340–342

Adelman, I., Adelman, A.F. (1959): The dynamic properties of the Klein-Goldberger Model. Econometrica 27, 596–625

Bianchi, C., Calzolari, G., Corsi, P. (1981): Estimating Asymptotic Standard Errors and Inconsistencies of Impact Multipliers in Nonlinear Econometric Models. Journal of Econometrics 16, 277–294

Brinner, R.E., Hirsch, A.A. (1991): A Comparative Analysis of the DRI and BEA Models. In: Klein, L.R. (Ed.), 125–167

Brunner, K. (1973): Book review „Economic models of cyclical behavior". Journal of Economic Literature 11: 926–933

Challen, D.W., Hagger, A.J. (1983): Macroeconomic Systems – Construction, Validation and Application. Macmillan Press, London

Eckstein, O. (1978): The Great Recession – With a Postscript on Stagflation. Data Ressources Series 3. North-Holland, Amsterdam

Evans, M.K. (1969): Macroeconomic Activity. – Theory, Forecasting, Control. Harper-Row, New York

Evans, M.K. (2003), Practical Business Forecasting. Blackwell, Oxford

Fagan, G., Hendry, J., Mestre, X (2003), Structural Modelling of the Euro Area. In: Heilemann, U., Pauly, P. (Eds.), Macroeconometric Models and Monetary Union. Schriftenreihe des RWI. Duncker & Humblot, Berlin, erscheint demnächst

Fair, R.C. (1984): Specification, Estimation, and Analysis of Macroeconometric Models. Harvard University Press, Cambridge, MA

Fair, R.C. (1993): Estimating Event Probabilities in Macroeconometric Models using Stochastic Simulation. In: Stock J., Watson, M. (Eds.), Business Cycles, Indicators, and Forecasting, University of Chicago Press, Chicago, 157–176

Fair, R.C. (1994): Testing Macroeconometric Models. Harvard University Press, Cambridge, MA

Fisher, P.G., Salmon, M.H. (1986): On Evaluating the Importance of Nonlinearity in Macroeconometric Models. International Economic Review 27, 625–646

Gahlen, B., Sailer, M. (Eds.) (1985), Econometric modelling of the West German economy. Edition Sigma, Berlin

Gerfin, H., Heiman, P. (1980): Elastizität. In: Albers, W. et al. (Eds.), Handwörterbuch der Wirtschaftswissenschaften. Zweiter Band. Fischer et al., Stuttgart, et al., 353–362

Gordon, R.J. (2002), Macroeconomics. 9th ed. Addison Wesley, Boston, MA

Green, J., Hickman, B.G., Howrey, E.P., Hymans, S.H., Donihue, M.R. (1991): The IS-LM Cores of Three Econometric Models. In: Klein, L.R. (Ed.), 89–124

Hartmann, S. (1995): Simulation. In Mittelstraß, J. (Ed.), Enzyklopädie Philosophie und Wissenschaftstheorie, Band 3. Metzler-Poeschel, Stuttgart, 807–809

Heilemann, U. (1993): Möglichkeiten und Grenzen der strukturellen Sensitivitätsanalysen ökonometrischer Modelle. Jahrbücher für Nationalökonomie und Statistik 212, 33–57

Heilemann, U. (2002a): Increasing the Transparency of Macroeconometric Forecasts: a Report from the Trenches. International Journal of Forecasting 18, 85–105

Heilemann, U. (2002b): Small is beautiful? Entwicklungslinien im Makroökonometrischen Modellbau. Jahrbücher für Nationalökonomie und Statistik 222, 656–682

Heilemann, U., Barabas, G. (1996), Zur Finanzierung der deutschen Einigung – Eine optimal control-Analyse mit dem RWI-Konjunkturmodell. RWI-Papiere 41. RWI, Essen

Heilemann, U., Wolters, J. (Eds.) (1998): Gesamtwirtschaftliche Modelle in der Bundesrepublik Deutschland: Erfahrungen und Perspektiven. Schriftenreihe des RWI 61. Duncker & Humblot, Berlin

Hendry, D.F., Ericsson, N.R. (Eds.) (2001), Understanding economic forecasts. MIT-Press, Cambridge, MA

Helberger, C. (1975), Multiplikatoren für die Bundesrepublik Deutschland. Jahrbücher für Nationalökonomie und Statistik 190, 120–151

Howrey, E.P., Kelejian, H.H. (1971): Simulation versus analytical solutions. In: Naylor, T.H. (Ed.), The Design of Computer Simulation Experiments. Duke University Press, Durham, NC, 207–231

Intriligator, M.D., Bodkin, R.G., Hsiao, C. (1996): Econometric Models, Techniques, and Applications. Prentice-Hall, Upper Saddle River, NJ

Klein, L.R. (1974): Supply constraints in demand oriented systems: An interpretation of the oil crisis. Zeitschrift für Nationalökonomie 34: 45–56

Klein, L.R. (1983): Lectures in Econometrics. Advanced Textbooks in Economics 22. Elsevier, Amsterdam et al.

Klein, L.R. (Ed.) (1991): Comparative Performance of U.S. Econometric Models. Oxford University Press, New York

Klein, L.R., Young, R.M. (1980): An Introduction to Economic Forecasting. Heath, Lexington, MA

Kuh, E., Neese, J.W., Hollinger, P. (1985): Structural Sensitivity in Econometric Models. Wiley, New York

Langer, H.G., Martiensen, J., Quinke, H. (Eds.): Simulationsexperimente mit ökonometrischen Makromodellen – Modellforum ‘83. Berichte der GMD 146. Oldenbourg, München

Legasto jr. A.A., Forrester, J.W., Lyneis, J.M. (Eds.) (1980): System Dynamics. TIMS Studies in the Management Science 14. North-Holland, Amsterdam

Lucas, R.E. (1972): Econometric policy evaluation: a critique. In: Brunner, K., Meltzer, A.H. (Eds.): The Phillips Curve and labor markets. Carnegie-Rochester Conference Series on Public Policy 1. North Holland, Amsterdam, 19–46

McCarthy, M.D. (1972): Some Notes on the Generation of Pseudo-structural Errors for Use in Stochastic Simulation Studies. In: Hickman, B. (Ed.), Econometric Models of Cyclical Behavior. Columbia University Press, New York, 185–191

McNees, S.K. (1986): Forecasting accuracy of alternative techniques: a comparison of US macroeconomic forecasts. Journal of Business and Economic Statistics 4, 16–23

McNees, S.K. (1990): Man vs. model. The role of judgment in forecasting. New England Economic Review 1990, 41–52

McNees, S.K. (1991): Comparing Macroeconomic Model Forecasts under Common Assumptions. In: Klein, L.R. (Ed.), 69–85

Meadows, D.H. et al. (1972): The Limits to Growth: A Report for the Coub of Rome's Project on the Predicament of Mankind. Signet Book, New York

Morgan, M.S. (1990): The history of econometric ideas. Cambridge University Press, Cambridge, UK

Pindyck, R.S., Rubinfeld, D.M. (1998): Econometric Models and Econometric Forecasts, 4th edition. McGraw Hill, New York et al.

Sims, C.A. (1980): Macroeconomics and Reality. Econometrica 48, 1–48

Smith, R. (1994), The macro modelling industry: structure, conduct and performance. In: Hall, S. (Ed.), Applied Economic Forecasting Techniques. Harvester Wheatsheaf, New York, 68–88

Stekler, H.O. (1991): Macroeconomic forecast evaluation techniques. International Journal of Forecasting 7, 375–384

Stock, J., Watson, M. (1989): New Indexes of Coincident and Leading Economic Indicators. In: Blanchard, O., Fisher, S. (Eds.), NBER Macroeconomics Annual 1989. MIT Press, Cambridge, MA, 351–394

Tinbergen, J. (1939): Business Cycles in the United States of America: 1912–1932. League of the Nations, Geneva

Wallis, K.F. (Ed.) et al. (1986): Models of the UK economy. A third review by the ESRC Macroeconomic Modelling Bureau. Oxford University Press, Oxford

Wallis, K.F. (1991): Some Recent Developments in Policy Making with Macroeconometric Models. In: Gruber, J. (Ed.), Econometric Decision Models. New Methods of Modeling and Applications. Proceedings of the Second International Conference on Econometric Decision Models, University of Hagen, August 29 – September 1, 1989. Lecture Notes in Economics and Mathematical Systems 366. Springer, Berlin et al., 15–36

Wallis, K.F. (1993): Comparing Macroeconomic Models: A Review Article. Economica 60, 238–225

Wallis, K.F. (1995): Large-scale Macroeconomic Modelling. In: Pesaran, H., Wickens, M. (Eds.), Handbook of Applied Econometrics. Macroeconomics and Finance. Blackwell, Oxford, 312–355

The Logical Structure of a Model

Dedicated to Emilio Fontela who provided inspiration and support to start my academic career.

Manfred Gilli[1]

1. Introduction

This contribution discusses techniques for the investigation of qualitative properties of econometric models. The logical properties of large and sparse systems of equations are efficiently explored by means of graph theoretical tools. Such properties reveal the overall architecture of a model, permitting to better formulate a judgement on the theoretical characteristics and potential applications of the model. It also facilitates the interpretation of particular outcomes and may prove useful in the detection of errors and pitfalls in the model. In many cases this qualitative analysis is also used in strict connection with quantitative investigations such as simulation or the analysis of the dynamic properties of a model.

The relevance of the analysis of the causal structure of an economic model has first been discussed by Simon (1957), Ando/Fisher (1963) and Lindbeck (1966). With the trend to build always larger models, methods where needed to perform such an analysis efficiently. Contributions to the methodoligical aspects of causal ordering can be found in Krupp (1976), McElroy (1978), Gilli (1992) and Heilemann/Münch (1992).

This presentation builds on work previously published by the author. In the first part of the contribution we give a condensed introduction to the methodology used to represent and analyze a model's logical structure. In the second part an application is presented which illustrates some aspects of the methodology introduced in the previous part.

2. Methodology for causal ordering

The aim of this section is to present operational methods as a tool of the investigation of the logical properties of a model. Many of these properties are often far from being evident to the model builder and this is particularly true if the model results from a teamwork. For the model user this tool will give him the possibility of clarifying the complex network of economic relationships inside the model.

---

1 University of Geneva, Bd du Pont d'Arve 40, CH-1211 Geneve 4.

2.1 Representing a model with a graph

Let us consider the deterministic part of a structural model, represented by the set of n equations

$$y = g(y, z) \tag{1}$$

where $y \in R^n$ are the endogenous variables and $z \in R^m$ the exogenous ones. The logical or *causal structure* of the model is given by the list of the right-hand side variables for all the equations of the model. For one equation

$$y_i = g_i(\ldots, y_j, \ldots, z_k, \ldots) \tag{2}$$

we say that there exists a causal link from variable y_j to variable y_i as well as a causal link form variable z_k to variable y_i. Such causal links can be represented naturally by arrow systems, as shown in Figure 1 and which in a more rigorous language are

Figure 1

Partial subgraph of equation g_i

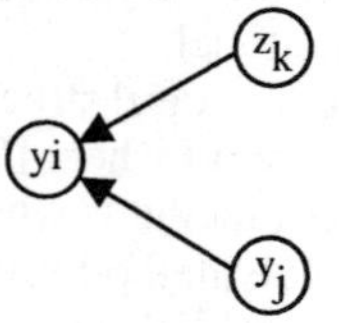

called graphs. While an arrow scheme in itself is only a picture, a graph is a mathematical concept with precise definitions and properties which provide a suitable language to deal with causal links.

In the following we will associate a graph to the causal structure and then derive some of its properties by analyzing the properties of the graphs.

The linear or linearized form of model (1) can be written as

$$y = Dy + Fz \tag{3}$$

where the matrices D and F are defined as

$$D = \frac{\partial g}{\partial y'} \qquad F = \frac{\partial g}{\partial z'} \tag{4}$$

and the reduced form is

$$y = (I - D)^{-1} Fz. \tag{5}$$

The incidence matrices of matrix D and F contain all the information about the causal structure of the model and we will derive from them the incidence matrix of matrix $(I-D)^{-1}$ and the incidence matrix of the multiplier matrix $(I-D)^{-1} F$. The matrix $(I-D)^{-1}$ is sometimes called the shift multiplier matrix as it shows how endogenous variables are affected by a shift of a given endogenous variable.

The complete graph of model (1) can be obtained by putting together all partial graphs corresponding to the single equations as shown in Figure 1. However let us consider the set of all variables $X = Z \cup Y$ and a matrix A where the rows and columns correspond to X and are partitioned into the sets Y and Z then

(6)
$$A = \begin{array}{c} \\ Z \\ Y \end{array} \begin{array}{c} \begin{array}{cc} Z & Y \end{array} \\ \begin{pmatrix} 0 & 0 \\ F & D \end{pmatrix} \end{array}$$

is the adjacency matrix of the graph

(7)
$$G = (X, U)$$

corresponding to the causal structure of model (1). The set of vertices $X = Z \cup Y$ represents the endogenous and exogenous variables and the set U is the set of all arcs $x_i \to x_j$ such that the corresponding element in the adjacency matrix verifies $a_{xjxi} \neq 0$.

The following basic notions may be best introduced by means of a simple example consisting in a model of 7 equations, having the following causal structure:

(8)
$$\begin{aligned} x_1 &= g_1(x_2, x_3, x_4, x_7) \\ x_2 &= g_2(x_7, x_{9-1}) \\ x_3 &= g_3(x_6, x_9) \\ x_4 &= g_4(x_7, x_{9-1}) \\ x_6 &= g_6(x_1, x_3, x_4, x_{8-1}) \\ x_7 &= g_7(x_2, x_5, x_{3-1}) \\ x_8 &= g_8(x_5, x_7, x_9) \end{aligned}$$

In order to keep pictures and notation simpler we will, in the following, label the variables only with their subscript. Considering the current variables only we give the adjacency matrix defining the graph of the causal structure and the picture of the graph in Figure 2.

The *arcs* in the graph correspond to the causal links in the model. A sequence of arcs from a vertex i to a vertex j is a *path*, which corresponds to an indirect causal link in the model, i.e. a variable i which has an effect on variable j through the interaction of a set of equations. Causal links are therefore equivalent to the existence of nonzero multipliers in the model.

Figure 2

Adjacency matrix and picture of graph corresponding to the model defined in (9)

$$
A = \begin{array}{c|cc|ccccccc|}
 & 5 & 9 & 1 & 2 & 3 & 4 & 6 & 7 & 8 \\
\hline
5 & \cdot & \cdot & \cdot & \cdot & \cdot & \cdot & \cdot & \cdot & \cdot \\
9 & \cdot & \cdot & \cdot & \cdot & \cdot & \cdot & \cdot & \cdot & \cdot \\
\hline
1 & \cdot & \cdot & \cdot & 1 & 1 & 1 & \cdot & 1 & \cdot \\
2 & \cdot & \cdot & \cdot & \cdot & \cdot & \cdot & \cdot & 1 & \cdot \\
3 & \cdot & 1 & \cdot & \cdot & \cdot & \cdot & 1 & \cdot & \cdot \\
4 & \cdot & \cdot & \cdot & \cdot & \cdot & \cdot & \cdot & 1 & \cdot \\
6 & \cdot & \cdot & 1 & \cdot & 1 & 1 & \cdot & \cdot & \cdot \\
7 & 1 & \cdot & \cdot & 1 & \cdot & \cdot & \cdot & \cdot & \cdot \\
8 & 1 & 1 & \cdot & \cdot & \cdot & \cdot & \cdot & 1 & \cdot \\
\hline
\end{array}
$$

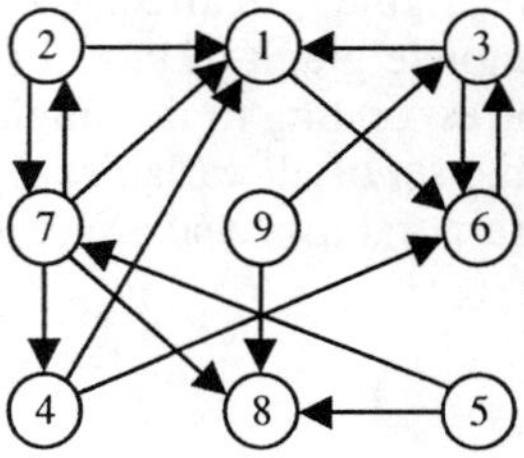

A first task consists now in finding the sets of simultaneous equations of the model, sometimes also called blocks. In the graph this corresponds to the strong components. A *strong component* is the largest possible set of interdependent vertices, i.e. the set where any ordered pair of vertices (i, j) verifies a path from i to j and a path form j to i. The strong components define a unique partition among the equations of the model into sets of simultaneous equations.

There exist several fast algorithms to seek the strong components of a graph.[2] The following algorithm is very simple and works as follows:

- Compute $R(x_o)$, the set of variables linked to a given variable x_o by either a direct of an indirect link. $R(x_o)$ is called the set of all descendant vertices to vertex x_o.
- Compute $Q(x_o)$, the set of variables along all paths going to a particular variable x_o. $Q(x_o)$ is called the *set of all ascendant vertices* to vertex x_o.
- $R(x_o) \cap Q(x_o)$ defines the set of vertices forming the strong component to which vertex x_o belongs.
- Delete the vertices of the strong component found from graph $G = (X, U)$ and repeat the procedure for the remaining subgraph.

In Figure 3, we seek, as an illustration, the strong component to which vertex 2 belongs to. $R(2)$ is found using a breadth-first search for instance, which consists in the construction of a tree where the root is vertex 2; at level 1 we have all the adjacent

Figure 3

Breadth-first tree for $R(2)$ and $Q(2)$

---

[2] The algorithm of choice would use a depth-first search, see Tarjan (1972).

vertices to vertex 2; at level 2 we find all the adjacent vertices to the vertices in level 1, which have not yet been explored.

Once all possible vertices have been explored, the tree contains all vertices descendant to vertex 2. $Q(2)$ is found in similar fashion by proceeding from bottom to top. We verify that $R(2) \cap Q(2) = \{2,7\}$ and that the set constitutes a strong component of the graph. The other strong components are $\{1,3,6\}$, $\{4\}$, $\{5\}$, $\{8\}$, $\{9\}$ and we see that a single vertex can constitute a strong component.

After having identified the interdependent portions, or blocks, of the model we wish to know the causal links between these blocks. Therefore we will define a new graph whose vertices are the strong components of the previous graph and where there will be an arc between the new vertices if there is at least one arc between the vertices corresponding to the two strong components considered. This new graph is called a *reduced graph* and it will be used to analyze causal links existing between blocks, i.e. the sets of simultaneous equations. The reduced graph of our example is given in Figure 4.

Figure 4

Reduced graph corresponding to model defined in (8)

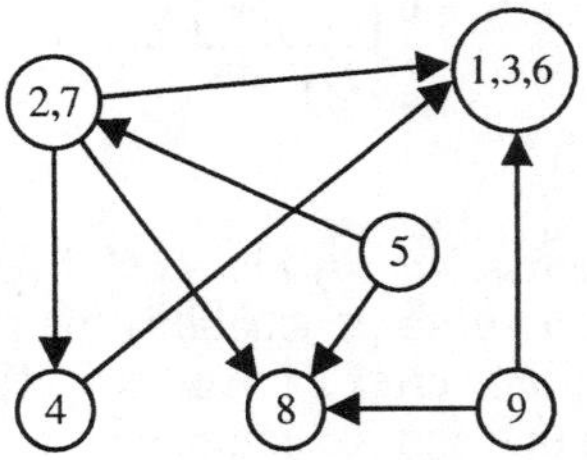

Since, by construction, the reduced graph is without circuits, i.e. there do not exist interdependencies it will be possible to draw the vertices in a hierarchical order where arcs will go only from top to bottom. At level zero we draw the vertices with no ingoing arcs, 5 and 9 in our case. By dropping these vertices in the original graph we generate new vertices with no ingoing arcs, which then form level one. The vertex corresponding to the strong component $\{2,7\}$ forms level one for our example. Con-

Figure 5

Ordered reduced graph and adjacency matrix

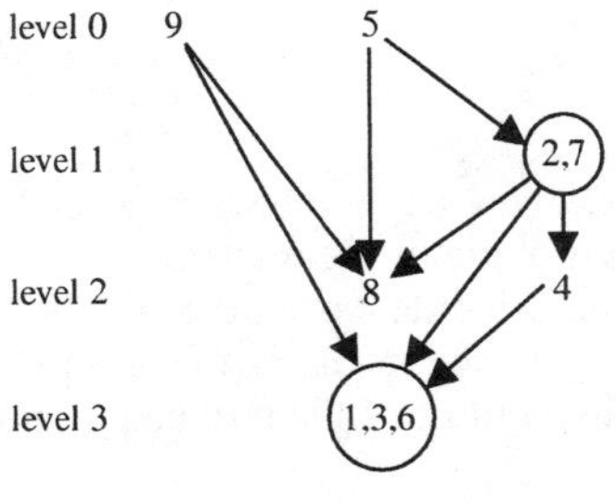

	9	5	2 7	4	8	1 3 6
9	•	•	•	•	•	•
5	•	•	•	•	•	•
(2,7)	•	1	•	•	•	•
4	•	•	1	•	•	•
8	1	1	1	•	•	•
(1,3,6)	1	•	1	1	1	•

tinuing this procedure until all vertices have been explored we get the ordered reduced graph shown in Figure 5.

Level zero of such a graph always contains the exogenous variables of the model; indeed exogenous variables do not receive any causal link and are therefore independent. The rest of the graph clearly describes how blocks in higher numbered levels depend upon blocks in lower numbered levels.

Rearranging the variables of the rows and columns of the incidence matrix *D* according to the order they appear in the levels of the ordered reduced graph, we obtain its block-triangular decomposition shown in Figure 6.

Figure 6

Block-triangular decomposition om matrix *D*

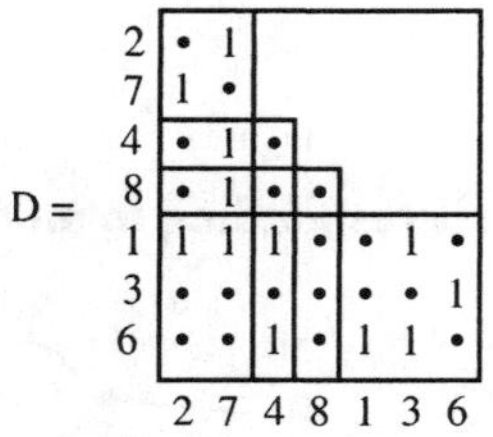

We will now construct the *reachability matrix C* (Figure 7) of the reduced graph. An entry in row *h* and column *k* of the reachability matrix will exist if there is a path in the reduced graph going from vertex *k* to vertex *h*. The adjacency matrix already contains the paths of length one and we complete this matrix by setting all entries corresponding to paths longer than one to "i". For the model this indicates the existence of an *indirect causal link*. In order to improve the readability a dot corresponds to a zero entry.

Figure 7

Reachability matrix *C*

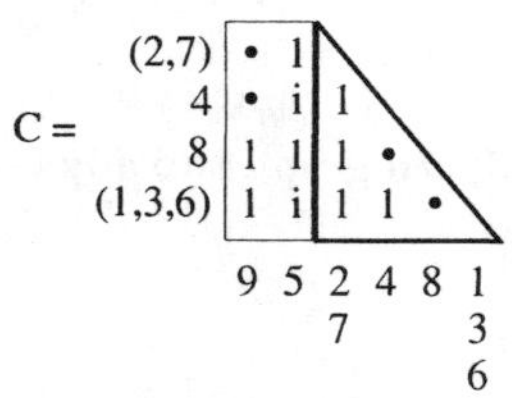

The first rows which correspond to the exogenous variables are dropped as they must always be empty as well as the upper triangle of the matrix.

The rectangular matrix corresponds to the incidence matrix of the multiplier matrix and the lower triangular matrix is the incidence matrix of the shift multiplier matrix. In practice one does not produce the pictures of the reduced graph, but uses the reachability matrix where the overall logic of the model becomes clearly visible. The possibility of simulations of a particular policy can be checked according to whether a multiplier exist or not. The incidence matrix of the shift multiplier matrix shows the causal links existing among the endogenous variables.

In many circumstances it is interesting to deal with only parts of a model. The question we rise is how to find submodels which, if treated separately, lead to the same conclusions as the complete model. The idea behind this is very simple and consists in dropping the variables which are not connected by causal links to a particular variable.

This is known as the problem of model separability. Matrix C of all causal links, we already defined, contains all the information to answer the following three questions which will most frequently occur.

- Given a block i find the smallest set of blocks containing block i that may be solved independently form the rest of the model. This set of variables corresponds to the set of blocks whose entries in row i of matrix C are nonzero. In the reduced graph it corresponds to all the vertices which are ascendants of vertex i which represents block i. When solving for variable 1 in the example we carry on, the set of ascendants $Q(1)$ is $\{1,3,6,4,2,7,5,9\}$.
- What is the set of variables affected by a perturbation of a variable in block i? This set is given by the descendents of vertex i in the reduced graph and corresponds in matrix C to the set of blocks defined by the nonzero entries in column i. For variable 9 this set of reachable vertices $R(9)$ is $\{9,8,1,3,6\}$.
- What is the set to be considered if we study the effect of a perturbation of block i on a particular block j only? This set is given by the vertices which are situated along every path going from block i to block j, that is to say by the intersection of the set of descendants of vertex i with the set of ascendants of vertex j. Going from variable 9 to variable 1, the set of variables we seek for is given by $R(9) \cap Q(1) = \{1,3,6,9\}$.

2.2 Essential elements of a causal structure

It might be interesting to point out those causal links in a model which are essential, i.e. links which if removed destroy the existence of paths.

2.2.1 Recursive structures

In the case of the reduced graph this consists in finding the minimal graph which is the smallest possible subgraph with the same reachability matrix as the original graph. Such a minimal graph is the more interesting as it is unique.

The minimal graph is found by removing those arcs $i \rightarrow j$ for which there exists a path from i to j of length greater than one. Figure 8 shows the reduced graph of our example in which the arcs forming the minimal graph are drawn in solid lines and the arcs which may be removed are in dotted lines. Matrix C introduced previously has been modified, i.e. the entries corresponding to the arcs forming the minimal graph are set to "b" which stands for basic link and the entries corresponding to the other arcs are set to "d", which means direct link.

Figure 8

Minimal graph in solid lines

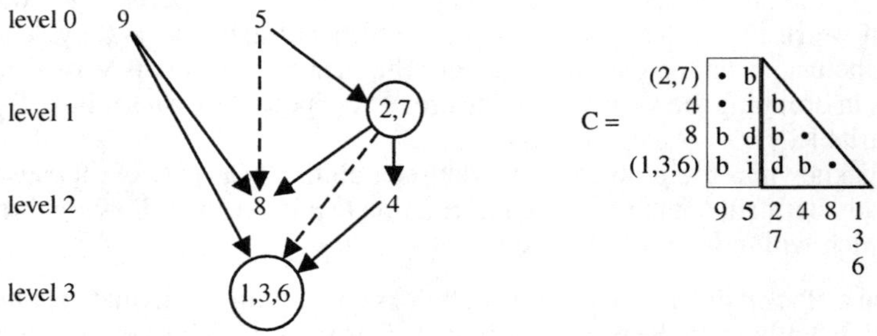

Now matrix C shows in a very clear way all causal links existing between blocks. If one wants to remove a causal link in the model it can only be done by removing arcs from the minimal graph, i.e. the arcs labelled with a "b" in matrix C. Removing a link characterized by a "d" entry in matrix C will leave an indirect causal link between the corresponding blocks. If, on the contrary, one wants to create a causal link, one has to add an arc in a location in matrix C which previously had a zero entry. A new link between two blocks, which in the corresponding entry in matrix C showed an "i", will only strengthen an existing causal link, i.e. the incidence matrix of the multiplier matrix will remain unchanged.

2.2.2 Interdependent structures

A block or an interdependent structure is characterized by the existence of a sequence of causal links, indirect or direct, between any ordered pair of variables in the block. Thus the variables of a block are involved in circular causal chains, called circuits. For economic models, even for blocks of relatively modest size, the number of elementary circuits, i.e. circuits which do not go twice over a same variable, are of the order of several hundred of thousands. This leads to complex situations indeed. In order to understand globally such interdependent mechanisms we suggest to seek for those elements which are responsible for the circularity of the causal links in a block. These elements are then removed and the resulting recursive structure will then be analyzed by means of the techniques used for the reduced graph.

The set of elements we seek for are of two types:

- The set of vertices, or variables, such that any circuit of the block contains at least one of these variables;

- The set of arcs, or direct causal links, such that any of the circuit of the block contains at least one of these arcs.

It is clear that only minimal sets of elements having the property of cutting off all circuits are of interest. Such sets of elements are called *essential feedback vertex set* for the first and *essential feedback arc set* for the second.

Figure 9

Block {1,3,6}, set of elementary circuits and bipartite graphs

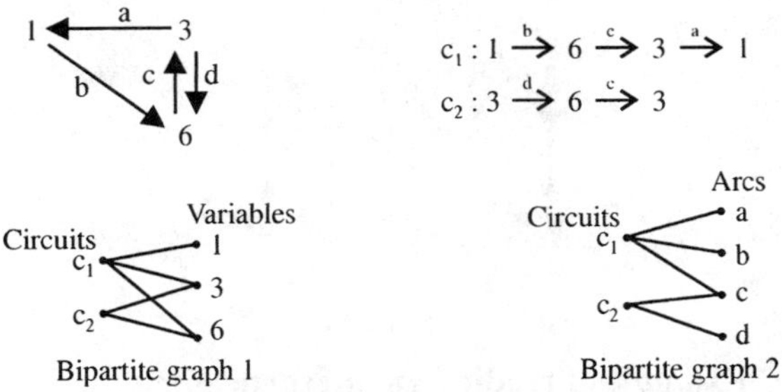

For the block containing variables 1, 3 and 6 we will illustrate how these sets can be found.[3] Figure 9 shows the graph of the block and enumerates all the elementary circuits. We now construct two bipartite graphs[4], the first subset of vertices represents the circuits of the block and the second subset of vertices represents the variables, respectively an arcs, of the block. There is an edge between a vertex representing a circuit and a vertex representing a variable, respectively an arc, if the block of that element belongs to the circuit. We than seek in both bipartite graphs the elements, vertices or arcs, which *cover* all the circuits.

For the bipartite graph 1 we verify that variable 3 or variable 6 covers all the circuits and therefore each of these two variables form an essential feedback vertex set for the block $\{1,3,6\}$.

In the bipartite graph 2, the arc $6 \xrightarrow{c} 3$ covers all the circuits and forms the unique essential feedback arc set.[5]

To cut the circular causal links in the block we choose to use the essential feedback vertex set given by variable 6. Splitting this vertex in the block into two parts, one part containing only outgoing arcs and the other part only ingoing arcs will leave the block without circuits. Similarly, if we remove the arc $6 \xrightarrow{c} 3$ which forms the essential feedback arc set, all circuits of the block disappear.

Figure 10 shows the pictures of the corresponding recursive graphs. According to what had been done before, the solid arcs represent the minimal graph, the dashed arcs do not belong to the minimal graph and the dotted arc is the feedback arc which has been reintroduced.

In Figure 11 another illustration of two possible readings of an interdependent structure is given. In this example the arcs $(1,3)$ and $(3,5)$ constitute the essential feedback arc set and vertex 3 is the essential feedback vertex set, which is split into 3' and 3''.

The pattern of the corresponding incidence matrices with rows and columns in the order of the vertices from top to bottom is given in Figure 12. Submatrix V is formed

---

[3] An efficient algorithm is described in Gilli/Pauletto (1992).

[4] A graph is said to be bipartite if the set of vertices can be partitioned into two subsets so that all edges have one vertex in the first set and the other vertex in the second set.

[5] The set of arcs $\{a, d\}$, for instance, forms a minimal feedback arc set whose cardinality is however not minimum.

Figure 10

Two recursive representations of block {1,3,6}

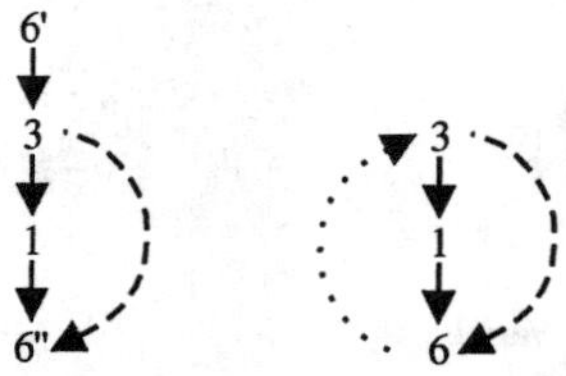

Figure 11

Example of reading an interdependent block

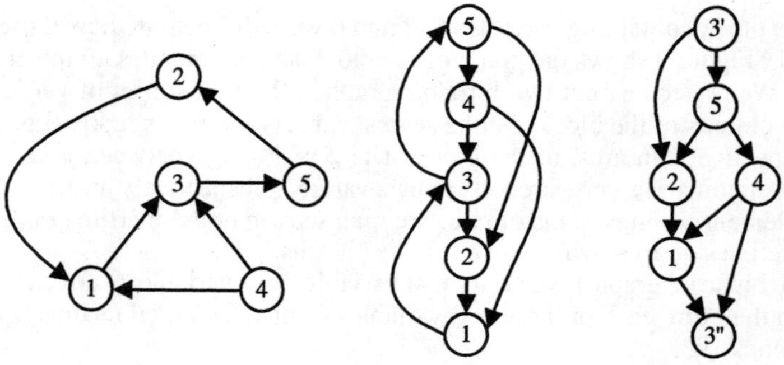

by the essential feedback vertex set and the entries in the upper triangular matrix A correspond to the essential feedback arc set. Ordering the equations of an interdependent block according to the above patterns is particularly useful when solving the model numerically.[6] When using Newton like methods it will be most profitable to have the equations partitioned into a largest possible recursive part and a smallest interdependent part, corresponding to the essential feedback vertex set. Gauss-Seidel methods will work efficiently if the iterations go over the equations in an order which minimizes the feedback as the essential feedback arc set does.

Figure 12

Pattern of the incidence matrices after reordering

6 An extensive discussion about the computational solution of large-scale macroeconometric models can be found in Pauletto (1997).

2.3 Extensions of the analysis

2.3.1 Model without explicit normalization rule

We discussed the case of a model with a given particular normalization rule. This means that the equations of the model are written in the form

(9) $$x_i = g_i(\ldots, x_j, \ldots) \qquad i = 1,2,\ldots,n$$

i.e., each equation of the model has a different left-hand variable. In this case it has been shown that the graph of the causal structure is given immediately.

If a particular normalization rule (or assignment of the left-hand variables) is not given, one first investigates whether such an assignment is possible, as this has an important implication for the properties of the model.

Therefore the problem to be discussed is how to associate a graph with the following system of equations:

(10) $$h_i(y,z) = 0 \qquad i = 1,2,\ldots,n.$$

Such a system can be considered as a non-oriented bipartite graph

(11) $$G_o = (H, X, E)$$

where H is the set of equations, $X = Z \cup Y$ the set of variables and the set of edges is $E = \{[h_i, x_j] \mid x_j \text{ occurs in equation } h_j\}$. The adjacency matrix of G_o is

(12) $$A_{G_o} = [F \quad D]$$

where F is the incidence matrix of matrix $\partial h / \partial z'$ and D is the incidence matrix of $\partial h / \partial y'$.

At this stage we can already investigate an important property of our model. Since we expect at least local uniqueness of the solution y in a neighborhood of z, we derive from the classical implicit function theorem that the space of functions h has to be n-dimensional.

Hence a first and very obvious condition is $card(H) = card(Y)$. Secondly we know that the Jacobian has to satisfy $\partial h / \partial y' \neq 0$ in the neighborhood of z.

Let us consider the determinant of matrix D which can be written:

(13) $$|D| = \sum_{p \in P(n)} s(p) \prod_{i=1}^{n} d_{i,\,p_i}$$

where $P(n)$ is the set of $n!$ permutations of set $J = (1,2,\ldots,n)$ and p_i is the ith component of permutation p. The function s takes the value $+1$ if the permutation p is even and -1 if it is odd. Thus we immediately conclude that a necessary condition for

$|D| \neq 0$ is that there exists at least one permutations p, such that the product in the above expression, is nonzero. It will then be possible to form the following set of n pairs

(14) $$W = \{[h_i, y_j] \mid h_i \text{ contains } y_{pi}\} \qquad i = 1, 2, \ldots, n.$$

The set W defines a complete matching of H on Y which is a one to one mapping between the set of equations and the set of endogenous variables.

We then orient these edges in the bipartite graph G_o from H to X. The interpretation of an arc $h_i \rightarrow y_j$ is that equation h_i explains variable y_j. The remaining edges $E - W$ are oriented from X to H and an arc $x_j \rightarrow h_i$ means that variable x_j is one of the explanatory variables of equation h_i. The oriented graph obtained is then

(15) $$G_1 = (H, X, T)$$

where the set of arcs is

(16) $$T = \{(h_i, x_j) \| [h_i, x_j] \in W\} \cup \{(x_j, h_i) \| [h_i, x_j] \in E - W\}.$$

In graph G_1 the vertices h_i, y_j forming the arcs belonging to the matching W can be condensed and we obtain the graph $G = (X, U)$ already defined in (7).

If a complete matching does not exist, we say that matrix $\partial h / \partial y'$ is *qualitatively singular*, i.e. whatever the particular values of the elements of $\partial h / \partial y'$ are, this matrix will be singular.

A complete matching is not unique, except in case of recursive systems. To each matching there corresponds a different causal scheme inside each strong component; nevertheless, it is important to note that neither the strong components of our directed graph, nor the reduced graph depend on the matching chosen.

2.3.2 Case of dynamic models

The presence of lagged endogenous variables create causal links among variables from different periods. In order to analyze the causal relations existing between variables related to past periods and variables from the current period, or the causal relations between variables from the current period and variables related to future periods, one can proceed in a similar way we did for the static case; we simply define a new static model. Let us consider a model with variables lagged over one period

(17) $$y_t = g(y_t, y_{t-1}; z).$$

Writing the equations for 3 periods gives the system:

$$\begin{aligned} y_{t+0} &= g_{t+0}(y_{t+0}; z_{t+0}) \\ y_{t+1} &= g_{t+1}(y_{t+0}, y_{t+1}; z_{t+1}) \\ y_{t+2} &= g_{t+2}(y_{t+2}, y_{t+1}; z_{t+2}) \end{aligned}$$

which can be considered as the static model

$$y^* = g^*\left(y^*; z^*\right) \tag{18}$$

where y^* is the array $\left[y'_{t+0}\ y'_{t+1}\ y'_{t+2}\right]'$ and z^* is the array $\left[z'_{t+0}\ z'_{t+1}\ z'_{t+2}\right]'$. The temporal relations we seek, are simply causal relations between variables y_{t+0}, y_{t+1} and variables y_{t+2} in the static model g^*.

From now on we proceed as before, by associating a graph G^* with this model, seeking its strong components and constructing matrix C^* which gives the causal links. Matrix C^* has the following form:

$$C^* = \begin{array}{c} t+0 \\ t+1 \\ t+2 \end{array}\begin{bmatrix} C & & \\ C_1 & C & \\ C_2 & C_1 & C \end{bmatrix} \tag{19}$$

where matrix C shows the causal links between blocks within a given period, matrix C_1 shows the causal links between blocks related to period $t+0$ and period $t+1$ and matrix C_2 shows the causal links between blocks related to period $t+0$ and period $t+2$.

Figure 13 shows the reduced graph corresponding to G^* of our example and in Figure 14 we give the matrices C_1 and C_2 of intertemporal causal relations. We see

Figure 13

Reduced graph corresponding to graph G^*

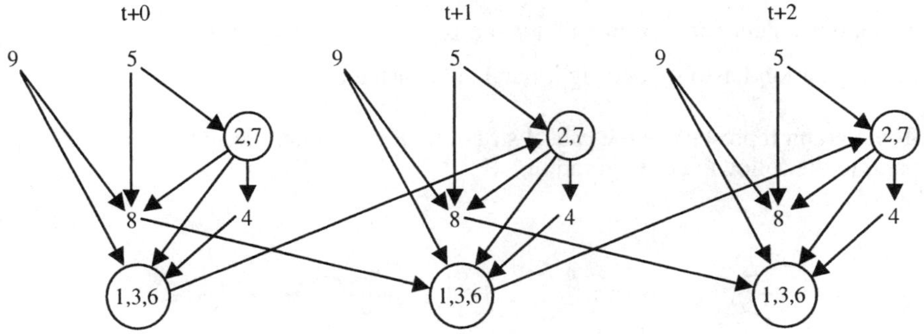

Figure 14

Matrices C_1 and C_2 of intertemporal causal relations

C_1 =

	9	5	2 7	4	8	1 3
(2,7)	d	i	i	i	•	b
4	d	i	i	i	•	i
8	i	i	i	i	•	i
(1,3,6)	i	i	i	i	b	i

C_2 =

	9	5	2 7	4	8	1 3
(2,7)	i	i	i	i	i	i
4	i	i	i	i	i	i
8	i	i	i	i	i	i
(1,3,6)	i	i	i	i	i	i

in matrix C_1 that the temporal relations going from 8 to (1,3,6) and from (1,3,6) to (2,7) are marked as "b", i.e. that they are basic links and which means that these links do not exist in the static model. These links introduce feedbacks and the model becomes fully interdependent if we perform simulations for the current period and one future period.

3. Reduction of complexity

The previous section suggests methods for constructing ordered schemes representing the links in an interdependent structure. However, if the number of variables and causal links increases, it is practically impossible to draw a clear scheme.

Below, we suggest a technique capable of reducing the complexity of a structure without resorting to drastically simplified charts implying undesirable and significant loss of information. The reduction of complexity is mainly obtained by seeking sets of variables which can be considered as submodels and which, in turn, are split into smaller submodels. Thus, the resulting global structure contains fewer elements and therefore is easier to deal with. Particular submodels can be analysed later in isolation.

The suggested technique consists in three steps, i.e. substitution of variables, partitioning of the variables into submodels, and rules for the graphical representation.

3.1 Substitution of variables

This first step is based upon the observation that in an econometric model situations of the following type are often encountered:

a) the dependent variable in an equation enters only one other equation;

b) an equation has only one right-hand side variable.

In the graph representing the causal structure of the model, these two cases correspond to the following configuration:

In both cases, it stands to reason to drop vertex i and to transform its ingoing and outgoing arcs into ingoing and outgoing arcs of vertex j. The elimination of a vertex is excluded if one of the following conditions occurs:

- an outgoing arc of vertex j is an ingoing arc of vertex i in case a) and the contrary in case b) (avoids the creation of a loop);
- a vertex i has no outgoing arcs (avoids eliminating a dead-end variable);
- a vertex i has no ingoing arcs (avoids eliminating an exogenous variable).

For the model, such a procedure is equivalent to a substitution of variable i in the equation explaining variable j for case a) and a substitution of variable i by variable j in the equations where i is present for case b). This procedure will not be executed automatically; according to the economic role played by a particular variable, one can exclude such a simplification from case to case.

Experience with several models suggests that simplifications of this type allow a reduction of the model's size which ranges from 30% to 60%.

3.2 Partition of variables into submodels

The second step is that of partitioning the variables according to a criterion of vicinity. The procedure can be represented as follows:

a) select pairs of variables with a direct causal link in both directions;

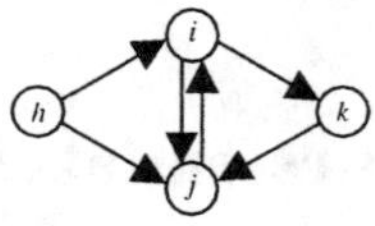

b) condense the graph accordingly;

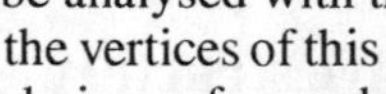

c) repeat a) and b) if further reduction is desired.

The interdependent reduced graph, resulting from the partition of the variables into a given number of submodels can be analysed with the techniques of section 2.2.

Each submodel represented by the vertices of this reduced graph can be considered in isolation and the complete techniques for analysing its causal structure can be applied separately from the beginning.

3.3 Rules for the graphical representation

To simplify the arrow-scheme only those links are reproduced which are necessary to preserve the property of dependence among variables or sets of variables. The definitions of such basic links was given in section 2.1. The set of all basic arcs is called a minimal graph and while the minimal graph is unique when the structure is recursive, there may exist several minimal graphs for interdependent structures, see Gallo and Gilli (1990). In our case minimal graphs are found in the following way:

- compute the essential feedback arc set;
- remove the arcs belonging to this set;

- compute the unique minimal graph in the resulting recursive structure;
- add arcs belonging to the essential feedback arc set if they are basic.

Finally, for further simplification of the arrow-scheme, links between submodels will not show their starting and ending variable in the respective submodels. This is similar to what has been defined for the graph reduced to its strong components in section 2.2. This simplification is illustrated with the two schemes hereafter where the scheme on the right is the simplified representation of the scheme on the left.

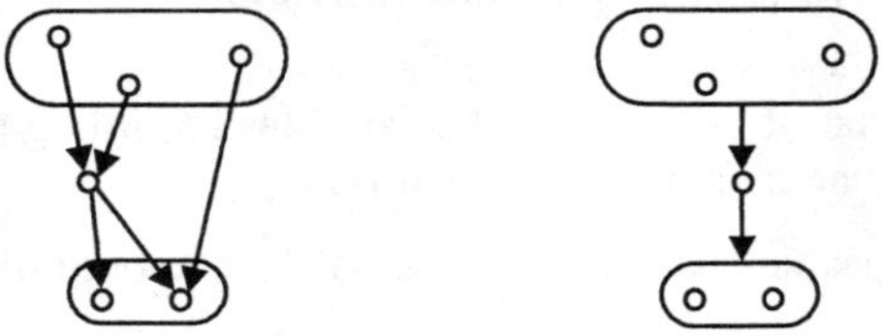

4. RDX2 reduced to its essential elements

This section presents an analysis of a real world model in order to illustrate some of the concepts introduced earlier. RDX2 is a model developed at the Bank of Canada by Helliwell et al. (1971). It is a quarterly model, medium sized, with 271 endogenous and 326 exogenous variables. The model contains much detail on the monetary and fiscal sectors of the Canadian economy and an explanation of the workings of its real sectors, with particular emphasis on commercial and financial flows with the US and other countries. The model was particularly designed for policy simulations.

The analysis has been carried out using the computer program CAUSOR developed by Gilli (1984), which was especially conceived for analysing the properties of the causal structure of large econometric models.

4.1 Analysis of the recursive structure

The pattern of the recursive structure of RDX2 is common to most econometric models. It consists in a very large interdependent block, containing almost all the endogenous variables, and preceded by a few variables determined independently and followed by some dead-ends which do not feed back on the block. The arrow-scheme summarizing all recursive properties generated by current and lagged variables is given in Figure 15.

Despite the fact that the model contains lagged variables over and up to 19 past periods, no new causal links appear after 3 quarters. This means that the qualitative behavior of the model in the long term will reproduce exactly the same mechanisms as it does in a simulation of three quarters ahead. Therefore the graphical scheme contains three frames: 1 quarter, 2 quarters and 3 quarters showing how the feedbacks increase the set of interdependent variables quarter by quarter. As mentioned, none of the more than 1500 lagged relationships generate a new causal link (new impact multiplier) after three periods.

Figure 15

Recursive structure in short and long term

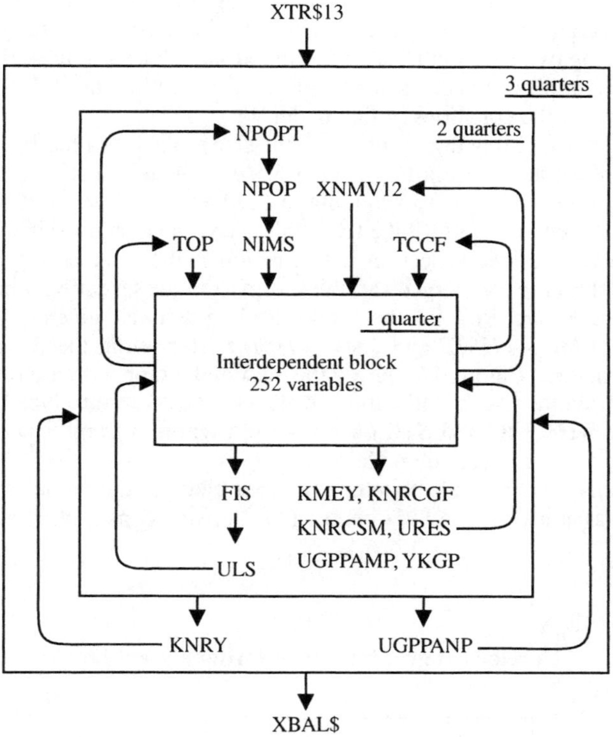

Within the frame corresponding to a period of one quarter, we find a block of 252 interdependent variables. The variables feeding in the block are travel receipts from other countries XTR$13, three demographic variables NPOPT, NPOP, NIMS, two variables about tax collection TPO, TCCF and one variable about exports of goods to the US which is XNMV12. Within the period there is no feedback to these variables: thus, in a simulation for one period ahead they may be considered as exogenous to the block.

The variables which feed out of the block represent desired capital output, stocks and preferred output according to vintage stock KMEY, KNRY, KNRCGF, KNRCSM, UGPPAMP, UGPPANP, Canadian exchange reserves URES, in-flow of private short-term capital and short term liabilities FIS, ULS as well as the net balance on current account XBAL$.

The arrows going from the bottom to the top are feedbacks generated by the lagged endogenous variables.

In the long term, travel receipts from other countries XTR$13 may be considered as exogenous to the remaining structure, and the net balance on current account XBAL$ is a dead-end.

4.2 Analysis of the interdependent structure

The interdependent block, which is the heart of the model, contains 252 variables interconnected by 975 causal links (not considering links from outside the block, or from lagged variables) involving the variables in millions of elementary circuits (circuits not passing twice through the same variable). Such a structure can be qualified as extremely complex; it is clear that its mechanisms cannot be understood by a direct inspection of the equations of the model.

In a first step in tackling this complexity, the size of the block has been reduced by substitution of variables, according to the rules described in section 3. The program suggested 97 substitutions corresponding to a reduction in size by 36%.

In a second step, mutually linked variables have been successively merged together, again as described in section 3. This results in the condensed graph shown in Figure 16. In this case the merged variables form a unique set called submodel SM1.

The feedback arc set in the condensed graph is given by the links: $SM1 \rightarrow ATL, RMC \rightarrow HSTS$ and $SM1 \rightarrow HSTM$. Removing these arcs leads to a recursive structure. Figure 16 shows the minimal graph corrresponding to this recursive structure with all the feedback arcs reintroduced.[7] Variables $ATL, HSTM, SHM, IRC$ and $SM1$ have been put within a frame since they can be considered to form a larger submodel.

This condensed scheme of the interdependent block of the model points out that most of the variables outside SM1 concern the housing construction activity.[8]

Figure 16

Condensed graph of the interdependent block

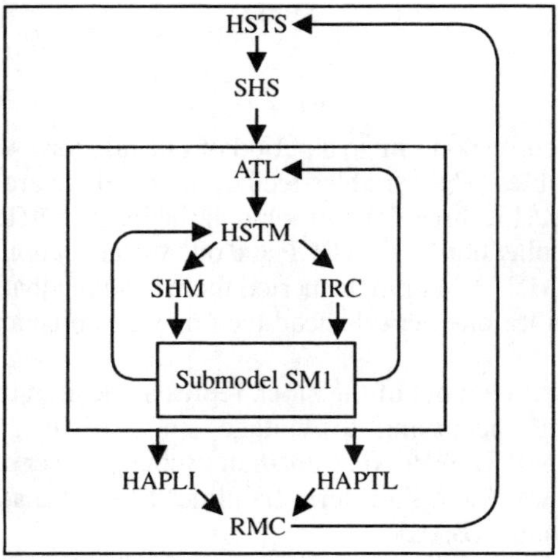

[7] Feedback arcs $SM1 \rightarrow ATL$ and $SM1 \rightarrow HSTM$ are not basic arcs.

[8] This dominant role of housing is only due to the model itself and not to the technique applied.

Figure 17

Condensed graph of submodel SM1

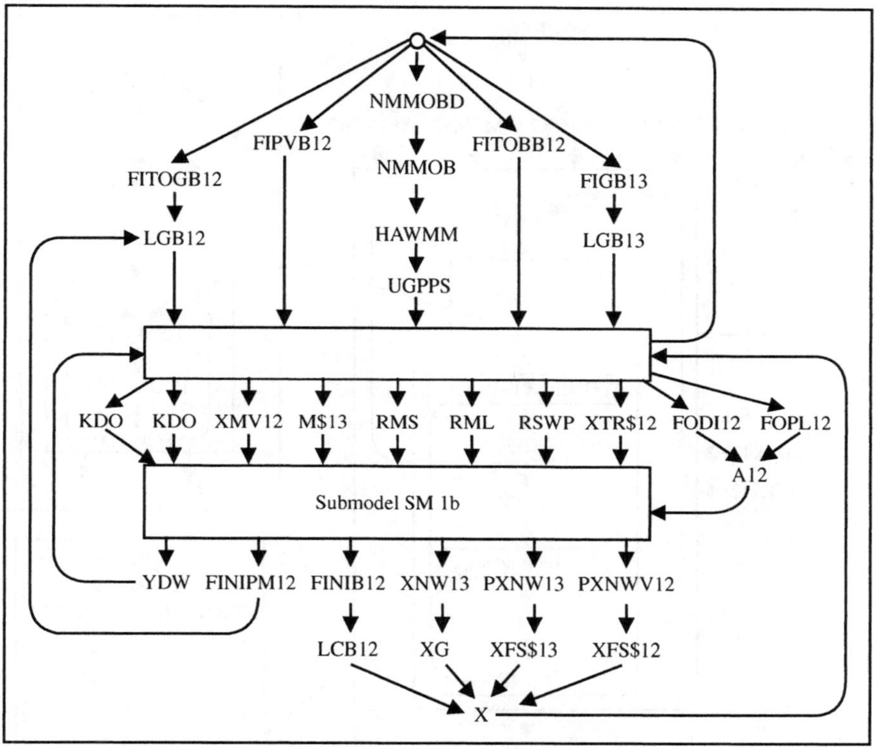

Now it becomes apparent how the model starts from single housing variables *HSTS*, *SHS*, goes to the submodel involving assets of trust and loan companies *ATL*, multiple housing variables *HSTM*, *SHM*, investment in residential construction *IRC* and *SM*1, steps into mortgage variables *HAPTL*, *HAPLI*, *RMC* and feeds back from mortgage rate *RMC* to *HSTS*.

In order to look in detail inside the submodel *SM*1, we consider it in isolation and apply the same techniques to it as we did for the interdependent block. After merging the mutually linked variables, two submodels, *SM*1*a* and *SM*1*b* become visible. Figure 17 shows the minimal graph and the feedback arcs going from the bottom to the top.

The further step of this analysis consists in analysing by the same procedure the smaller submodels *SM*1*a* and *SM*1*b*, and again the submodels which are identified within them, until all submodels have been detailed to a level where only single variables appear.[9] In all the figures the sets of variables representing an interdependent submodel have been put into a frame. When considering such submodels, all varia-

9 Such variables may represent sets of variables which have been eliminated by substitution.

Figure 18

Submodel SM1a

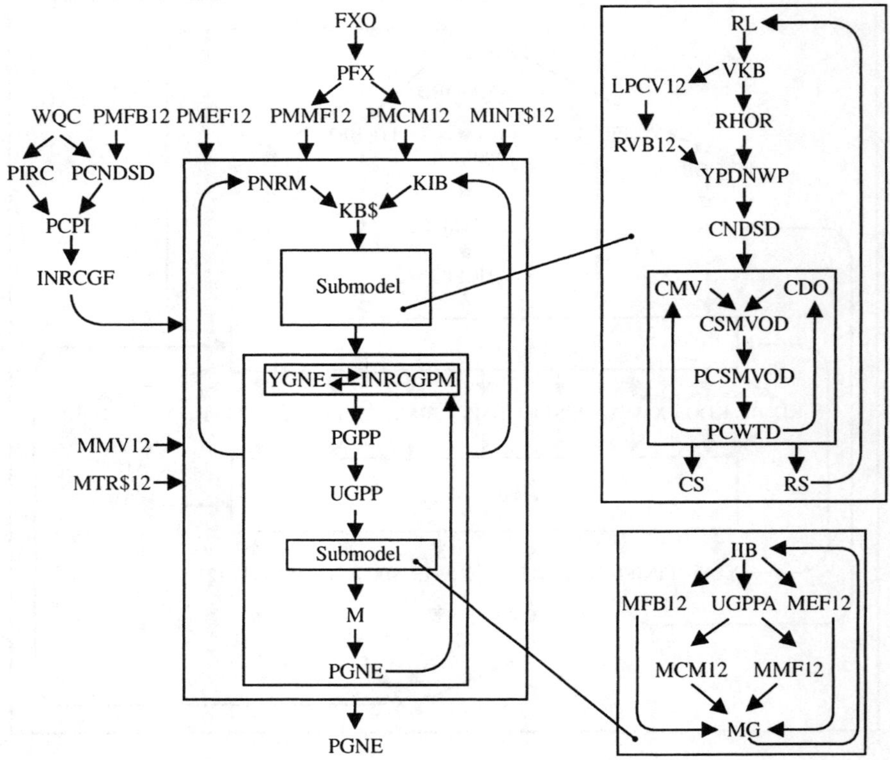

bles feeding in the frame defining the submodel have to be considered as exogenous to it.[10]

This almost automatic decomposition of model RDX2 into a scheme of nested submodels is a way to master its highly complex structure. The innermost submodels correspond to the basic circuits in the model; being of relatively modest size their behavior may be analysed and checked in detail.

This is certainly a necessary condition to be met before one can proceed to the analysis of larger submodels where more and more circuits are combined and thus creating the complex structure.

This section devoted to the analysis of RDX2 does suggest comments and questions about the model. We will give only a few hints, illustrating the kind of discussion the analysis of causal structures leads to.

---

[10] Figure 18 and 19 show only those exogenous variables which become endogenous when considering the next larger submodel.

Figure 19

Submodel SM1b

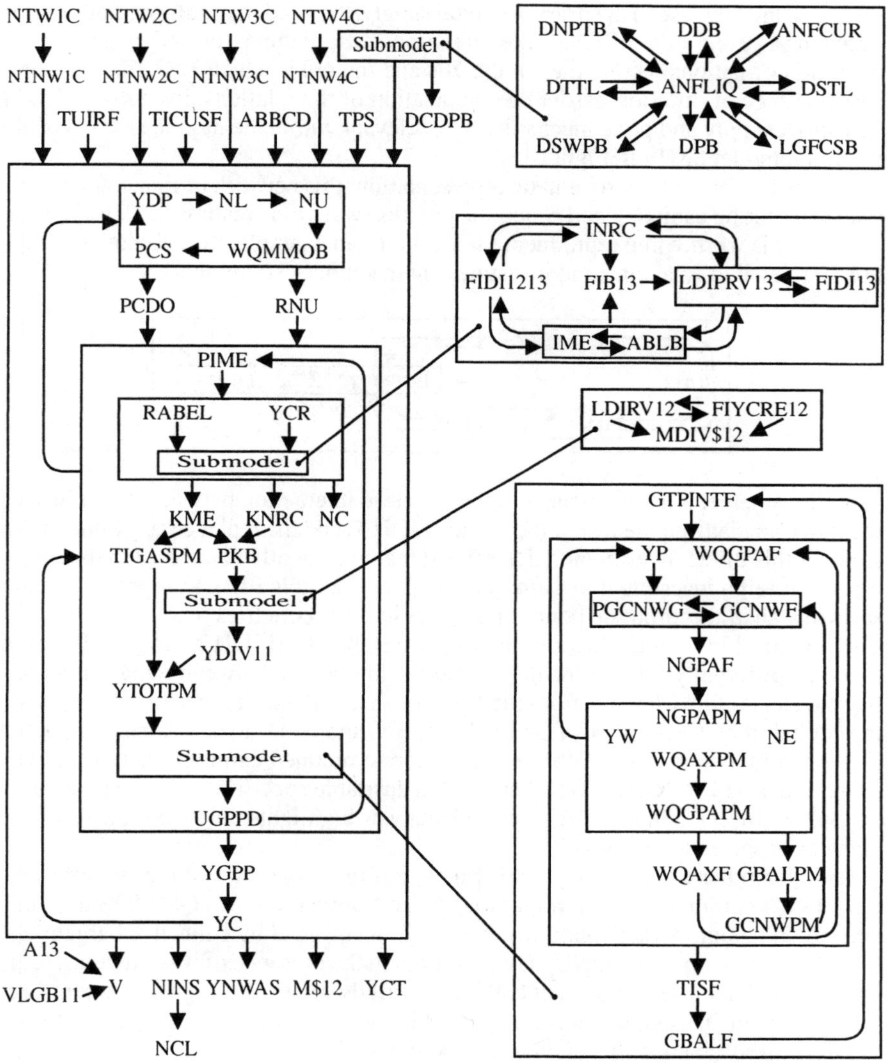

At the top of the scheme of Figure 16 variables connected to housing activity appear in a position which suggests a dragging role with regards to the remainder of the economy. This recalls to mind: "Quand le batiment va, tout va".

In submodel SM1, indicators about financing from abroad, FIGB13, FIPVB12, FODI12 and FOPL12 reveal a substantial dependence of the Canadian economy upon international (US in particular) endogenous financial markets. This can be interpreted in the sense that expectations by foreign operators about the trend of the national economy affect the domestic economic mechanisms and are influenced, at the same time, by the actual trend of the economy.

The importance the model builders gave to the financial sector is evident all throughout the model. The need for strong investments induced by technological progress, the increase in the price of capital supply, the need of renting capitals (auto-financing is even more difficult) are three important features for understanding the evolution of national economies in the 70s and the crisis which has affected them. The presence of inflation has let the explanation of the relationships between yield on capital supply and price mechanisms be relevant within the model, as it is visible in the submodel SM1a in Figure 18.

In a further level of the schematic representation, this network of financial circuits (ways of renting capitals), and economic circuits (ways of investing capitals) is more evident. It is worthwhile reproducing in detail, as an example, the submodel in Figure 19 related to financing and investment in machinery equipment.

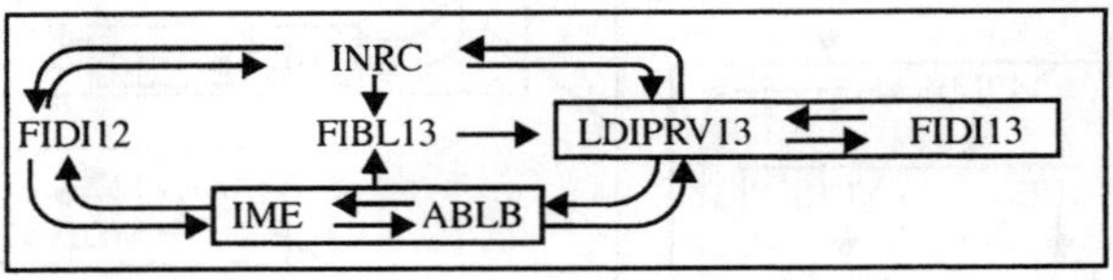

In this scheme, it is interesting to note the close interaction between direct investment in Canada from the rest of the world (FIDI13) and the replacement value of the stock of this direct investment (LDIPRV13) that is evidently connected to the dynamics of foreign investment in Canada through the variable FIBL13 representing the sales of Canadian corporate bonds and shares in other countries (excluding the US). The relationship with analogous variables from the US (FIDI12 and LDIRV12) is modeled differently (cf. Figure 19), in that the interaction between replacement value and stock of investments from the US is mediated through other variables (existing capital stock KME, price of capital PKB, etc.) and seems to be related to the actual dividend payments (MDIV$12) and corporate retained earnings accruing to US shareholders (FIYCRE12). Whether this is a desirable specification is up to the model builder (user) to judge. The proposed analysis highlights only the logical consequences of the equations specified.

Taking another example, a typical situation of the economies of the late 60's and the 70's is a certain rigidity in wage conditions. Nominal wage WQMMOB does not depend on labour market conditions because it is imposed by collective bargaining. In this way, unemployment NU may exist even in the presence of wage increases, on the one hand, and price movements PCS are strictly related to wage movements, on the other hand. This situation is recognized in the following submodel in Figure 19 (YDP is disposable income and NL is labour force):

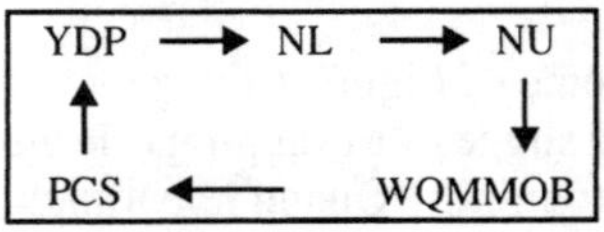

Personal disposable income (YDP) might not be the appropriate variable to use in this wage-price spiral. From Figure 17 one notes that the variable YDW (disposable wage income) appears outside the submodel SM1b and feeds back into submodel SM1a. An alternative specification would see an interaction of the roles of disposable wage income (more closely related to wage bill) and personal disposable income.

From our point of view, it has to be stressed that, by means of the analysis of causal structures, it is not possible to judge directly if a model is more appropriate than another to explain economic phenomena with regards to theoretical or practical, i.e. quantitative, aspects. It is possible, instead, as it has been shown in this work, to set the initial conditions for such a judgement being properly formulated.

5. Concluding remarks

The exercise we have done with RDX2, putting forward its causal reading, is not an exercise per se; in fact the analysis of the causal structure of a model is only justified when it is useful. There are some reasons to believe that it can prove useful in any of the following points:

- A clear picture of its causal structure may help to depict pitfalls or errors in the construction of a model. As such, the analysis of causal structures should be a companion to the model builder during the phase of construction of the model.
- Having this clear picture enables the users and the builder as well, to "read" more easily the model, i.e. to grasp the main intentions and hypotheses that have presided over its making, to see its overall architecture and to follow its "avenues".
- Knowing the hypotheses and articulations of a model permits a judgement on its theoretical characteristics and its potential applications, and facilitates the interpretation of its outcome.
- The decomposition of the model into submodels shows how to select a subset of equations for a particular analysis, unencumbered by the much larger original model.

The causal analysis allows both the model builder and users to have a sort of "switching board" in front of them. This tool will help them in tracing which specific mechanisms generate the predictions or policy. The knowledge of the sign and of the magnitude of the parameters can be related to the arrows in the graph; specific submodels can be run separately from the rest of the model to isolate their particular behavior and their contribution as compared to the total effects. By creating artificial subsystems and exogenizing some of the endogenous variables the investigator can obtain useful information about sources of strange behavior in the model as a whole.

The traditional approach to model validation seeks to include the model in more general forms (model encompassing) and to see how these forms perform when single elements are altered. This approach implicitely assumes the knowledge of what is happening to the whole structure when these changes are inserted. When the dimension of the model is large, this model encompassing will proceed in a way which is tantamount to the methodology suggested here. In fact, one can concentrate on a particular submodel and study the changes suggested by the theory or by the empirical results. The qualitative analysis would then allow us to keep under control the implications of these changes on the structure, or even suggest changes that may lead to a better performance of the model. For instance, the generation of implausible or unacceptable responses of a model can be traced by solving the model following an iterative scheme which first considers the innermost submodels and then loops over larger submodels. Such a procedure is capable of identifying existing problems either in one of the small submodels, or as a result of the combination of the mechanisms of the smaller submodels within the larger submodels (see for instance Garbely/Gilli 1984)).

According to Helliwell et al. (1971), the "highly interdependent model will be fully comprehensible to us only after many months of simulation". This confirms the fact that even the model builder has difficulties in understanding in detail the interdependent structure of his model in the first phase of its utilization. A *fortiori*, a user, who knows little about a model, can be surely helped by a schematic representation of the model, like the one we have proposed. As it has been shown, its construction is largely facilitated by the existence of the software CAUSOR.

References

Ando, A., Fisher, F.M. (1963): Near-decomposability, Partition and Aggregation, and the Relevance of Stability Discussions. International Economic Review 4, 53–67

Gallo, G.M., Gilli, M. (1990): How to Strip a Model to its Essential Elements. Computer Science in Economics and Management 3, 199–214

Garbely M., Gilli, M. (1984): Two Approaches in Reading Model Interdependencies. In: Ancot, J.P. (Ed.): Analysing the Structure of Econometric Models. Martinus Nijhoff Publishers, The Hague, 15–33

Gilli, M. (1984): CAUSOR – A Program for the Analysis of Recursive and Interdependent Causal Structures. Cahiers du Département d'Econométrie 84.03. Université de Genève

Gilli, M. (1992): Causal Ordering and Beyond. International Economic Review 33, 957–971

Gilli, M. (1995): Graph Theory-based Tools in the Practice of Macroeconometric Modelling. In: Schoonbeek, L., Sterken, E., Kuipers, S.K. (Eds.): Methods and Applications of Economic Dynamics. North Holland, Amsterdam, 89–114

Gilli, M., Pauletto, G. (1992): The m.m.g. Algorithm for Minimal Essential Sets or Covers. In: Wu, C.P. (Ed.): Proceedings of APORS'91. Peking University Press, Peking, 431–438

Heilemann, U., Münch, H.J. (1992): Understanding macroeconomic models: Structural sensitivity analysis of a medium-sized model. Computer Science in Economics and Management 5, 247–270

Helliwell J.F., Shapiro, H.T., Sparks, G.R., Stewart, I.A., Gorbet, F.W., Stephenson, D.R. (1971): The Structure of RDX2 – Part 1 and 2. Staff Research Studies 7. Bank of Canada, Ottawa

Krupp, R. (1976): Interdependenz und Zerlegbarkeit ökonomischer Modelle. Jahrbücher für Nationalökonomie und Statistik 190, 107–119

Lindbeck, A. (1966): The Method of Isolation in Economic Statics – A Pedagogical Note. Swedish Journal of Economics 68 (3), 148–165

McElroy, F.W. (1978): A Simple Method of Causal Ordering. International Economic Review 19, 1–23

Pauletto, G. (1997): Computational Solution of Large-Scale Macroeconometric Models. Kluwer Academic Publishers, Dordrecht

Simon, H.A. (1957): Causal Ordering and Identifiability. In: Hood, M., Koopmans, T. (Eds.): Studies in Econometric Methods. Cowles Commission on Research 14. Wiley, New York, Chapter 3

Tarjan, R. (1972): Depth-first Search and Linear Graph Algorithms. SIAM Journal of Computing 1, 146–160

Analyzing the Simulation Properties of a Macroeconometric Model by Estimating Its Implicit AD-AS Structure

Bert G. Hickman[1]

1. Introduction

Large macroeconometric models are frequently used to simulate the responses of endogenous variables to exogenous shocks. Because the models are complex, it is often difficult to predict the outcomes of such experiments, to explain the results in an intuitive way, or to determine why alternative models produce different results.

The principal theme of this paper is that the theoretical IS-LM, AD-AS apparatus provides a fruitful approach to the analysis of the simulation properties of structural macroeconometric models. Most such models of developed economies are comprised of a (sometimes highly) disaggregated IS system of demand equations for final goods, a more or less disaggregated monetary (LM) bloc, and an aggregate supply (AS) structure incorporating the short-run response of the price level to variations in the gap between actual and potential output under imperfectly competitive conditions. These often complex and sometimes huge models may be reduced conceptually to a central core with estimated implicit elasticities for the IS, LM, AD and AS loci. The method lends itself to comparative studies of different macroeconometric models, but it is also a useful tool for testing the basic theoretical properties of a new or re-special model before it is used in forecasting or simulation exercises. It has the added advantage of showing that the large system of equations typical of many operational macroeconometric models need not be regarded as a black box but can be understood as a disaggregated version of the simplified core.

This exposition draws on three previous studies. The first use of the approach to compare the properties of a set of econometric models is documented in Macroeconomic Impacts of Energy Shocks and Policy Responses: A Structural Comparison of Fourteen Models (Hickman 1987).[2] For the most part, these were large general-purpose systems, including most of the well-known academic and commercial models. The paper presented a comparative analysis of the macroeconomic impacts of an adverse oil shock, as estimated in coordinated simulation studies of the various models, organized under the auspices of the Energy Modeling Forum (EMF) at Stanford University. The mitigating effects of monetary and fiscal policies to accommodate the energy shock were also analyzed, along with other energy shock and policy simulations not studied in the Hickman paper. The simulations covered a four-year span.

---

1 Stanford University, Department of Economics, Stanford, CA 94305, USA

2 This 1987 paper was a condensed version of Hickman (1983). The genesis and development of the idea is described in Hickman (1999).

The principal contributions of the paper were the development of practicable methods for estimating the local slopes or elasticities of the implicit IS, LM, AS, and AD curves in the various models from the outcomes of the oil shock and policy scenarios, and the use of these estimated parameters to analyze the similarities and differences in the simulation results. It was obviously impractical to aggregate directly the individual structural equations of the models or to examine their individual parameters in depth, except possibly in the LM sector, but even then, some of the monetary sectors were highly disaggregated. Moreover, the comparative analysis was undertaken after the simulations were finished, and it was not possible to undertake partial simulations of the various sectors of the models. Instead, it was necessary to work with the data from the complete-model simulations

The EMF study was conducted with stand-alone national models which ignored interactions with other economies. In a later conference organized by the Brookings Institution on Empirical Macroeconomics for Interdependent Economies, common monetary and fiscal simulations were undertaken on 12 multinational models to study the international transmission of economic fluctuations. The conference included a contribution by Hickman (1988) using an open-economy model of aggregate demand and supply for a comparative analysis of the short-run impacts of unilateral shocks in the U.S. on aggregate activity at home and abroad.[3] As before, the methodology provided a fruitful approach to explaining the similarities and differences in the multiplier results for the various models.

The last paper to be cited is The IS-LM Cores of Three Econometric Models (Green et al. 1991), in which the methodology is extended in several directions. In the first section, the present author compares the estimation of the implicit short-run IS, LM, and AS locuses of an econometric model by partial-simulation techniques and full-model-comparative static experiments and illustrates the methodology using the Hickman-Coen Annual Growth Model of the U.S. Economy. Next, Green estimates the IS and LM curves of the Indiana University Econometric Model of the United States (EMUS) in both the short-run (same quarter) and the long-run (3 or 4 quarters of sustained shocks), using partial-simulation techniques. Similarly, he directly estimates both the short- and long-term (up to 35 quarters) AD and AS locuses of the EMUS model, and shows that the AD elasticities increase and the AS elasticities decrease over the long-run. Finally, Howrey, Hymans and Donihue derive the IS and LM curves for the Michigan Quarterly Econometric Model of the U.S. Economy (MQEM), again by the appropriate partial simulations of the relevant blocs of the model and for various adjustment periods of up to 40 quarters. They do not estimate AD or AS locuses for the MQEM model, but instead analyze the role of price change

---

[3] For this purpose the theoretical IS structure was augmented to include endogenous export and import terms, with exports depending on income abroad and the real exchange rate, and imports depending on domestic income and the real exchange rate. An equation was also added determining the exchange rate from the interest parity condition. The IS and AD curves now include the foreign price and income levels and the exchange rate as shift variables. The LM curve is unchanged. The AS schedule now incorporates the foreign price level and the exchange rate as shift variables, together with the lagged domestic price level to represent the wage-price dynamics as before. The theoretical graphical analysis includes the IS-LM and AD-AS curves for both the domestic and the (aggregated) foreign economies, allowing for the study of both the foreign and domestic adjustments to a shock, including mutual feedbacks.

in the complete-model response over 40 quarters to a sustained fiscal shock by isolating the additional shifts in the derived long-term IS and LM locuses resulting from endogenous wage and price feedbacks.

2. The theoretical apparatus

Abstracting from expected inflation, the IS-LM framework taken by itself determines the levels of the nominal interest rate R and real GDP (Y) consistent with simultaneous equilibrium in the markets for goods and money, for given monetary and fiscal policies and a given price level P. In a simplified linear model, the quantity of aggregate demand A depends on exogenous government expenditure $\overline{G}$ and responds positively to real income and negatively to the interest rate:

(1) $$A=\overline{G}+a(1-t)Y-bR;\ 0<a<1, b>0, 0<t<1.$$

The response of consumer expenditures to real income depends on the tax rate, t, and the marginal propensity to consume, a. Investment responds negatively to the interest rate, but so also may consumer durables and state and local government spending.

Goods market equilibrium requires $Y=A$. Substituting Y for A in (1) and solving for R yields the IS curve (expenditure equals income, or investment equals saving):

(2) $$R=\frac{\overline{G}}{b}-\frac{Y}{\overline{a}b}$$

where $\overline{a}=1/(1-a(1-t))$ is the Keynesian expenditure multiplier.

The IS curve is negatively sloped in $R-Y$ space and is steeper, the smaller are the multiplier and the sensitivity of aggregate demand to the interest rate. An exogenous increase in government spending or a reduction in the tax rate will shift the IS curve rightward. Net exports are ignored for simplicity, but their inclusion in (1) would introduce export demand as a shift variable in (2) and also reduce the expenditure multiplier by an amount depending on the marginal propensity to import.

The LM curve is a similar locus of combinations of R and Y that equilibrate the supply and demand for real money balances. In linear form, the demand for real money balances L depends positively on real income through the transactions motive and negatively on the rate of interest, or the opportunity cost of holding money balances:

(3) $$L=cY-dR;\ c,d>0.$$

Assuming a given nominal stock of money, $\overline{M}$, and a given price level $\overline{P}$, the real money supply is $\overline{M}/\overline{P}$. Equating real money balances and L and solving (3) for R yields the LM curve:

(4) $$R=-\frac{(\overline{M}/\overline{P})}{d}+\frac{cY}{d}.$$

Figure 1

IS-LM

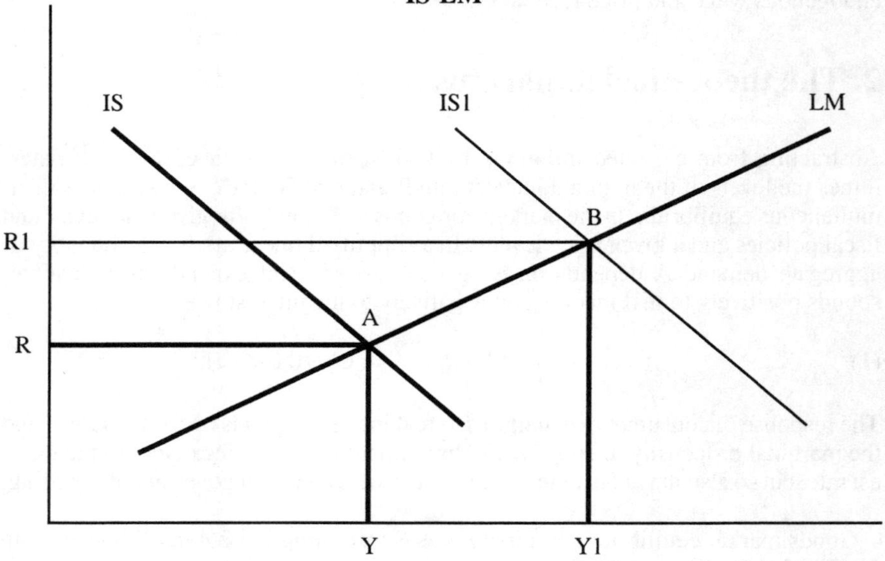

An increase in the nominal money stock will shift LM rightward. The LM curve is positively sloped and is steeper, the larger is the transactions demand and the smaller is the interest sensitivity of demand for real money balances.

The IS-LM construct is a useful paradigm for the analysis of the effects of fiscal and monetary policies under conditions of less than full employment and inflexible prices. Simultaneous equilibrium in the markets for goods and money occurs at the intersection of the IS and LM curves, as at point A in Figure 1. An increase in G or reduction in t shifts the IS curve rightward to a new equilibrium at B. The resulting increase in GDP will be larger, the flatter the LM curve and the steeper the IS curve. A model with these characteristics will respond strongly to fiscal policy and weakly to monetary policy. Monetary policy, in contrast, will be more powerful than fiscal policy in models with a flat IS curve and steep LM curve.

The rudimentary IS-LM model can provide useful guidance about key parameters affecting output responses to fiscal and monetary policies when output supply is highly elastic and the price level is therefore insensitive to demand shocks. Prices are flexible in the long-run if not in the short-term, however, and even short-term supply may be relatively elastic in some models. The core model must be broadened to include the interaction of AS and AD for simultaneous determination of *P* and *Y* and for the analysis of supply shocks.

The AD function is easily derived from the IS-LM model. Solving the equations (2) and (4) simultaneously yields the reduced form equation for *Y*:

(5) $$Y = \frac{\bar{a}d}{d+\bar{a}bc}\overline{G} + \frac{\bar{a}b}{d+\bar{a}bc}\frac{\overline{M}}{\overline{P}}.$$

As long as G, M and P are exogenous, as in the IS-LM model, this is the appropriate reduced form to determine Y. When the system is broadened to include endogenous determination of P, however, (5) becomes an AD locus defining alternative pairs of P and Y consistent with equilibrium in the goods and money markets. A simple economic rational underlies the negative slope of AD. Given $\overline{M}$, a reduction in P increases the real money supply, reduces the interest rate, raises investment, and increases consumption through the multiplier process. This is the Keynes effect, operating through an automatic increase in real money balances when prices fall.[4] The AD curve will be flatter, the steeper the underlying LM curve and the flatter the IS curve. An increase in $\overline{M}$ or $\overline{G}$ or a reduction in the tax rate t will shift the AD function rightward, and vice-versa.

The theoretical specification of the AS function is less settled in the literature.[5] A simple approach appropriate for the interpretation of a typical econometric model builds on the following assumptions. Firms are imperfect competitors in goods markets. Prices are set as a markup over unit labor cost. Labor input is obtained from either an inverted production function or an explicit labor demand function. The rate of change of the money wage is determined by a labor-market Phillips curve. A rudimentary version of the price setting equation is:

(6) $$P = eW;\ e > 0,$$

where W is the nominal wage and e is a markup coefficient including an allowance for energy shocks.[6] Since the AS function refers to the price level rather than the inflation rate, the illustrative labor market Phillips curve abstracts from expected inflation and is written in absolute rather than relative wage changes for simplicity:

(7) $$W = -g\left(U - U_f\right) + W_{-1};\ g > 0,$$

where U and U_f are respectively the actual and natural or full-employment unemployment rates. The relation between output and labor input may be represented by an Okun's Law equation:

(8) $$U - U_f = h\left(1 - Y/Y_p\right);\ h > 0,$$

where Y_p is the potential output corresponding to full employment of labor and the parameter h encapsulates several behavioral responses of unemployment to changes in output, including induced changes in labor supply (discouraged worker effect), labor productivity, and the average work week.

Substitution of (7) and (8) into (6) yields the short-run AS function:

---

4 If real money balances were included as an argument in the expenditure functions, the Pigou or real balance effect would also stimulate aggregate demand.

5 See Mankiw (1994) for a description of four theories of aggregate supply with output adjustment based on a discrepancy between the actual and expected price levels. The formulation in the present text follows Dornbusch/Fisher (1987) with minor modifications.

6 The normal productivity level, which is assumed constant for simplicity and eliminated from explicit calculation of unit labor cost, may be thought of as absorbed in e.

Figure 2

AD-AS

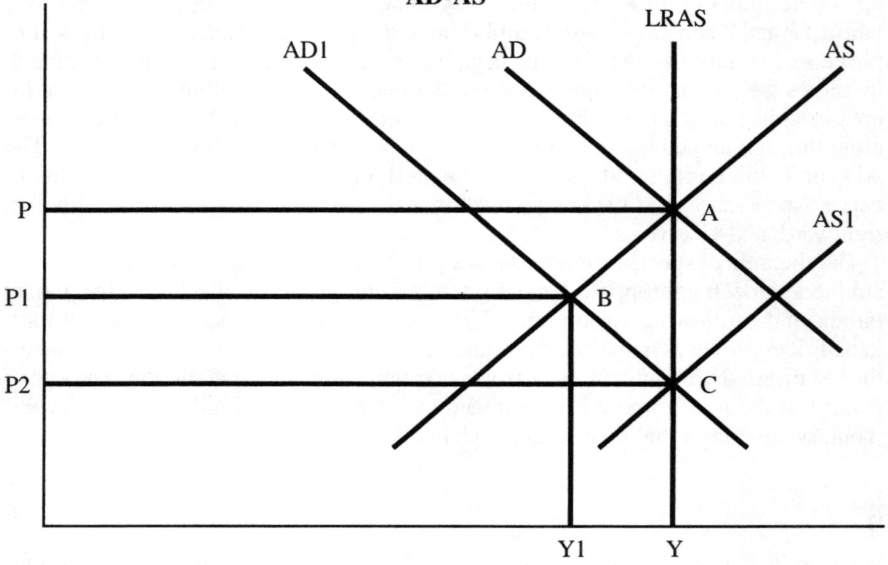

(9) $$P = -egh\left(1 - Y/Y_p\right) + eW_{-1}.$$

The AS function will be flatter or more elastic, the smaller the reduction of unemployment for a given increase of $Y\left(\delta U/\delta Y = h/Y_p\right)$, the smaller the increase in the wage rate for a given unemployment reduction $\left(\delta W/\delta U = -g\right)$, and the smaller the increase in P for a given increase in $W\left(\delta P/\delta W = e\right)$. A flat AS curve will imply a small price and large output response to a shift in AD stemming from a monetary, fiscal, or other demand shock. The long-run supply curve is vertical at $Y = Y_p$, however, since that is the only output level at which P can remain constant over time. The short-run AS curve crosses LRAS at a price equal to $P_{-1}\left(= eW_{-1}\right)$, and it will shift up or down if the lagged price term changes from one period to the next.

The long-run interaction of AS and AD is illustrated in Figure 2. The model is in long-run equilibrium at point A. A negative demand shock shifts AD downward and price and output fall to a new short-term equilibrium at B. This is an unstable point, however, because the shortfall of output from potential generates excess unemployment and a reduction in the wage and price levels from their preceding values. AS therefore shifts downward in the next period, reducing P and increasing Y along the AD curve. The movement along AD occurs because the price reduction increases real money balances and reduces R (the Keynes effect) or because the induced increase in real wealth directly augments real expenditure (the Pigou effect), or both. The process continues as long as $Y < Y_p$, driving P and Y back to long-run equilibrium at point C, where AD again equals AS at the potential output level, U also

Figure 3

Fiscal shock

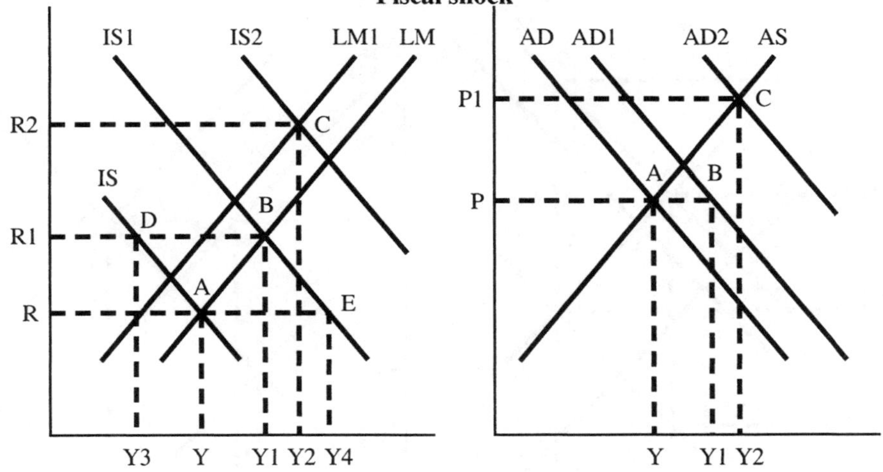

equals U_f, and P is again stable. Unfortunately, the precise time path to long-run equilibrium cannot be analyzed rigorously in this framework, since it depends on unspecified adjustment lags in the various markets.

3. Estimating the structural core of an econometric model

Most econometric models are much too detailed to provide convenient algebraic reductions of the underlying structural equations to IS or AS curves, although that may be feasible for the LM equation. One must instead approach the estimation of the core relationships of a model by examining simulations of isolated sectors or the complete system. The first illustration of the methodology concerns a fiscal shock and assumes log-linear relations for expositional simplicity. The pre-shock equilibrium is at point A in Figure 3, with interest rate *R*, income *Y* and price level *P*. Now assume that the IS and AD curves shift rightward to IS1 and AD1 because, say, government purchases are increased. Assume for a moment that, contrary to Figure 3, the AS curve were perfectly elastic. The price level would then be unchanged at *P*, and the LM curve would remain fixed. The new equilibrium would be at point B, with interest rate *R*1, and output *Y*1. The slope of the unshifted LM curve could then be calculated from the observations at A and B on the IS-LM diagram, providing an unbiased ceteris paribus estimate of the elasticity of LM.

Given the upward sloping AS curve in Figure 3, however, the expansionary shock will increase the price level as GDP expands, leading to price-induced shifts in the IS and LM curves. The LM curve will necessarily shift leftward owing to the induced reduction in real money balances, but the outcome for the IS locus is ambiguous. In most U.S. models, for example, induced productivity increases from labor dis-

Figure 4

Monetary Shock

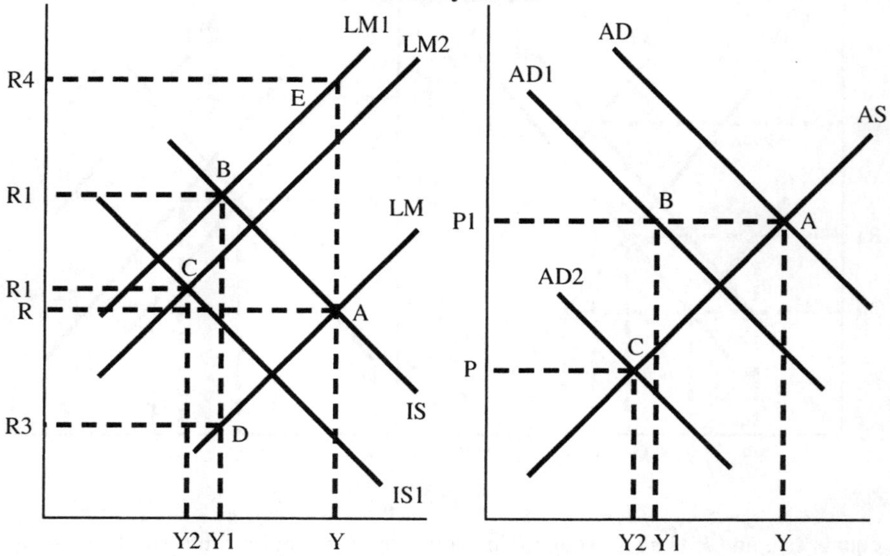

hoarding accompany a rise in output, mitigating the inflationary impact of induced wage increases at least in the short-run, so that not only the price level but real wages and disposable income rise under a demand stimulus, augmenting consumption demand at any GDP level and shifting IS to the right. On the other hand, if real wealth terms are included in the demand functions, as in some models, a price increase will tend to shift the IS locus to the left, so that the net shift of IS depends on specific model characteristics. In Figure 3, it has been assumed that the real wage stimulus is dominant (the case if the real wealth effect is absent or weak in a particular model) and moreover that the price-induced upshift of IS dominates the corresponding upshift of LM, so that the equilibrium is at point C with output $Y2 > Y1, R2 > R1$, and $P1 > P$.

Thus point C is the new short-run equilibrium after allowing for the effect of price-induced shifts in the IS and LM curves accompanying a real fiscal shock. The implicit elasticity between points A and C may be measured for a particular empirical model as follows. First, provide model-based estimates of the historical P, R and Y values by performing a tracking solution of the complete model for the number of periods to be studied.[7] Second, compute the shocked solution by imposing a once-for all increase in real government purchases on the system. The initial adjustment to the shock will occur in the first period, and the percentage deviations of R and Y between

[7] Some other solution of the complete model could be used as the baseline, of course, but using a tracking solution simplifies the calculations, because it obviates the need to store an additional solution vector to represent point A. If the baseline is an ex-ante forecast, as it was in the application discussed in Hickman (1987), however, it is necessary to store the solution vector for comparison with the shocked solution.

the baseline and shocked solutions may be used to estimate the implicit elasticity between points A and C as the ratio of the percentage change in *Y* to that in *R*.[8] This estimated elasticity refers to an adjusted or *mutatis mutandis* LM schedule passing through points A and C (not drawn) and reflecting the supply-constrained price increase induced by the fiscal shock.

Clearly an elasticity calculated between points A and C on the IS-LM diagram will be a biased measure of the actual LM elasticity. One way to estimate the latter is to do a partial simulation of the IS-LM bloc alone under the fiscal shock, but holding prices constant at *P*, to obtain a solution for point B. In this partial-equilibrium simulation, the LM sector will comprise the money supply and demand functions and term-structure equations of the model, with *R* represented by a short-term interest rate. The IS bloc will consist of the income and expenditure equations in the system, including tax and transfer equations if present, together with the GDP identities. The resulting values of *R*1 and *Y*1 may then be used to estimate the *ceteris paribus* elasticity of the unshifted LM curve between points A and B.

A direct derivation of the elasticity of the original IS schedule may be obtained from points A and D, where *Y*3 at the latter point is obtained from a partial simulation of the IS sector alone, with real government purchases and the price vector for the disaggregated final demand system at their baseline levels and the interest rate vector set to its value from the IS-LM fix-price fiscal-shock simulation.[9] Similarly, a direct estimate for the shifted IS1 schedule under fixed prices is obtained by solving the IS sector alone for *Y*4 under the fiscal shock but with the interest rate and price vectors at their baseline values, to provide point E for comparison with point B. Comparison of these alternative estimates will show whether the IS elasticity tends to be invariant to shocks that shift the IS locus.

A similar conceptual experiment involves a monetary shock. Assume a decrease in the money stock to shift the LM curve upward and to the left (Figure 4). If AS is perfectly elastic, *P* will not respond to the decrease in *Y*, and the new equilibrium will occur at point B, permitting calculation of the *ceteris paribus* elasticity of the unshifted IS locus by comparison with the baseline equilibrium at A. If AS is upward sloping, however, the price level will fall under the negative monetary shock and induce a rightward shift of LM to a position between LM and LM1. The IS curve will also be affected by the induced price decline, and in Figure 4 it is assumed that the wage effect dominates the wealth effect so that the final equilibrium income at C is lower than if prices were unchanged by the shock. The implicit *mutatis mutandis* IS elasticity calculated between points A and C will again be a biased estimate of the *ceteris paribus* value.

Partial simulations may be used to provide two unbiased estimates of the LM elasticity under the money shock scenario. First, an estimate for the initial LM curve may

---

8 The interest responses could be measured in absolute units to compute semi-elasticities for LM or IS, but that procedure has the disadvantage that the measures are not dimensionless. This aspect could be troublesome when comparisons are made for different initial conditions in a given model or for comparisons across models not standardized on a given historical tracking solution.

9 The choice of D as the point for calculation of the *ceteris paribus* elasticity is made for graphical clarity. Imposing *any* arbitrary value of R (or alternatively of Y) would suffice for the partial simulation and would necessarily be the procedure in a study which did not involve comparison with the full-model *mutatis mutandis* measures.

be obtained from points A and D, where the latter is found by solving the LM bloc for *R*3, with the money supply and price level at their baseline values and income set to *Y*1, or the IS-LM solution value for the monetary shock with exogenous prices. Similarly, solving the LM sector for *R*4, with the money stock at its reduced level and *P* and *Y* at their baseline values, permits calculation of the elasticity of the shifted LM schedule between points *B* and *E*.

Finally, note also that the two demand-shock scenarios provide estimates of the short-run elasticity of the AS curve between points A and C in Figures 3 and 4. The estimates will be biased, however, if the AS curve itself shifts under a demand shock. Interdependencies between AD and AS, including the possibility of a negatively-sloped adjusted AS locus resulting from demand shocks under some model specifications, are discussed below.

4. An example using the Hickman-Coen Annual Growth Model

The HC Model was designed for analysis of the medium and long-run growth path of the U.S. economy. First published in Hickman/Coen (1976), it was subsequently augmented with a disaggregated model of labor supply, a representative-agent model of personal taxes incorporating the (changing) structure of the tax code, a detailed model of social security taxation and expenditures, and a model of the natural growth path of potential output. A recent version is described in Coen/Hickman (1995).

The IS bloc of the model contains disaggregated demand functions for purchases of final goods in the domestic and foreign sectors; the GDP identities in current and constant prices: the determinants of the level and components of national income; and the tax and transfer equations. The LM bloc is represented by the money demand function and term-structure equation. Aggregate supply consists of the labor demand function, the disaggregated labor supply model, the Phillips Curve for wage determination, and the aggregate price equation and sector deflators.

The simulation results for the fiscal shock experiment are reported in Table 1. The baseline solution (BA) refers to point A in Figure 3, and the four fiscal-shock solutions, denoted FB, FC, FD, and FE, refer to the corresponding points on the IS-LM panel. The corresponding points for the monetary shock simulations in Figure 4 are referenced with an M prefix in the table.

The estimates labeled AS-BA refer to results obtained for the AS locus by partial simulation of the supply side of the model and will be discussed later. All estimates are reported for the first two years of the simulation period.

The IS and LM elasticities measure the percentage change of income per unit percentage change in the interest rate and the AS elasticities similarly show the percentage income response per unit of percentage price increase.

The calculations show that the HC Model has a steep IS curve and a considerably flatter LM locus. Since the IS curve is the frontier for monetary policy, the model predicts a small income response to a monetary shock. The LM curve is only moderately elastic, owing to the rather small estimated interest elasticity of real money demand in the model. The LM locus is sufficiently elastic, however, to permit a substantial income response to a fiscal stimulus.

Table 1

Short-run multipliers and elasticities									
Simulation	Percentage Change			Elasticities			Percentage Change		
	P	Y	R	IS	LM	AS	W	P	Y/L
FC-BA	0.26	1.45	5.55	NA	0.26	5.58	0.47	0.26	0.68
	0.86	1.25	8.27	NA	0.15	1.45	0.98	0.86	0.14
FB-BA	0.00	1.10	2.61	NA	0.42	NA	0.00	0.00	0.00
	0.00	1.02	2.43	NA	0.42	NA	0.00	0.00	0.00
MD-BA	0.00	-0.35	-0.84	NA	0.42	NA	0.00	0.00	0.00
	0.00	-0.38	-0.92	NA	0.42	NA	0.00	0.00	0.00
ME-MC	0.00	0.35	0.83	NA	0.42	NA	0.00	0.00	0.00
	0.00	0.39	0.93	NA	0.42	NA	0.00	0.00	0.00
AS-BA	0.47	2.04	0.00	NA	NA	4.34	0.59	0.47	0.95
	1.55	2.04	0.00	NA	NA	1.32	1.63	1.55	0.41
MC-BA	-0.08	-0.46	34.2	-0.01	NA	5.43	-0.12	-0.08	-0.14
	-0.29	-0.48	10.4	-0.05	NA	1.66	-0.43	-0.29	-0.14
MB-BA	0.00	-0.35	35.5	-0.01	NA	NA	0.00	0.00	0.00
	0.00	-0.39	12.5	-0.03	NA	NA	0.00	0.00	0.00
FD-BA	0.00	-0.04	2.61	-0.01	NA	NA	0.00	0.00	0.00
	0.00	-0.05	2.43	-0.02	NA	NA	0.00	0.00	0.00
FE-FC	0.00	0.03	-2.55	-0.01	NA	NA	0.00	0.00	0.00
	0.00	0.05	-2.37	-0.02	NA	NA	0.00	0.00	0.00
AS-BA	-0.24	-1.02	0.00	NA	NA	4.25	-0.35	-0.24	-0.41
	-0.79	-1.02	0.00	NA	NA	1.29	-0.87	-0.79	-0.27

Notes: P, Y, R, IS, LM, and AS are defined in the text. W is the nominal wage, and Y/L is labor productivity. The IS and LM elasticities are calculated as the ratios of the corresponding percentage changes in Y and R, whereas the AS elasticity is the ratio of the percentage changes in Y and P. The first two years of response are shown for each scenario.

The fixed-price IS and LM curves are isoelastic over the range of these simulations, showing the same values before and after being shifted by demand shocks.

Both the fiscal and monetary multipliers for income are larger when the induced changes in wages and prices are taken into account in the full-model simulations. The price-induced upshift from LM to LM1 under a positive fiscal shock exacerbates the rise in the interest rate as predicted, whereas the interest rate increase under a negative monetary shock is mitigated by the induced downshift from LM1 to LM2. As noted in the theoretical section and documented in the last three columns of Table 1, however, the real wage rises under a positive demand shock and falls when the shock is negative, resulting in induced shifts of IS which more than offset the induced shifts of LM and augment the income responses. Conceivably, of course, a wealth effect could dominate the real wage effect in other models with wealth terms in the expenditure equations.

The estimated impact elasticities of IS and LM under the fixed-price assumption are virtually the same (apart from rounding) whether obtained from the market equilibria of the fixed-price IS-LM model or by partial simulation of the isolated IS or

LM sectors. The same should be true of other models, in the absence of significant interdependencies between the IS and LM sectors such as are evidently not present in the HC Model. If the elasticities as estimated by the fixed-price market-equilibrium approach did differ substantially from the partial equilibrium sector approach, this would indicate that interdependencies were present and should be located and understood.

The impact elasticity of the IS locus obtained from the complete model simulation is about the same as that from the fixed-price IS-LM equilibrium estimate. This lack of bias is doubtless traceable to the small price and real wage declines under the monetary shock. When these declines build up in the second year, the induced downshift of the IS curve increases the *mutatis mutandis* elasticity considerably relative to the *ceteris paribus* estimate for fixed prices.

The bias in the *mutatis mutandis* estimate for LM is fairly large in the first year and larger still in the second year owing to the steepening slope of the AS curve. Since the LM curve responds to the change in the absolute price level whereas the IS curve is shifted only by the smaller induced change of real wages, it is not surprising that the price-induced bias is larger in the former case.

The IS and LM elasticities may differ between the first and second years even apart from price-induced adjustments. For the fixed-price simulations, the dynamic elasticities may differ because of adjustment lags in the demand functions for goods and money. For the HC Model, this is not a factor because only real balances are lagged in the money demand function. The elasticity of IS is greater in the second year even under fixed prices, however, because of the stock-adjustment processes specified in the investment functions and the permanent-income formulations used for consumption expenditures.

The AS curve is fairly elastic in the HC Model, moderating the price response to demand shocks. As shown in the last column, induced productivity changes substantially mitigate the impact of higher wages on prices in the short run. The wage response to unemployment is also small and the feedback of prices to wages is lagged one year. Since the position of the AS schedule depends on lagged prices, it shifts up in the second year of response to a positive demand shock and downward in the second year of a negative shock. The calculated elasticity of AS in the second year therefore refers to a „medium-run“ supply function corrected for induced shifts from the adjustment dynamics especially in the labor market, and the AS schedule is substantially steeper than in the first year.

In the earlier EMF study, however, it was discovered that some models had a negatively sloped *mutatis mutandis* supply curve as estimated from AD-AS simulations. One factor which could produce this result is pro-cyclical productivity gains owing to labor dishoarding . To investigate this possibility, a numerical decomposition of the response of price to output under a demand shock was based on the following equation, using dot notation to symbolize percentage changes in the variables and where ULC is unit labor cost:

$$\dot{P}/\dot{Y} = \dot{W}/\dot{Y} \times U\dot{L}C/\dot{W} \times \dot{P}/U\dot{L}C \tag{10}$$

The first term summarizes the output-unemployment-wage nexus in a given model, the second relates the change in unit labor cost to the wage change, and the third shows how much price changes relative to unit labor cost in the price setting equation, either because of markup changes or because price is based on an average of current and past ULC. In the preponderance of the models, all three right-hand components were positive (Hickman 1987: Tables 3 and 4), yielding a positive elasticity of AS. Cyclical productivity gains may offset wage increases early in an expansion, however, and in one of the EMF models they were sufficiently large to cause an actual decline in unit labor cost, giving a negative sign on the second term of equations (10) and a negative slope to AS. In another model the second term of the decomposition was negative, but the fall in ULC was compensated by a rise in the markup, so that the AS curve had a small positive slope.

In three other models, however, the sign of the first term was negative under an expansionary monetary shock, owing to the inclusion of the interest rate as a direct argument in the pricing equations and to a positive feedback between price and wage changes in the expectation-augmented Phillips curve: easier money depresses interest rates, and the resulting price reductions in turn put sufficient downward pressure on wages to swamp the positive effects of reduced unemployment[10]. The theoretical rationale for inclusion of interest costs in the pricing decision is the hypothesis that prices are set as a markup on average total cost, including the rental cost of capital, rather than on unit labor cost. One consequence of this specification is that it breaks the independence between the AS and AD blocs that is a feature of the prototype AD-AS model. This is an egregious example of an induced downshift in the AS curve from a positive demand shock biasing the estimate of the *ceteris paribus* elasticity of the AS curve, but one in which the cause of the bias is identifiable and informative. Anomalous results such as these can alert model builders and users to possible specification biases.

Another route by which the presumptive independence between AD and AS may be breached is via the specification of expectations. Two of the models in the EMF study included the excess of nominal money growth over output growth as an argument in the expectation-augmented Phillips curve. For a positive monetary shock this variable shifts AS upward and increases the *mutatis mutandis* elasticity of supply. In contrast, under a positive fiscal shock, the stimulus to income growth with unchanged money supply growth leads to a decline in expected inflation and hence in wages and prices in one model and to only a small positive wage and price increase in the other.

None of these factors is operative in the HC Model, but others are present, as shown by a comparison of the AS elasticities estimated from the demand-shock scenarios with two direct estimates for an unshifted AS curve. The latter were made by simulating the AS bloc in isolation for two different predetermined levels of output, one above the baseline output for comparison with the *mutatis mutandis* estimate from the expansionary fiscal-shock scenario and the other below the baseline output for the corresponding comparison with the contractionary money-shock scenario. As shown in Table 1, the new estimates of the *ceteris paribus* AS elasticities (AS-BA) are somewhat smaller than those derived for the comparative market equilibria for the two demand shocks. The difference is partly attributable to the fact that a demand shock alters the product composition in the model and hence alters the weights in the identity for the consumption deflator. Another weak feedback between endogenous variables in AD and AS is found in the wedge between the private

---

[10] Conversely, for a fiscal shock, the estimated positive supply elasticity is for an AS curve which is adjusted for the upward shift due to increased pressure on prices from higher interest rates.

Figure 5

Oil Shock

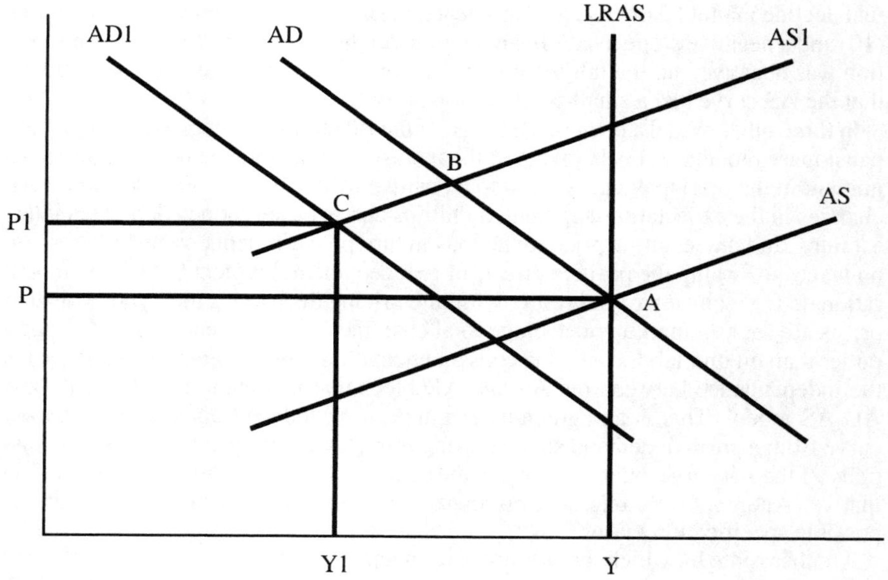

hourly wage including and excluding social security contributions by employers. These minor interactions between demand shocks and the AS curve are insufficient to bias seriously the estimated supply elasticities from the complete model simulations or to alter the basic conclusion that the overall response of price to demand shocks is small in the HC Model.

5. Supply shocks

An oil shock scenario was also analyzed in the EMF study. The basic theoretical analysis using the AD-AS paradigm is illustrated in Figure 5. The initial equilibrium at point A is disturbed by the exogenous increase in energy costs, shifting the short-run AS curve upward. If AD were unaffected by the oil shock, a new temporary equilibrium would be established at B, with the price level increasing in the face of falling output – the hallmark of a positive supply shock.

The AD curve is likely to be adversely affected by a supply shock, however, especially in the case of an international oil shock. Such a shock will shift the terms of trade against net oil importers, including the U.S., redistributing income abroad and depressing domestic demand. An OPEC shock will also depress economic activity abroad, reducing the demand in non-OPEC countries for U.S. exports.[11] In Figure 5, it has been assumed that AD shifts downward in response to the oil shock, so that the new short-term equilibrium is at point C instead of B, mitigating the rise in *P* and amplifying the fall in GDP.

The economy is out of long-run equilibrium at C, however, with excess unemployment putting downward pressure on wages and prices, shifting AS downward as the economy equilibrates from the shock. The AD curve will tend to return to its original position as well, as OPEC income gains and the recovery of incomes in other countries augments U.S. export demand. Thus the price and output levels would tend to revert to their preshock levels at point A through automatic adjustment processes, provided that potential output were unaffected by the energy shock.[12]

The empirical results of the simulated oil shock were compared using the foregoing model as a theoretical guide. First, the elasticities of the implicit AD locuses were estimated from the changes in *P* and *Y* induced by the common oil shocks (Hickman 1987: 157–163). These direct estimates were then compared for each model with the estimates of the IS and LM elasticities previously garnered from the fiscal and monetary scenarios, since a model with an inelastic LM and elastic IS curve will tend to have a rather elastic AD locus, indicating a strong Keynes effect from a price change. The comparisons indicated that in the majority of the models the Keynes effect operates as predicted, and that the independently estimated IS and LM elasticities for these models were consistent with their relative AD elasticities as inferred from the supply shock scenario.[13]

Second, the model responses to the assumed oil price shock were decomposed into three elements corresponding to (a) the size of the upshift of AS under the energy shock, (b) the elasticity of the AS curve, with a more elastic supply aggravating the price increase and output decrease, and (c), the elasticity of the AD schedule, which governs the division between price and output responses for a given upshift and elasticity of AS (Hickman 1987: 163–169). It was found that these elements differed across the models and that the relative size of the multiplier effects of the oil price shocks in the various models could be understood in terms of the magnitudes of the three components of the response. Despite the observed differences, there was a considerable consensus among the models about the direction and magnitude of the short-run changes in real incomes and prices in response to an oil shock without active policy intervention. There was also agreement among most models about the

---

11 Discretionary changes in fiscal or monetary policy may also be adopted in response to the shock, but these can go either way depending on the objectives of policy makers, and are ignored here for convenience.

12 A permanent oil shock will in fact tend to depress the level of potential output by increasing the real price of energy. Six of the models in the EMF study included endogenous equations for potential output and estimated potential declines by the fourth year ranging between 0.5 and 2.8 percent (Hickman 1987: Appendix 2-D). With potential output reduced, long-run equilibrium would be attained at a point to the left and higher than A in Figure 4.

13 This correspondence holds despite the fact that the estimates of the AD elasticity from the oil shock scenario are biased to the extent that the AD curve is itself shifted by the oil shock. The bias was judged to be small enough to neglect, however, insofar as the comparisons among models was concerned.

qualitative responses to stimulative monetary and fiscal policies, although the quantitative estimates ranged more widely than for the oil shock.

6. Conclusions

Among other attributes, the credibility of a macroeconometric model is dependent on consistency of its basic properties with macro theory. Most structural econometric models are disaggregated IS-LM systems on the demand side and assume imperfect labor and product markets and sticky wages and prices on the supply side, so that it is natural to interpret their properties in terms of the IS-LM, AD-AS model.

Estimation of the elasticities of the IS and LM curves provides a useful diagnostic tool for characterizing the responses to fiscal and monetary policies in a given model, and it may direct attention to specific equations or parameters in either sector in need of further testing.

Most macroeconometric models involve sticky wage and price adjustments to shocks. They equilibrate largely through induced changes in the price level – the Keynes effect or the Keynes and Pigou effects acting in concert – rather than by a neoclassical process of real wage adjustment, and hence their response patterns depend heavily on the elasticity of the AS curve in the short- and long-runs.

The simple IS-LM model dichotomizes completely between the monetary and real sectors, and when solved as an AD locus, is also independent of the AS sector. This is not necessarily true of macroeconometric models, however, which differ in the degree of decomposability between the IS and LM and the AD and AS sectors. The results from previous model comparison studies suggest that the interdependencies are sufficiently weak in many models so that the IS-LM and AD-AS decomposition is an informative methodology for diagnosing individual model characteristics and for standardized model-comparison exercises. When anomalous results, such as negatively sloped *mutatis mutandis* AS locuses, are uncovered in particular models, the decomposition in equation 10 will usually uncover the source of the difficulty in the model specification and pinpoint the equation or equations to be re-evaluated by the modeler. Partial simulations to estimate the *ceteris paribus* elasticities would not reveal such interdependencies and should be supplemented by complete model simulations.

The general approach can accommodate a wide range of model specifications in aspects such as degree of disaggregation, lag distributions, modeling of expectations, functional forms, and methods of parameter estimation.[14] It can be applied even to avowedly nonstructural VAR models which incorporate prices and interest rates along with real variables, on the hypothesis that they are directly-estimated reduced forms of an underlying structural model of the IS-LM type.

---

[14] For example, of the 12 multicountry models included in the Brookings conference, 11 were disaggregated IS-LM constructs and one was a VAR. All but one of the structural models shared a disequilibrium approach to labor and product markets similar to that underlying the concept of a short-term AS function. Four models featured rational expectations in financial markets, but only one of the four also imposed instantaneous market clearing. One of the four was a general equilibrium model with calibrated parameters.

References

Coen, R.M., Hickman, B.G. (1995): Demand Management, Real Wage Rigidity, and Unemployment. In: Dutta, M. (Ed.), Economics, Econometrics and the LINK. Essays in Honor of Lawrence R. Klein. North-Holland, Amsterdam, 159–199

Dornbusch, R., Fischer, St. (1987): Macroeconomics, 4th edition. McGraw-Hill, New York et al., Chapter 13

Green, R.J., Hickman, B.G.,, Howrey, E.Ph., Hymans, S.H., Donahue, M.R. (1991): The IS-LM Cores of Three Econometric Models. In. Klein, L.R. (ed.): Comparative Performance of U.S. Econometric Models. Oxford University Press, New York, 89–124

Hickman, B.G. (1983): EMF 7 Model Comparisons: Key Relationships and Parameters. EMF 7.3, Energy Modeling Forum. Stanford University, Stanford, CA

Hickman, B.G. (1987): Macroeconomic Impacts of Energy Shocks and Policy Responses: A Structural Comparison of Fourteen Models. In: Hickman, B.G., Huntington, H.G., Sweeny, J.L. (Eds.), Macroeconomic Impacts of Energy Shocks. North-Holland, Amsterdam, 125–198

Hickman, B.G. (1988): The U.S. Economy and the International Transmission Mechanism. In: Bryant, R.C., Henderson, D.W., Holtham, G., Hooper, P., Symansky, St.A. (Eds.), Empirical Macroeconomics for Interdependent Economies. Brookings, Washington, DC, 92–130

Hickman, B.G. (1999): Reflektionen eines makroökonometrischen Modellbauers. RWI-Mitteilungen 50, 247–268

Hickman, B.G., Coen, R.M. (1976): An Annual Growth Model of the U.S. Economy. North-Holland, Amsterdam

Mankiw, N.G. (1994): Macroeconomics, 2nd edition. Worth Publishers, New York, Chapter 11

Studies in Contemporary Economics

www.springeronline.com/series/748

E. Baltensperger, H. Milde
Theorie des Bankverhaltens
1987. ISBN 3-540-18214-4

S. Homburg
Theorie der Alterssicherung
1988. ISBN 3-540-18835-5

P. J. J. Welfens
Internationalisierung von Wirtschaft und Wirtschaftspolitik
1990. ISBN 3-540-52511-4

W. Franz (Ed.)
Structural Unemployment
1992. ISBN 3-7908-0605-6

A. Haufler
Commodity Tax Harmonization in the European Community
1993. ISBN 3-7908-0714-1

G. Rübel (Hrsg.)
Perspektiven der Europäischen Integration
1994. ISBN 3-7908-0791-5

F. P. Lang, R. Ohr (Eds.)
International Economic Integration
1995. ISBN 3-7908-0861-X

N. Schulz
Unternehmensgründungen und Markteintritt
1995. ISBN 3-7908-0854-7

G. Maier
Spatial Search
1995. ISBN 3-7908-0874-1

B. Huber
Optimale Finanzpolitik und zeitliche Inkonsistenz
1996. ISBN 3-7908-0906-3

F. P. Lang, R. Ohr (Eds.)
Openness and Development
1996. ISBN 3-7908-0958-6

M. Lechner
Training the East German Labour Force
1998. ISBN 3-7908-1091-6

G. Erber, H. Hagemann, S. Seiter
Zukunftsperspektiven Deutschlands im internationalen Wettbewerb
1998. ISBN 3-7908-1108-4

H. Zimmermann
State-Preference Theorie und Asset Pricing
1998. ISBN 3-7908-1150-5

B. Lucke
Theorie und Empirie realer Konjunkturzyklen
1998. ISBN 3-7908-1148-3

E. Amann
Evolutionäre Spieltheorie
1999. ISBN 3-7908-1207-2

F. Hubert
Optimale Finanzkontrakte, Investitionspolitik und Wettbewerbskraft
2000. ISBN 3-7908-1248-X

M. Rudolf
Zinsstrukturmodelle
2000. ISBN 3-7908-1269-2

J. Althammer
Ökonomische Theorie der Familienpolitik
2001. ISBN 3-7908-1338-9

K. F. Zimmermann (Hrsg.)
Neue Entwicklungen in der Wirtschaftswissenschaft
2002. ISBN 3-7908-1437-7

Druck und Bindung: Strauss Offsetdruck GmbH